dtv

In diesem Buch zur Gestalttherapie werden Zielsetzung und zentrale Begriffe dieser heute weit verbreiteten Therapieform erklärt und verdeutlicht. Zugleich geht der Autor hier erstmals in der psychotherapeutischen Literatur ausführlich auf die Rolle von Emotionen und Sinnlichkeit ein, die lange Zeit vernachlässigt wurden, heute jedoch eine Renaissance erleben. Dreitzels Hauptthese lautet, daß Gefühl und Sinnlichkeit nicht nur uns selbst nutzen, sondern zugleich im Sinne des ganzheitlichen Denkens auch das Verhältnis zwischen Mensch und Umwelt verändern können – denn Selbstgewahrsein und »innere Achtsamkeit« schließen soziales wie ökologisches Gewahrsein ein. Das Buch ist eine anspruchsvolle, aber durchweg verständliche und anregende Einführung in gestalttherapeutisches Denken und damit zugleich eine Lektürehilfe zu Frederick S. Perls, Ralph F. Hefferlines und Paul Goodmans Standardwerk ›Gestalt-Therapie‹. Das Buch richtet sich nicht nur an Psychotherapeuten, sondern an alle sozialpsychologisch interessierten Leser, die sich genauer über die Rolle von Gefühlen in ihrem Umgang mit sich selbst, anderen Menschen und der Umwelt informieren wollen.

Hans Peter Dreitzel ist Professor für Soziologie an der Freien Universität Berlin, arbeitet seit 1978 als Gestalttherapeut in freier Praxis und ist Ausbilder an verschiedenen gestalttherapeutischen Ausbildungsinstituten in Deutschland. Zahlreiche Fachpublikationen zur Individual- und Sozialpathologie, u. a.: ›Die gesellschaftlichen Leiden und das Leiden an der Gesellschaft‹ (3. Auflage 1980).

Hans Peter Dreitzel

Emotionales Gewahrsein

Psychologische und gesellschaftliche Perspektiven der Gestalttherapie

Deutscher Taschenbuch Verlag

Meinen Lehrern
Helmuth Plessner und Isadore From
in Dankbarkeit und Verehrung gewidmet

Ungekürzte Ausgabe
Januar 1998
Deutscher Taschenbuch Verlag GmbH & Co. KG,
München

unter dem Titel:
Reflexive Sinnlichkeit. Mensch – Umwelt – Gestalttherapie
ISBN 3-926176-35-0
Umschlagkonzept: Balk & Brumshagen
Umschlagfoto: © Klaus D. Francke / Bilderberg
Gesetzt aus der 10/12' Garamond
Satz: IBV Satz- und Datentechnik GmbH,
Berlin
Druck und Bindung: C. H. Beck'sche Buchdruckerei,
Nördlingen
Gedruckt auf säurefreiem, chlorfrei gebleichtem Papier
Printed in Germany · ISBN 3-423-35138-1

Inhalt

Vorwort zur Taschenbuchausgabe 9

I. Historischer Kontext – Das Schicksal der Sinnlichkeit im Prozeß der Zivilisation 17

II. Die sättigende Erfahrung – Der Kontaktprozeß in der Mensch/Umwelt-Interaktion 40
1. Figur und Hintergrund: Der Gestaltbildungsprozeß in der Kontaktsituation 41
2. Die Stadien des Kontaktprozesses: Selbst-Entfaltung 47
3. Brauchen und Wünschen: Die Bedürfnisse 54
4. Wahrnehmen und Zugreifen: Die sensomotorischen Funktionen 63
5. Annehmen und Verwerfen: Reflexives Bewußtsein 70
6. Zerlegen und Beseitigen: Aggression 77
7. Sich-Hingeben und Genießen: Integration 84
8. Nachspüren und Bestätigen: Nachkontakt 90
9. Erinnern und Vergessen: Assimilation 94
10. Sich-Identifizieren und Sich-Verantworten: Soziale Verankerung 102

Exkurs I: Der diagnostische Blick 112

III. Die Emotionale Orientierung – Zur Bedeutung der Gefühle im Kontaktprozeß 124
1. Gefühlsausdruck und Gefühlserfahrung: Zur Anthropologie der Emotionen 124
2. Die Vorkontaktgefühle: Aversion und Attraktion . 141
3. Aggression und Expression: Lächeln und Toben, Lachen und Weinen 153

4. Die Zustandsgefühle: Jenseits des Augenblicks . . . 163
5. Die würdigenden Gefühle: Nachkontakt 172
6. Die hemmenden Gefühle: Angst und Scham 181
7. Überschuß-Affekte und emotionale Gewohnheiten 202
8. Gefühlsansteckung und gemeinsames Fühlen: Die Formen der Sympathie 213
9. Nachfühlen und Sich-Einfühlen: Die Formen der Empathie 223
10. Katharsis: Zum Verhältnis von Engagement und Distanz im emotionalen Erleben 230

Exkurs II: Die therapeutische Begegnung 245

IV. Sozialer Kontext – Die Transformation des Menschen in der Epoche der Umweltzerstörung . 256
1. Der Blick vom Mond oder Ende und Ewigkeit der Natur 259
2. Der Alltag auf der Erde oder Angst und Zivilisation . 266
3. Der Druck der Zeit und die Vergeblichkeit der Hoffnung 272
4. Die Ungewißheit der Zukunft und die Gewißheit des Todes 278
5. Die Flucht ins Transhumane und das Elend der Macht 283

Nachwort: Gestalttherapie der Umweltzerstörung . . 289

Anmerkungen 303
Literaturverzeichnis 325

»For our present situation, in whatever sphere of life one looks, must be regarded as a field of creative possibility, or it is frankly intolerable.«

Paul Goodman

Vorwort zur Taschenbuchausgabe

Jedermann sollte wenigstens so viel Philosophie und schöne Wissenschaften studieren, als nötig ist, um sich die Wollust angenehmer zu machen.
Georg Christoph Lichtenberg

Dieses Buch, das seit einigen Jahren vergriffen war, ist zuerst 1992 unter dem Titel ›Reflexive Sinnlichkeit. Mensch – Umwelt – Gestalttherapie‹ erschienen. Der neue Titel des Buchs enthält mit dem Begriff *Gewahrsein* den Kern dessen, worauf Gestalttherapie baut und ihre Hoffnung setzt. Die Entwicklung einer psychotherapeutisch relevanten Phänomenologie der Gefühle ist ein Hauptanliegen dieses Buches. Bei dem Begriff *reflexive Sinnlichkeit*, der in diesem Buch durchgehend eine Rolle spielt, geht es mir um die Überwindung des überholten Gegensatzes von Fühlen und Denken, dem wir auch die Ausgrenzung des Irrationalen aus der zur bloßen Rationalität geschrumpften Vernunft zu verdanken haben. Dieser Gegensatz ist ein Grundübel der Moderne, dem bislang einzig die Philosophische Anthropologie Helmuth Plessners und die Kritische Theorie Theodor W. Adornos etwas entgegenzusetzen wußten, das nicht sogleich ideologieverdächtig war.

Dieses Buch ist aus zwei Motiven entstanden. Zum einen geht es mir um eine Klärung und Verdeutlichung bestimmter Aspekte der gestalttherapeutischen Theorie. Zum anderen möchte ich zeigen, was der gestalttherapeutische Blick zum Verständnis und zur Heilung der immer bedrohlicher werdenden Umweltzerstörung beitragen kann. Diese zweite Absicht verlangte nach einer Analyse des historischen und des sozialen Kontextes, in die jedes therapeutische Arbeiten eingebettet ist und die die Darstellung des Kontextprozesses und der Gefühle im Kontextprozeß einrahmt.

Mit der ersten Absicht wende ich mich an diejenigen Psychotherapeuten, die Gestalttherapie praktizieren oder sich von ihr anregen und bereichern lassen wollen. Bei der Ausbildung von Gestalttherаpeuten bin ich immer wieder auf die Schwierigkeiten gestoßen, die viele mit dem theoretischen Hauptwerk der Gestalttherapie haben – es gilt als schwer und kaum verdaulich. Für mich aber war und ist die Lektüre der beiden Bände von Frederick Perls, Ralph Hefferline und Paul Goodman, ›Gestalt Therapy‹[1], immer wieder eine anregende und aufregende Erfahrung. Davon möchte ich mit diesem Buch etwas vermitteln. Zum Teil ist das einfach ein Stück Übersetzungsarbeit, denn fraglos sind die Überlegungen von Perls/Hefferline/Goodman nicht leicht verständlich. Das hat nicht nur, aber auch sprachliche Gründe. Der erste Band beruht auf einem Manuskript von Perls, das Goodman sprachlich bearbeitet hat; es enthält den theoretischen Kontext und die Anleitung zu Selbsterfahrungsübungen, die damals, 1952, noch sehr ungewöhnlich waren. Hefferline, der Psychologie-Professor, aber nicht Psychotherapeut war, hat dazu die Berichte über die Erfahrungen beigesteuert, die seine Studenten an der Columbia University mit diesen Übungen gemacht haben. Der zweite Band enthält die theoretischen Grundlagen der Gestalttherapie und ist von Paul Goodman verfaßt worden.[2] Goodman, dieser vielseitige homme de lettres, der ebenso durch seine soziologischen und politischen Schriften wie durch seine Romane und Gedichte bekannt geworden ist, schreibt hier eine philosophisch-literarische Sprache, die im englischen Original ebenso schwierig wie faszinierend ist.[3] Die deutsche Übersetzung wird diesem Sprachniveau in keiner Weise gerecht und ist überdies an manchen Stellen falsch.

Ich erwähne das hier ausführlich, weil der zweite Band von ›Gestalt Therapy‹ die Hauptgrundlage dieses Buches ist. Es enthält in seinen vier letzten Kapiteln die Theorie des Kontaktprozesses, die nach meiner Auffassung das Herzstück der gestalttherapeutischen Theorie ist. Sie wird in dieser Arbeit ausführlich dargestellt, wobei ich sie in vielen Punkten erweitert und ausgebaut habe. (Daß sie zugleich auch Skizze einer alternativen soziologischen Handlungstheorie ist, sei hier nur am Rande vermerkt und wird in dieser Arbeit nicht weiter ausgeführt.) Dabei bin ich ohne Rücksicht auf den Originaltext verfahren, den ich im folgenden durchweg einfach unter P. Goodman[4] zitiere. Es ging mir weder um Textexegese noch um eine Auseinandersetzung mit Paul Goodmans Auffassungen, die ich nicht in jedem Punkt teile. Seit dem Erscheinen von ›Gestalt Therapy‹ sind immerhin über vierzig Jahre vergangen, und inzwischen hat es viele klinische Erfahrungen und auch einige theoretische Erkenntnisse gegeben, die über dieses Buch hinausweisen. Obwohl meine Überlegungen also ganz und gar auf der Arbeit von Paul Goodman und Frederick Perls beruhen, sind sie doch allein von mir zu verantworten, zumal ich mir auch nicht die Mühe gemacht habe anzugeben, wo ich von Goodmans Denken abweiche und wo nicht.[5]

Der folgende Text ist kein Lehrbuch für Gestalttherapie, falls es so etwas überhaupt geben könnte; es beschreibt nicht die Kunst, wie man Gestalttherapie betreiben kann oder soll – das läßt sich nur praktisch im Verhältnis von Lehrer und Schüler lernen. Was Gestalttherapie aber eigentlich ist, wodurch sie sich wesentlich definiert und wie sie sich von anderen Therapieformen unterscheidet, das sei hier noch einmal kurz formuliert, um Mißverständnisse zu vermeiden, und zwar der Klarheit halber in Abgrenzung zur Psychoanalyse, aus der sie ursprünglich erwachsen ist.

- Gestalttherapie baut auf die *eigene Erfahrung* des Klienten und auf die *gemeinsame* Interpretation dieser Erfahrung statt auf die Deutung unbewußten Materials durch den Therapeuten.
- Die Methode der Gestalttherapie ist das angeleitete *Selbst-Erfahrungs-Experiment* statt der freien Assoziation. Das Thema dieser Selbst-Erfahrungs-Experimente ist die Art und Weise, wie der Klient den Kontakt unterbricht oder beeinträchtigt, ohne dessen gewahr zu sein.
- Gestalttherapie konzentriert sich auf das Erleben des Klienten im *Hier-und-Jetzt* statt auf seine Erörterungen des Da-und-Dort, weil alle Erfahrung, auch die des Sich-Erinnerns, nur in der Gegenwart stattfindet.
- Gestalttherapie vertraut auf die heilende Kraft des *Gewahrseins*, in dem Einsicht und Erleben eine Gestalt bilden, statt auf die des bloß kognitiven Erkennens.
- Gestalttherapie hat ein paradoxes Verhältnis zur vom Klienten

gewünschten Veränderung: Wenn man sich in vollem Gewahrsein liebevoll als das hinnimmt, *was man jeweils ist,* fließt der Strom des Wachsens und Vergehens von allein; wenn man unbedingt anders sein will, als man hier und jetzt ist, dann steht man sich selbst im Wege.

- Gestalttherapie geht davon aus, daß die therapeutische Situation dann für den Klienten ein sicherer Raum für Selbst-Erfahrungs-Versuche ist, wenn Therapeut und Klient in einer *Beziehung* stehen, die es dem Therapeuten ermöglicht, den Klienten als ganzen Menschen, als Urheber schöpferischer Gestaltprozesse und nicht nur als Symptomträger zu sehen, und die es gleichzeitig dem Klienten ermöglicht, seinen Therapeuten nicht nur in dieser Rollenidentität zu erleben.

Was über diese allgemeinen Grundsätze hinausgeht, sind die speziellen Fragen des therapeutischen Settings, der Diagnostik und der therapeutischen Techniken. Sie sind nicht Gegenstand dieses Buches. Nur wegen der Häufigkeit, mit der danach gefragt wird, wie die therapeutische Beziehung im Rahmen der Theorie des Kontaktprozesses verstanden werden kann und welche Verbindung diese Theorie zur Diagnostik hat, habe ich diesen beiden Themen je einen Exkurs gewidmet. Diese Exkurse sollen nicht ausführlichere Erörterungen ersetzen, sondern nur die Richtung weisen, in der solche Erörterungen m. E. fruchtbar sein könnten. Wer nicht selbst therapeutisch arbeitet, mag sie überschlagen, ohne daß der Text im weiteren an Verständlichkeit verliert.

Anders als zum Phänomen des Kontaktprozesses finden sich in Goodmans Text zur Rolle der Gefühle kaum mehr als Andeutungen. Und auch sonst ist über Gefühle aus der gestalttherapeutischen Literatur wenig zu erfahren, was um so erstaunlicher ist, als die Gestalttherapie zu Recht als eine Therapieform gilt, die den Gefühlen besondere Bedeutung beimißt. Es ist nicht die unwichtigste Absicht dieses Buches, diese Lücke zu schließen. Natürlich kann ein gestalttherapeutisches Verständnis der Gefühle nur aus ihrer Funktion im Kontaktprozeß erwachsen; deshalb stelle ich zunächst die Theorie des Kontaktprozesses vor und entwickle dann eine auf dieses Modell bezogene Phänomenologie der Gefühle. Diesen Hauptteil der Arbeit hätte ich nicht schreiben können ohne die Entdeckung des Buches von Manfred Clynes ›Sentics – The Touch of Emotion‹[6], aus dem ich weit mehr als aus allen anderen emotionspsychologischen Untersuchungen gelernt habe.

Die Theorie der Gefühle im Kontaktprozeß ist das entscheidende Verbindungsstück zur anderen Absicht dieses Buches, nämlich dem psychologisch, pädagogisch oder sonst sozialwissenschaftlich interessierten Leser zu vermitteln, was eine gestalttherapeutische Perspektive zum Verständnis des Mensch-Umwelt-Verhältnisses beitragen kann. Denn das Kontaktprozeß-Modell ist in besonderer Weise geeignet, das Verhältnis von Mensch und Umwelt durchsichtiger zu machen. Es gibt meines Wissens keine andere psychotherapeutische Theorie, die dem Austauschprozeß zwischen Mensch und Umwelt soviel Aufmerksamkeit gewidmet hat wie die der Gestalttherapie. Das verleiht ihr angesichts der Umweltkatastrophe, in der wir nun leben, eine Aktualität, die Perls und Goodman Ende der vierziger Jahre noch nicht ahnen konnten. Um so wichtiger schien es mir herauszuarbeiten, was sich aus dieser Theorie für unsere gegenwärtige Welt vielleicht lernen läßt.

Ich habe in meiner therapeutischen Arbeit, mehr noch in meinen Lehr-Workshops mit anderen Therapeuten, vor allem aber in meinen eigenen Selbsterfahrungsprozessen bemerkt, wie sehr eine Wiederbelebung unserer Sinne und unserer Gefühle uns für eine andere Erfahrung und einen anderen Umgang mit unserer Umwelt, der sozialen wie der naturalen, motiviert und sensibilisiert. Das ist die Erfahrung, die ich in diesem Buch verarbeitet habe. Es ist nicht falsch und in meinen Augen auch nicht paradox zu sagen, daß diese Theorie auf Selbsterfahrung beruht. Sie wurde in den Jahren, in denen dieses Buch allmählich in mir entstand, nicht nur kognitiv erarbeitet, sondern auch sinnlich und emotional am eigenen Leib erfahren und überprüft, und dies mit dem größten Gewahrsein, zu dem ich fähig war. Insofern bin ich an ihr persönlicher beteiligt, als das bei derartigen Texten sonst üblich ist. Meine Überlegungen bauen auf den Einsichten und Erkenntnissen anderer und Größerer auf, aber weiterentwickelt und kontrolliert habe ich sie durch Beobachtung und Experiment an mir selbst in der Begegnung mit anderen.

So trage ich die Verantwortung für jede These dieses Buches als Autor wie als Forscher ganz und gar allein – bin aber allen Lehrern und Kollegen, von denen ich lernen, mit denen ich arbeiten und diskutieren und die ich unterrichten durfte, an jeder Stelle des Textes zu Dank verpflichtet. Besonders möchte ich den Teilnehmern unserer ›Theorie-Werkstatt‹ in den Jahren 1986–1990 danken, die durch ihr lebhaftes und geduldiges Interesse an der Theorie der Gestalttherapie ein Diskussionsforum schufen, ohne das dieses Buch so nicht geschrieben worden wäre. Auch wenn wir uns immer einig waren über das, was Gestalttherapie grundsätzlich ausmacht, wird jeder von ihnen – und jeder andere – gewiß bei der Lektüre mancherlei Anlässe zu Kritik und Widerspruch finden. Und das ist gut so, denn auch die Theorie der Gestalttherapie ist niemals in einem fertigen Zustand, und mit der Kritik kann die Bewegung der Theorie ihren Fortgang nehmen. Überdies gilt vieles, was ich für die Gestalttherapie in Anspruch nehme, auch für andere Formen der Psychotherapie – von der Gestalttherapie aber bin ich begeistert.

Die meisten Bücher von Psychotherapeuten handeln entweder von psychotherapeutischen Techniken und Verfahrensweisen oder von speziellen Problemen der Psychopathologie – von Neurosen und Psychosen, von frühen Störungen und Süchten, von Charakterneurosen und psychosomatischen Erkrankungen. Sie befassen sich mit der Phänomenologie der Anomalien, mit der Krankheitslehre der Defizite. Das alles gibt es in der Realität, und auch Gestalttherapeuten mühen sich täglich damit ab, in geduldiger Arbeit ein wenig von diesen Defiziten auszugleichen und im übrigen die Leiden ihrer Klienten ein Stück weit mitzutragen. Dabei gerät verständlicherweise leicht aus dem Blick, was eigentlich der Maßstab ist, an dem gemessen wir ein Verhalten als »gestört« bewerten.

Dieses Buch nimmt einen anderen Standpunkt ein: In den Überlegungen zum historischen und sozialen Kontext, in dem sich die psychotherapeutische Arbeit bewegt, ist das Pathogene unserer zivilisatorischen Verhältnisse das Thema; in den beiden Hauptteilen des Buches aber zur Theorie des Kontaktprozesses und zur Rolle der Gefühle in diesem Kontaktprozeß geht es um ein Bild des »normalen«, des nicht gestörten, des befriedigenden Lebens – als notwendigem Maßstab des therapeutischen Handelns und als Orientierung bei unserer Suche nach einem Leben in reflexiver Sinnlichkeit. In den letzten Jahren ist es unter dem Eindruck der zerstörerischen Kraft der technischen und ökonomischen Prozesse zu einer neuen Konjunktur der Suche nach ethischen Maßstäben gekommen. Dieses Buch beteiligt sich nicht an dieser Suche, die immer nur wieder zu neuen »Verregelungen« führt, doch es handelt – aus psychotherapeutischer Sicht – von dem, was die Philosophie einst »das gute Leben« genannt hat. Allzu leicht werden aus ethischen Maßstäben lebenshemmende Introjekte oder, schlimmer noch, Instrumente der Macht. Der Gestalttherapie dagegen geht es um die niemals endende Verfeinerung unseres Gewahrseins in unseren Austauschprozessen mit Natur und Gesellschaft, eben um eine Steigerung unserer reflexiven Sinnlichkeit, die einen feinen Sinn für die Verletzlichkeit unseres Gegenübers in Natur und Gesellschaft mit einschließt.

Reflexive Sinnlichkeit ist letztlich eine meditative Lebenshaltung. Denn es geht in ihr um eine immer tiefere Verankerung im Gewahrsein, indem wir ohne jede Askese zum Zeugen unserer sinnlich-emotionalen Begegnungen mit dieser Welt werden. Die gestalttherapeutische Praxis lehrt, daß wir zugleich voll emotional *involviert* und ganz im Gewahrsein *distanziert* sein können. Und ihre Wirkung beruht vor allem darauf, daß der Volle Kontakt ein Moment der existentiellen Begegnung ist, in dem – wie Martin Buber es beschrieben hat – das Ich immer wieder zum Du wird. Es ist dies eine Verschmelzung, in der die für uns Menschen konstitutionelle Subjekt/Objekt-Spaltung vorübergehend aufgehoben ist. Je mehr es uns gelingt, diese Augenblicke eines ich-losen Zustands, in dem – wenn wir uns nicht neurotisch selbst im Wege stehen – jeder noch so alltägliche Kontaktprozeß gipfelt, mit vollem Gewahrsein zu erfahren, desto mehr wird sich die spirituelle Dimension unseres Lebens vertiefen.

Einigen Lesern mag die Lektüre dieses Buches nicht ganz leichtfallen, denn es ist bei aller Subjektivität meines Erkenntnisprozesses zugleich wissenschaftlich fundiert und bemüht sich, was den Stand der Forschung und der wissenschaftlichen Diskussion betrifft, um Anschlußfähigkeit. Dabei war mir jedoch eine klare und gut verständliche Sprache ein wichtiges Anliegen. Dem einen oder anderen Leser mag mit dem Hinweis geholfen sein, daß man die beiden Hauptteile des Buches auch ohne die historisch-soziologischen Kontextanalysen verstehen kann. Da jeder Abschnitt zahlreiche Bezüge enthält, die nicht immer gleich offensichtlich sind, lassen sich viele Passagen im Laufe der Zeit mit Gewinn noch einmal lesen. Jede Lektüre ist nicht nur ein Nehmen, sondern auch ein Geben. Dieses Buch braucht Zeit, und wer ihm dieses kostbare Gut zu geben vermag, wer sich in Ruhe auf diesen Text einlassen kann, der wird sich am Ende verändert und bereichert finden.

Einige Abschnitte dieses Buches sind in früheren Fassungen bereits erschienen. Kapitel I ist teilweise identisch mit H. P. Dreitzel: Körperkontrolle und Affektverdrängung, in: ›Integrative Therapie‹, Jg. 7, H. 2–3, 1981. Kapitel IV und das Nachwort sind teilweise identisch mit H. P. Dreitzel: Umweltgewahrsein, in: ›Gestalttherapie‹, Jg. 5, H. 1, 1991. Kapitel III, Abschnitt 8 und 9 sind weitgehend identisch mit H. P. Dreitzel: Sympathie und Empathie, in: G. Althaus, H. Berking, R. Thiessen (Hrsg.): ›Avanti Dilletanti – Festschrift für Urs Jaeggi‹, Metropol-Verlag, Berlin 1991.

Mit wenigen Ausnahmen habe ich um der leichteren Lesbarkeit willen sämtliche Zitate aus englischsprachigen Originalen ins Deutsche übertragen, ohne das noch einmal extra zu kennzeichnen. Auch bei den Goodman-Zitaten mochte ich mich nicht immer auf die vorliegende deutsche Übersetzung verlassen.

Die alphabetische Zusammenstellung der Literatur, auf die sich dieser Essay stützt und die in den Anmerkungen und im Literaturverzeichnis aufgeführt wird, sollte den bibliographisch interessierten Leser nicht zu der Annahme verleiten, es handle sich dabei um ein Verzeichnis der wichtigsten Schriften zur Gestalttherapie.[7]

Mein besonderer Dank gilt meiner Kollegin und Lebensgefährtin Doris Dreitzel, deren editorischer Scharfblick und deren therapeutische Erfahrung bei der Schlußkorrektur unentbehrlich waren.

Hans Peter Dreitzel

I. Historischer Kontext – Das Schicksal der Sinnlichkeit im Prozeß der Zivilisation

It is likely that there is at present
an irreconcilable conflict between
quite desirable social harmony and
quite desirable individual expression.
Paul Goodman

Die Methode der Gestalttherapie ist: Konzentration des Gewahrseins auf das, was jeweils ist. Was ist, nehme ich zuerst wahr durch meine Sinne, erlebe ich dann durch meine Gefühle und ordne ich später in meinem Verstand. Normalerweise hat die Sinnlichkeit der Wahrnehmungen, Empfindungen und Gefühle Vorrang. In der gestalttherapeutischen Praxis aber erlebe ich viele Menschen, bei denen dieses Verhältnis auf den Kopf gestellt ist: Sie verfügen über zahlreiche Ordnungskategorien, Einschätzungen und Urteile, nehmen aber nur wenig wahr und fühlen kaum etwas. »Ich möchte wieder mehr mit meinen Gefühlen in Kontakt kommen«, ist denn auch so oder ähnlich eine häufig geäußerte Antwort auf die Frage nach der Therapiemotivation – eine Formulierung, die selbst schon das Elend zum Ausdruck bringt, um das es geht. Denn wie könnte man, statt zu fühlen, mit den Gefühlen »in Kontakt kommen«? Diese Klienten (es gibt andere) gehören nicht etwa zu den wenigen »emotional Gestörten«, die im Gegensatz zu uns anderen einer psychotherapeutischen Behandlung bedürfen, sondern sie sind die Spitze eines Eisbergs, dessen ganzen Umfang gerade Psychotherapeuten nie zu sehen bekommen. Denn diese Klienten haben immerhin bemerkt, daß ihnen etwas fehlt – und sie sind (meistens) von selbst gekommen und haben damit den vielleicht größten therapeutischen Schritt schon getan. In der Arbeitswelt aber werden emotionslose Pedanterie, engagementlose Distanz, strategisches Planen und Kalkulieren, Zügelung von Spontaneität also, verlangt und honoriert. Und in der Welt der persönlichen Beziehungen ist die narzißtische Partnerwahl, bei der in vollendeter Ich-Ergänzung der andere dem eigenen Selbst einverleibt wird, offensichtlich die Regel. Im ökonomischen und sozialen Bereich entmutigt unsere Kultur den experimentierfreudigen, neugierigen Gebrauch unserer Sinne (das Auge ausgenommen, wenn der Blick von den Medien gefesselt wird) und desavouiert spontane, handlungsmotivierende Gefühle. Sie prämiiert dagegen die distanzierte Analyse, die ressortorientierte Anwendung von Regeln und die passive Rezeption vorfabrizierter Inhalte.

Zugleich aber und abgetrennt von der Arbeitswelt bietet die Freizeitkultur ein reichhaltiges Arsenal an sportlichen und psychologischen, ästhetischen und esoterischen Erlebnis- und Erfahrungsmöglichkeiten, die auf die Erweiterung der körperlichen und emotionalen Fähigkeiten zielen. So zeigt die Zivilisation der reichen westlichen Gesellschaften mit ihrer weltweiten kulturellen Hegemonie ein zwiespältiges, ja janusköpfiges Bild; einerseits sind die Umgangsformen viel freier und formloser geworden, andererseits ist der ungehemmte Ausdruck von Gefühlen weitgehend auf die Privatsphäre und die Medienproduktionen beschränkt; einerseits werden wir zu nüchterner, sachlicher Betrachtungsweise erzogen, andererseits sind intensive emotionale Bindungen zwischen Einzelpersonen von Kindheit an die Regel; einerseits sind strikte hygienische Körperkontrolle, hohe körperliche Leistungsfähigkeit, also Jugendlichkeit und Gesundheit, heute hohe kulturelle Werte, andererseits suchen immer mehr Menschen nach ganzheitlichen sinnlichen Erfahrungsmöglichkeiten, die mit einer Maximierung der körperlichen Leistungsfähigkeit nichts zu tun haben; einerseits nehmen wir durch unseren Lebensstil tiefe und bedrohliche Eingriffe in die Selbstregulierung der Natur in Kauf, andererseits waren »Natur« und »Natürlichkeit« unserer selbst und unserer Umwelt noch nie so hohe Werte wie in der Kultur unserer Gegenwart.

Das ist der widersprüchliche soziokulturelle Hintergrund, vor dem sich heute jede therapeutische Bemühung abspielt. Wie aber lassen sich diese divergenten Beobachtungen zu einem Bild fügen? Wie können wir das historische Schicksal unserer Sinnlichkeit verstehen? Unter der wachsenden Zahl kulturhistorischer Arbeiten, die sich in den letzten 15 Jahren mit Aspekten der Geschichte unserer Sinne und unserer Sinnlichkeit befaßt haben, ragt das grandiose Werk von Norbert Elias heraus. Sein schon 1939 erschienenes, lange unbeachtet gebliebenes Buch ›Über den Prozeß der Zivilisation‹[1] enthält einen theoretischen Entwurf, der in seiner Kombination von psychologischen und soziologischen Einsichten noch immer den besten Ausgangspunkt für eine Betrachtung des historischen Kontextes bietet, in dem die Arbeit an der Wiederbelebung der Sinne, wie man die Aufgabe der Gestalttherapie nennen könnte, geleistet werden muß.

Was Elias als den Zivilisationsprozeß bezeichnet hat, meint in seinem Kern die allmähliche Verinnerlichung zunehmender äußerer Kontrollen über jeden Ausdruck körperlicher und emotionaler Bedürfnisse, die Entwicklung einer »Selbstzwangsapparatur«, die es ermöglicht, an die Stelle spontaner Verhaltensweisen strategisch geplante zu setzen. In diesem Prozeß lassen sich – was bei Elias unklar bleibt – gewöhnlich zwei Stadien unterscheiden: Anfangs werden die Verhaltensweisen immer strengeren und formalisierteren Standards unterworfen; alltägliche Verhaltensweisen werden nun für immer mehr spezifische Situationen formell vorgeschrieben, und die Frage, welches Verhalten von mir in dieser oder jener Situation erwartet wird, gewinnt allmählich an Bedeutung und führt zu neuen Erziehungspraktiken und einer umfangreichen Literatur über gutes Benehmen.

In einer zweiten Phase werden diese formalen Standards dann mit Hilfe neuer Sozialisationspraktiken internalisiert. Von nun an wird die Kontrolle des Körpers und der Emotionen quasi-automatisch. Die äußeren Sanktionen gegenüber abweichendem Verhalten in diesem Bereich werden allmählich durch psychische Reaktionen wie Verlegenheit, Scham und schließlich Schuldgefühle ersetzt. Das moderne Über-Ich entwickelt sich als neue Kontrollinstanz und wird recht bald (seit dem 18. Jahrhundert) durch die endlosen Kommentare der neuen psychologischen Wissenschaften, später insbesondere der Psychiatrie und der Psychoanalyse, begleitet und unterstützt. Das zweite Stadium des Zivilisationsprozesses ist das Entstehen dessen, was David Riesman den »innengeleiteten« Sozialcharakter genannt hat[2], der Mensch, der einen moralischen »Kreiselkompaß« besitzt.

Nun betont Elias, daß der Zivilisationsprozeß sich stets durch eine Vielfalt kultureller Orientierungen und sozialer Bewegungen hindurch vollzieht und sich langfristig oft auch gegen sie durchsetzt, so als sei er unabhängig von und indifferent gegenüber den konkreten, handelnden Menschen der Geschichte. Dabei geht es um zwei Kräfte, die sich hinter dem Rücken der handelnden Individuen durchsetzen und den Zivilisationsprozeß erklären: erstens die immer weitere Räume und Beziehungsketten umfassenden ökonomischen Tauschprozesse, die jetzt mehr »Langsicht« erfordern, wie es Elias nennt, nämlich die Planung rationaler Verhaltensweisen, und schließlich jene »Frustrationstoleranz«, die auch längerfristiges Aufschieben der Bedürfnisbefriedigungen ertragen kann. Das ist also der Prozeß, den Max Weber als die Entzauberung der modernen Welt durch Rationalisierung und Bürokratisierung so gründlich beschrieben hatte und durch den »affektive Neutralität« (T. Parsons) zum Maßstab vernünftigen Verhaltens geworden ist.

Und zweitens ist es die allmähliche Monopolisierung der legitimen Gewaltanwendung durch den Staat, die Elias für den Zivilisationsprozeß verantwortlich macht. Tatsächlich leben wir heute, verglichen mit der täglichen Gewalterfahrung des mittelalterlichen Menschen, in einem Zeitalter umfassender physischer und emotionaler Sicherheit. Nicht daß es keine Gewaltverbrechen gäbe und daß öffentliche Unruhen und Aufstände unbekannt wären. Aber die Ängste konzentrieren sich heute doch vorwiegend auf ein durch den Gebrauch von technischer Maschinerie erhöhtes Unfallrisiko anstatt auf die Gefahren, die von unseren Mitmenschen ausgehen könnten. Innerhalb des Territoriums der industrialisierten Gesellschaft reisen wir bei Tag wie bei Nacht über Land und durch die Luft, ohne daß Furcht vor Räuberbanden, Raubrittern und Gewaltverbrechern unser *Handeln* bestimmt. Entscheidend ist nicht, daß es innerterritoriale Gewalt noch gibt, sondern daß ihr Risiko offenbar so vermindert ist, daß wir sie bei der Planung von Handlungen nicht in Rechnung stellen. Die Tatsache, daß es auch in den Ländern, von denen hier die Rede ist, noch bestimmte Enklaven gibt, die unsicher sind, wie etwa Slums oder großstädtische Parks bei Nacht, unterstreicht eher noch als Ausnahme den Zustand allgemeiner Pazifizierung. Und das gleiche ließe sich wohl auch über das erhöhte Risiko sagen, das bestimmte Gruppen potentieller Opfer in unserer Gesellschaft tragen: Frauen allgemein gegenüber der Gefahr der Vergewaltigung, alte Menschen gegenüber der Gefahr eines Raubüberfalls und so fort. Zahlen über steigende Kriminalität können hier natürlich angeführt werden, sind aber ohne Aussagekraft für den historischen Vergleich. Interessant ist an ihnen allerdings, daß sie übereinstimmend bezeugen, daß (von Kriegen abgesehen) das größte Gewaltpotential heute nicht im öffentlichen, sondern im privaten Bereich liegt; die meisten Morde, Körperverletzungen, sexuellen Mißbräuche und Vergewaltigungen werden im Familien- und Bekanntenkreis begangen.

Führen wir uns überdies vor Augen, daß wir die Pest nicht mehr zu fürchten brauchen, daß in unserem Alltagsleben Geburt und Tod weitgehend unseren Augen verborgen bleiben, daß Kranke rasch in Hospitälern isoliert werden, daß wir nicht mehr mit den körperlichen Folgen des Hungers auf der Straße konfrontiert sind, daß wir zwar Fleisch essen, aber kaum ein Städter je gesehen hat, wie ein Tier geschlachtet wird – dann bekommen wir allmählich ein Gefühl dafür, in welchem Ausmaß die Erfahrung der Gewalt aus unserem alltäglichen Lebenshorizont verschwunden ist und wie sehr diese Tatsache durch öffentliche Institutionen garantiert wird. Für die mittlere und ältere Generation in Europa ist freilich die Unberechenbarkeit von Gewalteinwirkungen in den Wirren der letzten Kriegs- und der ersten Nachkriegsjahre noch zu einer lebensgeschichtlichen Erfahrung geworden, die sinnlich erinnert oder als Trauma verdrängt ist. Auffällig bei den Schülerprotesten gegen den Golfkrieg war, daß es sich häufig um die Kinder derer handelte, die selbst im Zweiten Weltkrieg Kinder waren.

Die Theorie von Elias (der die Tradition, auf der er aufbaut, notorisch unterschlägt) ist also nicht ganz so originell, wie sie sich gibt: Karl Marx und Max Weber haben jeder auf seine Weise den gleichen Entwicklungsprozeß analysiert, gefolgt von der vielgestaltigen Tradition der Theorie des Modernisierungsprozesses. Das Neue bei Elias war die von Sigmund Freud inspirierte Anwendung dieser Tradition auf den Bereich der Körperlichkeit. Was also Elias viel zu allgemein – und dadurch seine Theorie dem Vorwurf des Eurozentrismus aussetzend – als »Zivilisationsprozeß« bezeichnet hat, ist nichts als der subjektive, den Körper, die Affekte und die Identitätsbildung betreffende Aspekt des europäischen Modernisierungsprozesses, somit das, was in der gegenwärtigen Soziologie meist mit dem Begriff des Individualisierungsprozesses gemeint ist.[3] Elias glaubte, den determinierenden Faktor für die Geschichte des Subjekts in der abendländischen Neuzeit in den zunehmenden wirtschaftlichen Funktionsverflechtungen und der allmählich größere Territorien umfassenden inneren Befriedigung zu erkennen, also – unverblümt gesagt – in der Geschichte des Kapitalismus und des modernen Staates.

In der Tat mag es lohnend sein, diese Hypothese weiter zu verfolgen. Vielleicht können wir dann sogar weitergehen und die Vermutung wagen, daß das erste Stadium des so verstandenen Zivilisationsprozesses, die Entwicklung schärferer sozialer Vorschriften für den Ausdruck körperlicher und emotionaler Bedürfnisse und Triebregungen, mit der Phase der »ursprünglichen Akkumulation« (K. Marx) von Kapital im Merkantilismus zusammenfällt, die zugleich die Epoche der Aufklärung mit ihren Versuchen einer Zurichtung und Dressur aller unkalkulierbaren Regungen der menschlichen Natur war, während das zweite Stadium, die Entwicklung internalisierter Scham- und Peinlichkeitsschwellen in vorher nicht gekannter Stärke, mit der Industriellen Revolution und der durch sie ermöglichten Phase des Konkurrenzkapitalismus korrespondiert. Auch wenn ich mich beeile hinzuzufügen, daß dies selbstverständlich nicht im Sinne einer Kausalbeziehung gemeint ist, sondern im Sinne von komplexen Bedingungszusammenhängen, die je im Detail erforscht werden müssen, wird der Historiker bei solchen Stadien-Theorien stets ein verständliches Unbehagen empfinden, weil sich die schier unglaubliche Fülle historischer Einzeltatsachen und Phänomene nie einem einfachen Entwicklungsschema fügt. Der soziologische Beobachter unserer Gegenwart kann sich aber nicht der

Aufgabe entziehen, ein Muster in dem rasanten Tempo zu erkennen, mit dem die in der abendländischen Neuzeit entwickelte Moderne nun eine Weltgesellschaft hervorbringt, die vorerst als gänzlich durch den europäischen Geist kolonisiert erscheint.

So gesehen ist nun natürlich die Frage: wie verhält sich die gegenwärtige Periode der sozio-ökonomischen Entwicklung, ob wir sie nun Spätkapitalismus, post-industrielle Gesellschaft oder auch Postmoderne nennen, zum Zivilisationsprozeß? Erleben wir zur Zeit ein drittes Stadium des gleichen Prozesses oder ist eine Entwicklung, die über Jahrhunderte in dieselbe Richtung wies, nun zu ihrem Ende gelangt und hat etwas Neuem Platz gemacht?

Bevor ich mich dieser Frage zuwende, muß zuerst noch ein weiterer Aspekt der Eliasschen Theorie erwähnt werden, nämlich daß der Zivilisationsprozeß stets bei den ökonomisch führenden Klassen seinen Ausgang nimmt und sich die jeweils neuen Verhaltensstandards erst allmählich durch die Klassenstruktur nach unten hin durchsetzen. Nicht umsonst trägt der erste Band seines Werks den Untertitel: ›Wandlungen des Verhaltens in den weltlichen Oberschichten des Abendlandes‹. Die Formalisierung des Verhaltens begann in der Aristokratie und dem frühbürgerlichen Patriziat in den ökonomisch führenden Zentren Europas, zunächst in den Stadtstaaten Norditaliens und den Handelsstädten der Hanse, später an den Höfen von Paris, London und Wien, schließlich an den kleineren deutschen Höfen. Typischerweise erreicht der neue Standard die ökonomisch relevanten Bürgerhäuser der Städte, bevor der Landadel ihn übernimmt. Erst danach und oft viel später finden wir die gleichen Verhaltensweisen in den mittleren und unteren Schichten. Den Höhepunkt erreichte die Formalisierung des Verhaltens am Hof von Versailles mit seinen strengen Verhaltensregeln und Ritualen, die mit Menschen zu rechnen hatte, denen die Standards zivilisierten Verhaltens noch nicht zur zweiten Natur geworden waren.

Eine hervorragende künstlerische Beschreibung der extremen Unterdrückung von Körperlichkeit und Gefühlsleben durch diese Verhaltensvorschriften im europäischen Adel des 18. Jahrhunderts findet sich in Stanley Kubriks Film ›Barry Lyndon‹. (Fellinis ›Casanova‹, ein Film über die Mechanisierung der Sexualität in der gleichen Epoche, wäre ihm an die Seite zu stellen.) Die ungewöhnlich schönen Bilder dieses Films, darunter erstmalig die berühmten Aufnahmen, die allein bei Kerzenlicht entstanden sind, haben die meisten Kritiker übersehen lassen, worum es in diesem Film tatsächlich geht: nämlich um die Sozialisation der Natur, um eine bestimmte Phase der Vergesellschaftung unserer körperlichen und emotionalen Regungen.

Kubrik zeigt ein Stadium im Zivilisationsprozeß, in dem die Gewaltsamkeit dieses Sozialisationsvorgangs besonders deutlich wird, weil die Formalisierung des Verhaltens noch nicht durch entsprechende Verinnerlichungen getragen wird und die gerade deshalb bis ins Extreme, ins Masken- und Marionettenhafte, vorangetrieben wurde; immer durchbrechen wilde Aggressionen und Ängste die dünne Schicht der ritualisierten Umgangsformen, so etwa wenn ein durch feinsinnige Verbalinjurien Beleidigter plötzlich und unerwartet seinen Gegner verprügelt oder wenn bei einem hochritualisierten Pistolenduell einer der Beteiligten sich plötzlich übergeben muß. Stanley Kubrik schließt sogar die Veränderungen mit in seine Beschreibung ein, die in dieser Phase in unserem Verhältnis zur äußeren Natur vor sich gegangen sind, und zwar durch eine Landschaftsfotografie, die aus Zitaten zeitgenössischer Gemälde besteht und deren hinreißende Schönheit sich immer dann als die eingrenzende Leistung einer Perspektive entlarvt, die die Wildheit und Ungezähmtheit der Natur schon ausgeblendet hat, wenn das Bild in Bewegung gerät und z. B. plötzlich ein Reiter quer durch das Gemälde sprengt.

Tatsächlich illustriert die Geschichte der Landschaftsmalerei einen Prozeß der Wandlung unserer Einstellung zur natürlichen Umgebung, der mit dem der Formalisierung und später der Verinnerlichung der Verhaltenszwänge korrespondiert: Sie zeigt zunächst die Entmythologisierung der äußeren Natur, die, erst als sie aller magischen Elemente entkleidet war, zu einem legitimen Gegenstand sui generis der Malerei wurde; sodann eine Art ästhetischer Ausgrenzung der Gewaltsamkeit der Natur, schon vorbereitet durch die Sonderentwicklung des Stillebens, in der idyllischen Landschaftsmalerei im Spätbarock und Rokoko; und schließlich in der Zähmung der Natur durch die Romantisierung ihrer gewaltsamen Aspekte als Überhöhung und Steigerung des Selbstgefühls. Winckelmann schrieb, daß er bei der Überquerung der Alpen, schaudernd vor der Gewaltsamkeit und Abgründigkeit dieser Landschaft, die Vorhänge seiner Kutsche zugezogen habe. Hundert Jahre später konnte Georg Simmel einen Aufsatz über die Ästhetik der Alpen verfassen.

Zurück zur Frage der Beziehung zwischen der Klassenstruktur und dem Zivilisationsprozeß: Elias' Darstellung ist in diesem Punkt besonders vage und läßt uns insbesondere im Hinblick auf die Rolle des Bürgertums im Verhältnis zur Aristokratie im dunkeln. Während einige seiner Bemerkungen darauf hinzuweisen scheinen, daß die zwei Stadien des Zivilisationsprozesses, die Elias selbst ohnehin nicht scharf unterscheidet, sich stets auf der Ebene jeder sozialen Klasse wiederholen, spricht andererseits doch vieles für eine andere Version: daß nämlich das zweite Stadium, die Internalisierung der strengeren Verhaltensstandards, vor allem das Werk des frühen Bürgertums war, eine Entwicklung, die, bei etwas späterem Beginn, dann doch schon parallel zur Formalisierung des aristokratischen Verhaltens verlief. Natürlich durchlaufen beide Klassen auch beide Stadien des Prozesses. Aber es waren doch die Fürstenhöfe des Ancien Régime, an denen die Formalisierung ihren Höhepunkt erreichte, während das Bürgertum Träger jener protestantischen Ethik wurde, deren puritanische Inhalte überall erst durch und nach den bürgerlichen Revolutionen zum herrschenden Standard wurden.

Der Gedanke einer unterschiedlichen Klassenverteilung zivilisierter Verhaltensstandards ist am klarsten nicht von Elias, sondern – offenbar ohne Kenntnis von dessen Werk und in anderem Zusammenhang – von den beiden englischen Soziologen Peter Willmott und Michael Young in ihrer großen Untersuchung zur Entwicklung der modernen Familienstruktur formuliert worden, die unter dem Titel ›The Symmetrical Family‹ erschienen ist. Willmott und Young sprechen von einem »Principle of Stratified Diffusion«, einem Prinzip der geschichteten Diffusion. Ich zitiere kurz aus diesem Buch:

> Das Bild, das wir vorschlagen möchten, ist das einer Marschkolonne, wobei es im allgemeinen die Leute an der Spitze der Kolonne sind, die eine neue Richtung einschlagen. Die letzten halten einen Abstand zu den ersten, der sich nicht verändert. Aber indem der Zug voranschreitet, erreichen die letzten allmählich den Punkt, den die ersten schon vorher passiert haben. Mit anderen Worten, das egalitäre Prinzip arbeitet mit einem zeitlichen Abstand. Die Menschen am Schluß des Zuges können nicht sofort den Punkt erreichen, an dem sich die Vorderen zu irgendeinem gegebenen Zeitpunkt befinden, ohne aus ihrem Rang auszubrechen und nach vorn zu rennen. Aber da sich die ganze Kolonne nach vorwärts bewegt, können sie darauf bauen, früher oder später diesen Punkt in der Zukunft zu erreichen. *Verzögerte* Gleichheit – die immer nur einige, niemals alle einbezieht – ist die Art und Weise, wie wir bisher dem Gleichheitsprinzip am nächsten gekommen sind. Die Quelle der Bewegung ist nicht schwer auszumachen: Ohne Industrialisierung wäre der Zug nicht in Bewegung.[4]

Diese letzte Bemerkung bedarf noch der Präzisierung: In westlichen Gesellschaften war der Zug immer schon seit den frühesten Anfängen des Kapitalismus in Bewegung, hat aber seit der Industriellen Revolution außerordentlich an Geschwindigkeit zugenommen. Für unsere Frage sind die Beobachtungen von Young und Willmott von besonderem Interesse, nicht allein, weil sie dem Prinzip der geschichteten Diffusion einen handlichen Namen gegeben haben, sondern vor allem, weil ihre Analyse zeigt, daß dieses Prinzip auch in den letzten 150 Jahren am Werk gewesen ist – ein Zeitraum, den Elias' Werk nicht mehr umfaßt.

Mit anderen Worten, wir dürfen nunmehr vermuten, daß das Prinzip der geschichteten Diffusion eine Gesetzmäßigkeit ist, die auch unsere gegenwärtige Gesellschaft noch mitbestimmt. Und aus dieser Tatsache läßt sich nun auch einiges über das gegenwärtige Schicksal des Zivilisationsprozesses ablesen. So wissen wir zum Beispiel aus der empirischen Sozialforschung, daß es trotz regionaler kultureller Unterschiede relativ feste Sozialisationsmuster gibt, die charakteristisch für die Mittelschichten beziehungsweise Unterschichten in verschiedenen westlichen Gesellschaften sind. Dabei handelt es sich, wie ich meine, um die beiden Stadien des Zivilisationsprozesses, die gegenwärtig von den beiden großen Schichten unserer Gesellschaft repräsentiert werden und miteinander koexistieren. Die Erziehungspraktiken der Mittelschichten tendieren dazu, sich innerhalb des von Basil Bernstein so genannten »elaborierten« Sprachkodes[5] zu bewegen. Die Regeln, nach denen die Kinder sich zu verhalten lernen sollen, werden erklärt und begründet. Die wichtigste negative Sanktion in diesen Elternhäusern ist der temporäre Entzug von Liebe und Zuwendung, der sich mit der Entwicklung von Scham- und Schuldgefühlen als Reaktion auf den Verlust körperlicher oder emotionaler Kontrolle verbindet. Die Erziehungspraktiken der unteren Schichten sind dagegen auf den »restringierten« Sprachkode beschränkt, der eher Tatsachenfeststellungen als selbständige Erklärungen fördert und dem eine Einstellung zugrunde liegt, die bündigen Anordnungen und Befehlen gegenüber den Künsten des Überredens und Überzeugens den Vorzug gibt. Die wichtigste negative Sanktion ist die körperliche Züchtigung; auch sonstige Strafen verhalten sich gleichgültig zur inneren Einstellung des Kindes. Das Ergebnis ist beim Erwachsenen eine durch Angst vor dem Verlust der materiellen, letztlich körperlichen Sicherheit modifizierte Verhaltensorientierung an äußeren Stimuli. Aus diesen hier sehr grob skizzierten Daten schließe ich, daß wir es hier mit einem Fall von Gleichzeitigkeit des Ungleichzeitigen zu tun haben, mit der Gleichzeitigkeit zweier historischer Stadien des gleichen Zivilisationsprozesses.

Ich vermute, daß das Prinzip der geschichteten Diffusion von Lebens-Mitteln (Marx), Erziehungsstilen und Affektkontrollen auch manches zur Erklärung der Unterschiede und der gegenwärtigen Verständnisschwierigkeiten zwischen West- und Ostdeutschen beitragen könnte. Wichtig für das Schicksal der Sinnlichkeit ist hier vor allem, daß der Informalisierungsprozeß im Westen viel weiter fortgeschritten ist. Während die Umgangsformen der Menschen in der ehemaligen DDR vergleichsweise steif und formell wirken, ist allerdings der von Maaz[6] diagnostizierte »Affektstau« ebenso kennzeichnend für die Menschen im Westen. Nur haben sie (noch) bessere Kompensationsmöglichkeiten in ihrer Freizeitkultur.

Eine ähnliche Beobachtung läßt sich machen, wenn wir die Gesellschaft in einer horizontalen statt einer vertikalen Perspektive betrachten; sowohl ethnische Unterschiede in den USA oder in Europa in Ländern mit vielen Immigranten wie auch charakteristische

Unterschiede im Verhalten von Stadt- und Landbevölkerung lassen sich in der gleichen Weise interpretieren. Offenbar setzt sich der Zivilisationsprozeß nicht nur von oben nach unten durch das vertikale Schichtgefüge, sondern auch horizontal von den wirtschaftlichen Zentren zur Peripherie einer Gesellschaft durch. Dies ist eine den Soziologen eher befriedigende Erklärung für bestimmte auffällige Verhaltensunterschiede als etwa der Hinweis auf den Nationalcharakter einer Bevölkerung. So glaube ich zum Beispiel nicht, daß das oft angeführte lebhaftere und heftigere Temperament mediterraner Völker ein ethnischer Charakterzug ist. Vielmehr handelt es sich auch hier um einen spezifischen, am Modernisierungsgrad dieser Gesellschaften je ablesbaren Punkt auf dem Wege des allgemeinen Prozesses der allmählichen Verinnerlichung äußerer Zwänge. Nehmen wir als Beispiel die in diesem touristischen Zeitalter beliebten Hinweise auf nationale Stile und Verhaltensweisen beim Autofahren: Es scheint in der ökonomischen Entwicklung eines Landes eine Periode von etwa zehn Jahren zu geben, in welcher das private Auto zu einem Massenverkehrsmittel wird. Das plötzliche Anwachsen des Verkehrs zwingt dann die Menschen zu einer zurückhaltenderen, kontrollierteren Fahrweise. Das ist ein Selbsterziehungsprozeß, zu dem wohl weniger eine verstärkte Polizeikontrolle als das wachsende emotionale und physische Risiko des Autofahrens beiträgt. Während der fünfziger Jahre hatten in Europa die West-Deutschen einen besonders schlechten Ruf als Autofahrer. Während der sechziger Jahre waren es schon eher die Italiener und Franzosen, und heute hören wir noch Klagen über das abenteuerliche Fahrverhalten von Griechen, Türken und Jugoslawen. Nun aber sind wieder die Deutschen dran, dieses Mal die aus der alten DDR.

Es zeigt sich also, daß zumindest, wenn Technik impliziert ist, der Zivilisationsprozeß fortschreitet. Es ist buchstäblich lebensgefährlich und -gefährdend, seine Aggressionen körperlich auf dem Gaspedal abzureagieren. Und um einen etwas größeren Zusammenhang zu wählen, ich wage nicht mir vorzustellen, was mit moderner Kriegsmaschinerie passieren würde, wenn diejenigen, die die Kontrolle über dieses Arsenal haben, nicht ständige emotionale Selbstkontrolle üben würden. Die geschichtete Diffusion der Internalisierung äußerer Zwänge ist heute zu einer Funktion der Technik geworden.

Aber wie erklären wir dann die verschiedenen Emanzipationsbewegungen und jene tatsächlichen Wandlungsprozesse, die uns von den so überaus formalen, die körperliche und emotionale Spontaneität unterdrückenden viktorianischen Verhaltensweisen zu unseren gegenwärtigen Standards entspannter Informalität und neuer Betonung körperlicher und emotionaler Ausdrucksformen geführt hat?

Fassen wir zunächst kurz ins Auge, was tatsächlich vor sich gegangen ist: Während der letzten hundert Jahre ist Sport zu einem Massenphänomen geworden. Wenn wir die Aspekte des Showgeschäfts mit dem Sport und des Starkults mit den Sportheroen beiseite lassen, so läßt sich dennoch ein überraschend großes Interesse an aktivem Sport verzeichnen. Zusammen mit einem Zug zur Natur, wie er etwa in der Freude am Camping, am Schwimmen, Bergsteigen und Wandern, am Surfen und Drachenfliegen zum Ausdruck kommt, drückt das Interesse am Sport die Bedeutung aus, die der körperlichen Gesundheit beigemessen wird. Dies ist natürlich zum Teil ein Reflex der allgemeinen Medikalisierung der Gesellschaft, zum Teil eine Reaktion auf die entfremdenden und ungesunden Aspekte unseres immer stärker verstädterten Lebens. In bezug auf die Nacktheit des Körpers scheinen die Schambarrieren heute niedriger als vor 50 Jahren zu liegen. Der wichtigste Einschnitt war hier die Revolution der Mode vor und nach dem Ersten Weltkrieg. Damals begann, von Jugendstil und Wandervogel vorbereitet, eine echte Neubewertung der »natürlichen« Schönheit des menschlichen Körpers und seiner Gefühle, die nicht schon mit Hinweisen darauf erklärt ist, wieviel praktischer etwa kurze Röcke, Hosen und kurze Haare für die wachsende Anzahl arbeitender Frauen aus den Mittelschichten war. Das Ende des obligatorischen Schnürkorsetts war der Anfang vom Ende des obligatorischen Büstenhalters. Und natürlich sind auch die Kleider für Männer viel informeller und bequemer geworden. Nacktbaden ist seit den zwanziger Jahren in den Nudistenghettos akzeptiert worden und wird heute in einigen westlichen Ländern und an einigen Stränden allgemein toleriert. Und so auch zu Hause: Kinder haben heute eine größere Chance, den nackten Körper ihrer Eltern für mehr als nur einen traumatisch-flüchtigen Moment zu sehen als noch vor 20 Jahren. Beim Beischlaf scheint Nacktheit zum allgemeinen Standard geworden zu sein. Kinseys nunmehr über 40 Jahre alte Untersuchung berichtet bezeichnenderweise noch von charakteristischen Schichtunterschieden in dieser Hinsicht.

Was das sexuelle Verhalten im allgemeinen anbetrifft, so habe ich nicht den Eindruck, daß man gleich von einer sexuellen Revolution sprechen sollte, aber eine Lockerung puritanischer Standards läßt sich nicht bestreiten. Tatsächlich sieht es so aus, als sei der radikalste Puritanismus immer in solchen Gesellschaften zu finden, die die Phase der ursprünglichen Akkumulation durchlaufen. Heute läßt sich das leicht illustrieren an Ländern, die in anderer Hinsicht so verschieden sind wie China, Kuba oder Algerien. Es gibt jedoch drei wesentliche Veränderungen im Hinblick auf Sexualität, die für den späten Kapitalismus charakteristisch sind: einmal natürlich die Veränderungen im Status der Frauen, die eine Voraussetzung für das Akzeptieren von vorehelichem Sex und von Scheidung als normalen Erscheinungen waren. Zweitens die Erfindung und Verbreitung oraler Empfängnisverhütungsmittel, die das schwerwiegendste Risiko vor- und außerehelichen Geschlechtsverkehrs tendenziell beseitigt haben. Und drittens die eigenartige Erscheinung, daß eine Art allgemeiner Voyeurismus kulturell akzeptiert, ja gefördert wird, der nur seinen stärksten Ausdruck in der Verbreitung sexuell stimulierender Bilder findet.

Mit der Erfindung der Fotografie hat unsere Kultur eine erstaunliche Dominanz des Auges gegenüber allen anderen Sinnen entwikkelt. Wiederum aber scheint das technische Medium nur das Vehikel eines tiefer liegenden Prozesses zu sein: Die Fähigkeit zum Sehen nämlich ist derjenige unserer Sinne, der am ehesten Distanz zwischen dem eigenen Körper und dem anderen schafft, betont und ausnutzt. Es scheint, als sei die Betonung des Auges nochmals eine Erscheinung jenes Zivilisationsprozesses, der auch in anderen Bereichen die *immer größere Distanzierung zwischen dem Körper und seinem Objekt* zum Inhalt hat. Dieser Voyeurismus ist freilich nur eine neuere Variation jenes Phänomens, das Michel Foucault die »discoursation« der Sexualität genannt hat[7], das endlose Interesse an der Beschreibung, Katalogisierung und Differenzierung aller Aspekte der Sexualität, die paradoxerweise die Kehrseite der puritanischen Einstellung zur wirklichen Sexualität ist.

Im Bereich der *Tischsitten* benehmen wir uns heute etwas weniger formal als unsere Großeltern – aber bei strikter Wahrung aller hygienischen Standards und mit der klaren Regel, daß alle zum Vorgang des Essens und Verdauens gehörigen Geräusche unterdrückt werden müssen, eine Tatsache, die nur deshalb erwähnenswert scheint, weil andere Zeiten soviel Freude an derartigem Ausdruck des körperlichen Behagens und Unbehagens gehabt haben. Wichtiger in diesem Zusammenhang sind wohl die deutlichen Veränderungen in den Regeln der Gastfreundschaft und des Sprachgebrauchs – für beide Verhaltensbereiche hat Informalität inzwischen den Status eines Werts an sich erreicht.

Im Hinblick auf den Ausdruck unserer Gefühle ist die Situation schwieriger einzuschätzen. Vielleicht ist es am einfachsten, wiederum bei der Aggressivität zu bleiben. Und auch hier finden wir widersprüchliche Standards: Auf der einen Seite setzt sich der Prozeß einer wachsenden Kontrolle über die Spontaneität aggressiven Ausdrucksverhalten zweifellos fort. Selbst bloße Wortgefechte gelten in den meisten, wenn nicht allen Situationen bereits als »abweichendes Verhalten«, während alle körperlichen Attacken unter Erwachsenen als kriminelle Akte bewertet werden. Auf der anderen Seite steht nicht nur die begründete Vermutung, daß die moderne Kleinfamilie ein überraschend hohes Maß an Gewalttätigkeit birgt und verbirgt, sondern vor allem die Tatsache der Kriegsverbrechen, der bürokratischen Massenmorde und der Folter, die offenbar in fast allen Ländern dieser Welt noch existiert, wenn auch in der westlichen Welt in einem qualitativ geringerem Maß.

Als Erklärung für alle diese Phänomene sind im wesentlichen zwei Hypothesen vertreten worden; die eine behauptet, daß der Kapitalismus sich eine wahre Befreiung von der Unterdrückung des Körpers und der Gefühle nicht leisten könne. Die rigide Formalität puritanischer und viktorianischer Verhaltensweisen sei deshalb nicht mehr notwendig, weil wir inzwischen diese Zwänge so tief verinnerlicht hätten, daß die Selbstkontrollen ausreichen. Gewiß können an der Oberfläche Emanzipationsbewegungen toleriert werden, aber nur so lange, wie die Rationalitäts- und Leistungsstandards, auf denen das ökonomische System beruht, von ihnen nicht berührt werden. Herbert Marcuse hat für das aus dieser Perspektive gesehen wesentliche Merkmal unserer Gesellschaft den Ausdruck »repressive Toleranz« geprägt. Was andere als sexuelle Revolution gefeiert haben, hat er als »repressive Ent-Sublimierung«[8] beschrieben. Michel Foucault und viele Gesellschaftskritiker von geringerem Rang sind Marcuse darin gefolgt, die neue sexuelle Freiheit als eine nur noch subtilere Form der Herrschaft zu denunzieren. In dieser Sicht erscheinen alle Lebensstile nur als weitere Konsumgüter auf dem kulturellen Markt und sind als solche Instrumente herrschaftlicher Manipulation. Die Internalisierung äußerer Zwänge fährt, wenn auch in subtileren Formen, fort, die menschliche Natur zu vergewaltigen – der Zivilisationsprozeß ist der Prozeß fortschreitender Vermachtung der gesellschaftlichen Beziehungen unter der Maske der Emanzipation. Die Kontrolleure der neuen amorphen Machtbeziehungen sind die sogenannten Helfenden Berufe.

In der anderen Hypothese wird umgekehrt die Ansicht vertreten, daß wir uns im Stadium der post-industriellen oder post-modernen Gesellschaft befinden, d.h. einem sich ökonomisch, technologisch und sozial selbst regulierenden System, in dem alle wesentlichen materiellen Probleme im Prinzip gelöst sind. In diesem Stadium können wir uns endlich die Befreiung von Zwängen leisten, die früher noch notwendig und funktional waren. Nunmehr erst können der Körper und die Gefühle zum Vehikel auf der Suche nach authentischen Selbstverwirklichungen werden. Weder muß die Sinnlichkeit noch unterdrückt werden, noch ist sie überhaupt noch von besonderem Interesse im Vergleich zu den virtuellen Realitäten, die die neuen Medien zunehmend zur Verfügung stellen.[9]

Nun scheinen mir zur Erklärung jener Entwicklungen, die ich als gegenwärtig charakteristisch für die westlichen Gesellschaften hier kurz umrissen habe, die beiden beschriebenen Grundpositionen unzureichend. Der Zivilisationsprozeß ist nicht nur ein Derivat des

Kapitalismus, und es ist nötig, zur Erklärung der genannten Beobachtungen eine dritte Hypothese zu entwickeln. Zunächst ist es notwendig, die Inkonsistenz der gegenwärtigen Einstellungen zum Körper und zu den Gefühlen im Zusammenhang mit den typischen Formen der Identitätsbildung und der Realitätskonstruktionen in unserer Gesellschaft zu sehen. Denn der Körper ist nicht eine abgeschlossene Monade, sondern Teil eines Feldes, das den Organismus und seine Umgebung umfaßt. Und die Gefühle sind Erregungszustände, die an der je situationsspezifischen Kontaktgrenze zwischen dem Selbst und seinen Objekten entstehen. Charakteristisch für den Sozialcharakter heute scheint eine Flexibilität von Engagement und Distanz zu Gruppen und Personen und eine damit korrespondierende Fähigkeit zu wechselnden Identifikationen mit immer neuen Rollen zu sein.

Schon früh hat Eike Gebhardt darauf hingewiesen, wie sehr das zäh festgehaltene Identitätsdenken in unserer Kultur (und unserer Psychologie) an dieser Entwicklung vorbeigeht und einer zu Ende gehenden Epoche einer spezifisch europäischen Entwicklung verhaftet bleibt.[10]

> Im Gegensatz zu anderen Kulturen glauben wir, »die Ganzheitlichkeit« und Konsistenz des Selbst anhand seiner Objektbeziehungen bestimmen zu müssen. Daß der durchgängig behauptete Wert der individuellen Bedürfnisbefriedigung möglicherweise eher unbeständige Objektbeziehungen verlangt, verweist auf die offensichtliche Tatsache, daß die westlichen Gesellschaften eben nicht primär an Befriedigung, Glück oder »Ganzheit« des Selbst orientiert sind, sondern vielmehr an »Fremdbestimmung«. Objektbeziehungen verlangen Beständigkeit nur, wenn wechselseitige Abhängigkeit statt Autonomie die Regel ist. Während wir in der Tat frühe Autonomie im Leistungsverhalten ermutigen, setzen wir gleichzeitig auf extreme und fortdauernde Abhängigkeit in den persönlichen Beziehungen. Statt daß wir mehrere Menschen die gleichen Rollen und Funktionen für uns übernehmen lassen, erwarten wir von einem Menschen, mehrere (und oft widersprüchliche) Rollen zu spielen und Funktionen auszufüllen und halten dennoch an dem Ideal der Konsistenz fest. (Selbstverständlich diagnostizieren wir dann jedermann als jemand, der »Probleme hat«; aus politischen Gründen definieren wir Probleme, die aus dem Ideal stabiler Objektbeziehungen resultieren, als praktische Probleme des *individuellen* Selbst.) Vielfältige Rollen machen aber eine generelle Konsistenz [der Ich-Identität, HPD] tendenziell unmöglich und

führen gewöhnlich automatisch zu einer »strategischen Antwort« (Laing) in Form einer quasi-schizoiden mentalen Organisation – und einer Fragmentierung der (objektbestimmten) persönlichen Werte.

Ganz ähnlich die Analyse von Robert Jay Lifton, der vom »proteischen Charakter« des modernen Menschen spricht. Proteus war jener Mann in der griechischen Mythologie, der ohne weiteres jedwede Gestalt annehmen konnte – nur nicht seine eigene. Ähnlich wie David Riesman den »außengeleiteten« Sozialcharakter beschrieb, sieht Lifton den modernen Menschen als jemand, der ohne Schwierigkeiten im Laufe seines Lebens viele Identitäten annimmt, dabei aber doch vage Schuldgefühle wegen seiner Wurzellosigkeit entwickelt:[11]

> Was tatsächlich verschwunden ist, ist das klassische Über-Ich, die Verinnerlichung klar definierter Kriterien für Recht und Unrecht. Gerade von dieser Art Über-Ich muß der proteische Mensch frei sein – er braucht eine symbolische Vaterlosigkeit –, um seine Erkundungen auszuführen. Aber anstatt frei von Schuldgefühlen zu sein, nehmen seine Schuldgefühle nur eine andere Form als die seiner Vorgänger an. Tatsächlich leidet er sehr unter ihnen, ohne daß er sich aber bewußt wäre, worunter er leidet. Denn es handelt sich um eine Art verborgenes Schuldgefühl – eine ebenso vage wie anhaltende Selbst-Verdammung, die mit dem Gefühl zusammenhängt, kein Objekt für seine Loyalitäten und keine symbolische Struktur für seine Leitungen zu haben.

Tatsächlich ist die symbolische Struktur unserer Gesellschaft wie ein zersprungener Spiegel: Wir sehen unsere vielen Identitätsfragmente exakt reflektiert, ohne uns jedoch als Ganzheit erkennen zu können. Das Schicksal der Ich-Identität kann niemals getrennt werden von dem Interesse an dem Realitätsstatus dessen, was jeweils vor sich geht. Aber wenige Psychologen und Sozialwissenschaftler haben diese Verbindung gesehen. Oft sind sie innerlich zu sehr jenem vorhergehenden Stadium des Zivilisationsprozesses verbunden, für das die Bildung stabiler, innengeleiteter Persönlichkeitsstrukturen eine zentrale Funktion war. Marcuses Kritik des eindimensionalen Menschen zum Beispiel wird der Ernsthaftigkeit nicht gerecht, mit der viele heute nach neuen und kreativeren Weisen suchen, mit unserer eigenen Naturhaftigkeit und unserer natürlichen Umgebung umzugehen. Und selbst Erving Goffmans bahnbrechende Analyse der ständig sich verschiebenden Realitätsebenen in der modernen Erfahrung von Gesellschaft, die zum Bild des proteischen Menschen gehört, reduziert schließlich die neu gewonnene Flexibilität auf ein gestiegenes Potential von Täuschungstaktiken und Strategien des »impression management«.[12]

Meine eigene Hypothese nun ist, daß das gegenwärtige Stadium des Zivilisationsprozesses am besten als das Entstehen eines reflexiven Naturverhältnisses begriffen werden kann. Was an der heutigen Kultur neu ist, ist der reflexive Gebrauch des Körpers, der Gefühle, der äußeren Natur und, allgemeiner, der realitätskonstruierenden Tätigkeiten in Interaktionen. Und damit ist beides gemeint, eine reflektierende Haltung, die bewußt die Qualität, die Intensität und paradoxerweise sogar den Grad der Spontaneität im Ausdruck körperlicher und emotionaler Bedürfnisse wählt, wie auch die eigene Selbstreflexivität solcher Ausdrucksformen. Diese Hypothese ermöglicht es, scheinbar so unterschiedliche Phänomene unserer Kultur zu erklären wie die Entritualisierung des Alltagslebens, die veränderten Einstellungen gegenüber Nacktheit und Sexualität, die ökologischen Bewegungen, die neue politische Bedeutung von Naturkategorien wie Rasse und Region, Geschlecht und sexuelle Neigung, die Verbreitung körperbezogener und gefühlsbetonender Psychotherapien, das neue Interesse an einer Thanatologie, die Suche nach authentischer religiöser Erfahrung, die experimentelle Einstellung gegenüber esoterischen Erfahrungen und allgemeiner, das Angebot unterschiedlicher Weltsichten und situationsspezifischer Erfahrungen alternativer Wirklichkeitsdimensionen. Der gemeinsame Nenner all dieser Phänomene ist die neue Bedeutung einer reflexiven Haltung gegenüber der Natur unserer Körperlichkeit und der Natur unserer Umgebung.

Diese neue Haltung läßt sich am leichtesten in der Kunst belegen, wo sie bereits eine Tradition hat. Immer häufiger besteht Kunst ja aus der Selbstreflexion ihrer Produktionsweise und ihrer Konsumform. So zum Beispiel in Roy Lichtensteins Gemälde mit dem Titel ›Meisterwerk‹, das einen weiblichen und einen männlichen Comicstrip-Charakter zeigt, wobei der erstere auf einer Wortblase sagt: »Na, Brad Liebling, dieses Bild ist ein Meisterwerk. Glaub mir, bald wird ganz New York dich wegen deiner Bilder anhimmeln!« Und nicht immer ist die Selbst-Reflexivität ironisch. Ein Beispiel für eine ernsthaftere Reflektion auf die Produktionsweise ist der Truffaut-Film ›Die amerikanische Nacht‹, dessen Story die Geschichte der Produktion eben dieses Films ist.

Im Theater ist es nicht nur die Beziehung zwischen Schauspiel und Wirklichkeit, die reflektiert wird, sondern oft auch die Beziehung zwischen den Schauspielern und ihrem Publikum, wie etwa in Peter Handkes Stück ›Publikumsbeschimpfung‹, in welchem die Schauspieler zwei Stunden lang nichts anderes tun, als die Zuschauer zu beschimpfen. Es zeigt sich, daß, sobald das Schlagwort »Kunst ist Leben!« ernst genommen wird, die Funktion der Kunst nurmehr darin besteht, auf mögliche Perspektiven hinzuweisen, in denen jedermann die Realität wahrnehmen kann, wenn er sich dazu entscheidet. Das Prekäre für den Künstler und sein Verhältnis zur Gesellschaft liegt darin, daß dieser heute allzu oft mit einigem Pathos auf eine Brüchigkeit der Realitätserfahrung hinweist, die für jene schon längst zum Bestandteil des Alltagslebens geworden ist. Magritte und Max Ernst sind nun Klassiker, die in den meisten Postershops gehandelt werden.

Aber Selbst-Reflexivität ist nicht allein eine kognitive Wahrnehmungsweise. Im Gegenteil, es scheint mir, daß das wirklich interessante Phänomen die Selbst-Reflexivität der sinnlichen Wahrnehmung und der Gefühle selbst ist: Wir sind verliebt in die Liebe, wir haben Angst vor der Angst, wir spüren Schmerz in der Antizipation einer Verletzung, wir haben sexuelles Vergnügen bei der Lektüre, dem Gespräch oder dem Anblick des erotischen Bildes, wir mögen absichtsvoll unsere Frustration zum Ausdruck bringen, um angestauten Ärger abzureagieren, und so fort.

Der reflexive Gebrauch der Sinnlichkeit ist aber nur dadurch möglich, daß ich meiner Sinnes- und Gefühlstätigkeit stets gleichzeitig auch gewahr sein kann. Erst dieses Vermögen zum Gewahrsein, zu einer inneren Achtsamkeit, macht es möglich, daß Fragen des Gefühls und der Körperkontrolle selbst zum Gegenstand reflektierter Verhaltensweisen werden können. So zum Beispiel, wenn wir uns absichtsvoll – sei es spielerisch, sei es strategisch – eines besonders höflich-formellen Verhaltens befleißigen. Oder wenn wir uns umgekehrt auf besonders unkonventionelle Erfahrungen einlassen, einen »Hoffmann-Prozeß« etwa, ein »Rebirthing« oder ein »Avatar-Training« – alles ohne uns selbst dauerhaft den entsprechenden Verhaltensweisen und Weltsichten zu verschreiben. Diese sich erst allmählich und noch kaum bemerkt ausbreitende neue Einstellung ist eine Reaktion auf kulturelle Angebote von Rollen und Emotionen, von Identitäten und Realitäten als den Quellen möglicher Selbst- und Welterfahrung, die auch (aber nicht allein) durch die neuen Medien vermittelt und produziert werden. Die Bedingung der gesellschaftlichen Tragfähigkeit dieser neuen Einstellung ist sicherlich eine relativ gute Absicherung der materiellen Grundbedürfnisse. Die Bedingung ihrer psychischen Wirksamkeit aber ist die Entwicklung und Verfeinerung einer reflexiven Sinnlichkeit, die Gewinnung eines Standortes im Auge der Sinneswirbel und emotionaler Stürme, an dem das Subjekt reines Gewahrsein ist.

Der Spätkapitalismus scheint ohne die Bildung eines stabilen Über-Ichs auszukommen. Mehr noch, ein starker, aber rigider Charakter scheint in einem sozio-ökonomischen System, das von der Arbeitskraft ständige Lernbereitschaft und größtmögliche Flexibilität verlangt, von einer notwendigen Voraussetzung zunehmend zu einem Hindernis individueller Funktionsfähigkeit zu werden. Die sich langsam, in Schüben und Konflikten, durchsetzende neue Phase des Zivilisationsprozesses ist die einer reflexiven Einstellung zur Sinnlichkeit, in der Distanz und Engagement, Planung und Spontaneität einander bedingen und ergänzen, wenn auch um den Preis einer entsprechenden, durch Technik und Ökonomie erzwungenen Rollenteilung, die nicht nur ihre Exponenten in zwei kulturelle Welten trennt, sondern zunehmend quer durch die individuellen Rollenhaushalte verläuft.

Daher ergeben sich aus dem sich anbahnenden neuen Stadium des Zivilisationsprozesses neue Aufgaben für Sozialisation und Psychotherapie; nunmehr geht es nicht so sehr um die Internalisierung kultureller Standards durch elterliche Ge- und Verbote als vielmehr um die Entwicklung einer kommunikativen Kompetenz, die es dem Individuum ermöglicht, an flexiblen und experimentellen Wirklichkeitskonstruktionen teilzunehmen, ohne die jeweilige Form der Interdependenz von Organismus und Umwelt zu gefährden oder zu zerstören. Diese Kompetenz gründet in dem, was ich reflexive Sinnlichkeit nenne. Gestalttherapie ist eine unter mehreren Unternehmungen, denen es darum geht, diese Grundlage für die nun benötigten Kompetenzen wiederzuentdecken, weiterzuentwickeln und zu pflegen. Nach dem Grundsatz, daß soziale Antagonismen dazu tendieren, sich auf der psychischen Ebene als Symptome zu manifestieren, wird der neue Zivilisationsschub zu anomischen Desorientierungen im Individuum führen, wenn er nicht innerpsychisch abgesichert ist durch die Fähigkeit zu reflexiver Sinnlichkeit.

Die Beziehung von Organismus und Umwelt ist aber gegenwärtig noch immer stärker bedroht durch die angespannte Selbstkontrolle des den öffentlichen Verhaltensnormen angepaßten Leistungsmenschen als von den in Wirklichkeit noch wenigen, die mit direkteren Formen der Selbsterfahrung und der Selbstdarstellung experimentieren. Gegenüber dem Druck der atemberaubenden Beschleunigung, mit der sich vor unseren Augen eine hochkomplexe Weltgesellschaft formiert und zugleich ihrem eigenen Untergang entgegensteuert[13], liegt es nahe, sich in den alten und oft noch öffentlich honorierten Identitäten und Charakterhaltungen zu verschanzen. Allzu leicht kristallisiert sich dann die unterdrückte Wut zu Ressentiments und Vorurteilen und fördert eine Fixierung am Status quo der Konsum- und Wachstumgesellschaft, die die Kreativität in uns und die Natur um uns erstickt.

Rigide Selbstbeherrschung ist eine Niederlage gegenüber der eigenen Natur – die freilich gesellschaftlich gefördert wird und daher ein Gefühl von Macht und Leistungsstärke vermittelt. Nichts scheint diesen Menschen zu fehlen als eben nur das Gefühl, lebendig zu sein, ein Gefühl für das Sinnlich-Abenteuerliche des Lebens. »Aber«, beobachtete Paul Goodman schon 1951, »plötzlich werden die Unterdrückungen unwirksam wegen der allgemeinen Verbreitung von Luxusgütern und Versuchungen; das Selbstwertgefühl wird geschwächt durch soziale Unsicherheit und Sinnlosigkeit; Charakter wird nicht belohnt; und eine zupackende Aggressivität wird im öffentlichen Raum abgeblockt, so daß sich Aggressionen nur gegen das eigene Ich richten können: In der gegenwärtigen Situation steht Selbstkontrolle, die Eroberung der eigenen Natur, im Vordergrund als das Zentrum der Neurose.« (Goodman, S.420)

Das ist, was Norbert Elias unsere »Selbstzwangsapparatur« nannte – nach ihm die Bedingung der Möglichkeit zivilisierten Verhaltens. Der Gewinn ist weiträumiger Frieden. Von den Verlusten spricht Elias kaum; der Frieden ist mit Gewalt gegen unsere innere und äußere Natur erkauft. Kein Wunder, daß Paul Goodman, der kein Optimist war, die Neurose für eine anthropologisch unausweichliche Begleiterscheinung des Zivilisationsprozesses hielt. Aber es wird nun immer deutlicher, daß es keinen Frieden unter den Menschen geben kann, der nicht das Verhältnis von Mensch und Umwelt neu bestimmt. Der neue Zivilisationsschub muß das erreichen, oder es wird gar keine Zivilisation mehr geben. Auch in gestalttherapeutischer Perspektive geht es um mehr als um die Heilung von Schäden, die durch die Trägheit sozialisatorischer und anderer gesellschaftlicher Instanzen verursacht wurden. Es geht darum zu lernen, die sinnliche Konstitution unserer Welt mit jener inneren Achtsamkeit zu begleiten, die die Quelle unserer Kreativität ist. Nur so kann auch unser tief gestörtes Verhältnis zur Umwelt geheilt werden.

II. Die sättigende Erfahrung – Der Kontaktprozeß in der Mensch/Umwelt-Interaktion

The truly experienced person,
the refined person,
delights in the ordinary.
Gary Snyder

Ausgangspunkt und bleibender Hintergrund aller gestalttherapeutischer Arbeit ist eine Theorie des Kontaktprozesses, die das Austauschverhältnis zwischen dem menschlichen Organismus und seiner Umwelt beschreibt. Es wäre aber ein Mißverständnis, diese Theorie als einen Versuch zu sehen, die Komplexität des menschlichen Verhaltens auf eine Formel zu bringen. Das wäre eine Überforderung für ein Modell, das weitgehend von all dem absieht, was für den therapeutischen Prozeß *nicht* relevant ist. Das Kriterium für die Richtigkeit dieses Modells ist deshalb weder, ob es sich mit den herkömmlichen Methoden der empirischen Sozialpsychologie verifizieren, noch ob sich jedes beliebige menschliche Erleben und Verhalten in seinen Kategorien beschreiben und erklären läßt, sondern allein, ob es sich als Wahrnehmungshilfe und Handlungsorientierung in der therapeutischen Praxis bewährt. Mehr als diese pragmatische Funktion zu erfüllen, beansprucht diese Theorie nicht – auch wenn sie zu psychologischen und soziologischen Einsichten zu verhelfen vermag, die darüber hinausgehen.

Jede Psychotherapie geht explizit oder implizit aus von einer Vorstellung darüber, was »normal« und was »gestört« ist; die Theorie des Kontaktprozesses beschreibt, was aus der Perspektive der Gestalttherapie »normal« ist. Sie ist damit der selbstverständliche Hintergrund, vor dem die »Störungen« des Patienten in den Augen des Therapeuten Gestalt annehmen. Die Grenzen des von ihr entworfenen Modells sind dann freilich zugleich die Grenzen dessen, was noch als psychische »Störung« ausgemacht und damit therapeutisch bearbeitet werden kann – politische Not, wirtschaftliches Elend, ökologische Vergiftung, körperliche Krankheit sind nicht selbst Gegenstand der Psychotherapie, obwohl es zum therapeutischen Ethos gehört, innerhalb der therapeutischen Situation gegebenenfalls auch kontrafaktisch davon auszugehen, daß der Spielraum und die Ressourcen des Betroffenen stets größer sind, als er sie im Augenblick erlebt – auch der Therapeut kann dabei Überraschungen erleben.

1. Figur und Hintergrund: Der Gestaltbildungsprozeß in der Kontaktsituation

Jeder Organismus lebt eingebettet in einer Umwelt, mit der er Energie, Materie und Informationen austauscht. Das gilt auch für den menschlichen Organismus; er ist wie jedes lebende Wesen ein »autopoietisches« System, das heißt eine Organisation von Teilen, die sich in ständigen »anabolischen« (aufbauenden) und »katabolischen« (abbauenden) Prozessen erneuert, wobei auf die Dauer keine Zelle und kein Molekül gleich bleibt.[1] Diese Auf- und Abbauprozesse speisen sich aus den Quellen der jeweiligen Umwelt, die ihrerseits wieder in übergreifende Systeme eingebettet ist. Ein solches Organismus/Umwelt-Feld befindet sich niemals im Gleichgewicht; es wird beherrscht von dem immer neu entstehenden Mangel an Materie, Energie und Information, der durch die Aufnahme von Neuem aus der Umwelt ausgeglichen werden muß. Der Organismus ist also gegenüber seiner Umwelt (und diese gegenüber umfassenderen Systemen) »offen«, das heißt angewiesen auf Austausch und angelegt auf die Erfahrung von Erstmaligkeit. Nur durch die Aufnahme von Neuem kann ein Organismus wachsen; Wachstum aber ist die Definition von Leben. Den Vorgang, durch den der Organismus Neues aus der Umwelt in sich aufnimmt, nennen wir hier den *Kontaktprozeß*. Der Kontaktprozeß umfaßt die Wahrnehmung des Neuen in der Umwelt, die Unterscheidung zwischen Assimilierbarem und Nicht-Assimilierbarem, die Bewegung zum assimilierbaren Neuen hin sowie die Einverleibung des Neuen und seine Assimilation.

Bereits hier stößt das Vorhaben, diesen Prozeß zu beschreiben, auf eine Schwierigkeit sprachlicher Natur, der wir im folgenden noch öfter begegnen werden. Für das Modell des Kontaktprozesses gilt Heraklits »Alles fließt«. Unsere Sprache aber kann prozessuale Vorgänge nur unvollkommen ausdrücken, sie ist nicht an Prozessen und Funktionen, sondern an Dingen und Eigenschaften, nicht an dynamischen Wechselwirkungen, sondern an statischen Gegensätzen orientiert. »Subjekt« und »Objekt«, »Geist« und »Materie«, »biologisch« und »kulturell«, »innerlich« und »äußerlich«, »rational« und »emotional« – fast beliebig läßt sich die Reihe der Gegensatzpaare fortsetzen, die unsere Denkgewohnheiten prägen und die uns die Formulierung und das Verständnis der Interdependenzen im Organismus/Umwelt-Verhältnis erschweren. So suggeriert der Begriff *Organismus/Umwelt-Feld* das Bild einer Fläche, die fest umgrenzt ist und bestimmte Eigenschaften besitzt. Statt dessen meint er in unserem Zusammenhang das Wechselspiel aller Funktionen von Wachstum und Veränderung im fließenden Systemzusammenhang von Organismus und Umwelt.

Der *menschliche Organismus* und die ihm eigentümliche Umwelt weisen nun einige Besonderheiten auf, die erst geklärt werden müssen, bevor der Kontaktprozeß im einzelnen beschrieben werden kann. Der Mensch wird hier durchweg als eine leib-seelisch-geistige Einheit gesehen, als ein lebendes System, zu dem spirituelle, kognitive, emotionale und körperliche Funktionen gehören, die sich ständig in Wechselwirkung miteinander befinden und niemals isoliert auftreten. Daran soll erinnert sein, wenn in diesem Text oft vom menschlichen Organismus die Rede ist, statt einfach von Menschen oder Individuen. Jeder Gedanke ist auch ein körperlicher Prozeß, jede Emotion hat auch kognitive Aspekte, und die Möglichkeiten und Grenzen unserer Körperlichkeit wirken ein auf unsere geistige und psychische Verfassung, wie umgekehrt unser Denken und Fühlen nicht ohne Einfluß auf unseren Körper ist.

Darüber hinaus aber kann dieser Organismus nicht definiert werden ohne Bezugnahme auf seine Umwelt. Anders als beim Tier, das durch die Struktur seiner Sinne und seines genetischen Codes ein für allemal auf eine spezifische Umwelt festgelegt ist, kann und muß der Mensch seine Umwelt selbst gestalten. Gewiß sind auch manche Tierarten gegenüber veränderlichen Umweltbedingungen außerordentlich anpassungsfähig, sie sind dies aber dank einer organischen Ausstattung, die dem Menschen fehlt. Er muß seine Instinktunsicherheit und die verhältnismäßig bescheidene Entwicklung seiner Sinnesorgane durch reflexives Bewußtsein (Planung) und durch Instrumentengebrauch (Technik) kompensieren. Der Mensch ist, wie Herder gesagt hat, ein »Invalide seiner höheren Kräfte«.

Der menschliche Organismus ist also biologisch darauf angelegt, seine Sinnesorgane durch Erfindungen zu verbessern und seine Umwelt durch Entdeckungen zu verändern. Das Fernrohr oder die Brille sind nicht etwas dem Menschen Äußerliches, sondern gehören zu seinen anthropologischen Möglichkeiten. Die Veränderung der *Umwelt* aber ist anthropologischer Zwang. Der Mensch ist zu seiner Reproduktion auf die Bearbeitung der Natur angewiesen, die Veränderung seiner Umwelt ist ihm nicht nur möglich, sondern sie ist für sein Überleben notwendig. Allerdings muß sich diese Veränderung im Rahmen der Naturgesetze bewegen. Mehr denn je in unserer Geschichte sehen wir uns heute damit konfrontiert, daß wir unsere Umwelt nicht nur wirtlicher, sondern auch unwirtlicher gestalten können. Dabei ist das Problem – nachdem wir nun einmal vom Baum der Erkenntnis gekostet haben – nicht unser Wissen, sondern unsere Ignoranz – und die stets mit ihr einhergehende Selbstgefälligkeit. Der Baum der Erkenntnis ist wie die Hydra, jede Erkenntnis generiert neue Fragen und erweitert unser Bewußtsein von der Unendlichkeit dessen, was wir nicht wissen. Aber es gibt kein Zurück hinter den Sündenfall, wir müssen weiter fragen, suchen, forschen und erforschen. Deshalb ist gegenwärtig auch nicht das Problem, daß wir zu viel, sondern daß wir zu wenig – und in mancher Hinsicht die falsche – Wissenschaft haben. Zur Natur des menschlichen Organismus gehören auch seine geistigen Fähigkeiten, und zur Natur seiner Umwelt gehört auch deren Bearbeitbarkeit.

Die Bearbeitung der Natur ist aber von vornherein gesellschaftliche Arbeit. Vor allem durch die überlange Sozialisationsphase ist immer schon die Kooperation – und damit Kommunikation – mit anderen anthropologisch erzwungen. So sind die Mittel und die Formen von Produktion und Reproduktion von Anfang an gesellschaftlich, anders ausgedrückt: Der menschliche Organismus ist ein vergesellschafteter Organismus, und die Formen der Vergesellschaftung sind Ausdruck der jeweiligen Produktionsverhältnisse.[2] Hinzu kommt, daß der Mensch als das Lebewesen, das um den eigenen Tod weiß, darauf angewiesen ist, seiner Existenz einen Sinn abzugewinnen. So »kultiviert« er seine natürliche wie seine soziale Umgebung durch Deutungsmuster und symbolische Rituale, die sich in Wechselwirkung mit den jeweiligen Produktionsverhältnissen historisch verändern. Die Umwelt des Menschen ist also ein immer schon gestaltetes und stets weiter gestaltbares System von dinglichen und symbolischen Elementen mit körperlichen, sozialen und kulturellen Funktionen.

Der menschliche Organismus begegnet allerdings nun dieser Umwelt nicht in abstracto, sondern in jeweils konkreten *Kontaktsituationen*, deren räumliche und zeitliche Horizonte alles hier und jetzt Gegebene umschließen. Wir können in Gedanken und Phantasien die Grenzen der Situation überschreiten, aber als leib-seelische Einheit befinden wir uns stets innerhalb einer Situation, und nur dort können wir Neuem begegnen und Neues erfahren. Nur innerhalb gegebener, wenngleich gestaltbarer Situationen kann der menschliche Organismus die ihm auferlegte Leistung jener *schöpferischen Anpassung* an seine Umwelt erbringen, die im Entdecken und Erfinden des Neuen, also der Objekte seiner Bedürfnisbefriedigung, besteht. Deshalb ist das in einer Situation *Gegebene* nicht die unendliche Menge des physikalisch, sozial und kulturell Vorhandenen, sondern das, was unsere Neugier erweckt, unsere Aufmerksamkeit fesselt und unsere Konzentration in Anspruch nimmt, demgegenüber alles andere als irrelevant in den Hintergrund tritt und schließlich unserer Wahrnehmung entgeht.

Kontaktsituationen sind also nicht nur von einem raum-zeitlichen Horizont umgrenzt, sondern auch durch eine »Relevanzstruktur der Mitgegebenheiten«[3] strukturiert, die sich allmählich im Kontaktprozeß herausbildet. Wir unterscheiden zwischen mehr und weniger Relevantem und treffen diese Unterscheidung aufgrund spontan auftretender oder für den jeweiligen Anlaß aufgesparter Bedürfnisse. Entscheidend ist dabei der Begriff der *Kontaktgrenze*, der Punkt, an dem sich Organismus und Umwelt jeweils berühren und an dem sich zunehmend die ganze sensomotorische Aufmerksamkeit versammelt. Sie ist der Vordergrund, die Figur oder Gestalt, die sich im Laufe des Kontaktprozesses allmählich immer klarer als das jeweils Relevante vor einem Hintergrund abhebt, der nun selbst nach unterschiedlichen Graden von Relevanz oder Irrelevanz sich strukturiert, bis auch dieser Hintergrund schließlich verschwimmt und meine ganze Aufmerksamkeit nur noch diesem einen Punkt meiner Begegnung mit der Umwelt gilt.

Die Kontaktgrenze ist also nicht identisch mit unserer Haut, die wir normalerweise als die Grenze zwischen »innen« und »außen« erleben. Vielmehr verschiebt sich der Berührungspunkt von »innen« nach »außen«, hebt vorübergehend diese Unterscheidung überhaupt auf und kehrt dann wieder von »außen« nach »innen« zurück. Als *Beispiel* mag uns *der Vorgang der Nahrungsaufnahme* dienen, der für Frederick Perls den Prototyp des Austauschprozesses zwischen Organismus und Umwelt darstellte. Ich spüre Hunger – eine Körperempfindung in der Magengegend; meine Sinne organisieren sich so, daß meine Aufmerksamkeit auf mit Nahrung Zusammenhängendes gerichtet und von dessen Reizwirkung erregt wird: Ich sehe mit einemmal das kalte Büfett, oder ich rieche die aus der Küche dringenden Düfte; als nächstes kommen bestimmte Orientierungsfunktionen zum Zuge – ich wähle die Objekte meiner Bedürfnisbefriedigung aus, ich wäge dabei die Kosten ab (Zeit, Geld, soziale Rücksichten etc.) und schiebe eventuell die Bedürfnisbefriedigung auf; nun beginnt die Manipulation der Umwelt: Ich greife zu, breche das Brot, zerschneide das Fleisch oder koche die Kartoffeln. Hier kommen die positiven Aspekte der Aggression zum Zuge – im buchstäblichen wie im übertragenen Sinn ein Zerstückeln, Zerkleinern, In-seine-Bestandteile-Zerlegen, eine Destrukturierung dessen, was mir meine jeweilige Umweltsituation an Nahrungsmöglichkeiten bietet: Bearbeitung der Natur. Dieser aggressive Prozeß wird fortgeführt im Zerbeißen, Zerkauen und Hinunterschlucken. Im lustvollen Schmecken und Kauen findet der Kontaktprozeß seinen Höhepunkt; die gesamte sensomotorische Aufmerksamkeit des Organismus ist jetzt im Mund, dem augenblicklichen Berührungspunkt von Organismus und Umwelt, versammelt. Schließlich tritt ein Gefühl der Sättigung ein, und die Figur der Nahrung verblaßt wieder, wie die Erregung des Organismus nachläßt und schließlich ganz verschwindet. Der Organismus kann nun das endgültig Assimilierbare integrieren und den Rest ausscheiden.

Dieses Beispiel läßt sich mit entsprechenden Modifikationen auf andere Kontaktprozesse übertragen. Meine Aufmerksamkeit kann ebenso von einem intellektuellen Problem wie von einer erotisch anziehenden Person gefesselt werden – immer sind bei einem ungestörten Kontaktprozeß meine kognitiven und affektiven Fähigkeiten und meine sensomotorischen Funktionen auf die Kontaktgrenze gerichtet, an der jeweils und momentan Organismus und Umwelt zu einem Ganzen verschmelzen. Dieses jeweilige Ganze unserer Erfahrung bildet die relevante Figur und Gestalt, die sich vor dem Hintergrund des übrigen Organismus/Umwelt-Feldes abhebt.

Der Gestalt-Begriff ist hier also ein Erfahrungsbegriff, er meint die Art und Weise, wie wir »Welt« erleben als das, was uns im Organismus/Umwelt-Feld jeweils begegnet. Die Verschiebungen der Kontaktgrenze oder des Berührungspunktes sind also identisch mit den fließenden Veränderungen der Figur/Hintergrund-Konstellation, dem Prozeß der Gestaltbildung. Das Geschehen an der Kontaktgrenze, dessen Antriebskraft das Bedürfnis ist, erregt unsere Aufmerksamkeit, und diese wiederum organisiert sich als Wahrnehmung, Wille und Handlung, die zusammenwirkend dieses Geschehen durch Abhebung vom Hintergrund der weniger relevanten Mitgegebenheiten zur Figur gestalten. Die Kurve der Verschiebung der Kontaktgrenze ist zugleich eine Kurve der Intensität der sensomotorischen und affektiven Erregung des Organismus, die in unserem Beispiel im Schmecken und Kauen der Nahrung kulminiert. Diese *Erregung* ist eine Mobilisierung der Energien des Organismus mit der Funktion, die Wahrnehmungs- und Orientierungsfähigkeit des Organismus zu schärfen und seine Gestaltungsfähigkeit zu steigern, so daß alle seine Kräfte auf die Aufnahme des Neuen konzentriert sind.

Im Kontaktprozeß erleben und erfahren wir unsere Welt. Alle wirkliche *Erfahrung* vollzieht sich an der Kontaktgrenze und berührt den menschlichen Organismus als Ganzes. Ihr Gewinn ist Wachstum und Reife, eine Erneuerung des Lebens und ein Mehr an Kompetenz. Nur dieser Kontaktprozeß vermittelt uns ein sicheres *Gefühl von Realität.* Psychologisch gesehen erleben wir nur das als real, was wir je subjektiv an der Kontaktgrenze erfahren und was sich in der Sättigung unserer Bedürfnisse als erfolgreich bewährt oder in der Frustration unserer Bedürfnisse als widerständig erweist. Soziologisch gesehen kommt, insbesondere wenn es um symbolisch vermittelte Kontaktprozesse geht, die Bestätigung dieser Erfahrung durch andere hinzu – jede noch so real erlebte Erfahrung an der Kontaktgrenze, der auf die Dauer die soziale Bestätigung versagt wird, isoliert den Menschen radikal, wirkt also psychotisierend. Diejenige Realität, zu deren leib-seelischer Erfahrung der menschliche Organismus befähigt ist, wird also in Kontaktprozessen intersubjektiv konstituiert.

2. *Die Stadien des Kontaktprozesses: Selbst-Entfaltung*

Der energetische Vorgang, mit dem sich der menschliche Organismus so gegenüber seiner Umwelt behauptet, daß seine Mangelerscheinungen immer wieder durch Aufnahme von Neuem ausgeglichen werden, nennt Goodman das »Selbst«.[4] Das *Selbst* ist also nichts Substantielles oder Statisches, sondern ein Prozeß: Mit jeder Bedürfnis- oder Interessenregung entfaltet sich das Selbst, und mit jeder Befriedigung verschwindet es wieder. »Wir wollen das ›Selbst‹ als das System der ständig neuen Kontakte definieren. Das Selbst ist die Kontaktgrenze in Tätigkeit; diese Tätigkeit besteht im Erschaffen von Figuren und Hintergründen. Es ist der Künstler, dessen

Stoff das Leben ist. Es ist nur ein kleiner Faktor in der gesamten Organismus/Umwelt-Interaktion, aber es hat die entscheidende Funktion des Findens und Schaffens der Bedeutungen, durch die wir wachsen.« (Goodman, 1, 11) Das Modell des Kontaktprozesses kennt keine statische Ich-Identität. Der Mensch erfährt sich selbst jeweils in seinem Interesse am Neuen, und die in früheren Kontaktprozessen gewonnenen Erfahrungen gehen als psychische und soziale Kompetenz in dieses handlungsleitende Interesse mit ein. Auch die Realität seiner biographischen Kontinuität wird in Kontaktprozessen jeweils rekonstruiert: Wir schreiben unsere eigene Geschichte im Interesse der jeweiligen Gegenwart immer wieder neu.[5]

Das Selbst ist also die energetische Kraft zur Gestaltbildung im Organismus/Umwelt-Feld. Je klarer die Gestalt sich vor dem Hintergrund abhebt, je mehr sich unsere sensomotorische Aufmerksamkeit auf die sich bildende Figur an der Kontaktgrenze konzentriert, desto voller ist das Selbst entfaltet. Im Grunde ist das Selbst identisch mit dem Gestaltbildungsprozeß, denn »die Figur verkörpert alle Interessen des Selbst und das Selbst ist nichts als sein gegenwärtiges Interesse, daher *ist* das Selbst die Figur« (Goodman 1, 11). Die Figur aber entsteht mit dem Bedürfnis und verschwindet mit dessen Befriedigung. Da sich in der Figur Organismus und Umwelt berühren und durchdringen, ist die volle Erfahrung des Selbst die immer erneute und immer vorübergehende Erfahrung einer tieferen Einheit von Leib und Mitwelt, der lebendigen Ganzheit des Organismus/Umwelt-Feldes. Von daher läßt sich auch bestimmen, was mit einem Begriff *sinnvoll* gemeint werden kann, mit dem heute viel Mißbrauch getrieben wird: *Selbst-Verwirklichung* heißt, sich auf befriedigende Kontaktprozesse spontan einzulassen, sie in ihrem Fortlauf zuzulassen und sie bei Sättigung auch wieder loszulassen. Das Loslassen aber, die Auflösung des Selbst, ist der im Leben gelebte Tod, die Erfahrung, vom Leben selbst gesättigt zu sein.

Bei genauerer Betrachtung des Kontaktprozesses lassen sich nun verschiedene Stadien der Selbst-Entfaltung unterscheiden: Vorkontakt, Orientierung und Umgestaltung, Integration, Nachkontakt. Im Vorkontakt erwacht das Selbst zu Leben, in der Orientierung und Umgestaltung ist es in voller Auseinandersetzung mit der Umwelt, in der Integration erreicht es seinen Höhepunkt und im Nachkontakt erblaßt es allmählich wieder. Im Hinblick auf den Gestaltbildungsprozeß lassen sich diese Stadien kurz etwa so charakterisieren:

1. *Vorkontakt:* Ein Bedürfnis regt sich im Organismus oder wird durch einen Umwelt-Reiz stimuliert. *Bedürfnis und Reiz* lassen sich kaum sinnvoll trennen: Ein hungriger Mensch sieht (oder phantasiert) Nahrung, aber ebenso weckt der Anblick oder der Geruch von Nahrung den Appetit. Bedürfnis und Umweltreiz bilden nun eine Figur, die sich vor dem Hintergrund des Körpers und weniger stimulierenden Teilen der Umwelt abhebt. Der Organismus spürt spontan, daß ein Bedürfnis vorliegt und gegebenenfalls, welches von mehreren Bedürfnissen vorrangig befriedigt werden will. In solchen Kontaktsituationen, die in unserer Gesellschaft überwiegend nicht spontan auftauchen, sondern sozialen Arrangements zur (direkten oder indirekten) Befriedigung regelmäßig auftauchender Bedürfnisse folgen (z.B. Arbeitsbesprechungen, gesellige Veranstaltungen, gemeinsame Essen, erotische Kontakte), ist die Phase des Vorkontakts meist mit Begrüßungsritualen und »small talk« ausgefüllt.

2. *Orientierung und Umgestaltung:* Jetzt tritt das Bedürfnis, obwohl es Motor der sensomotorischen Tätigkeit des Organismus bleibt, in den Hintergrund des Erlebens, während die möglichen *Objekte der Bedürfnisbefriedigung* zur Figur werden. Solche Objekte (in Freuds Terminologie: die Objekte libidinöser Besetzungen) können gegenständlicher (Nahrung) wie ungegenständlicher Natur (Ideen) sein, vor allem aber kann es sich dabei um Menschen handeln, die Partner in den verschiedenartigsten Interaktionen sind. Auch ist das Objekt der Bedürfnisbefriedigung nicht immer identisch mit dem Ziel oder Zweck einer Handlung: Die Lust am Bergsteigen geht nicht auf im Erreichen des Gipfels, und die Freude an einem Bad erschöpft sich nicht in der erzielten Sauberkeit. Gegenüber den möglichen Objekten in der Kontaktsituation entwickeln sich nun, zuerst undeutlich und dann immer ausgeprägter, Gefühle

von Attraktion und Aversion; sie sind erste spontane Orientierungsleistungen des Organismus in der gegebenen Umwelt. In sozialen Situationen lassen wir die Begrüßungsrituale, das erste Abtasten und den belanglosen »small talk« hinter uns und interessieren uns nun für die anstehende Aufgabe, das anregende Thema, die aufregende Darbietung, das spannende Gegenüber. Sinnliche und kognitive Orientierung gehen Hand in Hand mit motorischer Hinwendung und zupackender Gestaltung. Die Differenzierung der situationsspezifischen Gegebenheiten in Objekte von unterschiedlicher Relevanz impliziert ebenso *Negation* – das Verwerfen und Beiseiteschieben des Unattraktiven, Unbekömmlichen, Uninteressanten – wie *Affirmation* in der Hinwendung auf das Gemeinte, im Daraufzugehen und Zugreifen. Das Interessante wird identifiziert und ergriffen, das Uninteressante ausgeblendet oder beiseite geschoben. Die Gestaltung der Kontaktsituation nach Relevanzkriterien erfolgt durch Orientierung und Umgestaltung, wobei diese Handhabung[6] notwendig aggressiven Charakter hat, zupackend hier, vernichtend dort.

3. *Integration:* Nun tritt die zugleich entdeckte und erfundene Gestalt leuchtend in den Vordergrund und verdrängt alles andere: Der Organismus wird eins mit dem Objekt seines Bedürfnisses. Diese Vollendung des Kontaktprozesses ist ein Zustand gesunder Konfluenz von Organismus und Umwelt: Das Du meines Gegenübers erfüllt mein ganzes Erleben, oder ich gehe in der Aufgabe meines Engagements ganz und gar auf, oder ich bin im ästhetischen Erleben, wie wir sagen, »ganz Auge« oder »ganz Ohr«. Im Sexuellen findet der Kontaktprozeß seine Vollendung im Orgasmus. An diesem Beispiel läßt sich vielleicht am einfachsten nachvollziehen, was mit Integration von Bedürfnis und Objekt gemeint ist: Der Organismus läßt jedes absichtsvolle und planvolle Handeln hinter sich, Wahrnehmung, Gefühl und Motorik wirken spontan und unkontrolliert zusammen und lassen die Grenzen des Organismus gegenüber dem anderen verschwimmen, das Selbst geht ganz in der Gestalt seines Erlebens auf. Ich bin, buchstäblich und im übertragenen Sinn, ergriffen, indem ich ergreife; die Paradoxie unserer

Existenz, zugleich Körper zu sein und einen Körper zu haben, löst sich vorübergehend auf und mit ihr lasse ich mich selbst hinter mir.

4. *Nachkontakt:* Der zeitlose Moment der Integration hält freilich nicht an, ich komme wieder zu »mir«, Organismus und Umwelt lösen sich allmählich voneinander, die Figur verblaßt langsam. Dennoch ist der Nachkontakt ein wichtiges Stadium des Kontaktprozesses. Erst hier, im Nachklingen des Erlebten und Erfahrenen, beginnt die Assimilation des Neuen, wird der Kontaktprozeß zu einer sättigenden Erfahrung. Das Aufgenommene muß in Ruhe verdaut werden, der Körper bedarf der Entspannung und Erholung, unsere Aufnahmefähigkeit ist erschöpft und bedarf einer Pause, bevor wir »umschalten« können auf andere Kontaktprozesse. Im sozialen Verkehr gibt es zahllose Varianten ritualisierter Nachkontakte: der »gesellige Teil« nach der Arbeitsbesprechung, der Restaurantbesuch nach dem Theater, das gemeinsame Frühstück nach der Liebesnacht, die vielen Formen des Abschiednehmens. Alles Wichtige ist nun getan und gesagt, und doch braucht auch das Schweigen, das Sich-Bedanken beim anderen, das Zurückfinden in die zeitliche und räumliche Struktur und die körperlichen Bedingungen des Organismus/Umwelt-Feldes seine eigene Zeit. Ein Kontaktprozeß ohne Nachkontakt ist schlimmer als ein Kontaktprozeß, der nicht über den Vorkontakt hinauskommt. In einem Fall bleibe ich hungrig bis zum nächsten Mal, im anderen Fall aber bin ich voll, ohne gesättigt zu sein.

Diese vier Stadien des Kontaktprozesses bauen systematisch aufeinander auf, sind, phänomenologisch gesprochen, ineinander fundiert. Das bedeutet praktisch, daß kein Stadium ohne Schaden für das nächstfolgende übersprungen werden kann; wenn der Vorkontakt ausgelassen wird, bleiben die Bedürfnisse unscharf oder treten mitten im Kontaktprozeß als plötzlich überwältigende Impulse des Organismus in Erscheinung. Der Versuch, sich Orientierung und Gestaltung in der Umwelt zu ersparen, führt zu distanzlosem Engagement, leichtsinnigem Handeln und oft zu regressiven Phantasien, die an der Realität scheitern. Ohne die Vollendung des Kontaktprozesses in der Integration von Bedürfnis und Objekt ist Neues nicht wirklich aufgenommen worden, und ohne das Ausklingen im Nachkontakt kann der Organismus das Neue nicht oder nur schlecht assimilieren. Dennoch enden normalerweise viele Kontaktprozesse schon mit dem Vorkontakt oder erreichen dieses Mal noch nicht die Befriedigung in der Integration. Sie sind deshalb nicht pathologisch; das Verhaltensmuster der aufgeschobenen Befriedigung gehört zu den Möglichkeiten des menschlichen Organismus und möglicherweise zu den Grundbedingungen der sozialen Interaktion. Schließlich muß bedacht werden, daß innerhalb ein und desselben sozialen Anlasses mehrere Kontaktprozesse oft in rascher Abwechslung aufeinander folgen oder sich überlagern bzw. ineinander verschachtelt sind wie russische Puppen, so daß die soziale Wirklichkeit fast immer komplexer ist, als sie im Modell des Kontaktprozesses erscheint. Und das gilt natürlich erst recht, wenn wir uns vergegenwärtigen, daß in sozialen Situationen die Kontaktprozesse mehrerer Interaktionspartner sich kreuzen oder einander ergänzen; das Modell des Kontaktprozesses bezieht sich zunächst nur auf *ein* handelndes Subjekt. Das gesamte Interaktionsgeflecht des Organismus/Umwelt-Feldes in einer sozialen Situation zu beschreiben, wäre eine andere Aufgabe.

Wenn das Selbst definiert ist als die Tätigkeit der Figur/Hintergrund-Bildung im Kontaktprozeß, dann heißt das natürlich nicht, daß dieser Prozeß bewußtlos verläuft. Vielmehr wird die Selbst-Entfaltung erlebt als eine zunehmend hellwache, sinnlich-intellektuelle Aufmerksamkeit, die den ganzen Organismus ergreift. Diese Weise, in der sich das Selbst selbst erfährt, sein Erfahrungsmodus, ist mit dem unübersetzbaren englischen Ausdruck »awareness« gemeint – nicht das reflexive Bewußtsein, mit dem ich mir ein Problem vergegenwärtige und über seine Lösung nachdenke, sondern jenes intensive Erleben der jeweiligen Berührungspunkte zwischen mir und meiner Umwelt, das auf einer inneren Achtsamkeit beruht, die die reflexive Seite meines Engagements und Involviertseins ist: Gewahrsein ist reflexive Sinnlichkeit.

Im bewußten Erleben trete ich hinter mich zurück und werde zu einem Doppelgänger und Zeugen meiner selbst. Aber dieses Selbst ist die sich bildende und wieder vergehende Gestalt im Kontaktprozeß, und insofern bin ich im Erfahrungsmodus der reflexiven Sinnlichkeit zugleich auch ganz und gar identisch mit mir als demjenigen, der in Berührung ist und berührt wird. Es gibt keinen Kontaktprozeß ohne dieses sinnliche Bewußtsein von dem, womit man in Kontakt ist. Aber es gibt sehr unterschiedliche Grade von »Awareness«. Der Erleuchtete mag in der »unio mystica« mit der Existenz schlechthin leben – der gewöhnliche Sterbliche wird auch seiner täglichen Nahrung noch kaum gewahr, und dieser dürftige Grad an reflexiver Sinnlichkeit hat Rückwirkungen auf den Kontaktprozeß selbst. Ähnlich wie im Verhältnis von Gefühlserleben und Gefühlsausdruck gibt es einen Verstärkereffekt im Verhältnis von reflexiver Sinnlichkeit und Entfaltung des Selbst: Je intensiver das Selbst sich selbst erlebt, desto voller entfaltet es sich.

Gestaltbildung und Gestalterfahrung bedingen einander, und je voller, leuchtender und sinnlicher die Gestalt sich ausbildet, desto befriedigender wird der Kontaktprozeß ausfallen. Im Hinblick auf die Tätigkeit des Organismus in der Umweltsituation ist die Voraussetzung reflexiver Sinnlichkeit das, was Paul Goodman den »mittleren Modus der Spontaneität« genannt hat: ein Verhältnis zur Umwelt, das zwischen Aktivität und Passivität die Mitte hält, in dem sich Hinwenden und Zugreifen mit Öffnen und Aufnehmen verbindet. Wenn das Selbst in bloßer Aktivität aufgeht, kann es nicht zur realen Gestalt werden, es würde nur erfinden und nichts entdecken, es bliebe in seinen Projektionen gefangen. Wenn umgekehrt das Selbst in reiner Passivität verharrt, kann es nichts assimilieren, es würde nur aufnehmen, aber nichts bearbeiten, es bliebe mit unverdaulichen Introjektionen sitzen. Weder mit impulsiver Aktivität noch mit regressiver Passivität ist Sättigung und Wachstum möglich. Im mittleren Modus der Spontaneität stehe ich mir selbst nicht im Wege, überlasse das Organismus/Umwelt-Feld seiner Selbstregulierung und bin doch in reflexiver Sinnlichkeit ganz und gar bei der Sache, lasse im eigenen Engagement die Gestaltbildung zur lebendigen Erfahrung werden.

Gestalttherapie ist in der Auseinandersetzung mit der Psychoanalyse entstanden. Perls und Goodman waren beide tief beeindruckt von Freud und haben sich, jeder auf seine Weise, an ihm wie an einer Vaterfigur gerieben. Es ist deshalb nicht falsch, wenn die Gestalttherapie gelegentlich als eine neo-analytische Schule bezeichnet worden ist. Und so ist auch nicht überraschend, daß Goodman sich in seiner Unterscheidung verschiedener Funktionen des Selbst an die Metapsychologie Freuds angelehnt hat: Er spricht von den Es-Funktionen, den Ich-Funktionen und den Persönlichkeitsfunktionen. Das sich entfaltende Selbst entwickelt im Kontaktprozeß zuerst Bedürfnisse, Appetite – die *Es-Funktionen.* Sodann sucht es das Objekt der Bedürfnisse in der Umwelt und bildet seine Gestalt durch sensomotorische Orientierung und Manipulation – die *Ich-Funktionen.* Schließlich bleiben als Ergebnis des Kontaktprozesses neugewonnene Erfahrungen und Fähigkeiten des Organismus – die *Persönlichkeitsfunktionen.* (Auf die Konstruktion einer Instanz des Über-Ichs kann die Gestalttherapie verzichten, weil es sich dabei in der Perspektive des Kontaktprozeßmodells nur um neurotische Introjekte handelt.[7])

Diese Unterscheidungen hatten ursprünglich vor allem den Sinn, die Theorie der Gestalttherapie einem psychoanalytisch gebildeten Publikum verständlich zu machen. Heute besteht ihr Wert noch darin, den Therapeuten auf zweierlei aufmerksam zu machen:

- Erstens sind die Störungen im Erleben der Bedürfnisse, also bei den Es-Funktionen, gravierender und müssen daher anders behandelt werden als Störungen der Persönlichkeitsfunktionen; während erstere stets potentiell psychotisch sind, führen letztere zu narzißtischen Prozessen und schlimmstenfalls zu einem psychopathischen Charakter ohne Umweltgewahrsein.
- Zweitens lassen sich in gestalttherapeutischer Sicht die Störungen bei den Es-Funktionen und bei den Persönlichkeitsfunktionen nur dadurch bearbeiten, daß es dem Patienten zu einer sinnlichen Erfahrung wird, wie er diese Störungen durch das Blockieren ein-

zelner Ich-Funktionen des Vorkontakts, der Orientierung und Umgestaltung, der Interaktion und des Nachkontakts immer wieder neu reproduziert. In der rein gestalttherapeutischen Arbeit geht es also ausschließlich darum, wie, wann und wo der Klient einzelne seiner Ich-Funktionen im Kontaktprozeß blockiert, hemmt oder schwächt.[8]

Über diese Orientierung für die therapeutische Praxis hinaus hat die Unterscheidung der drei Funktionen des Selbst kaum Bedeutung; sie bleibt deshalb bei der nun folgenden genaueren Betrachtung der Tätigkeit des Selbst an der Kontaktgrenze außer Betracht.

Am Beginn jedes Kontaktprozesses steht ein Bedürfnis. Der Organismus spürt einen Mangel, der nur durch Aufnahme von Neuem aus der Umwelt ausgeglichen werden kann. Jedes Bedürfnis ist das Erleben eines Mangels, und erst durch dieses Erleben wird eine bestimmte Organismus/Umwelt-Konstellation zum Vorkontakt, zur ersten Phase eines Kontaktprozesses. Das Modell des Kontaktprozesses braucht sich dabei nicht auf die Freudsche Libido-Theorie einzulassen; die pseudo-naturwissenschaftliche Annahme eines »Triebhaushalts« im Menschen ist unnötig.[9] Gewiß, der Organismus spürt den Mangel, zunächst noch unbestimmt, dann immer deutlicher, und drängt nun nach außen, über sich selbst hinaus, und er braucht dazu Energie. Zugleich aber öffnet er sich seiner Umwelt, nimmt in sich auf, verarbeitet und verkraftet, gleicht den Mangel aus, fühlt sich gesättigt. Die Objekte der Umwelt werden nicht »libidinös besetzt«, sondern sind Bestandteil der intentionalen Akte des denkenden und handelnden Menschen. Das Selbst steht nicht den Zielen und Objekten seiner Bestrebungen gegenüber, sondern ist von vornherein in sinnlicher und kognitiver Berührung mit ihnen und gestaltet sie in und durch diese Berührung zur Figur vor dem Hintergrund nicht nur der Umwelt, sondern auch des Organismus.

Bedürfnis ist die Erfahrung von Mangel. Manche Mängel müssen sofort ausgeglichen werden, andere können warten. Die Luft, die wir atmen, brauchen wir so sehr, daß wir ihr Vorhandensein selbstverständlich voraussetzen; nur bei akutem Mangel wird uns angstvoll bewußt, wie abhängig wir von dieser Umweltbedingung sind. Der Mangel an Wärme und Nahrung läßt sich schon etwas länger ertragen, muß aber eher früher als später behoben werden. Andere Bedürfnisse, auch körperliche darunter, müssen nicht unbedingt befriedigt werden, solange es ums bloße Überleben geht: Der Körper stirbt nicht aus Mangel an sexueller Befriedigung; der Organismus als Ganzes freilich wird leiden. Solche Leiden können nur in den Vordergrund treten, wenn andere, vordringlichere Bedürfnisse befriedigt sind. Das Wiener Bürgertum der Jahrhundertwende, aus dem die Patienten Freuds stammten, war eben ein sattes Bürgertum. Wäre es überhaupt sinnvoll, von verschiedenen Trieben zu sprechen, so hätte allemal der Selbsterhaltungstrieb an erster Stelle zu stehen. Und im Hinblick auf die Selbsterhaltung des Individuums setzt der Organismus klare physikalische Prioritäten: Luft, Nahrung und Wärme sind der vorrangige Bedarf.

Aber natürlich braucht der Mensch viel mehr; auch als Individuum ist er Gattungswesen und hat Bedürfnisse, die der Erhaltung der Gattung dienen – auf biologischer wie auf sozialer und kultureller Ebene. Ohne Sexualität gäbe es keine Fortpflanzung, und ohne Information und Kommunikation könnten Individuen und Gesellschaft sich weder materiell noch kulturell reproduzieren.

So offensichtlich es also eine Prioritätsordnung der Bedürfnisse gibt, so schwierig scheint es, sich über sie Klarheit zu verschaffen, sobald man über das Elementarste hinausgeht. Abraham Maslow, einer der Begründer der Humanistischen Psychologie, hat dazu einen Vorschlag gemacht, der für das Modell des Kontaktprozesses fruchtbar ist.[10] Maslow unterscheidet fünf Gruppen von Bedürfnissen, die jeweils während eines Stadiums der psycho-sozialen Entwicklung des Menschen im Vordergrund stehen. Zuerst sind es physiologische Bedürfnisse wie die nach Nahrung und Wärme; im zweiten Stadium sind es die Sicherheits- und Schutzbedürfnisse; im dritten folgen die sozialen Bedürfnisse nach Geliebtwerden, Akzeptiertsein und Zugehörigkeit; im vierten Stadium treten die Bedürfnisse nach Status, Anerkennung und Ansehen in den Vordergrund, und im letzten Stadium ist es das Bedürfnis nach »Selbstverwirklichung« und persönlicher Erfüllung. Entscheidend ist dabei, daß die Möglichkeit zur Erfüllung der Bedürfnisse des jeweils vorangehenden Stadiums gesichert sein muß, bevor die Bedürfnisse des nächsten Stadiums voll erlebt und zum vorrangigen Handlungsantrieb werden können. Nicht daß die elementaren Bedürfnisse jeweils ein für allemal gesättigt wären – natürlich brauchen wir jeden Tag aufs neue Nahrung, und natürlich tritt der Wunsch, geliebt zu werden, immer wieder auf. Aber nur, wenn das Individuum genügend soziale und psychische Kompetenz entwickelt hat, um sich aus seiner Umgebung zu holen, was es braucht, und nur wenn diese Umgebung dafür auch hinreichende Möglichkeiten bietet, kann es sich weiter entfalten und neue Bedürfnisse auf einer anderen Ebene entwickeln.

Das Modell von Maslow ist offen und flexibel genug, um drei Einwänden begegnen zu können, die grundsätzlich gegen jeden Versuch, einen Katalog der menschlichen Bedürfnisse aufzustellen, erhoben werden können. Dabei handelt es sich um ein *psychologisches,* ein *soziologisches* und ein *anthropologisches* Bedenken. Zum ersten: Es gibt kein menschliches Bedürfnis, das für immer gestillt werden könnte. Das gilt übrigens auch für sogenannte kindliche Bedürfnisse, die ja doch immer auch die heimlichen Sehnsüchte des Erwachsenen bleiben; nicht das Bedürfnis nach mütterlicher Zuwendung oder väterlicher Orientierung ist kindlich, sondern nur die Fixierung auf immer die gleiche Bezugsperson. Unser Leben vollzieht sich in einem komplexen Gewirr von bedürfnisgeleiteten Kontaktprozessen, von denen einige regelmäßig wiederkehren, andere nur gelegentlich auftauchen und wieder andere neu hinzutreten. Entscheidend ist, daß in jeder Lebensphase einige von ihnen größere Bedeutung erlangen; unsere Energie fließt jeweils in diejenigen Kontaktprozesse, die uns gegenwärtig am meisten interessieren, und das sind die von solchen Bedürfnissen motivierten, deren Befriedigung wir eben noch nicht mit jener Sicherheit betreiben, die auf Erfahrung und Kompetenz beruht, sondern auf die sich jetzt unsere Ängste wie unsere Hoffnungen konzentrieren. Sexuelle Begegnungen sind immer aufs neue erregend; aber nur in der Pubertät, wenn sich die sexuellen Bedürfnisse erstmalig voll entfalten, können sie jene unwiederbringliche

Bedeutung erlangen, die alle anderen Kontaktprozesse verblassen läßt.

Maslows Modell läßt also Raum für die im Laufe des Lebens sich ständig wandelnde und entwickelnde Relevanzordnung der täglichen Kontaktprozesse. Dabei kann sie zugleich erklären, was auf der Ebene der Bedürfnisse eine *Regression* ist: das durch elende Umweltbedingungen und/oder durch Mangel an psychischer und sozialer Kompetenz verursachte Zurückfallen auf ein vorgängiges Stadium elementarer Bedürfnisse, die gegenwärtig nur unzureichend befriedigt werden.

Umgekehrt zeigt es aber auch, daß psychische Störungen dadurch entstehen können, daß die Hierarchie der Bedürfnisse auf den Kopf gestellt und unter dem Druck (oft verinnerlichter) gesellschaftlicher Erwartungen die Befriedigung differenzierter Bedürfnisse gesucht wird, ohne daß die Kompetenz zur problemlosen Befriedigung elementarer Bedürfnisse schon ausreicht. Normalerweise stellt sich die Prioritätenordnung der Bedürfnisse in jener Situation selbsttätig her. Wenn die Erfahrung eines vorrangigen Mangels stark genug ist, um uns von anderen jeweils laufenden Kontaktprozessen abzulenken, dann würde ein allzu langer Aufschub den Organismus beeinträchtigen oder funktionsunfähig machen. Wenn umgekehrt primäre Bedürfnisse befriedigt sind, entfaltet sich der Organismus auf anderen Ebenen und beginnt, subtilere Bedürfnisse zu spüren. Insofern hat der Begriff der *Sublimierung* für die Theorie des Kontaktprozesses keinen Sinn; für sie ist Sexualität ein wesentlicher, aber nicht der einzige Bedürfnisbereich. Das Modell des Kontaktprozesses bezieht sich auf die nie ausschöpfbare Fülle menschlicher Bedürfnisse und Interessen in einem sich stets verändernden Organismus/Umwelt-Feld. Jeder Kontaktprozeß ist sui generis und hat seine eigenen Bedürfnisse und Befriedigungen. Das Buch, an dem ich schreibe, die geistige Tätigkeit, der ich mich hingebe, ist nicht Ersatzbefriedigung für entgangene Sexualität. Allenfalls würde mich ein Mangel an sexueller Befriedigung von der Arbeit ablenken, sexuelle Bilder träten an die Stelle theoretischer Phantasie.

Der zweite Einwand bezieht sich auf die *historische* und *kultu-*

relle Variabilität der Bedürfnisse des Menschen. Die berü mel von Brecht, nach welcher zunächst das Essen und dan Moral kommt, war ja nicht so sehr Feststellung einer anthro schen Tatsache als vielmehr politische Forderung. Was jew Grundbedürfnis oder gar Grundrecht des Menschen heute postuliert und manchmal auch realisiert wird, hängt von den Herrschaftsverhältnissen und dem Reichtum einer Gesellschaft ab. Maslow trägt dem Rechnung, indem er den gleichen Maßstab an die gesellschaftlichen Produktionsverhältnisse (Maslow spricht von »Kulturen«) legt; was individuell als Bedürfnis überhaupt erlebbar ist, hängt vom ökonomischen und kulturellen Entwicklungsstand einer Gesellschaft (beziehungsweise einer gesellschaftlichen Gruppe) ab. Wo heute noch (oder gar immer mehr) der Hunger vorherrscht, wird man vergeblich ein Bedürfnis nach individueller Selbstbestimmung suchen. Und wer in unserer Gesellschaft von Arbeitslosigkeit bedroht ist, dem werden Sicherheitsbedürfnisse vorrangig sein; wer aber über einen sicheren Arbeitsplatz verfügt, dem mag die Frage kommen, ob er in seiner Arbeit die notwendige Anerkennung bekommt und seine Fähigkeiten befriedigend entfalten kann.

Der dritte Einwand betrifft ein *anthropologisches* Problem: Der Mensch ist in der Lage, nein zu sagen – sogar zu seinen Bedürfnissen. Wissend um die Unausweichlichkeit seines Todes kann er schließlich auch das Leben verneinen. Zu Recht sind wir es heute gewohnt, den Selbstmord im Normalfall als eine neurotische Lösung für ein Problem zu sehen, das mit dem Wunsch zu sterben nichts zu tun hat. Nur darf darüber nicht vergessen werden, daß jenseits aller psychologischen Erwägungen die Möglichkeit zu diesem letzten, unwiderruflichen Nein eine Grundfigur der conditio humana ist, die auf vielfältige Weise immer schon das Leben mitbestimmt. In unserem Zusammenhang bedeutet das *zweierlei:* Erstens kann, wie erwähnt, die Befriedigung der höheren Bedürfnisse aufgeschoben, zweitens kann die Befriedigung aller Bedürfnisse grundsätzlich abgelehnt werden.

Der erste Fall ist von prinzipieller Bedeutung: Ohne das *Verhaltensmuster der aufgeschobenen Befriedigung* kann es weder Koope-

...on noch überhaupt Kultur geben. Das bedarf scheinbar keiner weiteren Erläuterung, und doch bleibt aus gestalttherapeutischer Sicht immer zu prüfen, ob jemand die Befriedigung eines Bedürfnisses bewußt zurückstellt oder ob er sich dabei nur habituell und bewußtlos von verinnerlichten Normen leiten läßt. Natürlich gibt es oft gute Gründe für das Aufschieben von Befriedigungen – sei es, daß im Moment ein anderes, wenn auch weniger dringliches, Bedürfnis realisierbarer erscheint, sei es, daß die Möglichkeiten einer sozialen Situation sich auf Vorkontakt und erste Orientierung beschränken oder sei es auch aus bewußter Rücksichtnahme auf andere. Wichtig ist nur, daß das ursprüngliche Bedürfnis noch als solches gespürt werden kann und daß der Aufschub aus eigener Einsicht und freier Entscheidung erfolgt. Gewiß, manche Dinge müssen erledigt, manche Stoffe gelernt, manche Regeln eingehalten werden, obwohl das keinen Spaß macht. Aber es ist auch möglich, sich dem Erledigen und Lernen *hinzugeben* und die Regeln des sozialen Umgangs als Spielregeln zu erkennen, die *auch* Spielräume eröffnen. Mit anderen Worten, auch das Tun selber kann zum Objekt eines fesselnden Kontaktprozesses werden.

Wie die Insistenz auf »Selbstverwirklichung« bei jeder Gelegenheit oft nur Ausdruck narzißtischer Selbstbefriedigungswünsche ist, so ist die einseitige Orientierung am Ziel von Handlungen oder am bloßen Erledigen von Aufgaben oft nur Ausdruck einer introjizierten Leistungsmoral. Die soziologische Theorie der aufgeschobenen Befriedigung kann leicht zu einer Ideologie werden, die die Problematik entfremdeter Arbeit verschleiert.[11] Für die gestalttherapeutische Perspektive entscheidend bleibt, ob das Bedürfnis, dessen Befriedigung vertagt wird, noch gespürt werden kann und darf und künftige Kontaktprozesse mit motiviert oder ob es verdrängt wurde, um die Sinnlosigkeit der sozial erwarteten Tätigkeiten und die eigene Hilflosigkeit angesichts übermächtiger gesellschaftlicher Kräfte nicht mehr spüren zu müssen.[12]

Der zweite Fall ist komplizierter: Es gehört zu den besonderen Möglichkeiten des Menschen, sich ein Stück weit von seinem Körper distanzieren und dessen Bedürfnisse zugunsten höherer Ziele zurückstellen zu können. *Askese* ist allerdings eine Haltung, die unserer Gesellschaft fremd geworden ist.[13] Selbst im religiösen Bereich, wo asketische Haltungen Tradition haben, scheint der Verzicht immer seltener als Vorbedingung spiritueller Erfahrungen zu gelten. Dennoch ist das asketische Verhalten eine Grundfigur menschlicher Erfahrungsmöglichkeiten. Wenn es dabei um Suche nach dem Jenseits geht, so ist solche Suche allerdings auch jenseits therapeutischer Modelle und Bemühungen. Nicht vergessen werden darf aber auch, daß wir die enorme Entfaltung unserer Produktivkräfte im Zuge der industriellen Entwicklung – ebenso wie übrigens auch die durch solidarisches Verhalten erkämpfte sozialstaatliche Sicherung – einer Verzichtsbereitschaft früherer Generationen verdanken, die Max Weber einst als »innerweltliche Askese« bezeichnet hatte. Hier bleibt zu unterscheiden, was in einer Gesellschaft jeweils an Bedürfnisbefriedigung real möglich ist und was nicht – oder noch nicht.

Wo wir heute auf Haltungen »innerweltlicher Askese« stoßen, muß immer die Frage gestellt werden, ob diese vom Stand unserer Produktivkräfte erzwungen sind oder nur Ausdruck der jeweiligen Herrschaftsverhältnisse. Deutlich ist ja, daß wir die Arbeit heute nicht mehr brauchen, um mehr Nahrung zu produzieren, sondern weil wir die Nahrung, und was sonst noch reichlich produziert wird oder produziert werden könnte, nicht anders als über die institutionalisierte Arbeit zu verteilen wissen. Psychotherapeutisch bleibt hier ausschlaggebend, ob ein Mensch in voller Kompetenz zu wesentlichen Bedürfnissen seines Organismus nein sagt (wie wenn er freiwillig fastet), oder ob er sich durch gesellschaftlichen Druck zum Verzicht gezwungen sieht. Wenn dieser gesellschaftliche Druck internalisiert ist, geht es um Introjekte, die therapeutisch bearbeitet werden können in der Hoffnung, daß der Spielraum des Betroffenen größer ist als er wahrzunehmen in der Lage war. Wenn es aber um bewußt erlebte Zwänge des sozioökonomischen Systems geht (wie bei unfreiwilliger Arbeitslosigkeit), kann Psychotherapie nur noch indirekt wirken durch eine Stärkung der persönlichen Kompetenzen, die ja immer auch ihre politische Dimension haben. Und wirklich verzichten kann man nur auf das, was man in voller Sinnlichkeit erfahren hat – erst dann ist es ein Nein aus psychischer und sozialer Kompetenz.

Das beginnt im kleinen; zunächst muß ich spüren, was ich brauche, was notwendig ist, wo der Mangel liegt. Erst danach kommen die Wünsche. Die Prioritätenordnung der Bedürfnisse realisiert sich in jeder Kontaktsituation neu in dem Empfinden, was ich jetzt brauche, und dem Gedanken, was ich mir nun wünsche. »Das Tier«, sagt Ernst Bloch, »bezieht sich auf das Ziel in der Art seiner jeweiligen Begierde selbst, der Mensch malt es sich auch noch aus.«[14] Das Verhältnis von Bedürfnis und Objekt ist beim Menschen durch Abstraktionen vermittelt: Zunächst spüre ich einen Mangel und weiß damit sogleich um eine Klasse von Objekten, die diesen Mangel beheben könnten – »Nahrung« würde meinen Hunger sättigen, »Frauen« würden meine sexuellen Begierden stillen, »Wärmendes« würde mein Frieren beheben und so fort.

Aber nur bei extremen Mangelerfahrungen bleibt es bei diesen Abstraktionen, und es ist mir gleichgültig, was ich esse und welche Frau meine Begierde befriedigt. »In der Not frißt der Teufel Fliegen«, heißt es. Der Teufel ist hier das Tier im Menschen: seine elementarsten Bedürfnisse. Bei starkem Mangel, der auszehrt, gibt es kein Wünschen mehr; alles, was ich weiß, ist, daß ich brauche. Normalerweise aber entsteht aus dem Empfinden eines Mangels sogleich ein spezifischer Wunsch, die Vorstellung einer Konkretion des Abstrakten: *Diese* Speise möchte ich essen, mit *dieser* Frau möchte ich schlafen, ein heißes *Bad* wäre das Richtige, um mich zu wärmen. Unsere Wünsche und Hoffnungen gehen also über das hinaus, was wir als ein Allgemeines zur Behebung des Mangels brauchen, ohne deshalb schon beliebig ins Blaue zu schweifen. Erst das Wünschen konkretisiert, zunächst noch in der Phantasie, die Objekte der Bedürfnisbefriedigung und trifft eine Vorwahl, die – solange es sich um ein handlungsleitendes Wünschen und nicht um bloße Tagträumereien handelt – an frühere Erfahrungen anknüpft.

Das Wünschen enthält eine Antizipation von Befriedigung, die nun freilich auch Basis einer Negation werden kann: Erst jetzt kann ich sagen, ich will mir dieses Bedürfnis *nicht so* oder *nicht jetzt* erfüllen. Und damit tritt die andere Funktion des Wünschens in den

Vordergrund, nämlich sich gegebenenfalls zu einem *Wollen* zu verdichten, das über die gegenwärtige Situation hinausweist: Die aufgeschobene Befriedigung ist nun nichts weiter als das noch nicht erfüllte Bedürfnis, das als Wollen die nächsten vergleichbaren Kontaktprozesse bestimmt.[15] Alles Wünschen aber muß aus einem Brauchen hervorgehen; ohne das vorgängige und in ihnen aufgehobene Empfinden eines Mangels heben die Wünsche ab, verselbständigen sich gegenüber dem, was vorhanden ist, und ziehen die Energie aus dem Kontaktprozeß ab: Der Mangel bleibt, und die Erfüllung der Wünsche führt nicht zur Sättigung. Wenn andererseits der allgemeine Hunger sich zum besonderen Appetit entfaltet – angeregt und geleitet ebenso von der Erinnerung an frühere Erfahrung wie vom Reiz des sich bietenden Neuen –, dann weiß ich, was ich will; der Vorkontakt ist beendet, und eine neue Phase im Kontaktprozeß beginnt.

4. Wahrnehmen und Zugreifen: Die sensomotorischen Funktionen

Nun verschiebt sich die Kontaktgrenze von »innen« nach »außen«. Wie der Aufforderungswert des zufällig Wahrgenommenen den Konkretisierungsprozeß des Wünschens und Wollens anregt und belebt, wird das Bild des Erwünschten und Gewollten zu einem Suchbild der Wahrnehmung. Jetzt greift der Organismus über sich hinaus, läßt die bloße Phantasie zurück und beginnt durch die Aktivierung seiner Sinne mit jenem Gestaltbildungsprozeß, der immer zugleich ein Entdecken und ein Erfinden ist. Die interesseerregenden Objekte heben sich allmählich vor einem Hintergrund ab, der sich zugleich nach unterschiedlichen Relevanzen so gliedert, daß die Gegebenheiten einer Situation sich wie ein nach den Rändern hin dunkler werdender Lichthof um die Kontaktgrenze gruppieren. Zu diesem Hintergrund gehört nun auch der Körper, zu dem bereits das Wunschbild etwas Distanz gewonnen hatte, indem es sich von der bloßen Empfindung des Mangels loslöste. Nur bei physischem Schmerz oder bei dem sozialen Schmerz der Peinlichkeit rückt der

Körper, oft mit plötzlicher Wucht, in den Vordergrund, wird Körperliches zur Figur. Normalerweise verlieren die »inneren« Wahrnehmungen nun gegenüber den »äußeren« Reizen an Interesse und Gewicht.

Das Bild von einem Lichthof darf allerdings nicht dazu verführen, hier nur an das Auge zu denken. Am Kontaktprozeß nehmen alle Sinne gemeinsam teil; wirken synästhetisch zusammen, auch wenn mal dieser, mal jener die Führung übernimmt. Das erklärt auch, warum die Behinderung einzelner Sinne bis zu einem gewissen Grad im Zusammenwirken der anderen kompensatorisch ausgeglichen werden kann. Insbesondere Sehen und Tasten arbeiten dergestalt miteinander, daß wir die Dinge mit den Augen schon erfassen und beim Zugreifen bereits gesehen haben. Daran zeigt sich nun auch schon, daß die Sinne nicht ohne die Motorik des menschlichen Körpers verstanden werden können. »Sensomotorik ist das Stichwort. Die Sinne, für sich betrachtet, geben das Geheimnis ihrer Mannigfaltigkeit nicht preis. Nur ihre Einbettung in den Gesamtorganismus, dem sie dienen und den sie, wie es zum Dienen gehört, auch beherrschen, verschafft Zugang zu ihrer sie umfassenden Einheit.«[16]

Um den unüberschätzbaren Zusammenhang zwischen der Offenheit unserer Umweltbeziehung und der Erfahrung unserer Körperlichkeit auszuloten, bedarf es einer Anthropologie der Sinne, wie sie von Helmuth Plessner, Erwin Strauss und Maurice Merleau-Ponty ausgearbeitet worden ist. Sie bestimmt die Funktion der Sinnesorgane im Kontaktprozeß von der spezifisch menschlichen Aktionsweise aus: »Von außen gesehen wird sie durch seinen aufrechten Gang beherrscht, von innen durch sein instrumentales Verhältnis zum eigenen Körper, das selbst wieder auf die Fähigkeit zur Vergegenständlichung zurückweist.«[17] Der aufrechte Gang ermöglicht die Freisetzung des Augen-Hand-Feldes und damit die Fähigkeit zu einer variablen Raumerfahrung. Aber erst das instrumentelle Verhältnis zum Körper ermöglicht dem Menschen, über das Reiz-Reaktions-Schema hinauszugehen und in der sensomotorischen Hinwendung zur Umwelt sich selbst als Instrument einzusetzen und sie damit zur Welt zu öffnen.

Zur Wahrnehmung von Bewegung in der Umwelt kommt nun die Erfahrung willkürlicher Beweglichkeit; der Mensch kann sich gleichsam selbst die Sporen geben, wie er sich auch selbst zu zügeln vermag. Die prekäre Situation, einen Körper zu haben und doch stets Körper zu sein, immer zugleich in sich und außer sich zu sein, zwingt zu einem »Ausgleich im Wege willkürlicher Beherrschung« im Modus der Aktivität. »Der Zwang zum Ausgleich seines körperleiblichen Doppelaspekts ist die Wiege des Handelns, dem sich der Mensch in seiner Motorik nicht entziehen kann.«[18] Das wirkt zurück auf die Sinne; das Erfaßbare wird bereits als solches gesehen, Erreichbares wird vom Unerreichbaren unterschieden, die Manipulation der Umwelt wird im Akt des Wahrnehmens selbst schon antizipiert.

Sehen und Tasten ergänzen also einander beim Menschen und vermitteln Sinneseindrücke, die von vornherein zerebral auf die Möglichkeiten hin organisiert sind, die die Fähigkeit zur motorischen Willkür dem Menschen bietet. Der Geruchssinn tritt demgegenüber zurück und wird nun weniger zur Orientierung aus der Distanz benötigt als zur Bereicherung der Erfahrung leiblicher Nähe. Deshalb ist er auch von allen Sinnen der am stärksten zivilisierte; er dient heute überwiegend der Ausgrenzung »bloßer« Natur durch Erzeugung von Ekelreaktionen.[19]

Von zentraler Bedeutung dagegen ist das Hören, einmal weil es die räumliche Orientierung über das Sichtbare hinaus erweitert, vor allem aber, weil es der räumlichen Dimension die zeitliche hinzufügt. Gewiß bringt schon das Sehen von Bewegung Zeit zum Vorschein; das Auge aber kann sich auf Unbewegtes einlassen, wenn es auch sich selbst dabei nicht unbewegt halten kann und darf.[20] Geräusche aber verklingen und wiederholen sich: Zeit vergeht. In der Erinnerung an das Verklungene und im Lauschen auf die Wiederholung wird Zeit erlebbar. Auch hier läßt sich freilich ein Sinn nicht von den anderen und alle zusammen nicht von der Motorik isolieren. Die Einheit der Sinne ist konstitutiv für das spezifische Organismus-Umwelt-Verhältnis des Menschen. Der Biologe François Jacob schreibt:

Sehr wahrscheinlich hat der auf die Hominiden wirkende Selektionsdruck die Raumwahrnehmung mit Hilfe des Gehörs begünstigt, so daß Geräuschquellen besser lokalisiert werden konnten. So entstand ein immer besser koordiniertes und immer kohärenteres Bild einer räumlich-zeitlichen Welt, in der sich bewegende Objekte gleichzeitig gehört, gesehen, gerochen und berührt werden konnten. Da die zeitliche Fortdauer dieser Objekte gewährleistet war, konnte ihre Repräsentation außerdem im Gedächtnis gespeichert werden. Daraus, wie diese Repräsentation organisiert ist, ergeben sich Konsequenzen insbesondere für zwei der bemerkenswertesten Eigenschaften des Gehirns. Einerseits können die im Gedächtnis gespeicherten Bilder von vergangenen Ereignissen in ihre Bestandteile zerlegt und wieder zu neuen, bislang unbekannten Repräsentationen und Situationen zusammengesetzt werden; darauf beruht die Fähigkeit, nicht nur Bilder vergangener Situationen zu bewahren, sondern sich darüber hinaus mögliche Ereignisse vorzustellen, also eine Zukunft zu erfinden. Andererseits wird es durch eine Verknüpfung der akustischen Wahrnehmung zeitlicher Sequenzen mit bestimmten Veränderungen des sensomotorischen Apparats der Stimme möglich, die kognitive Repräsentation in einer ganz neuen Weise zu symbolisieren und zu kodieren.[21]

So führt die sensomotorische Einheit von Orientierung und Manipulation letztlich zum reflexiven Bewußtsein. Dennoch lohnt es sich, jeden der fünf Sinne auch im einzelnen zu betrachten, zunächst physiologisch und dann im Hinblick auf die Formationen und Deformationen, die die Sinne im Zivilisationsprozeß erfuhren. Auf jeder dieser Ebenen würde sich aufs neue die Tatsache erweisen, daß unsere Sinne die Welt nicht abbilden, sondern entdecken und erfinden, eben gestalten. Die Gestaltpsychologie hat auf ihre Weise Wesentliches zu dieser Erkenntnis beigetragen. Jeder kennt heute die Bilder aus den gestaltpsychologischen Versuchsanordnungen, die die Tendenz unserer Sinne zur Vervollständigung, zur Vordergrund/Hintergrund-Bildung und zur Kontextbestimmtheit der Wahrnehmung eines Gegenstandes bezeugen.

Diese Eigenschaften unseres Wahrnehmungsvermögens müssen als zerebrale Funktionsmuster verstanden werden, die sich aus den Erfahrungen mit dem aufrechten Gang und der Koordination des Augen-Hand-Feldes ergeben. Die Theorie des Kontaktprozesses geht noch einen Schritt weiter. Der Gestaltbildungsprozeß beruht nicht nur auf der Erfahrung von Formen, sondern auch auf dem Interesse an Objekten. Wahrnehmen und Zugreifen – Orientierung und Manipulation – sind erfahrungs*geleitet*, aber bedürfnis*getrieben*: beherrschte Willkür.

Was hier nun für den einzelnen und seine Biographie gilt, läßt sich in geringer Abwandlung auch für die Gattung und ihre Geschichte sagen: Der Einfluß, den der Zivilisationsprozeß auch auf den Gebrauch unserer Sinne und unserer Motorik nahm und nimmt, beruht ebensosehr auf neuen Bedürfnissen und Interessen wie auf gesellschaftlich erwarteten Einschränkungen. Während die Entdeckung der Perspektive als einer Wahrnehmungshaltung und die Erfindung der Optik als einer Technik dem Sehen bis heute ein starkes Übergewicht verschafft haben, ist nicht nur der olfaktorische Bereich, sondern wichtiger noch das Tasten, Berühren, Anfassen, taktile Erfahrung überhaupt, demgegenüber in den Hintergrund getreten, und zwar durch die Schaffung privater und intimer Sphären um den Kern unserer Körperlichkeit herum – nun erst gibt es auch Berührungsängste. Die Objekte des Kontaktprozesses, Menschen wie Gegenstände, werden immer mehr auf Distanz gehalten. Man hält sich die Dinge vom Leib, denn der Körper als Leib hat seine Öffentlichkeit verloren – was sich gerade in seiner Wiederveröffentlichung in der Distanz der visuellen Medien noch einmal bestätigt. Der unvergleichlichen Verfeinerung unserer natürlichen Sinnesausstattung durch technische Instrumente steht nun die wachsende Leib-Ferne der wahrnehmbaren und manipulierbaren Objekte gegenüber. Der Kontaktprozeß ist aber der sinnliche und symbolische Vorgang des Sich-Einverleibens, und seine Objekte müssen einen Mangel im Organismus beheben, um verträglich zu sein. Wir sind nun mit Unanschaulichem und Unfaßbarem überfüttert, während der Körper nach Berührung dürstet und die Hände ins Leere greifen.

Die Suche nach der notwendigen Korrektur dieser Umstände, die heute an verschiedenen gesellschaftlichen Orten zu beobachten ist, konzentriert sich in den neuen Therapieformen auf eine Wiederbelebung unmittelbarer Sinnlichkeit. Nur wird dabei leicht vergessen, daß wir über die Funktionsweise unserer Sinne immer noch zuwenig wissen. Warum zum Beispiel nur fünf? Wir kennen den Ortssinn und den Zeitsinn, ohne daß uns dafür spezifische Organe bekannt wären. Und was ist mit dem Fingerspitzengefühl, was mit dem Sinn für menschliche Ausstrahlung? Erfahrungen, die etwa in der Sensory-Awareness-Arbeit von Charlotte Selver oder in der bioenergetischen Arbeit der Schulen von Alexander Lowen und John Pirakos längst praktisch verwendet werden, erschließen sich kaum dem cartesianischen Denken der naturwissenschaftlichen Medizin. Das bittere Schicksal des späten Wilhelm Reich ist symptomatisch, gerade weil der Fall extrem gelagert ist: Seine spekulative Orgon-Theorie ist (bis heute) nicht an naturwissenschaftlicher Widerlegung, sondern an politischer Aversion gescheitert – seine Bücher wurden öffentlich verbrannt.[22]

Wir wissen auch heute mit Genauigkeit nichts darüber zu sagen, welche Bedeutung das elektromagnetische Feld, das den Körper umgibt und das von alters her einige Menschen als Aura wahrzunehmen vermögen, für den Organismus hat, noch wissen wir Sicheres über die feinen Energieströme zu sagen, die sich bei Akupunktur oder bei bioenergetischen Übungen in Bewegung setzen. Nicht das geringste Hindernis liegt hier allerdings auch in den Schwierigkeiten, die das menschliche Gehirn der naturwissenschaftlichen Erforschung bietet. Das wird zum Beispiel deutlich in der von einigen Forschern jetzt geäußerten Vermutung, daß es möglicherweise Lichtquanten sind, die zu der tief im Inneren des Kopfes verborgenen Zirbeldrüse vordringen, die uns für hell und gegen dunkel einstimmen.[23]

Das führt zu einer letzten Frage im Bereich der Sinne: Wie weit können wir von Wahrnehmung noch sprechen, wenn es sich um sogenannte »subliminal perceptions« unterhalb der Bewußtseinsschwelle handelt? Einige solcher Phänomene sind experimentell klar nachgewiesen. Zum Beispiel reagieren wir nicht nur mit einer Pupillenerweiterung auf sexuelle Bilder, sondern wir nehmen diese Pupillenerweiterung am anderen auch wahr, das heißt, wir finden ihn in diesem Moment erotisch attraktiv – ohne daß uns dieser Vorgang bewußt wäre.[24] Das ist natürlich für den Kontaktprozeß von erheblicher Bedeutung. Es scheint, daß uns längst nicht alle Prozesse sinnlicher Wahrnehmung bewußt sind. Den gegenwärtigen

Stand der Forschung zur »subliminal perception« zusammenfassend, hat Helmut Emrich diesen Sachverhalt in ein anschauliches Bild gekleidet:

> Das corticale Reizverarbeitungssystem kann verglichen werden mit einem exakt arbeitenden Amt, in dem alle Informationen bearbeitet und gegebenenfalls beantwortet werden. Der Chef des Amtes (das Bewußtsein) sieht dabei nicht jeden Brief, der hereinkommt oder hinausgeht, es wird alles nach den allgemeinen Richtlinien (Einstellungen, Werthaltungen) erledigt. Lediglich neue Fälle (Novität), Ungewohntes oder Schwieriges werden ihm vorgelegt – wenn er nicht viel zu tun hat, auch einmal Unwichtigeres. Außerdem werden ihm auf seinen Wunsch alle Briefe vorgelegt, die einer bestimmten Kategorie angehören (gerichtete Aufmerksamkeit). Den ganzen Rest erledigen die vielen Beamten in exakter Manier. Würden aber Beamte streiken oder erkranken (fiele die Selektionswirkung aus), dann könnte der Chef die Flut der Briefe nicht allein bewältigen, und das Amt wäre blockiert (Wahrnehmungschaos).
>
> Dieses Modell entthront das Bewußtsein als die alles entscheidende Instanz und macht sie zu einem Faktor unter vielen im System der Informationsverarbeitung.[25]

Das heißt nun aber nicht, daß der Grundsatz von der Einheit der Sinne und ihrer unlösbaren Verknüpfung mit jener »willkürlichen« Motorik, die das Umweltverhältnis des Menschen gerade dort auszeichnet, wo er Berührung braucht und Berührung sucht, aufgegeben werden muß. Vielmehr *ermöglicht* die vorbewußte Informationsauswahl erst jene gerichtete Aufmerksamkeit des Organismus, die den Kontaktprozeß vorantreibt und die nun nicht mehr ein passives »data processing« ist, sondern ein die Motorik einbeziehender *Aktionsmodus.* Und dabei geht es nicht nur um Auswahl, sondern auch um Organisation: Schon unterhalb der Bewußtseinsschwelle werden offenbar dank ererbter und erlernter zerebraler Programme die ausgewählten Daten zu Einheiten zusammengefaßt und so organisiert, daß sie in allen unproblematischen Fällen die Motorik anregen und erregen, also verhaltensrelevant werden.

*»Wir können nur eine Welt begreifen,
die wir selber gemacht haben.«*
Friedrich Nietzsche

Allerdings ist das Organismus/Umwelt-Feld des Menschen dank der Gebrochenheit seines Verhältnisses zum eigenen Körper stets anfällig für Problematisierungen. Da der Mensch seinen Körper mit gezielter Willkürlichkeit einsetzen kann und muß, verfügt er über eine Freiheit des Verhaltens selbst dort, wo er normalerweise mit evolutionär entstandener Automatik oder kulturell bedingter Habitualisierung reagiert: Das Gähnen kann unterdrückt, der Atemfluß gelockert, die Angst überwunden werden. Im Kontaktprozeß aber ist das Neue, das dem Organismus noch nicht Einverleibte, thematisch, und das Neue ist eben zumeist auch das Problematische.

Das Bild vom Gehirn als einer Behörde mit dem Bewußtsein als Amtschef, der in wichtigen Angelegenheiten entscheidet, muß offenbar noch einmal überprüft werden im Hinblick auf seine Brauchbarkeit für das Modell des Kontaktprozesses. Der Organismus ist ja nicht ein Körper, der mit einer »black box« (dem Gehirn) ausgestattet ist, die ähnlich einem Computer in einem Input-Output-Verhältnis zur Umwelt stünde, sondern ein sich selbst bewußtes bewegliches Subjekt, das seine Umwelt anrührt und aufrührt, indem es sich selbst als Bestandteil dieser Umwelt sieht und führt. »Amt« und »Behörde« sind zu statisch gedachte Bilder für einen Organismus, der sich wahrnehmend-handelnd in einer immer wieder anderen Umwelt *bewegt,* die er jeweils einer bedürfnisorientierten Strukturierung unterwirft. Innerhalb dieses für den Menschen charakteristischen Aktionsmodus spielt das Bewußtsein seine Rolle als eine *Funktion des Kontaktprozesses.*

Die Frage ist: welche Funktion? Der facettenreiche Bewußtseinsbegriff der Psychologie[26] bietet hier wenig Hilfe. Ohnehin hat sich die Psychologie schwergetan mit der Überwindung des »black-box«-Modells und kehrt heute leider gerade da, wo sie wesentliche Einsichten aus der Gehirnforschung und der psychophysiologischen Forschung gewinnt, immer wieder zu ihm zurück. Erst die phänomenologischen Untersuchungen im Anschluß an Edmund Husserl hatten hier weitergebracht und insbesondere die prinzipielle Intentionalität allen Bewußtseins herausgearbeitet – die Eigenschaft des Bewußtseins, stets auf Objekte gerichtet zu sein, die Bestandteil seiner selbst sind. Das birgt allerdings die Gefahr in sich, die Umwelt nur noch als Bewußtseinsphänomen aufzufassen, obwohl doch der Organismus ganz offensichtlich darauf angewiesen ist, sich nicht nur bewußtseinsmäßig, sondern auch ganz körperlich Bestandteile der Umwelt einzuverleiben.

Einen Schritt weiter ging Aron Gurvitch mit seiner wichtigen Feld-Theorie des Bewußtseins[27], in der die Gestaltbildung, die Figur-Hintergrund-Formation, bereits als das Wesen der Intentionalität des Bewußtseins gefaßt wird. Hier wird der Kontakt selbst zum Inbegriff des Bewußtseins: Bewußtsein ist immer Bewußtsein von etwas, und dieses Etwas ist das der Aufmerksamkeit situativ Gegebene, das sich von der Klarheit des Thematischen, des gemeinten Objekts, über das mehr und das weniger Relevante bis zum räumlichen und zeitlichen Horizont der Situation abschattiert. Was jeweils jenseits dieses Horizonts liegt, tritt noch nicht oder nicht mehr ins Bewußtsein, ist deshalb aber nicht »Unbewußtes« im Sinne der Psychoanalyse, auf welchen Begriff die Theorie des Kontaktprozesses überhaupt verzichten kann. Freilich bleibt der Prozeßcharakter des Kontakts in diesem Begriff von Intentionalität noch zu blaß, weil das Subjekt des Bewußtseins bei Gurvitch nur eine marginale Rolle spielt – mit gutem Grund, denn eine reine Bewußtseinsphilosophie muß sich rasch in Vermutungen über ein transzendentales Subjekt verlieren. Sieht man hingegen, daß es ein leibhaftiger Organismus ist, der als Subjekt das Bewußtseinsfeld konstituiert, so zeigt sich rasch, daß Intentionalität nicht eine von jedem Willen und jedem Bedürfnis unabhängige Dynamik bezeichnet, sondern einen Figur-Hintergrund-Prozeß, der perspektivisch gerichtet ist auf das als interessant Entdeckte und Gewollte.

Von daher ist es dann nur noch ein Schritt, bis unter Hinweis auf die Steuerungsfunktion des Bewußtseins das Handeln selbst zum Thema der Bewußtseinsanalyse wird. Das Problem dieser phänomenologischen Analyse ist es, daß für sie Erleben, Denken und Handeln undifferenziert zu äquivalenten Aspekten des Bewußtseinsfeldes werden, so daß Carl-Friedrich Graumann schließlich unter Berufung auf Maurice Merleau-Ponty nahelegte, den Bewußtseinsbegriff überhaupt fallenzulassen: »In seine volle Struktur ausgefaltet, nämlich als Sich-zu-etwas-Verhalten, könnte der Begriff des Verhaltens ... bessere Dienste leisten als der überstrapazierte Bewußtseinsbegriff.«[28]

Allerdings ist damit das Problem nur verschoben, denn nun hängt alles davon ab, wie ich mich verhalte, ob impulsiv-reagierend oder absichtsvoll-überlegt, ob sinnlich-erlebend oder rational-planend, ob in hellwacher Aufmerksamkeit oder in dumpfer Gewohnheit. Hier wäre es sinnvoll, zunächst einmal die Dimensionen Erleben/Handeln und Denken/Mitteilen auseinanderzuhalten. Für die Theorie des Kontaktprozesses (wie übrigens auch für die gestalttherapeutische Praxis) ist diese Unterscheidung ausschlaggebend: Zur Dimension Erleben/Handeln gehört das, was ich als reflexive Sinnlichkeit (»awareness«) bezeichne, und zur Dimension des Denkens/Mitteilens gehört das, was ich im folgenden reflexives Bewußtsein (»consciousness«) nenne.

Reflexive Sinnlichkeit meint ein bewußtes Erleben im Handeln, ein Gewahrsein dessen, was an der Kontaktgrenze vor sich geht, einen »Prozeß des In-aufmerksamem-Kontakt-Seins mit dem wichtigsten Ereignis im Organismus/Umwelt-Feld auf der Basis voll entfalteter sensomotorischer, emotionaler, kognitiver und energetischer Kräfte«[29]. Reflexive Sinnlichkeit ist also die Weise, wie sich das Selbst selbst erlebt; sie ist die Erfahrung, in einer Situation ganz präsent, »voll da« zu sein. Diese Mobilisierung der sensomotorischen Aufmerksamkeit stellt sich ein, wenn sich der Kontaktprozeß auf das gegenwärtig vorherrschende Bedürfnis des Organismus stützt und von ihm belebt wird und wenn dieser sich handelnd orientiert an den realen Gegebenheiten der Situation, den ihr eigenen Möglichkeiten und Hemmnissen der Bedürfnisbefriedigung.

Das Verhältnis zwischen reflexiver Sinnlichkeit und dem Selbst ist, wie gesagt, ähnlich dem von Gefühlserleben und Gefühlsausdruck: Je stärker ein Gefühl mimisch und motorisch ausgedrückt wird, desto intensiver wird es erlebt – mit je mehr reflexiver Sinnlichkeit sich das Selbst erlebt, desto voller entfaltet es sich, desto mehr ist also die Kontaktgrenze in Tätigkeit und desto reicher ist die Gestaltbildung im Kontaktprozeß. Anders gesagt: Je sinnlicher ein Kontaktprozeß *erlebt* wird, desto eher wird er zu einer sättigenden Erfahrung. Das ist der Grund, warum Gestalttherapie allein auf die Steigerung reflexiver Sinnlichkeit vertrauen und alles Weitere der Selbst-Regulierung des Organismus/Umwelt-Feldes überlassen kann.

Falsch wäre aber, daraus zu schließen, der Mensch könne ohne *reflexives Bewußtsein* auskommen und in diesem nur ein Hemmnis spontaner Selbstregulierung sehen. Auch das volle Gewahrsein des Kontaktprozesses mit seiner sinnlichen Aufmerksamkeit und Zuwendung gegenüber dem Neuen entbindet nicht von jenem Zögern, Innehalten und gedanklichen Hin- und Herwenden, das letztlich in unserem reflexiven Leibverhältnis gründet. Nur kann dies Zögern natürlich übertrieben werden, so daß jeder Kontakt schließlich von der Blässe des Gedankens eingetrübt wird, statt von seinem konturierenden Lichtschein aufgehellt zu werden. Die Instrumentalität des Körpers und die Gestaltbarkeit der Umwelt zwingen normalerweise an den jeweils problematischen Stellen des Kontaktprozesses zu spontaner Überlegung und gegebenenfalls Planung, zur Abschätzung der Möglichkeiten und Gefahren, die eine Situation in sich birgt. Es geht also um die Auswahl, um das Annehmen und Verwerfen von Objekten und Strategien; diese Tätigkeiten sind die Funktionen des reflexiven Bewußtseins.

Das beginnt mit denkender Phantasie: Ich stelle mir vor, wie es sein könnte, was ich tun könnte, welche Bedeutung diese oder jene meiner Handlungen für mich und für die anderen in der Situation haben würde. Dieses Durchspielen der Möglichkeiten in der Phantasie bleibt aber noch dem Bildlichen verhaftet; entscheidend für das reflexive *Bewußtsein ist die Funktion des Unterscheidens durch Benennung,* durch die denkende Phantasie erst zum phantasievollen Denken wird. Der alte Streit, ob das Denken die Sprache schon voraussetzt oder ob es auch ein vorsprachliches Denken gibt, ist hier irrelevant. Wesentlich ist vielmehr, daß jeder Kontaktprozeß, auch der mit gegenständlichen Objekten, immer schon ein *sozialer* Prozeß ist, eine symbolisch vermittelte Interaktion, die auf Benennbarkeit und Mitteilbarkeit des Wahrgenommenen und Vorgestellten beruht.[30] Nur so nämlich kann das reflexive Bewußtsein vorgängige Erfahrung als »common sense« in den Kontaktprozeß mit einbringen. Denn die Bestände des Alltagswissens sind sozial vermittelt, und ihr Funktionieren setzt die Erwartung voraus, daß andere sie teilen.[31] Natürlich ist die spontane Anwendung von Alltagswissen kein sprachlicher Vorgang; aber es ist nur in und durch die *Möglichkeit,* auch sprachlich artikulierbar zu sein, überhaupt geteiltes Wissen. »Ein Bewußtsein haben oder eine Erfahrung machen, das heißt innerlich mit der Welt, meinem Körper und den anderen kommunizieren, mit ihnen anstatt neben ihnen zu sein«, heißt es bei Merleau-Ponty.[32]

Reflexives Bewußtsein, das Nachdenken über das richtige Verhalten und die erfolgversprechende Strategie in einem unübersichtlichen und problematischen Kontaktfeld, ist nach dieser These dialogisch strukturiert, Kommunikation mit sich selbst. Nur ist nicht einzusehen, warum sie Bewußtsein auf den inneren Dialog beschränken will, zumal dieser doch ohne den realen Dialog mit den anderen gar nicht denkbar wäre. Zu den Funktionen des reflexiven Bewußtseins gehören der Austausch von Informationen, das gemeinsame Nachdenken, der Austausch von Erfahrungen im Medium der Sprache, die darin freilich noch nicht aufgeht. Wir gestalten unsere Welt durch Benennen und damit Unterscheiden, also sprachliche Symbolisierung, nicht weniger als durch den Gebrauch unserer Sinne und unserer Motorik; eben darum ist die Konstitution dessen, was wir als »real« erfahren, von vornherein sozial: Sprechen bedeutet, die Gemeinsamkeit der Unterscheidungen herstellen. Reden ist die Ausdrucksform des reflexiven Bewußtseins.

So wenig wie der Organismus sich beschränkt auf das, was er innerhalb unserer Haut *auch* ist, so wenig ist Bewußtsein beschränkt auf sein organisches Substrat, das einzelne Gehirn. Man braucht deshalb nicht gleich von einem kollektiven Bewußtsein zu sprechen. Bewußtsein ist eine Funktion des Organismus/Umwelt-Feldes, die die Eigenschaft hat, sich reflexiv auf die Tätigkeit und Befindlichkeit des Organismus im jeweiligen Stadium des Kontaktprozesses zurückzubeziehen, und zwar beim Gewahrsein der reflexiven Sinnlichkeit auf die sensomotorischen Tätigkeiten der Orientierung und Manipulation und beim Denken des reflexiven Bewußtseins auf die sprachlichen Tätigkeiten des Redens und Zuhörens. Und auch diese sind ein Entdecken und Erfinden zugleich, ein schöpferischer Umgang mit den Bedingungen und Möglichkeiten des sprachlichen Ausdrucks, mit dessen Hilfe wir eine gemeinsame und durch Benennung erst fungible Welt konstituieren.

»Die Einzigartigkeit der Sprache«, schreibt François Jacob, »beruht offenbar weniger darauf, daß man mit ihrer Hilfe Handlungsanweisungen erteilen kann [was nämlich viele Tiere auch ohne Sprache können, HPD], als vielmehr auf der Möglichkeit der Symbolisierung, der Evokation kognitiver Bilder. Wir gestalten unsere Realität ebenso durch unsere Worte und Sätze wie durch unseren Gesichts- und Hörsinn.«[33] Die Sprache verfügt über endlose Kombinationsmöglichkeiten, die dennoch dank ihrer Regelhaftigkeit verständlich, das heißt mitteilbar und nachvollziehbar, sind. Sie ermöglicht damit das gemeinsame Entwerfen der Zukunft, die phantasievoll planende Antizipation dessen, was individuell und sozial erst werden soll. Von daher wird auch verständlich, warum das reflexive Bewußtsein sich dort am intensivsten einstellt, wo jeweils das größte Problem liegt, gleichviel ob es kommunikativ mit den realen Mitmenschen oder deren innerem Repräsentanten angegangen wird.

Zusammenfassend läßt sich nun sagen, daß das reflexive Bewußtsein im Kontaktprozeß zwei Funktionen erfüllt: Es ermöglicht *Problemlösungen*, und es ermöglicht *Frustrationstoleranz*. Wenn eine Problemlösung im Rahmen der gegebenen Situation möglich erscheint, wenn in ihr Bedürfnisbefriedigung überhaupt realisierbares Ziel sein kann, dann hat das reflexive Bewußtsein die Funktion einer Handlungsverzögerung zum Zwecke des Abwägens, Planens und Miteinander-Redens. Das Ziel ist dabei auf der instrumentalen Seite, die richtige Strategie zu finden und die Widerstände realistisch einzuschätzen, und auf der normativen Seite, die Legitimität der eingesetzten Mittel und Handlungsweisen durch Konsens mit den anderen abzusichern. Das reflexive Bewußtsein hat also eine instrumentale und eine normative Seite; beide bedürfen der Möglichkeit sprachlicher Kommunikation. Diese Funktionen des reflexiven Bewußtseins beziehen sich also auf die Ermöglichung von zweckrationalem Handeln unter Einfluß dessen, was Max Weber als »wertrationales Handeln« davon unterscheiden wollte.[34] Sie werden normalerweise nur dann relevant, wenn eine Situation problematisch wird, wenn Schwierigkeiten auftauchen, und auch nur solange, bis das Problem benannt, die Strategie gewählt oder die Lösung ausgehandelt ist.

Wenn dagegen das Bedürfnis nicht befriedigt, das Problem nicht gelöst werden kann, dann hat das reflexive Bewußtsein die Funktion, die Möglichkeit eines ruhigen Rückzugs ins Nachdenken zu ermöglichen und in dieser Tätigkeit einen Teil der frustrierenden Energie dennoch schöpferisch zu verwenden. Damit ist gewährleistet, daß es nicht zu energetischen Explosionen in Gestalt sinnloser Wut oder zu energetischen Implosionen in Gestalt paralysierender Resignation kommt; das reflexive Bewußtsein erfindet und entdeckt alternative Möglichkeiten für das frustrierte Bedürfnis und sichert in diesem Spiel innerer und äußerer Kommunikation antizipatorisch dessen Befriedigung in neuen und anderen Situationen und mit neuen und anderen Objekten.

Die im Reflektieren erzielte Frustrationstoleranz ist also nicht Selbstzweck, sondern Basis und Ausgangspunkt entweder für die Fortsetzung des Kontaktprozesses in weiteren Situationen oder für den erneuten Anlauf und die Suche nach Befriedigung mit anderen Objekten. Letzteres ist natürlich, was Freud als Sublimation bezeichnet hatte; nur geht es hier nicht um Ersatzbefriedigung, sondern um echte Alternativen. »Begabung ist gut sublimierte Wut«, sagte T. W. Adorno, und das heißt in unserem Zusammenhang: Die Energie, die in der Befriedigung eines Bedürfnisses im vollen Kontakt nicht aufgehen konnte, wendet sich mit ungebrochener und oft durch den Stau noch verstärkter Kraft einer anderen Aufgabe zu und treibt dabei zu vermehrtem Können an; aus dem Zusammenspiel von Rückzug in das reflexive Bewußtsein und Offenheit der reflexiven Sinnlichkeit gegenüber den noch nicht bemerkten Möglichkeiten der Umwelt entsteht jenes Erfinden und Entdecken, das nicht Sublimierung, sondern schöpferische Gestaltung ist.

Das Problem ist ja immer wieder, warum das Bedürfnis nur mit diesem einen Menschen oder nur mit dieser einen Arbeit usf. befriedigt werden kann – als ob die Kindheitssituation des Angewiesenseins auf diese eine Mutter noch immer Gültigkeit besäße. Ein Wechsel des Partners oder eine Veränderung der Arbeitssituation oder des Reiseziels, die Entdeckung neuer Möglichkeiten und die Erfindung neuer Strategien – alles das erfordert, soll aus der Phantasie überhaupt reale Zukunft werden, stets auch dieses beides: Nachdenken und Gespräch.

6. Zerlegen und Beseitigen: Aggression

»Die Lust am Gestalten und Umgestalten – eine Urlust!«
Friedrich Nietzsche

Allzuleicht wird freilich dieses innere und äußere Sondieren der Lage zum Selbstzweck, die Handlungsverzögerung zum Stillstand des Grübelns, der sprachliche Austausch mit den anderen zum endlosen »Hinterfragen«. Im ungestörten Kontaktprozeß dient das reflexive Bewußtsein (wie zuvor schon die Emotionen) der raschen Orientierung: Man konsultiert die Sprache wie eine Landkarte, deren Symbole für reale Gegebenheiten stehen – und nun schreitet man aus, begibt sich in die Landschaft und sucht die Orte auf, die interessant und vielversprechend erscheinen. Dieses Ausschreiten und schließlich Zugreifen gehört bereits zu dem, was die Theorie des Kontaktprozesses unter Aggression versteht, nämlich die aktive Gestaltung und Veränderung der gegebenen Situation.

Die *Aggression* des Organismus besteht in seiner *Manipulation* der Umwelt – und beide Begriffe sind hier nicht in einem negativen Sinne gemeint, sondern bezeichnen positive Funktionen des Kontaktprozesses. Darin unterscheidet sich der Aggressionsbegriff der

Theorie des Kontaktprozesses von den meisten anderen Aggressionstheorien. Es wird sich zeigen, daß aus gestalttherapeutischer Sicht das zentrale Problem der menschlichen Aggressivität – Gewalt gegen die Umwelt – nicht das Ergebnis mangelnder Selbstkontrolle, sondern umgekehrt das Resultat von Hemmungen der spontanen aggressiven Funktionen im Kontaktprozeß ist.

Aggression als Handlungsmodus enthält drei Elemente: die Initiative des Ausschreitens und Zugreifens, das Zerlegen und Zerstückeln der vorgefundenen Gestalt und das Beseitigen und Vernichten der unassimilierbaren Hindernisse. Wenn wir sagen, jemand ergreift die *Initiative*, so meinen wir: sein Organismus langt aus in die Umwelt, verschiebt damit die Kontaktgrenze in Richtung auf die erregenden Berührungspunkte in der Umwelt, er geht einen Schritt voran und auf das Objekt zu – wobei dieses Objekt sowohl jenes sein kann, von dem sich die lustvolle Erregung die Befriedigung des Bedürfnisses verspricht, als auch ein Hindernis auf dem Wege, das beseitigt werden muß.

Initiative ist die Verbindung zwischen einem Bedürfnis, mit dem man sich identifiziert, zu dem man steht, mit der ausführenden Motorik des Bedürfnis-Impulses, die man wählt und für adäquat hält: Ich spreche jemanden an (zur Motorik gehört sehr wesentlich auch der Gebrauch der Stimme), ich schlage ein Buch auf, ich pflücke mir eine Frucht, ich lege eine Platte auf oder greife zu meiner Gitarre, ich schlage ein Thema an, ich melde mich zu Wort, ich packe das Werkzeug und begebe mich an die Arbeit – immer wird dabei auch mein Körper zum Instrument des Umweltkontakts.

Der sensomotorisch und intellektuell zupackende Organismus stößt dabei auf Fremdes, Kompaktes, Widerständiges. Um das bearbeiten und verarbeiten, aber auch um es streicheln und liebkosen zu können, müssen diese so andersartigen (nicht zum eigenen Ich gehörigen) Ganzheiten in ihre Teile zerlegt werden: Eine Gestalt wird verändert, in ihre Bestandteile aufgelöst und zu einer neuen Gestalt zusammengefügt, so daß nun das Bekömmliche, mit dem ich mich identifizieren kann, vom Unbekömmlichen, das ich verwerfen muß, geschieden ist. Dieser Prozeß der *Zerstörung*, der Destrukturierung, ist auf tausendfältige Weise normaler Bestandteil alltäglicher Handlungen.

Am deutlichsten ist wiederum das Beispiel der Nahrungsaufnahme: Alles Eßbare, ob Brot, Fleisch oder Frucht, muß geschält, zerschnitten und gebrochen, vor allem aber zerbissen und zerkaut werden, bevor wir es schlucken und verdauen können. Hände und Zähne sind dabei unsere primären Werkzeuge, in deren Gebrauch sich erneut die Exzentrizität unseres Leib-Verhältnisses, die Verschränkung von Innen- und Außenaspekt im Körper-Sein und Körper-Haben erweist. Der Prozeß der Zivilisation, in dessen Verlauf zahlreiche Instrumente und Techniken eingeführt werden, die die Destrukturierungsfunktion der Hände und der Zähne verfeinern und vervielfältigen, ändert daran nichts im Prinzip; nun wird die meiste Nahrung zuvor gekocht und gebacken, zerrieben und zerstampft, gemahlen und geknetet, zerhackt und gefiltert, schließlich mit Löffel und Gabel dem Munde zugeführt – die Beiß- und Kaufunktion der Zähne wird damit nur weiter externalisiert, die natürliche Spannung zwischen der Bedürftigkeit und der Instrumentalität des Körpers nur kulturell noch betont.

Bis zu einem gewissen Grad lassen sich auch andere Beispiele des Zerlegens im Kontaktprozeß durch Analogie zum Vorgang des Essens aufhellen. Die Aufnahme geistiger Stoffe etwa erfordert ebenfalls ein Auseinandernehmen und In-seine-Bestandteile-Zerlegen, eben: intellektuelle Analyse. Jeder gelingende Lernvorgang, selbst wenn es um bloße Imitation geht, erfordert, daß der Stoff aufbereitet und auseinandergefaltet wird. Didaktik verhält sich zum Lernen wie das Kochen zum Essen: Es geht um die Kunst der Zubereitung. Das so Dargelegte muß freilich vom Lernenden selbst noch einmal zerkaut und zerstückelt werden; indem er einzelne Teile vergleicht und zusammenfügt mit dem, was er schon weiß, und sich dergestalt »einen eigenen Reim« auf das Gehörte, Gesehene und Gelesene macht, nimmt er den Stoff in sich auf und macht ihn sich zu eigen. Dabei geht freilich in der Regel mancherlei verloren; einiges wird als unverträglich verworfen, anderes wird einfach vergessen. Kinder zumal vergessen spontan, was sie nicht verstehen – und sind gerade deshalb so außerordentlich lernfähig und gleichbleibend neugierig auf das Unbekannte. Was vom zu lernenden Stoff verlorengeht, ist dennoch kein Verlust für den Organismus, der vielmehr, wenn er über seine Aufnahmefähigkeit hinausgeht, durch Übersättigung geschädigt wird. Aufnehmen und Ausscheiden sind zwei Seiten ein und desselben Vorgangs.

Schließlich bedürfen auch die eher zärtlichen Zuwendungen einer Destrukturierung der Gegebenheit, einer Veränderung und Neukonstitution der vorgefundenen Gestalt. In der Berührung der Geliebten verändere ich ihre Haltung, ziehe sie zu mir hin, nehme sie in den Arm oder drücke sie sanft auf das Kissen, entkleide sie vielleicht und errege sie durch meine Liebkosungen. Zur Erotik und Sexualität gehört, neben der Hingabe, allemal auch dieses aktive Element eines zärtlich-aggressiven Zupackens, diese Überwindung der natürlichen Scheu vor dem anderen Körper, die den Widerstand in die Lust auflöst und die bei wirklicher Gegenseitigkeit durchaus nicht auf die männliche Rolle beschränkt ist: Beide sind hier gleichermaßen Subjekt des Handelns und Objekt der Behandlung. Das Zugreifen und An-sich-Geschehenlassen, dieses Ineinander von Aktivität und Passivität, in eine männliche und eine weibliche Rolle auseinanderzudefinieren, ist vielmehr nur ungutes Resultat gesellschaftlicher Konditionierungen.

Weniger deutlich mag diese lustvolle Seite der Aggression bei Auseinandersetzungen, Streitigkeiten und Konflikten sein. Dennoch wird auch hier – bei ungestörtem Kontaktprozeß – die Destrukturierung, die Zerstörung und Veränderung bestehender Gestaltbildungen als eine lustvolle Tätigkeit erlebt und zwar deshalb, weil dieses Element der Aggression eine Funktion des Appetits ist: Auch hier speist sich die Lust aus dem Bedürfnis. Die Erfahrung eines Mangels, der nun behoben wird, ist die Quelle der Freude am Zupacken und Beißen, am Kauen und Bearbeiten, die sich nun in den wütend oder lachend entblößten Zähnen zeigt. Die Zerstörung von Verhakungen und unbefriedigenden Gewohnheiten in Paarbeziehungen, die Auflösung von Vorurteilen unter Freunden und Kollegen, der politische Streit um die Verteilung von Ressourcen und die Bewertung von Symbolisierungen – das alles kann lustvoller Kampf, heißer Streit oder reinigendes Gewitter sein, nach deren Beendigung eine neue Lage, eine befriedigendere Verteilung, eine andere Gestalt der Beziehungen sich ausgebildet hat.

Neben dieser »warmen«, zupackenden Seite der Aggression gibt es auch eine »kalte«, die auf Vernichtung und *Beseitigung* störender Hindernisse aus ist. Was der Organismus braucht, ist in der Regel nicht umstandslos zugänglich, immer wieder stellt sich etwas in den Weg, oft genug drohen reale Gefahren. Das beginnt bei ganz harmlosen Kleinigkeiten: Eine Vase mit Blumen stört den Blickkontakt zu meinem Gesprächspartner – ich räume sie aus dem Weg; fauliger Abfall bedroht meine Lebensmittel – ich beseitige den Müll; ein unangenehmer Zeitgenosse verhindert das erstrebte Gespräch in der Gruppe – man bringt ihn zum Schweigen oder wirft ihn hinaus. In den allermeisten Fällen bereitet die Beseitigung des Hindernisses oder des Gefahrenherdes keinerlei besondere Schwierigkeiten; sie wird deshalb emotional auch nur mit einem kleinen, rasch vergessenen Ärger begleitet.

Wenn dagegen Gefahren und Hindernisse der Umwelt sich in einer gegebenen Kontaktsituation als zu widerständig erweisen, als daß sie umstandslos aus dem Wege geräumt werden könnten, dann ist es das normale Verhalten des Organismus, sich zurückzuziehen, die Gefahr zu vermeiden, das Hindernis zu umgehen und zu versuchen, das Ziel auf einem anderen Wege oder zu einem anderen Zeitpunkt zu erreichen. Fast immer nämlich sind Alternativen vorhanden. Meistens führen viele Wege nach Rom, und sollte es wirklich einmal nur einen einzigen geben, bleibt immer zu fragen, ob es wirklich nur dieses Ziel, nur dieses Objekt gibt, das das gegebene Bedürfnis befriedigen könnte. Der gesunde Organismus geht Gefahren und Hindernissen, die er nicht bewältigen kann, aus dem Weg; er ist weder am Heldentum des Sieges noch an dem der Niederlage interessiert. Wohl aber hat er den Mut zum Konflikt, nämlich zum Zerstören des Alten, das nicht mehr befriedigt, und zum Berühren des Neuen, noch Unbekannten, das erst im und während des Kontaktprozesses erfunden und entdeckt werden kann.

Schwierig wird es, wenn wir entweder – wie der Soldat zum Kriegsdienst – gezwungen werden, in einer gefährlichen Situation auszuharren, anstatt die Flucht zu ergreifen und unseren Bedürfnissen anderswo nachzugehen, oder wenn das Objekt unserer Wünsche zugleich die Quelle der Bedrohung ist, wie es gewalttätige Eltern für ihre Kinder sind. In beiden Fällen wird aus dem leichten Ärger, der jedes Beseitigen antreibt, eine kalte Wut, die alle Kräfte des Organismus versammelt und die in Verzweiflung umschlägt, wenn diese Kräfte immer noch nicht ausreichen, um den Gefahrenherd zu beseitigen oder ihm zu entfliehen; hier liegt normalerweise die Quelle der Gewalt. Im ungestörten Kontaktprozeß ist physische Gewalt gegen andere Menschen ausschließlich eine Notwehrreaktion gegenüber einer realen und gegenwärtigen physischen Bedrohung in einer Situation, die man nicht verlassen kann. Darum ist auch die gelungene Beseitigung der Bedrohung oder die gelungene Flucht vor der Gefahr nicht mit jener glückhaften Befriedigung verbunden, zu der die warme Wut der Destruktion widerständiger Objekte führt, sondern schafft nur Erleichterung, endet in der Entspannung der Erschöpfung.

Allerdings gibt es viele pathologische Gründe, sich nur in einer Notwehrsituation zu wähnen oder sich auf die den Kontaktprozeß stets hemmende Alternative von Sieg oder Niederlage zu fixieren. Die größte Gefahr aber droht in unserer Zivilisation von jener verinnerlichten Aggressionshemmung, die das böse Wort nicht über die Lippen kommen läßt, aber das plötzliche Zuschlagen nicht verhindern kann, wenn dann die angestaute Wut jede Kontrolle durchbricht. Was es im Hinblick auf das Problem der Gewalt in unseren Leben und in unserer Welt pädagogisch und therapeutisch zu lernen gilt, ist, daß bei realer Gefahr Flucht und Vermeidung das Vernünftige und Heldentum das Neurotische ist, daß aber der vernichtende und beseitigende Aspekt der Aggression normaler Bestandteil jedes Kontaktprozesses ist. Solange diese Tatsache geleugnet und diese Leugnung internalisiert bleibt, wird die heute so oft nicht mehr nachvollziehbare Unverhältnismäßigkeit der Mittel unser Leben genauso begleiten wie unsere in ihr begründeten Untergangsängste.

Wenn die Bedrohung nun dort auftritt, wo auch das Ziel unserer Wünsche liegt, entsteht freilich eine paradoxe Situation: *Ein* Teil des anderen muß negiert, abgewiesen und unschädlich gemacht werden, ein *anderer* Teil wird ersehnt, gewünscht und geliebt; in dieser Situation bekommt der Streit jene quälende und zermürbende Qualität, die so charakteristisch ist für viele Auseinandersetzungen in Lebensgemeinschaften. Natürlich ist hier immer die Frage: warum die Fixierung auf *einen* Partner, der alle Bedürfnisse erfüllen soll, warum das Festhalten an *einer* Gruppe, wo es doch daneben auch noch andere gibt? Nur für das Kind, das vollkommen abhängig ist von der Beziehung zu seinen Eltern, wird diese Konstellation zu einer echten Doppelbindung[35]: Der immer wieder erfahrene Widerspruch zwischen der gewährten Zuwendung und der angedrohten Abweisung, in Verbindung mit der Unmöglichkeit, die Beziehung zu verlassen, wirkt auf die Dauer neurotisierend, nämlich so, daß das Kind erst lernt, seine Bedürfnisregungen zu kontrollieren und schließlich diese Selbst-Kontrolle zu habitualisieren. Wirklich verrückt machend ist dieser Widerspruch nur dann, wenn er ständig wiederholt in ein und demselben kommunikativen Akt enthalten ist, wie etwa wenn Worte und Gesten dem Sinne nach einander ausschließen.

Aggression mit ihren drei Funktionen des Zupackens, Zerlegens und Beseitigens ist nicht nur normaler, sondern sogar unumgänglicher Bestandteil jedes Kontaktprozesses. Der sich in seinem Umfeld und mit sich selbst sicher fühlende Mensch benutzt seine sensomotorischen, emotionalen und kognitiven Fähigkeiten und seine auf diesen Fähigkeiten beruhende persönliche Autorität zu derjenigen – und eben *nur* derjenigen – Umgestaltung der Umwelt, die seine Bedürfnisse befriedigt und zu Wachstum führt. Diese Umgestaltung enthält sowohl die Destrukturierung der vorgefundenen Gestaltbildungen, mit der jeder Teilnehmer eine soziale Situation beeinflußt, als auch das Zunichtemachen von Hindernissen und Gefahrenquellen, wenn und soweit sie sich der Befriedigung des erlebten Mangels entgegenstellen. Sind die eigenen Kräfte der Gefahr nicht gewachsen, geht man ihr aus dem Weg oder verläßt die Situation, bricht den Kontaktprozeß ab, um sich in anderen und neuen Kontakten besser entfalten zu können; alles andere führt zu latentem Haß, der schließlich allemal an der Umwelt das vernichtet, was zumindest andere Menschen auf andere Weise nährt und damit indirekt auch Bedingung des eigenen Lebens und Überlebens ist.

7. Sich-Hingeben und Genießen: Integration

»Der Sitz der Seele ist da,
wo sich Innenwelt und Außenwelt berühren.
Wo sie sich durchdringen –
ist er in jedem Punkt der Berührung.«
Novalis

Nun erst ist der Weg frei zur höchsten Entfaltung des Selbst im Kontaktprozeß in jenem freischwebenden Zustand des vollen Kontakts, zu dessen »take-off« alle absichtsvollen Ich-Funktionen wie Ballast aufgegeben werden. Ist einmal das Kontakt-Objekt voll ins Auge gefaßt, angepackt und hin und her gewendet, beginnt es den ganzen Hintergrund auszufüllen: Die Figur hebt sich nicht mehr ab vor einem Grund, sondern sie ist nun alles, was den Kontakt ausmacht. Zugleich hält der Organismus nichts mehr zurück, kein Teil von ihm steht mehr einem Objekt »gegenüber«, sondern seine ganze Energie fließt in die Berührung. Der volle Kontakt der Integration von Subjekt und Objekt ist das Verschmelzen von Organismus und Umwelt am jeweiligen Punkt ihrer Berührung zu einer Einheit des Erlebens, neben der es keine andere Erfahrung mehr gibt, die keine andere Aufmerksamkeit mehr neben sich duldet. Das Planvolle und Absichtsvolle tritt zurück, und alles ist nun ein spontanes Sich-Hineingeben in den Rhythmus einer Begegnung, in der mich ein anderes Ich bzw. ein Du ganz und gar ausfüllt, und dies doch auf eine Weise, die mir und nur mir gilt.

Die prototypischen Erfahrungen dieser Art finden sich wiederum in den Funktionen, die das Überleben des einzelnen und der Gattung sicherstellen: beim Essen und in der Sexualität, weil sich hier der eigene Körper am spürbarsten verselbständigt, sich momentan jedem instrumentalen Wollen entzieht – ein vorübergehender Zusammenbruch des »exzentrischen« Erfahrungsmodus, der sonst den Menschen allemal auszeichnet. Das Kauen der Nahrung führt automatisch zu vermehrtem Speichelfluß und schließlich zum Schluckreflex, der die Einverleibung sicherstellt und, bei entsprechendem Appetit, von ausgesprochenen Lustgefühlen begleitet wird.

Noch deutlicher ist das Unwillkürliche der physischen Reaktion beim Orgasmus, in dem Ich und Du zu einer einzigen Erfahrungseinheit verschmelzen. Das Selbst, definiert als eine Funktion der Kontaktgrenze, erfährt hier seine stärkste Ausprägung, denn nun ist alles, was ich erlebend bin, dieses Ineinanderfließen von Ich und Du. Die rückhaltlose Mobilisierung aller jeweils zur Verfügung stehenden Energien des Organismus gilt einzig der Realisierung des Du in mir; darin beruht die besondere Intensität der orgastischen Erfahrung. Nur im Loslassen jeder Absicht, im Zurücklassen aller Orientierungen und aller planvollen Manipulationen, kann ich mich ganz in den anderen hineingeben und ihn zugleich ganz in mich aufnehmen. Hingabe ist wohl Selbstvergessenheit, aber nicht Selbstaufgabe, sondern vielmehr das Aufgeben aller strategischen Ich-Funktionen des Selbst, die ihre Rolle nun erfüllt haben.

Die Integration, das Einswerden mit der entdeckten und erfundenen Gestalt, gelingt freilich im vollen Sinne nur, wenn sie Erfüllung und Vollendung eines Kontaktprozesses ist, der die Stadien des Vorkontakts und der Orientierung und Umgestaltung durchlaufen hat. Vorzeitige Integration (aufgrund regressiver Wünsche) bleibt unbefriedigend. »Jeder Orgasmus hat seine Geschichte«, sagt Barbara Sichtermann[36]; er ist spontaner und unbeabsichtigter Höhepunkt in einem Prozeß allmählicher Annäherung und Berührung. Natürlich kann ein Orgasmus als rein physiologische Reaktion auch durch absichtsvolle Stimulierung erreicht werden, genauso wie man sich auch dazu zwingen kann, etwas zu schlucken. Aber darin bleibt der Orgasmus auf seine bloß körperliche Seite reduziert; statt daß der ganze Organismus sich voll auf einen anderen einläßt, wird allein dem Körper eine Reaktion abgerungen. In der Integration von Ich und Du kann es keinen Teil des Organismus geben, der einen anderen Teil – den Körper – noch instrumental einsetzt. Das Loslassen aller Willkürlichkeit ist ein spontaner Akt der Hingabe an das Geschehen. Ein Orgasmus läßt sich nicht planen – wohl aber lassen sich in den vorausgehenden Stadien des

Kontaktprozesses die Umstände so gestalten, daß sie die Rückhaltlosigkeit der Hingabe begünstigen.

In dieser dem Menschen eigentümlichen Spannung zwischen Willkürlichkeit und Unwillkürlichkeit, zwischen Körper-Haben und Körper-Sein, gründet die Erfahrung, daß auch orgastische Erlebnisse von unterschiedlicher Qualität sein können – keineswegs immer gelingt schon die restlose Selbstvergessenheit, zumal zu diesem Gelingen im entscheidenden Moment kein Tun, sondern nur ein Lassen beitragen kann. Es ist, als müßte man beiseite treten, um seiner eigenen Spontaneität nicht im Wege zu stehen. Diese Spontaneität des vollen Kontakts hat dann freilich ihre eigene Kraft und Stärke in der Lust – das Ausgleichen des Mangels, das Befriedigen des Bedürfnisses, das Einverleiben des Neuen ist von einer Erregung begleitet, die so intensiv ist, daß sie gleichsam alles Planvolle und Bedenkliche in sich verbrennt. Mit dem Absichtsvollen verschwindet dabei auch die an Zielen orientierte Zeitperspektive: Alle Lust ist zeitlos, »will Ewigkeit«, wie Nietzsches Zarathustra sagt, und der Wunsch, sie zu verlängern, ist der Wunsch, in ihrer Grenzenlosigkeit aufzugehen.

Das Stadium der Integration im Kontaktprozeß geht aber noch nicht auf im Sich-Hingeben, sondern setzt sich fort in einem Genießen und Auskosten der allmählich einsetzenden Sättigung, das schließlich in das Ausklingen des Nachkontakts übergeht. Genießen ist beides zugleich: ein aktives Heran- und Hineingeben der Sinne und der Motorik wie ein passives Aufnehmen und Sich-erfüllen-lassen durch den anderen oder an anderes. Die Lust in der Hingabe ist schon jenseits der Zeit; im Genießen aber halten wir uns an der Grenze der Zeit auf und spielen dort mit den Übergängen zwischen dem Haben und dem Sein als den beiden Erfahrungsmodi unserer Körperlichkeit. Deshalb gibt es auch – bei allem Fehlen des Absichtsvollen in der einfach zugelassenen Lust – doch stets und überall eine Kultur des erotischen wie auch des kulinarischen Genießens, die sich durchaus nicht in den Künsten der Vorbereitung und Zubereitung erschöpft, sondern vielmehr auch die der Steigerung und Verlängerung des Genusses umfaßt.

Jede Kultur entwickelt ihren spezifischen Reichtum und produziert zugleich ihre spezifische Armut im Hinblick auf die Möglichkeiten, die sie für die Gestaltung und Ausgestaltung von Hingabe und Genuß zur Verfügung stellt; sie wirkt also zugleich fördernd und hemmend auf die Möglichkeiten sättigender Kontaktprozesse ein, die sie den Menschen zur Verfügung stellt, die in ihr und durch sie leben. Die Schwäche unserer eigenen Kultur in dieser Hinsicht liegt heute nicht einmal so sehr in der Atemlosigkeit von Schnellimbiß und »instant sex«, als in einem kommerziell geförderten Narzißmus der Ich-Behauptung auch noch im Genuß, in der verbreiteten Angst vor dem Verlust der Selbstkontrolle im vollen Sich-Einlassen auf den anderen – auch dies ein Preis, den wir für die Herrschaft der instrumentalen Vernunft zu zahlen haben. Freilich hat die gleiche Kultur darauf auch ihre eigene und historisch neuartige Antwort in den verschiedenen Formen von Psychotherapie und Selbsterfahrung entwickelt.

Manches an diesen Überlegungen mag deutlicher werden, wenn wir uns vergegenwärtigen, daß es Hingabe und Genuß nicht nur im Erotischen und im Kulinarischen gibt. Jeder ungestörte Kontaktprozeß vollendet sich in einer Integration von Organismus und Umwelt. Unsere Sprache gibt bereits Hinweise: Wir sagen »ich bin ganz Ohr« oder »ich bin ganz Auge«, wenn all unsere Aufmerksamkeit und Energie im Zuhören und Betrachten aufgeht. In jeder vollkommenen Konzentration wird das Subjekt von seinem Gegenstand absorbiert, geht in ihm auf und wird mit ihm eins; alles andere ist ausgeblendet – nicht nur irrelevanter Hintergrund, sondern eben gar nicht erlebt. Ich kann in die Betrachtung eines Kunstwerkes oder eines Naturschauspiels ebenso wie in eine Arbeit, einen Gedanken oder eine Lektüre so versunken sein, daß alles um mich herum vorübergehend verschwindet.

Und wiederum ist diese Hingabe ein Zulassen von Spontaneität im Umgang mit und im Erleben des Gegenstandes meines Interesses, das zugleich ein aktives Mich-Hineingeben wie ein passives In-mich-Aufnehmen ist. Musik vermag manche Menschen so zu erfüllen, daß sie mit jeder Faser ihres Seins mit ihr eins werden. Für diese Erfahrung ist Musik überhaupt erst realisiert, wenn sie sich quasi in jeder Zelle des Hörers verkörpert, der dann in diesem Hören ein anderer wird. Und so geht es überhaupt mit dem Erlebnis der Verschmelzung: Rilke beendet seine Verse zur ästhetischen Erfahrung einer Skulptur mit der Zeile: »Du mußt dein Leben ändern.« Aber dem dies in der Betrachtung aufgegangen ist, der hat sich schon verändert; er hat etwas in sich aufgenommen, das eben anders war und das nun in ihm nachwirkt, bis es allmählich assimiliert, also zu einem Bestandteil seiner selbst geworden ist.

Überhaupt ist merkwürdigerweise die Hingabe zugleich der Augenblick des Schöpferischen. Immer weist die Integration von Organismus und Umwelt über sich hinaus, läßt den Organismus wie die Umwelt verändert zurück, zumindest an Erfahrung, oft auch um neue Qualitäten oder Kompetenzen bereichert. Wie aber aus der sexuellen Hingabe auch ganz und gar neues Leben entstehen kann, so geht zuweilen aus der Versenkung, etwa in technische, künstlerische oder wissenschaftliche Aufgaben und Probleme die neue Form oder die klare Einsicht plötzlich hervor – ein Moment des Durchblickens, wie ihn Dorothy Sayers an ihrem Detektiv-Helden Lord Peter Wimsey so beschreibt:

> Und dann geschah es – die Sache, die er halb unbewußt erwartet hatte. Es geschah plötzlich, mit Gewißheit, und so unverrückbar wie ein Sonnenaufgang. Er erinnerte sich in einem einzigen Moment – nicht an das eine, nicht an das andere, noch an eine logische Abfolge der Ereignisse, sondern an alles zusammen, an die gesamte Geschichte, vollkommen und vollständig, in all ihren Dimensionen wie sie war, als ob er außerhalb der Welt stünde und sie in einem unendlich dimensionierten Raum schweben sähe. Er brauchte keine Gründe mehr zu suchen, ja nicht einmal mehr daran zu denken. Er wußte es.

Dieses plötzliche Evidenz-Erlebnis ist von vielen beschrieben worden; es findet sich im banalen »Aha!« der endlich gefundenen Zutat, die dem Gericht noch fehlte, ebenso wie in der genialen Einsicht in das Zusammenspiel kosmischer Kräfte, in der Lösung eines alltäglichen technischen Problems ebenso wie in der Erfahrung eines »Mini-Satori«, wie Jim Simkins manche therapeutischen Einsichten nannte. Kontaktprozesse sind so unterschiedlich wie die Bedürfnisse, die sie antreiben und die Gegenstände, auf die sie sich richten. Gemeinsam ist ihnen nur diese Struktur einer nicht umkehrbaren Abfolge verschiedener Stadien der Annäherung, Berührung und schließlich Integration an und mit ihren Objekten, gleichviel ob diese materieller oder immaterieller Natur sind. Ohne das Stadium der Integration mit ihrer personenspezifisch und situationsspezifisch jeweils höchstmöglichen Entfaltung aller Erlebnisfähigkeiten des Selbst kann es Veränderung und Formung in ein Neues nicht geben; nur durch die Hingabe und im Genießen wird Neues verarbeitet und erarbeitet und damit Wachstum gewährleistet.

Gewiß bringt nicht jeder Kontaktprozeß schon Momente der vollständigen Integration mit sich. Oft besteht der Höhepunkt der Selbst-Entfaltung im Genießen einer überaus engen Berührung, eines wechselseitigen Spiels der Sinne und der Motorik um diese Grenze herum, jenseits derer der Organismus sich in die Zeitlosigkeit der reinen Lust hinein verliert. So mögen sich Menschen im raschen, engagierten Austausch von Gedanken und Argumenten oder einander in den Armen haltend im Rhythmus des Tanzes oder in der Bewegung von Zusammenarbeit und Zusammenspiel ganz auf ein Tun einlassen, in dem nicht das Ergebnis, sondern nur die gemeinsame Tätigkeit zählt. Und so auch, allein, in der Berührung mit materiellen und immateriellen Stoffen: das Sich-Einlassen auf das Wasser beim Schwimmen oder Tauchen, auf den Fels beim Klettern, auf den Wind beim Segeln, ebenso wie das Sich-Einlassen auf eine Erinnerung, einen Gedankengang oder eine Idee. All dies sind Erfahrungen eines vollen Kontakts, in denen der Organismus sich der Grenze der Selbstvergessenheit nähert, ohne sie notwendig zu überschreiten. Und doch ist das Eins-Werden mit dem, was einen berührt, die all diese Erfahrungen eigentlich prägende Möglichkeit und das Ziel einer oft nicht eingestandenen, aber überaus wirksamen Sehnsucht.

Für den Kontaktprozeß ist freilich nach und neben dem Sich-Hineingeben und dem In-einer-Sache-Aufgehen das Genießen und Auskosten von eigenständiger Bedeutung. Keineswegs geht es dabei schon um den Versuch, die Lust um ihrer selbst willen festzuhalten, was vielmehr erst Inhalt einer Genußsucht ist, die nur zu leerer Erschöpfung führt und den Drang nach rascher Wiederholung zur Folge hat. Das Auskosten hat im Gegenteil seine eigentliche Funktion darin, das Gefühl der Sättigung und Befriedigung langsam wachsen und spürbar werden zu lassen. Denn nur wenn die Befriedigung wirklich empfunden und erlebt wird, können Überfütterung und Übersättigung vermieden werden. Im Genießen löst sich der Organismus sanft aus der Totalität der Hingabe und ist doch ganz und gar bei der Sache. Diese ist nun freilich niemals endgültig ausgekostet; nur eben ist schließlich der Mangel im Organismus behoben, und damit verwandelt sich allmählich die motorische Lust des Genießens in die träge Lust der Befriedigung. So geht im Auskosten der Kontaktprozeß langsam in sein letztes Stadium über, den Nachkontakt, der im Nachspüren und Ausklingenlassen seine eigene Sinnlichkeit besitzt.

8. Nachspüren und Bestätigen: Nachkontakt

Jedes Erlebnis braucht Zeit, um zur Erfahrung zu werden. Die Intensität der jeweiligen Begegnung mit dem Neuen sichert durchaus nicht schon, daß der Organismus hinreichend gesättigt und auf Dauer bereichert ist; manch leidenschaftliches Erlebnis erweist sich im Rückblick als eher durchschnittlich, wird in der Erinnerung schal, hinterläßt keinen bleibenden Eindruck. Oder es bleibt als singuläres Ereignis abgehoben von den Wirklichkeiten des eigenen Alltags, unintegrierbar und gerade deshalb Gegenstand sehnsuchtsvoller Reminiszenzen und Tagträumereien. Post coitum omne animale triste, lautet die alte Formel, die solche Erfahrungen depressiv auf den Nenner bringt.[37] Was hier fehlt, was eben jedes Erleben braucht, um erst zu einer bereichernden Erfahrung zu werden, ist Zeit zur Identifizierung des Gewonnenen im Nachkontakt. Nun löst sich die entdeckte und erfundene Gestalt auf, die Kontaktgrenze wird unscharf, und das Selbst verliert seine Energie und verblaßt; der Organismus ist unfokussiert, in sich selbst ruhend, und die Umwelt wird nun wieder als die jeweilige Umgebung wahrgenommen, bleibt aber ohne besonderes Interesse.

Der Nachkontakt hat drei Funktionen im Kontaktprozeß: Einsinkenlassen, Nachspüren und Bestätigen. Zunächst braucht der

Organismus einfach Zeit, damit sich das Aufgenommene setzen kann, er darf nicht sogleich wieder in andere Kontaktprozesse involviert werden. Jedes Erlebnis braucht seine Zeit, um sich im Organismus wirklich einzunisten und in ihm nachzuwirken. In dieser Hinsicht ist der Nachkontakt einfach ein So-sein-Lassen-wie-es-ist, ein *Nachschwingen- und Ausklingenlassen* der Berührung, bei dem der Organismus noch offen und durchlässig ist, eben deshalb auch verletzlich und daher schutzbedürftig; Ruhe ist nun angesagt, für die Sinne, die noch voll des Wahrgenommenen und Aufgenommenen sind, wie für die Motorik, die sich verausgabt hat. Ein allzu rasches Herausgeholtwerden aus der Versenkung kann ähnlich wirken wie eine Alarmglocke, die einen aus tiefem Schlaf reißt, nämlich wie eine körperliche Verletzung, auf die man mit Benommenheit, Desorientierung und manchmal mit Verzweiflung reagiert. Verletzlich ist der Organismus hier vor allem durch Mitmenschen, die vielleicht nicht ebenso tief involviert waren oder die, erschreckt durch das Schmelzen ihrer eigenen Ich-Grenzen in der Begegnung mit dem Neuen, die Wirkung des Kontaktprozesses durch vorschnelle Kategorisierung, Einordnung und Bewertung oder schlicht durch Abwendung entschärfen wollen. Wie ärgerlich kann der sofortige Kommentar, die eilfertige Kritik wirken, wenn man von einem Schauspiel oder einem Film noch angerührt ist; wie schmerzhaft heftet sich der übliche Applaus an den noch kaum verklungenen letzten Akkord des Konzerts, und wie kränkend wirkt der abrupte Rückzug des Liebhabers nach gestilltem Liebeshunger. Es genügt freilich, das Organismus/Umwelt-Feld sich selbst zu überlassen, sich gewissermaßen auch in den eigenen Organismus nicht einzumischen, um dem Gefühl der Sättigung einfach Raum zu geben.

Selbst das *Nachspüren,* die zweite Funktion des Nachkontakts, ist nicht eigentlich eine Aktivität des Selbst, sondern eher eine passive, fast faule Aufmerksamkeit, die sich auf die Veränderungen im eigenen Organismus richtet, auf das, was sich in ihm Neues tut und aufhält: schon einverleibt, aber noch nicht assimiliert.

Auch dem Nachspüren und Nachschmecken kann natürlich mit kultivierter Finesse nachgeholfen werden, und zwar im sinnlichen ebenso wie im sozialen Bereich. Was die Sinne anbetrifft, so sind es natürlich wiederum die Künste des kulinarischen Nachkontaktes, die uns am vertrautesten sind: Nicht nur die die Mahlzeit abschließenden Desserts gehören hierher, sondern auch die entsprechenden Getränke: Kaffee, Cognac, Dessertweine – und für viele die hier besonders genußreiche Zigarette oder Zigarre. Im Sozialen dagegen geht es um Konventionen, die nach Abschluß der eigentlichen gemeinsamen Tätigkeit noch Platz für ein weniger fokussiertes Beisammensein lassen: der »gesellige« oder »gemütliche Teil« des Abends nach getaner Arbeit, nach Abschluß der Beratungen oder Übungen, der Austausch der Erlebnisse und Meinungen nach dem gemeinsamen Besuch einer Veranstaltung oder der Erfahrung und Begegnungen, nachdem auch die letzten Gäste gegangen sind.

Wichtiger noch ist der soziale Bereich allerdings für die dritte Funktion des Nachkontakts: das *Bestätigen.* Wir müssen uns wechselseitig versichern, daß es wirklich so gewesen ist, daß ich es so erlebt habe und du es so erlebt hast oder daß wir gemeinsam eine Erfahrung gemacht haben; und dies aus zwei Gründen: Erstens ist dieses wechselseitige Bestätigen des Kontaktprozesses, der nun zu Ende geht, ein Akt gemeinsamer Konstitution unserer sozialen Realität, mit der wir etwas als eine Erfahrung festlegen, auf die wir uns in Zukunft berufen können; und zweitens hat das Bestätigen die Funktion eines Reziprozitätsrituals, einer standardisierten Kommunikation zur Aufrechterhaltung beziehungsweise Rekonstitution von Gegenseitigkeitsnormen.

Zur Realitätskonstitution gehört das Benennen der Erfahrung, die Klärung der Frage: Was war das, was hier geschehen ist? Für die meisten Kontaktprozesse ist das unproblematisch; fertige Benennungen liegen zur Benutzung bereit, wir wissen natürlich schon, daß wir zusammen essen waren oder an einer Konferenz teilgenommen haben oder im Kino gewesen sind. Was allenfalls noch fehlt, ist die Bewertung: ein »gutes« Essen, eine »langweilige« Konferenz, ein »spannender« Film. Aber nicht immer liegen die Dinge so klar, weil weitgehend sozial vorgefertigt: War dies eine »Liebesnacht« oder ein »flüchtiges sexuelles Abenteuer«? War dies eine »lehrreiche Erfahrung« oder eine »unnötige Quälerei«? Derartige Fragen müssen im Nachkontakt ansatzweise geklärt werden durch Nach-

Denken, Nach-Vollziehen und Nach-Spüren, vor allem aber durch Darüber-Reden, gemeinsames Finden der Benennungen, die die Einschätzungen und Einordnungen enthalten. Davon wird nun allerdings vieles auch erst im nachhinein, also nach vollständigem Abschluß des jeweiligen Kontaktprozesses, und oft erst sehr viel später, geklärt werden können.

Die Reziprozitätsrituale treten vor allem in drei Formen auf, die fast regelmäßig Bestandteil des Nachkontakts im sozialen Bereich sind: Danksagungen, Wiederverabredungen und Verabschiedungen. Jedes dieser Rituale kann wiederum in der unterschiedlichsten Weise erscheinen, abhängig von der Art des Kontaktprozesses, der Art der involvierten Beziehungen und den semantischen Traditionen der Worte und Gesten in der Alltagskultur der jeweiligen sozialen Gruppen. Die universell in allen Kulturen geltende Reziprozitätsnorm[38], nach der eine Gabe durch eine Gegengabe ausgeglichen werden muß, kann vielerlei Gestalt annehmen, wovon das Danke-Sagen nur die einfachste und häufigste ist – ihre Funktion aber ist immer die Erhaltung des sozialen Gleichgewichts. Wiederverabredungen, wie vage auch immer (»Ruf mal wieder an!« oder »Das sollten wir öfter machen!«), haben dagegen die Funktion, die persönliche Beziehung auf der jeweils erreichten Stufe festzuschreiben. Verabschiedungen schließlich dienen einer abschließenden, ritualisierten Bewertung des gemeinsamen Kontakts (»Es war ein phantastisches Essen!« oder »Ich hab mich sehr gefreut, daß du gekommen bist!«) sowie der wechselseitigen Bestätigung des jeweiligen Status der Beziehung (»Tschüß, bis morgen also!« oder »Auf Wiedersehen, und kommen Sie gut nach Hause!«). Die ritualisierte Form sollte nicht darüber täuschen, daß es hier immer wieder neu um die Bewertung vorangegangener Kontaktprozesse geht; jedes dieser Rituale bietet ja die Möglichkeit, sie durch Stimme und Gestik auf feinste Weise auf das dem jeweiligen Kontaktprozeß am besten Entsprechende abzustimmen.

Der Nachkontakt mit dem Einsinken-Lassen, dem Nachspüren und dem wechselseitigen Bestätigen stellt sicher, daß das im Kontaktprozeß neu Aufgenommene schließlich auch assimiliert werden kann – ein Vorgang, der sich erst nach dem Kontaktprozeß vollzieht, und zwar weitgehend ohne jede Bewußtheit. Im Einsinken-Lassen, Nachspüren und einander Bestätigen wird bereits vorentschieden, was von dem Aufgenommenen dann schließlich endgültig assimiliert und was wieder ausgeschieden wird, was also behalten und zum Teil des Organismus und was ausgestoßen oder vergessen wird. Die Funktionen des Nachkontakts beinhalten ein sinnlich-kognitives Kurzzeitgedächtnis, in dem bereits darüber mitentschieden wird, was im Langzeitgedächtnis aufbewahrt und was ziemlich rasch vergessen wird. Erst der Nachkontakt stellt sicher, daß die Ernte des Kontaktprozesses in die Scheuer kommt.

9. Erinnern und Vergessen: Assimilation

Jeder Kontaktprozeß hinterläßt ein verändertes Organismus/Umwelt-Feld. Der Organismus hat sich etwas aus der Umwelt einverleibt, sein Bedürfnis ist momentan befriedigt, es bedarf keiner Aktivität mehr, um seine Regeneration sicherzustellen. Zugleich aber ist er auch auf Dauer bereichert, er ist ein anderer geworden, er ist – manchmal deutlich, oft unmerklich – gewachsen. Worin besteht dieses Wachstum? Hier ist wichtig, daß gelingende Kontaktprozesse nicht nur der Wiederherstellung des ursprünglichen Zustands durch den Ausgleich auftretender Mängel und durch Befriedigung von Bedürfnissen dienen, sondern darüber hinaus *Lernvorgänge* sind, die dem Organismus einen *Zuwachs an Kompetenz* und eine *Verfeinerung seiner Bedürfnisse* bringen.

Natürlich werden in jedem Kontaktprozeß schon vorhandene Kompetenzen erneut geübt. Allmählich werden aber auch zusätzliche Kompetenzen erworben: Vielleicht kann ich nun anders wahrnehmen, mich geschmeidiger bewegen, mich klarer ausdrücken, tiefer empfinden, schärfer denken, voller genießen, deutlicher Nein sagen usf. Anders ausgedrückt: Der erste Gewinn jedes gelingenden Kontaktprozesses ist eine Stärkung der Ich-Funktionen, also der Fertigkeiten und Fähigkeiten, mit denen wir unsere Bedürfnisse zu befriedigen suchen. Mit ihnen halten wir das Organismus/Umwelt-

Feld in ständiger Bewegung und das heißt: lebendig. Merkwürdigerweise zeigt sich das gerade darin, daß die Grundbedürfnisse immer wieder neu auftreten und auch als solche gespürt werden können. Denn für Lebewesen (»dissipative Systeme«)[39] wäre ein ein für allemal erreichtes Gleichgewicht schon das Ende.

Die Umgestaltung des Organismus/Umwelt-Feldes in Kontaktprozessen, in denen immer größere Kompetenzen eingesetzt werden, führt aber auch dazu, daß ganz neue Bedürfnisse entstehen. Mit der Stärkung der Ich-Funktionen und unter günstigen politischen und ökonomischen Bedingungen wächst die Sicherheit, daß auch künftig die Befriedigung der wichtigsten Bedürfnisse gelingen wird. Diese Sicherheit ist die Basis für das Entstehen differenzierterer Bedürfnisse, mit denen der Organismus nun auf vorher gar nicht wahrgenommene Anregungen der Umwelt antwortet. Auch das also kann Ergebnis gelingender Kontaktprozesse sein, daß ich nun anderes brauche und mir Neues wünsche. In den jeweils folgenden Kontaktprozessen kann das sich immer wieder neu entfaltende Selbst des Organismus nicht nur andere Ich-Funktionen, sondern auch neue Es-Funktionen zum Vorschein bringen. Das Wachstum des Organismus besteht also zunächst einmal in der Regeneration und Erweiterung der Ich- und Es-Funktionen des Selbst.

Wie nun der Prozeß der Assimilation des Neuen vor sich geht, darüber wissen wir psychologisch nur wenig. Auf der körperlichen Ebene sind natürlich die Stoffwechselvorgänge von Atmung und Verdauung bekannt. Dabei ist, auch psychologisch, zunächst das Wichtigste, daß nicht alles, was der Körper aufnimmt, auch assimiliert werden kann. Ausatmen und Ausscheiden sind also wesentliche Prozesse, die chronisch zu hemmen oder zu unterbrechen ein charakteristisches Symptom neurotischer Störungen sind. Auf der kognitiven Ebene entspricht dem das Vergessen als eine gesunde Ich-Funktion, die sich mit der selektiven Wahrnehmung die Aufgabe teilt, den Organismus vor Informationsüberflutung zu bewahren. Wiederum ist die Hemmung dieser spontanen Funktion, das Nicht-vergessen-können, Symptom einer Störung in der Selbstregulierung des Organismus/Umwelt-Feldes. Der Vorgang der Assimilation, der nach Abschluß des Kontaktprozesses beginnt und weitgehend außerhalb unseres Gewahrseins verläuft, besteht also aus einer unbewußten Differenzierung von Brauchbarem und Unbrauchbarem, wobei sich der Organismus ersteres zu eigen macht und letzteres ausscheidet oder vergißt.

Mit Vergessen ist hier ein endgültiges Verschwinden der Information gemeint; das Erinnerbare dagegen ist sozusagen latent vorhanden und wird spontan ins Bewußtsein gehoben, eben »erinnert«, wenn und sofern es in einem späteren Kontaktprozeß gebraucht wird. Wenn der Organismus relevante Informationen nicht mehr *erinnern* kann, liegt eine Gedächtnislücke vor, die unter Umständen auf Verdrängungen beruht. Verdrängung ist das Ausblenden der Erinnerung an das ursprüngliche Bedürfnis *und* an die Methode, durch die es einst unterdrückt wurde (vgl. auch Exkurs I). Wenn der Organismus umgekehrt irrelevante Informationen nicht *vergessen* kann, liegt eine Fixierung an frühere Kontaktsituationen vor. In beiden Fällen wird der gegenwärtige Kontaktprozeß gestört sein.

Was wir behalten, ist also nicht immer im Bewußtsein gegenwärtig, und nur manches von dem, was wir behalten, muß überhaupt erinnert werden. Anderes ist einfach zur zweiten Natur des Organismus geworden und damit selbstverständlicher Hintergrund aller weiteren Kontaktprozesse: Ich weiß nicht mehr, wann, wie und von wem ich dies oder das gelernt habe, ich kann es einfach, wie ich gehen oder sprechen kann. Das spontane Erinnern an das schon Gesehene, schon Erlebte, schon Erlittene, schon Bewertete ist ein selbstverständliches Potential im Kontakt zwischen Organismus und Umwelt, durch das unsere Fähigkeiten vergrößert und unsere Möglichkeiten erweitert werden. Ohne die Möglichkeit des Wiedererkennens müßte jede Situation auf unerträgliche Weise neu und fremdartig wirken – totale Desorientierung wäre die Folge.

Noch ist nicht viel bekannt über die Funktionsweise unseres Gedächtnisses. Es scheint so, daß Wahrnehmungen und Erfahrungen in uns zerebrale Spuren hinterlassen, die um so dauerhafter sind, je stärker in ihnen der ganzheitliche Charakter eines Vorgangs unter Abstraktion von Einzelheiten aufbewahrt ist. Gestaltpsychologen gehen davon aus, daß das Gedächtnis nicht einfach nur Aufbewahrungsort für Informationen ist, sondern ein selbsttätiger Prozeß der Veränderung der Gedächtnisspuren in Richtung auf Schließung einer Gestalt, und zwar sowohl räumlich und zeitlich wie auch emotional.[40] Erst in diesem Prozeß würde sich endgültig entscheiden, was vergessen wird und was erinnerbar bleibt während des Behaltensintervalls.

Auf der kognitiven Ebene ist ja deutlich genug, daß, was ohne Verständnis für den Zusammenhang bloß memoriert wird, wenig Dauer im Gedächtnis hat, im Gegensatz zu den Organisationsprinzipien des Materials etwa. Darüber hinaus aber dürfte der emotionale Gehalt zumindest bei ich-nahen Erlebnissen von großer Bedeutung für die Frage sein, wie gut und wie lange etwas erinnert wird.[41] Bezeichnend dafür ist zum Beispiel die Zähigkeit, mit der sich gerade auch banale Begebenheiten, die mit starken Peinlichkeitserlebnissen verbunden sind, im Gedächtnis festkrallen – je mehr sie mit der eigenen Körperlichkeit zusammenhängen, desto stärker. Jedenfalls hat die affektive Besetzung von Erinnerungen völlig unabhängig von ihrem Wahrheitsgehalt einen wesentlichen Einfluß darauf, wovon wir in der jeweils gegenwärtigen Umwelt angezogen oder abgestoßen werden.

Kognitiv wie emotional haben Erinnerungen also orientierende Funktionen im Kontaktprozeß, und zwar um so mehr, je stärker die Gestalt ist, zu der das Gedächtnis die Spuren früherer Erfahrungen formiert hat. Daß dabei die Wirklichkeit auf vielfache Weise transformiert wird, tut nicht nur der Handlungskompetenz keinen Abbruch, sondern ist vielmehr selbst Ausdruck einer Fähigkeit, ohne die wir mit der Wirklichkeit nichts anzufangen wüßten: der Fähigkeit nämlich, aus unstrukturierten Einzelerinnerungen eine Gestalt zu formen, die sich teils schon im Gedächtnis so ausprägt, teils in der Kommunikation mit sich selbst und anderen, zum Beispiel in Form einer Anekdote, eines Schauermärchens oder einer Komödie, gebildet wird und in der nun erst die ursprünglichen Gedächtnisspuren handlungsorientierende Kraft bekommen.[42]

Ob nun das, woran ich mich erinnere, auch wirklich so war, ist überhaupt nur insofern von Belang, als auch diese Rekonstruktion der Wirklichkeit prinzipiell der sozialen Bestätigung bedarf. Wenn ich mich etwa in meinen Erinnerungen außerhalb dessen ansiedele, was als gemeinsame historische Erfahrung gilt, wird meine Erinnerung als defekt gelten. Kann ich mich dagegen mit den Beteiligten auf eine gemeinsame Erinnerung einigen, ist sie sozial abgesichert und kann nun voll in die Gegenwartsorientierung mit eingehen. Daher auch die große Bedeutung von kognitiven und emotionalen Bezugsgruppen, die die eigenen Deutungen teilen; man kann ohne allzu große Schwierigkeiten als Teil einer kognitiven Minderheit innerhalb der übergreifenden Gesellschaft leben[43], aber die kognitive Vereinzelung führt in die Psychose.

Allerdings geht es bei der Herstellung gemeinsamer Erinnerungen – eine funktional sehr wichtige Lieblingsbeschäftigung von Paaren und Familien – nicht nur um gleichberechtigte Mosaikarbeit, sondern auch um einen Kampf um die Deutungsmacht. Das erklärt, warum Familienmitglieder und Ehepartner einander so oft mit einem »das war doch ganz anders; laß mich mal …« unterbrechen, wenn es darum geht, zu erzählen, was vorgefallen ist – also um die gestaltende Rekonstruktion des Gewesenen[44]; und die ist deshalb von Bedeutung, weil allmählich die Form der Rekonstruktion wichtiger wird als das Rekonstruierte: Man erinnert sich an die Geschichte, das Drama, die Tragödie oder Komödie, nicht mehr aber an das, was einst als Vorlage diente. An Kindheitserinnerungen läßt sich dieses Phänomen am leichtesten überprüfen: Oft erinnern wir uns an die Legende, die die Familie aus einem Ereignis gebildet hat, statt an das Ereignis selbst; wir sehen nun retrospektiv das Ereignis durch die Optik der Darstellung.[45]

Der Organismus hat allerdings noch eine ganz andere Art, sich zu erinnern, die gewöhnlich außer Betracht bleibt, nicht so sehr, weil viele Psychologen unter »Gedächtnis« ausschließlich eine bewußte, kognitive Leistung verstehen, sondern weil dieses Sich-Erinnern, jedenfalls in unserer Kultur, sozial kaum Bestätigung finden kann: das *Gedächtnis des Körpers.* Wie es auf der kognitiven Ebene ein spontanes Erinnern an das schon einmal Gesehene, schon Erlebte, schon Erlittene, schon oft richtig oder falsch Eingeschätzte gibt, wodurch im laufenden Kontaktprozeß meine Fähigkeiten vermehrt und meine Möglichkeiten erweitert werden, so gibt es auch ein spontanes Sich-Erinnern des Körpers an die durchgestandene Qual, den ausgestandenen Hunger, die orgastische Lust, die erlittene Verletzung. Deutlich wird das vor allem bei Erfahrungen, die körperlich traumatisierend gewirkt haben – Autounfälle etwa oder Kriegserlebnisse. Man braucht dabei nicht gleich an die Opfer von Folterungen und Entbehrungen zu denken; unter Chirurgen ist die Auffassung verbreitet, daß der Körper trotz der besten Anästhesie den chirurgischen Eingriff immer traumatisch registriert und erinnert,[46] und Otto Rank hat natürlich schon darauf hingewiesen, wie sehr die Geburt ein traumatisches Erlebnis für jeden Menschen ist.[47] Heute können derartige Körpererinnerungen, die sich sonst nur in spontanen Reaktionen des Körpers bei drohender Gefahr oder bei plötzlichem Erschrecken erweisen, durch bestimmte psychotherapeutische Techniken auch gezielt ausgelöst und bewußt gemacht werden.[48]

Wie anderen körperlichen Kompetenzen ist auch der Erinnerungsfähigkeit des Körpers bisher zuwenig Beachtung geschenkt worden. Daß der Körper sich dressieren läßt, gehört in unserer Zivilisation zum Alltagswissen.[49] Daß bei dieser Dressur, wie sie bis zu einem gewissen Grade natürlich zu jeder Sozialisation gehört, auch viele Fähigkeiten des Körpers unterdrückt werden, die sich unter anderen Umständen ohne viel Übung von selbst entfalten, wird seltener bemerkt. Dazu gehört auch das Bewußtsein vom Erinnerungsvermögen des Körpers, das uns im Verständnis und im Umgang mit Krankheits- und Gesundungsprozessen sehr hilfreich sein könnte.

Assimilation ist also ein organismus-interner Lernvorgang, der mehrere Aspekte hat. Zuerst wird, ohne daß wir es gewahr werden, das neu Aufgenommene in Assimilierbares und Unassimilierbares getrennt. Das Unbekömmliche oder Überflüssige wird spontan ausgeschieden beziehungsweise vergessen. Das Brauchbare hingegen wird zur zweiten Natur in Gestalt der besonderen Fähigkeiten und Kräfte des sowohl regenerierten als auch bereicherten Organismus. Alles, was zweite Natur ist, bedarf allerdings der Übung, kann wieder verloren werden. Erworbene Fähigkeiten, die eine Koordination von Bewegungsabläufen, Wahrnehmungen und Verstandestätigkeiten erfordern, wie Radeln oder Autofahren, verlernt man offenbar auch bei jahrelanger Abstinenz nicht. Durch traumatische Erfahrungen wie bei Unfällen können sie aber für immer verlorengehen. Selbst die elementarsten Fähigkeiten des Menschen wie Laufen oder Sprechen oder Weinen können wieder verlernt werden, wenn man durch Krankheit, Gewaltanwendung oder verinnerlichte Gebote nur lange genug daran gehindert wird. Dennoch sind die wieder geübten alten wie auch die gerade erst erworbenen neuen Kompetenzen ein zwar von Verlust oder Minderung bedrohter, aber nicht abspaltbarer Teil des Organismus ganz ebenso wie die immer wieder auftauchenden und die sich neu entwickelnden Bedürfnisse; sie sind zur (starken oder schwachen) zweiten Natur des Menschen geworden.

Darüber hinaus speichert der Organismus auch Erlebnis-Erfahrungen, die entweder in die Handlungsstrategien neuer Kontaktprozesse spontan mit eingehen oder aber vom Handelnden zu seiner Orientierung mit Bedacht herangezogen werden. Diese in *Gedächtnisspuren* aufgezeichneten Erfahrungen scheinen, wenn sie ich-nah und affektiv aufgeladen sind, einen unbewußten Gestaltbildungsprozeß zu durchlaufen, der das erinnerte Material so formt, daß es den Handelnden bei seiner Orientierung in der Umwelt kraftvoll unterstützen kann.[50] Bei rein kognitiven Gedächtnisspuren scheint es dagegen eher zu einer Kodierung zu kommen, das heißt zu einer Übersetzung der Informationen in eine sparsamere Form zum Zwecke ihrer Speicherung – ähnlich wie eine Landkarte, die für uns wesentliche Merkmale einer Gegend in Symbolen verschlüsselt festhält.[51] Derartige Erinnerungen müssen also auch wieder dekodiert werden, damit sie in gegenwärtigen Situationen verwendet werden können. Die Dekodierungsleistung ist dann Teil des Sich-Erinnerns als einer Ich-Funktion. Diese Erinnerungen sind im Alltag wohl vor allem für die räumliche und zeitliche Orientierung von Bedeutung, während die affektiv bestimmten Erinnerungen eher bei der Gestaltung der persönlichen Beziehung eine Rolle spielen.

Hier von Speicherung zu sprechen, darf aber nicht dazu verführen, sich das Gehirn als eine Art Behälter für Informationen vorzustellen, die dann dort durch Kodierungs- und Gestaltbildungsprozesse zu verwertbaren Erinnerungen verkocht werden. Natürlich ist das Gehirn für die Gedächtnisleistungen verantwortlich; doch der »Computer«, der hier speichert, muß wohl eher als die Struktur (oder das Muster) aufgefaßt werden, die das Zusammenspiel der vielfältigen Funktionen des Organismus ordnet; denn wir erinnern uns ja sowohl geistig als auch körperlich und emotional in der jeweiligen Tätigkeit des Handelns, während alle Funktionen des Organismus im Kontaktprozeß so zusammenwirken, daß es zu einer schöpferischen Bewältigung der jeweiligen Lage im Organismus/Umwelt-Feld kommt. Das Sich-Erinnern ist dann die Art und Weise unseres Zugangs zu diesem Reservoir der gespeicherten Erfahrungen. Als Ich-Funktion kann es sowohl spontan als auch absichtsvoll erfolgen. Dabei sind uns die spontanen Erinnerungen des Körpers meist kaum bewußt, der Körper reagiert einfach in der neuen Situation aufgrund seiner alten Erfahrungen und ist insofern konservativ. Für spontane emotionale und erst recht kognitive Erinnerungen gilt das in geringerem Maße. Die absichtsvoll gesuchten Erinnerungen dagegen sind natürlich immer bewußt – gerade deshalb sind sie aber auch anfälliger für Verfälschungen und können zur Täuschung anderer wie zur Selbsttäuschung führen.[52]

Das ist einer der Gründe, warum diese Art von Erinnerungen einer zusätzlichen *sozialen* Realitätskontrolle unterworfen ist, während die spontanen Erinnerungen ihren Realitätsgehalt sofort im Kontaktprozeß unter Beweis stellen müssen. Hier geht der Realitätsgehalt einer Erinnerung allerdings in ihrer funktionalen Bedeutung für die Gegenwart voll auf, wohingegen es bei der bewußt aufgesuchten Erinnerung um die Frage geht, wie es damals »wirklich« war. Ein anderer Grund für die soziale Realitätskontrolle dieser Erinnerungen, gleichviel ob sie mit gegenwärtig anwesenden oder nur vorgestellten oder gar nur abstrakt verinnerlichten Bezugspersonen vorgenommen wird, liegt dann in ihrer verbalen Form, die sie potentiell zum Träger von tradierbaren Bedeutungsgehalten, also kollektiven Erinnerungen, und damit zum Bestandteil der Identität von Individuen und Gruppen macht.

Schließlich schützt sich der »Speicher« normalerweise selbst vor

Überlastung, und zwar nicht nur durch das rasche Vergessen all dessen, was nur für die aktuellen Orientierungsaufgaben des Kurzzeitgedächtnisses von Bedeutung war, sondern auch durch ein Vergessen nach längeren Behaltensintervallen dann, wenn die Erinnerung funktionslos geworden ist. Alles Vergangene lebt nur so lange und insoweit fort, als es für die Gegenwart von Bedeutung ist. Das Gelernte hat Dauer so lange, wie es angewandt wird, und das Erinnerte ist spontan nur erinnerbar, weil es um gegenwärtig noch oder wieder brauchbare Erfahrungen geht. »Eine Form dauert fort nicht aus Trägheit, sondern aufgrund ihrer Funktion, und eine Form wird vergessen, nicht weil die Zeit vergeht, sondern weil sie funktionslos wird.« (Goodman, V, 3)

10. Sich-Identifizieren und Sich-Verantworten: Soziale Verankerung

Nun sind aber Erinnerung und Assimilation noch nicht alles, was der gelingende Kontaktprozeß als Ergebnis bringt. Es ist ja offensichtlich nicht sinnvoll, vom Kontaktprozeß als einem Lernvorgang zu sprechen, ohne dabei ein sich durch viele Kontaktprozesse konstant durchhaltendes Subjekt solcher Lernvorgänge mitzudenken. Ohne einen Begriff von diesem Subjekt-Kern des Organismus kommt auch das Modell des Kontaktprozesses nicht aus,[53] denn schließlich machen wir an ihm auch alltagspraktisch unsere sozial und psychisch offenbar so wichtigen Fragen nach der Identität und der Kontinuität des menschlichen Organismus fest. Nur verfängt man sich hier leicht im Begriffsgestrüpp der Persönlichkeitstheorien. Da ist (worauf auch ich ja nicht verzichten konnte) die Rede vom Ich oder vom Selbst, von der Identität, der Persönlichkeit oder dem Charakter eines Menschen, Begriffe, in denen sich zunächst nur der Wunsch ausdrückt, hinter allen Rollen und Masken, jenseits auch aller Kontaktprozesse, in die der einzelne jeweils verstrickt ist, möge sich ein dauerhafteres Wesen befinden, an das man sich auch künftig halten kann.

Nun ist aber in der Perspektive unseres Modells der Mensch jeweils das und nur das, als was er sich im Austausch mit seiner Umwelt erweist. Einer zentralen Einsicht der philosophischen Anthropologie zufolge sind wir immer nur das, wozu wir uns verstehen, als was wir uns verkörpern, womit wir uns identifizieren.[54] Darin schlägt sich – entwurzelnd und befreiend zugleich – das Wissen um den historischen Charakter und die kulturelle Relativität des Menschen nieder, das sich seit langem schon in den Ergebnissen der humanwissenschaftlichen Forschung verdichtet hat. In unserem Kontext heißt das zunächst, daß das, was ein Kontaktprozeß einem Menschen an Wachstum gebracht hat, sich allein darin erweist, wie er sich in späteren Kontaktprozessen handelnd und sich darstellend verwirklicht.

Die Frage nach der Rolle der Ich-Identität stellt sich im Rahmen unseres Modells als die Frage nach der Bedeutung der Persönlichkeits-Funktionen des Selbst im Kontaktprozeß: *Wie erfährt sich ein Mensch als ein mit sich selbst identisch bleibendes und Kontinuität besitzendes Subjekt von Kontaktprozessen?*

Eine erste Antwort lautet, wie wir schon gesehen haben: durch *Lernerfahrung* konstituierende Erinnerungen. Die bedeutsame Erinnerung ist hier nicht die an mich als den damals schon ebenso wie heute Seienden, sondern an den damals noch ganz anders Gewesenen. Denn erst die Differenz zwischen der gegenwärtigen Erfahrung meiner selbst und der Erinnerung an denjenigen, der diese oder jene Lernerfahrungen noch nicht gemacht hatte, der also noch anders war und den ich dennoch aus der Binnenperspektive erlebt habe, führt zum Wissen darum, daß ich jemand bin, der eine Geschichte hat, der eine Entwicklung durchlaufen ist, der als ein und derselbe dennoch damals das war und heute dies ist. Gerade die Erfahrung meiner allmählichen Veränderung, meines anfangs raschen, dann zunehmend langsameren organischen Wachstums, dann meiner zunehmenden Kompetenzen und meiner erweiterten Bedürfnisse verschafft mir die Gewißheit einer Kontinuität meiner selbst.

Diese Kontinuitätsgewißheit ist selbstverständlicher Hintergrund meiner Kontakte mit der Umwelt: Meine spezifischen Kompetenzen, meine besonderen Bedürfnisse und meine lebensgeschichtlichen Erfahrungen machen zusammen das aus, was man gemeinhin als Charakter bezeichnet. Und während das Neue sich jeweils im Vordergrund als die Figur der Berührung zwischen Organismus und Umwelt ausbildet, sind »die Gleichförmigkeiten des Charakters überwiegend präsent im Hintergrund als Basis der sich bildenden Gestalt«[55]. Wenn ein von Goodman formulierter Grundsatz der gestalttherapeutischen Persönlichkeitstheorie dazu besagt, daß die gesunde Persönlichkeit über wenig Charakter verfüge (Goodman, X, 8), so heißt das, daß die Kompetenzen, Bedürfnisse und Erinnerungen im Hintergrund des Kontaktprozesses selbst fluide sind, und es eben nicht die Erfahrung des Gleich-Bleibens, sondern die Erfahrung der Veränderung ist, die mir die Sicherheit der Kontinuität schenkt. Wenn die Charakterzüge eines Menschen dagegen in den Vordergrund treten und dort das an und in der Umwelt Interessante verdrängen oder mit einfärben, wird der Kontaktprozeß gestört; die Wahrnehmung der Umwelt und der Zugriff auf die interessanten Objekte der Bedürfnisbefriedigung sind nun durch vorgefaßte Meinungen, rigide Strategien und, wie Wilhelm Reich gezeigt hat[56], körperliche »Charakterpanzerungen« gehemmt. In dieser Hinsicht ließe sich sagen, daß Robert Musils »Mann ohne Eigenschaften« das ideale Subjekt von Kontaktprozessen ist: Er verfügt über viele Kompetenzen, ist aber kaum auf bestimmte Wahrnehmungs- und Umgangsweisen *festgelegt.* Auch bei ihm liegt die Sicherheit der eigenen Kontinuität zuerst in der immer neuen Erfahrung von Veränderung.

Aber das Wissen um Wachstum und Vergänglichkeit der eigenen Person, aus dem unser Sinn für die eigene Kontinuität erwächst, reicht noch nicht aus zur Beantwortung der Frage, wie wir uns selbst als identisches Subjekt von Kontaktprozessen erfahren. Die zweite Antwort darauf lautet: durch *Identifikation.* Neben der Erinnerung an unser früheres Selbst sind es die Identifikationen mit Teilen unserer natürlichen und sozialen Umwelt, mit denen wir uns und anderen auf die Frage antworten: Wer bist du? Und wir antworten darauf nicht mit einer ontologischen Bestimmung, sondern durch Identifikation mit den eigenen Gruppen und Abgrenzung von den anderen (»Ich bin ein Mann wie du« oder: »Anders als du bin ich eine Frau«). Dabei sind die Identifikationen von prinzipieller Bedeutung, weil sie immer schon Abgrenzungen mit enthalten, während umgekehrt Abgrenzungen die möglichen Identifikationen zwar einschränken, aber noch nicht festlegen. Genetisch dagegen sind wohl umgekehrt die Abgrenzungen primär und die Identifikationen bauen sich über sie auf.[57] Hier liegt der Grund für die besondere Bedeutung, die der Unfähigkeit, nein zu sagen, in der Therapie zukommt.

Nun verschiebt ein Begriff von Identität, dessen Inhalte kontingent, also nicht mehr fest bestimmbar sind, den Fokus auf die formale Ebene der Identifikationsfähigkeit. Schon Eike Gebhardt hatte vorgeschlagen, »die substantiellen und systematischen Begriffe des Selbst zu ersetzen durch konstruktive doppelseitige und dialektische Begriffe des Selbst als aktiver Fähigkeit und Hilfsquelle, die in der Lage ist, kontingente Ziele, Werte, Rollen und Identitäten zu generieren«[58]. Allerdings sind unsere Identifikationen von vornherein sozial bestimmt, sie bedürfen nicht nur der Bestätigung durch die anderen, sondern sie sind prinzipiell sozial konstituiert. Dieser Zusammenhang ist grundlegend im Werk des amerikanischen Sozialphilosophen George Herbert Mead expliziert.[59]

Meads berühmte Unterscheidung zwischen dem »I« und dem »Me« nimmt die Differenzierung von Es-Funktionen und Persönlichkeits-Funktionen des Selbst vorweg: Das »I« bezeichnet die Triebausstattung des Menschen, zugleich aber auch seine Fähigkeit zu Spontaneität und Kreativität; das »Me« entsteht zunächst als eine Vorstellung von dem Bild, das der andere sich von mir macht, und ist somit der Niederschlag einer mich einschätzenden Bezugsperson in mir. In der Identifikation mit der Sichtweise des anderen (»taking the role of the other«) mache ich mir dessen Bewertungsmaßstäbe zu eigen, die nun die Spontaneität, mit der das »I« Bedürfnisbefriedigung sucht, kanalisiert und strukturiert. Aber diese Aneignung der Perspektive des anderen, für die im ersten Lebensjahr wohl das frustrierende Nein der Mutter besonders konstitutiv ist, ist nur anfangs ein undifferenziertes, unkritisches Aufnehmen. Nach Hans Joas' Arbeit über Meads Sozialpsychologie ist es entscheidend, daß das Kind sich allmählich mit mehreren unterschiedlichen Bezugspersonen konfrontiert sieht, so daß inkompatible Verinnerlichungen entstehen.

> Diese müssen, wenn konsistentes Verhalten überhaupt möglich sein soll, zu einem einheitlichen Selbstbild synthetisiert werden. Gelingt diese Synthetisierung, dann entsteht ... Ich-Identität als einheitliche und doch auf die Verständigung mit stufenweise immer mehr Partnern hin offene und flexible Selbstbewertung und Handlungsorientierung; zugleich entwickelt sich eine stabile, ihrer Bedürfnisse sichere Persönlichkeitsstruktur.[60]

Identifikation ist also nicht undifferenzierte Übernahme elterlicher Vorbilder und Normen, wie es die Freudsche Konstruktion einer Über-Ich-Instanz sehen will, sondern eine immer wieder erneut notwendige kreative Synthetisierungsleistung des Individuums.

Frederick Perls war in anderem Zusammenhang zum gleichen Ergebnis gekommen. Freud, so meinte er, habe die entwicklungspsychologische Bedeutung der Zähne beim Kind übersehen, durch deren Wachstum Nahrung nun nicht mehr unzerkaut geschluckt werden muß, wie das bei einem Säugling der Fall ist. In Analogie dazu sah Perls die Fähigkeit des Kindes auch zur kritischen Analyse dessen, was es geistig aufnimmt, allmählich wachsen. Die Bedingungen der Möglichkeit zur Synthetisierung der Einflüsse verschiedenartiger Bezugspersonen sind dann erstens die Fähigkeit, nein zu sagen, abzulehnen, sich zu weigern, und zweitens die Fähigkeit, das Aufzunehmende in seine Bestandteile zu zerlegen und dann Zusammenpassendes und Nicht-Zusammenpassendes zu unterscheiden. Es sind also reflexive und aggressive Kompetenzen, die uns jene Auseinandersetzung mit den normativen Erwartungen anderer ermöglichen, in der, wie Hans Joas es formuliert, »die gesellschaftlichen Normen kommunikativer Änderung und die Triebimpulse einsichtsvoller und freiwilliger, weil befriedigender Umorientierung zugänglich sind«[61].

Das Wesentliche an der Meadschen Persönlichkeitstheorie ist ihre Orientierung am Dialog; Selbstbewertung und Handlungsorientierung ebenso wie Sicherheit über die eigenen Bedürfnisse als konstitutive Elemente der Persönlichkeit entstehen aus dem Gegenüber von Ich und Du und müssen sich im Laufe des Lebens gegenüber den verschiedensten Bezugspersonen und -gruppen immer erneut als flexibel und fähig zu kreativen Modifikationen erweisen. Identifikationen sind nicht Ergebnis einseitiger Entscheidungen, sondern Resultat der dialogischen Struktur von Kontaktprozessen zwischen dem Individuum und seiner sozialen Umwelt. Ich übernehme nicht einfach den Standpunkt des anderen, sondern ich präsentiere auch mich selbst und meinen Standpunkt ihm gegenüber: Identifikationen sind das Ergebnis *wechselseitiger* Identifizierungsprozesse.

Wenn diese dialogische Struktur der Entstehung und Veränderung von Identifikationen beachtet bleibt, dann läßt sich die Persönlichkeit oder Ich-Identität eines Menschen umstandslos bestimmen als *die Summe seiner jeweiligen Identifikationen.* Anselm Strauss hat schon früh darauf hingewiesen, daß, »seit der Begriff des Selbst als Substantiv benutzt wird, die Existenz einer entsprechenden Entität oder eines Objekts impliziert wird. Aber das ist eine falsche Begrifflichkeit – so falsch, wie wenn man Geschwindigkeit so denken würde ... Der Begriff des Selbst, wenn er überhaupt nützlich ist und Gültigkeit beanspruchen kann, muß als eine *Organisation von Tätigkeiten* formuliert werden«[62]. Genau das wird hier versucht: Die Persönlichkeitsfunktionen des Selbst sind dann Ausdruck von Identifikationsleistungen, die sich auf die Ergebnisse gelungener Kontaktprozesse beziehen. Darin erweist sich erneut die selbstreflexive Struktur des menschlichen Organismus: Wir sind nicht schon einfach, was die Erfahrung von Kontaktprozessen in uns abgelagert hat, sondern wir müssen uns durch die Perspektive des Anderen hindurch noch einmal unserer selbst vergewissern, noch einmal mit diesem Gewachsenen identifizieren, um auf dem Boden unseres eigenen Selbst stehen zu können: »Nur auf dem Umweg über andere hat sich der Mensch.«[63]

In meiner Antwort auf die Frage: »Wer bist du?« übernehme ich bereits eine Rolle im sozialen Feld. So zeigt sich bei genauerem Hinsehen, daß diese in der sozialen Dimension letztlich unbeantwortbare Frage übersetzt wird in die beantwortbare Frage: »Zu wem gehörst du?« (Auf welcher Seite stehst du? Für wen und gegen wen engagierst du dich?) In der Identifikation mit einer Rolle, einer sozialen Position, einer Gruppe sorge ich für meine soziale Verankerung und damit für ein gewisses Maß an Erwartungssicherheit im Hinblick auf mein eigenes Verhalten und das der anderen in den Kontaktprozessen, an denen ich beteiligt bin. Dies ist die eine Funktion der sozialen Identifikation: *Selbstvergewisserung durch soziale Verankerung.*

Die andere ist das Entstehen von *Verantwortlichkeit.* In der Antwort auf die Frage: »Wo stehst du?« gebe ich mich als maßgebendes Subjekt meiner Handlungen zu erkennen – antwortend werde ich verantwortlich, und nun erst kann ich nicht nur zu meinen Taten stehen, sondern muß auch für sie einstehen. »Die Persönlichkeit ist im wesentlichen ein verbales Duplikat des Selbst«, heißt es bei Goodman (X, 8) bündig; man faßt zusammen, was einem selbst für den anderen jeweils relevant und wissenswert erscheint, und da das formuliert sein will, muß das Selbst sich nun in Worte fassen.[64] Das bedeutet zunächst, daß sich der Mensch als Persönlichkeit vollkommen transparent ist; seine Persönlichkeit existiert nur im Modus des reflexiven Bewußtseins, anders als das Selbst, das sich seiner selbst hauptsächlich in reflexiver Sinnlichkeit gewahr wird. Zugleich aber ist die Persönlichkeit, eben weil sie das System der Identifikationen ist, relativ dauerhaft; sie ist, woran man sich gegebenenfalls hält und halten muß. Derjenige, als der ich mich ausgebe, ist eben auch derjenige, der verantwortlich ist und haftbar gemacht wird. Und nun erst werden Verabredungen und Verträge, werden auch Bindungen und Loyalitäten möglich. Es zeigt sich, daß die gemeinsame Konstitution eines verantwortlichen Subjekts eine unabdingbare Voraussetzung für das Funktionieren des sozialen Zusammenhalts ist. Die Persönlichkeit als das System der verantworteten Identifikationen ist das Grundelement der sozialen Rahmen, die die Spontaneität der Kontaktprozesse erst ermöglichen – sogar dann noch, wenn man aus dem Rahmen fällt.[65]

Und dennoch werden Verträge nur erfüllt, Verabredungen nur eingehalten, Loyalitäten erst lebendig in Kontaktprozessen, deren Motor allemal reale Bedürfnisse sind. Ein naheliegendes Beispiel sind Paarbeziehungen. In der hier entwickelten Perspektive bestehen solche Beziehungen einfach in der – das Handeln bestimmenden – Erwartung, daß ich mit einem bestimmten Menschen auch in

Zukunft befriedigende Kontaktprozesse haben werde. Und natürlich wird diese Erwartung oft genug enttäuscht. In einer solchen Situation hilft dann Loyalität, eine Haltung, in der ich mich als Teil einer Beziehung identifiziere und gerade dann dazu stehe, wenn meine Bedürfnisse zeitweilig unbefriedigt bleiben. Nicht nur das Imago einer auch künftig befriedigenden Beziehung, sondern auch die Loyalität in solchen Situationen wächst ja aus der Erfahrung, daß man einander auch jenseits dieses frustrierten Bedürfnisses braucht, aus der Erkenntnis, daß keiner von beiden perfekt ist, daß niemand alle Bedürfnisse eines anderen befriedigen kann, aus dem Wissen, daß Geduld miteinander sich lohnt, weil es immer noch so viel aneinander zu entdecken gibt. Solches Wissen ist eine Persönlichkeits-Funktion; loyal sein heißt, auch in Krisenzeiten zur vereinbarten Kontinuität des Unternehmens zu stehen, um sein Gelingen durch größere Frustrationstoleranz doch noch sicherzustellen.

Aber die Persönlichkeitsfunktionen dürfen sich hier wie auch sonst nicht allzuweit gegenüber den Bedürfnissen verselbständigen, sonst gerinnen sie zu rigiden Charakterstrukturen, die, statt erneute Befriedigung zu ermöglichen, sie nun verhindern. Gute Beziehungen resultieren aus befriedigenden Kontakten – wie überhaupt Institutionen nur von den realen Kontaktprozessen ihrer Mitglieder leben. Satzungen, Verträge, Verabredungen, einfache Loyalität auch sind dazu da, Krisen zu bewältigen und zu überbrücken. Darin liegt ihre Entlastungsfunktion. Nur geht es dabei erst einmal um Krisen, die nicht aus der Binnenstruktur der Beziehung kommen: körperliches oder wirtschaftliches oder politisches Elend. Verantwortliches Subjekt sein, das heißt in solchen Situationen vor allem ein solidarisches Einstehen für den anderen. Dabei geht es weniger um die moralische Dimension der Persönlichkeit – das also, was jemand über seine Moral zu sagen hat – als um die moralischen Persönlichkeitsfunktionen des Selbst im konkreten Kontaktprozeß. Die aber werden spontan und intuitiv von dem Wissen geleitet, daß jeder Dialog, und sei er noch so heftig, einen gemeinsamen Boden braucht, auf dem wir stehen und der nicht angetastet werden darf. Der Rest regelt sich von selbst durch eine spontane Anpassung der Prioritätenordnung der Bedürfnisse an das unter den gegebenen Bedingungen Notwendige.

Der Boden, auf dem wir gemeinsam stehen, ist allerdings nicht nur sozialer Natur. Der Hintergrund, vor dem sich jede neu entdeckte und erfundene Gestalt abhebt, weist vier Dimensionen auf, in denen wir uns jeweils identifizierend verankern müssen: Natur, Gesellschaft, Individualität, Transzendenz. Erst mit diesen Hintergrunddimensionen des jeweiligen Organismus/Umwelt-Feldes wäre die ganze Breite unserer möglichen Identifikationsleistungen beschrieben. Möglich ist mir Identifikation

1. im Hinblick auf mich als Natur:
   damit, daß ich diesen Körper habe, dieser Leib bin, damit, daß ich geboren wurde und sterben werde, und zwar als Mann oder als Frau; damit, daß ich bedürftig bin, Bedürfnisse habe; daß mein Körper seine Kräfte und seine Schwächen hat, jung oder alt ist, Krankheits- und Gesundheitsprozesse durchläuft;
2. im Hinblick auf mich als Gesellschaft:
   damit, daß ich Beziehungen und Loyalität habe, daß ich Verpflichtungen eingegangen und Verträge abgeschlossen habe; damit, daß ich zu bestimmten Gruppen gehöre und mich für und gegen andere engagiere; damit, daß ich mich in sozialen Rollen verkörpere und mir damit soziale Normen und gesellschaftliche Interessen zu eigen mache[66];
3. im Hinblick auf mich als Individualiät:
   damit, daß ich einzigartig bin und dies durch meinen Stil ausdrücke – im Gestus, in der Sprache, in der Erscheinung etc. ; damit, daß ich eine bestimmte Biographie habe und lebe, also eine einmalige Vergangenheit und einen nur mir eigenen Zukunftshorizont; damit auch, daß ich bestimmte Eigenschaften in Gestalt von Angewohnheiten habe, von denen wenige Tugenden sind, viele aber Laster; damit schließlich, daß ich eine persönliche Weise des Stigma-Managements entwickelt habe[67]; und damit auch, daß ich mich als eine zitierte Figur in meinen Selbstdarstellungen präsentiere[68];
4. im Hinblick auf mich als Quelle und Verkörperung von Transzendenz:

damit ich Teil eines übergreifenden Ganzen bin, dessen Dimensionen das dem Menschen Faßbare absolut überschreiten und das allein schon deshalb zu Demut und Behutsamkeit drängt, gleichviel ob ich es als sinnlos oder sinnvoll erlebe oder deute; und damit auch, daß ich als Teil des Kosmos und in besonderem Maße als dieses seiner selbst bewußte Lebewesen auch selbst eine unergründliche Quelle schöpferischer Prozesse bin.

Die Reihenfolge Natur – Gesellschaft – Individualität – Transzendenz enthält eine Ordnung, die der Hierarchie der Bedürfnisse entspricht; erst kommen die elementaren Bedürfnisse der Selbsterhaltung (Natur), dann die nach der Erhaltung der Gattung und des Zusammenlebens (Gesellschaft); erst danach folgen die Bedürfnisse nach Selbst-Darstellung (Individualität) und Eins-Werdung (Transzendenz). Im allgemeinen wird man von psychisch gesunden Menschen schon sprechen, wenn die Grundidentifikationen mit der eigenen Natur und der eigenen Gesellschaft geleistet werden können. Die sogenannte »Therapie-Szene« enthält heute aber viele Angebote, darüber hinaus zu gehen in Richtung auf Individualitätsentfaltung und Transzendenzerfahrung. Wenn es bei solchen Angeboten darum geht, daß Menschen, die ihren natürlichen Bedürfnissen nachgehen und für ihre sozialen Bindungen Sorge tragen können, miteinander neue Erfahrungen machen wollen, kann dieses, zumindest seinem Umfang nach neuartige, Phänomen der Gegenwartskultur unbefangen als eine Bereicherung gewertet werden. Auch hier freilich wird oft die Prioritätenordnung auf den Kopf gestellt.

Wenn wir uns schließlich verantwortlich als ein Jemand identifizieren können, der auf je spezifische, zugleich aber dialogisch flexible und für neue Erfahrungen offene Weise teilhat an der Natur, an der Gesellschaft, an den kulturell entwickelten Möglichkeiten, Individualität auszudrücken, und auch an einem Kosmos jenseits unserer Wissensmöglichkeiten, dann würden wir vielleicht über so etwas wie eine reife Persönlichkeit verfügen.[69] Aber die wäre dann nicht das Ergebnis mühseligen Strebens nach Selbstkontrolle, sondern die Frucht vieler wertvoller Kontaktprozesse, die zu sättigenden Erfahrungen wurden.

Exkurs I: Der diagnostische Blick

There is no such thing as a problem without
a gift for you in its hands.
You seek problems because you need
their gifts.
Richard Bach

Gestalttherapeuten haben meist eine ambivalente Haltung gegenüber den Aufgaben und Problemen der psychologischen Diagnostik. Weil ihnen das schöpferische Selbst des Klienten und die jeweilige Gegenwart des therapeutischen Kontaktes so wichtig sind und weil sie den Klienten nicht durch Deutungen vereinnahmen und durch Etikettierungen unterwerfen wollen, ist ihnen jedes Wissen, in welchem der Klient zum Erkenntnis-Objekt wird, verdächtig.[1] In der Tat richtet Gestalttherapie die Aufmerksamkeit auf das *Feld der Interaktion* zwischen Klient und Therapeut; es geht um zwei Menschen, die gemeinsam die Selbsterfahrung des einen zum Gegenstand ihres Kontaktprozesses machen.

Aber auch so entkommt man dem objektivierenden Blick der Diagnostik nicht. Die therapeutische Begegnung ist wie jede andere Interaktion unausweichlich in die Dialektik der Subjekt-Objekt-Konstellation verwoben, die schon das Verhältnis des Menschen zu seinem eigenen Körper kennzeichnet. Nur ist der Gegenstand der *gestalttherapeutischen* Diagnostik die Qualität der Kontaktprozesse des Klienten, während seine Persönlichkeit, sein »neurotischer Charakter«, nur als deren Hintergrund relevant ist. Während die *Subjektivität der therapeutischen Beziehung* für den Verlauf und das Gelingen einer Therapie gewiß von ausschlaggebender Bedeutung ist (siehe Exkurs II), bleibt doch die *Objektivität des diagnostischen Blicks* zur besseren Orientierung des Therapeuten in seiner Arbeit und manchmal auch des Klienten in seinem Leben unerläßlich.

Selbst außerhalb der therapeutischen Kontexte laufen wir mit diagnostischem Blick durch die Welt. Stets brauchen wir ja eine Einschätzung der Menschen, denen wir begegnen, damit wir das notwendige Minimum an Sicherheit haben, mit dem wir ein bestimmtes Verhalten oder einen bestimmten Spielraum des Verhaltens beim anderen erwarten können. Also werden die Menschen, mit denen wir es zu tun haben, automatisch und kontinuierlich typisiert und eingeordnet gemäß den Klassifikationsschemata unseres Alltagswissens. Für Fremde, denen wir nur flüchtig begegnen, reichen grobe soziale Kategorien wie z. B. Geschlecht und Alter. Haben wir mehr mit ihnen zu tun, ist unser Interesse und Engagement größer, benutzen wir feinere Typisierungen bis hin zu den längst zum Alltagswissen gehörenden psychologischen Klassifizierungen. Daran ist nichts Problematisches, solange das Typisieren nicht zum Stillstand kommt, sondern ständig zwischen Verallgemeinerung und Differenzierung pendelnd in Bewegung bleibt. Denn andernfalls kommt es zu sozialen Vorurteilen und ausgrenzenden Etikettierungen.

Das gleiche gilt auch in der Psychotherapie: Solange der diagnostische Blick beweglich bleibt und sich immer wieder für neue Gestalten und Entwicklungen beim Klienten interessiert, solange er von Mitgefühl getragen wird, statt dem Aufbau einer psychologischen Manipulationsmacht zu dienen, solange wird er den therapeutischen Prozeß stützen und fördern. Aus gestalttherapeutischer Perspektive erfordert das eine doppelte Blickwendung: Im Zentrum der diagnostischen Aufmerksamkeit steht nun an Stelle der Persönlichkeit des Klienten erstens die Qualität der Kontaktprozesse des Klienten und zweitens die Qualität der Beziehung zwischen Klient und Therapeut.

Hier zunächst zum ersten Punkt: Mit wieviel Bedürfnisbefriedigung und Erfahrungsgewinn ein Mensch den Kontakt zu seiner Umwelt gestalten kann, hängt sozial von Armut oder Reichtum seines jeweiligen Lebensmilieus ab und psychisch von seiner *Gestaltbildungskompetenz.* Diese Kompetenz besteht

1. in der Fähigkeit, die Erregungsenergie des Kontaktprozesses voll in die Ich-Funktionen des Selbst einfließen zu lassen; und
2. in der Fähigkeit, mit jedem neuen Kontaktprozeß eine kräftige

Kontaktgrenze zwischen Organismus und Umwelt spontan aufzubauen und sie ebenso spontan in der Phase des vollen Kontakts durchlässig werden zu lassen.

Zu 1: Der gestaltdiagnostische Blick richtet sich auf den Interaktionsprozeß im Hier und Jetzt und orientiert sich an der Frage: »Wann, wo und wie blockiert der Klient seine Erregungsenergie im Feld?«

Wann – das heißt, in welcher Phase des Kontaktprozesses und bei welcher Intensität der Erregung? Manche überspringen den Vorkontakt, andere kommen nie über die Vorbereitungen hinaus. Manche vermeiden den Nachkontakt, andere können sich schwer trennen. Viele übergehen die notwendigen aggressiven Funktionen der De-Strukturierung und Beseitigung und haben Schwierigkeiten, klar ja oder nein zu sagen, andere bleiben im zwanghaften Planen, Einschätzen und Nachgrübeln hängen. Viele zögern narzißtisch an der Schwelle zum vollen Kontakt aus Furcht, mit der Hingabe aller absichtsvollen Ich-Funktionen auch die Selbstkontrolle, die Kontrolle über das Selbst, aufzugeben, manche neigen dazu, sich hysterisch aus dem Vorkontakt in den vollen Kontakt zu werfen.

Wo – das heißt, an welcher Kontaktgrenze, bei welchem Berührungspunkt zwischen Organismus und Umwelt? Wir berühren die Umwelt mit unseren Sinnen, mit unseren Gefühlen und mit unserem Verstand, also den Ich-Funktionen des Selbst. Wo also im Kontaktprozeß kann der Klient nicht gut sehen, nicht gut hören, nichts mehr fühlen? An welcher Stelle des Kontaktprozesses »verliert er den Verstand«, ist plötzlich verwirrt oder fühlt sich wie mit einem Brett vor dem Kopf? Und an welchen Stellen, an denen emotionale Regungen zu erwarten wären, wo die motivierende Erlebniskraft der Gefühle wichtig wäre, zeigt sich der Klient unbewegt und erstarrt?

Schon für die erste Begegnung, bei einem Vorgespräch für eine Therapie z. B., läßt sich anhand der Typen von Ich-Funktionen der Blick diagnostisch schärfen:

Brauchen und Wünschen: Kann der Klient sagen, warum er Therapie sucht, was er sich von einer Therapie verspricht, was er mit einer Therapie will, oder ist dies alles sehr unklar?

Wahrnehmen und Zugreifen: Kann der Klient mich klar sehen, mir gut zuhören, kann er auf mich zugehen oder blendet er viel aus und verhält sich passiv?

Annehmen und Verwerfen: Kann der Klient sich selbst ein Urteil bilden über den Therapeuten und dessen Angebot und kann er gegebenenfalls auch nein sagen, oder verhält er sich ohnmächtig und ängstlich gegenüber dessen Autorität?

Zerlegen und Beseitigen: Kann der Klient diskutieren, was ihm angeboten wird? Kann er in dieser Situation körperlich für sich sorgen, indem er sich z.B. den Sitz zurechtrückt oder sich traut, ein störendes Kissen auf dem Sessel zu entfernen?

Sich-Hingeben und Genießen: Kann der Klient sich auf die therapeutische Situation und den Menschen ihm gegenüber einlassen, oder muß er selbst die Kontrolle behalten und ständig auf der Hut sein? Wird er vielleicht schon im Vorkontakt den Therapeuten entwerten, um die Nähe einer therapeutischen Beziehung zu vermeiden, oder wird er ihm einen Vertrauensvorschuß geben können?

Nachspüren und Bestätigen: Kann der Klient sich die Zeit nehmen, die neue Erfahrung, die frische Begegnung erst einmal einsinken zu lassen, bevor er sich entscheidet? Und kann er mit dem Therapeuten und/oder mit den Gruppenmitgliedern gemeinsam klären, welche Bedeutung diese Erfahrung für ihn hat? Kann er einen Entschluß fassen und dem Therapeuten sein Annehmen oder seine Ablehnung mitteilen?

Erinnern und Vergessen: Kommt der Klient von irgend etwas nicht los, auf das er immer wieder zurückkommt? Kann er sich umgekehrt das nächste Mal noch erinnern an das, was im Vorgespräch oder in der letzten Sitzung für ihn wichtig war?

Sich-Identifizieren und Sich-Verantworten: Kann der Klient sich mit der Patientenrolle, also damit, daß er etwas braucht, identifizieren? Hat er die verschiedenen Elemente der vertraglichen Vereinbarung aufgenommen, und kann er nun zu ihnen stehen?

Aus der beobachtbaren Schwäche einzelner Ich-Funktionen in der therapeutischen Situation entsteht so ein erstes und dann immer wieder korrigiertes Bild von der Art und Weise, wie der Klient seine kreativen Kräfte behindert.

Wie – das heißt, durch welche der drei möglichen Verschiebungen der Kontaktgrenze – Introjektion, Projektion oder Retroflexion – unterbricht oder blockiert der Klient seine Erregung?

»Introjektion: Etwas von der Umwelt ist im Organismus. Projektion: Etwas vom Organismus ist in der Umwelt. Retroflexion: Ein Teil des Organismus wird zur Umwelt für einen anderen Teil des Organismus.« (Goodman, XV, 12) *Introjektion,* verstanden als neurotischer Mechanismus, heißt, daß Bestandteile der Umwelt unzerkaut, unanalysiert, unabgewogen einverleibt worden sind und nun unassimilierbar und wichtige Bedürfnisse abwürgend den Organismus belasten. Aber diese Tatsache ist nicht im Gewahrsein, man identifiziert sich statt dessen mit dem, was dem Organismus schadet, was den Austauschprozeß mit der Umwelt behindert; die neurotischen Introjekte dienen der Selbstunterdrückung, deren zweifelhafte Erfolge womöglich das vergesellschaftete Selbstbewußtsein noch steigern. Das Bedürfnis freilich läßt sich nicht verdrängen, und so arbeitet der Organismus unbewußt an der Sabotage der introjizierten Verhaltensregeln, Wertstandards und Einstellungen. Diese Sabotage ist nicht nur mit den neurotischen Schuldgefühlen des »schlechten Gewissens« belastet, sondern auch – weil sie ja den Bedürfnissen des Organismus dient – mit heimlicher, oft sich selbst nicht eingestandener Lust verbunden. Sich mit dieser Lust zu verbünden, ist die beste Unterstützung, die der Therapeut bei der Bearbeitung von Introjekten dem Klienten geben kann. In der Therapie ist die Frage: *Wie* wird introjiziert, und wie werden die Introjekte aufrechterhalten?

Projektion ist eine andere Weise, die Erregung nicht zu spüren; hier wird sie nicht innen abgewürgt, sondern statt dessen in die Umwelt hinein phantasiert. Und da es eben um die Vermeidung der beängstigenden Erregung geht, ist es nicht der Inhalt der Projektion, der therapeutisch interessant ist, sondern der Affekt, von dem sie begleitet ist. Manchmal stimmen Projektionen inhaltlich durchaus; was aber nie stimmt, ist der unangemessen starke Affekt, mit dem der Inhalt erlebt wird. An ihm wird erst sichtbar, daß es eigentlich um etwas ganz anderes, ein noch unbekanntes Bedürfnis geht, das zuzulassen und zu spüren beängstigend ist. Das ist deshalb wichtig, weil es erklärt, warum es sinnlos (weil bloß introjizierend) ist, Projektionen zu korrigieren und »richtigzustellen«. Nicht nur bei paranoiden Menschen wird man auf starke und widerständige Überzeugungskraft stoßen – Energie, die eigentlich in die Wahrnehmung fließen müßte. Es ist aber auch deshalb wichtig, weil Projektionen inhaltlich nicht immer einfach das sind, was man bei sich selbst nicht sehen will, sondern oft in mehrfach verdrehter Form als Urteil über den anderen auftauchen: »Du haßt mich!« mag eigentlich heißen: »Ich mag dich!« Aber das braucht man nicht zu erraten, der überstarke Affekt zeigt die Projektion an, und die therapeutische Stärkung der Wahrnehmungsfunktionen führt von allein zu dem, worum es eigentlich geht. Die therapeutische Frage ist: *Wie* wird die Wahrnehmung behindert?

Bei *Retroflexionen* wird die Erregung nicht ausgelöscht oder nach außen projiziert, sondern gegen den eigenen Organismus gewendet. Da ist es notwendig, den Klienten die Möglichkeit zu vermitteln, die oft enorme Energie zu spüren, die das Sich-Zurückhalten braucht, oder die in der chronischen muskulären Verspannung festgefroren ist. Hierher gehören die vielen Formen der Auto-Aggression und die von Wilhelm Reich beschriebenen »Charakterpanzerungen«. Die klassische gestalttherapeutische Technik der Bearbeitung von Retroflexionen besteht einfach darin, das jeweilige Verhalten so zu verstärken und zu übertreiben, daß die chronische Selbstschädigung aktuell manifest wird und der Klient die Methode, mit der er sich zurückhält und aufstaut, spüren kann.

»Neurotische Verhaltensweisen sind schöpferische Anpassungen in einem Feld, in dem es Verdrängungen gibt.« (Goodman, XV, 1) Verdrängung heißt, daß die Erinnerung an etwas durch Erregungsangst blockiert wird. Was nicht erinnert werden kann, ist das Wissen und Spüren des Mangels im Organismus und die Methode, mit der dieses Spüren und Wissen immer wieder, eben chronisch, verhindert wird. Denn der Mangel selbst kann ja nicht ausgelöscht werden, und die Erregung wird durch jeden entsprechenden Stimulus wieder neu angefacht; nur weiß man dann nicht mehr, worum es geht und ist verwirrt und beängstigt. Alles, was Gestalttherapie tut, ist, es dem Klienten durch Selbsterfahrungsexperimente zu ermöglichen, sinnlich wahrzunehmen, wann, wo und wie er seine Verdrängungen im Kontaktprozeß aufrechterhält. Der Kontaktprozeß des Klienten im Hier und Jetzt der therapeutischen Situation ist dabei das Feld, auf dem pars pro toto die Selbstblockade durch Gewahrsein gelockert oder zum Verschwinden gebracht wird. »Wir müssen uns daran erinnern, daß die gegenwärtige Situation immer ein Beispiel für alles ist, was je gewesen ist oder sein wird. Sie umfaßt einen Organismus, seine Umwelt und ein fortwirkendes Bedürfnis. Wir können daher in der therapeutischen Situation die für *alle* Lebenssituationen des Klienten relevanten üblichen Fragen zur Struktur des Verhaltens stellen: Wie wird es dem Organismus gerecht? Wie wird es der Umwelt gerecht? Wie erfüllt es ein Bedürfnis?« (Goodman, XV, 2) Und diese Fragen können auf eine für den Klienten wie für den Therapeuten sinnlich erfahrbare Weise beantwortet werden.

Zu 2: Das zweite Element der Gestaltbildungskompetenz ist die Fähigkeit, spontan eine kräftige Kontaktgrenze auszubilden und ebenso spontan im vollen Kontakt durchlässig werden zu lassen. Was heißt das?

In jedem Kontaktprozeß löst sich der Organismus, angetrieben vom Mangel, aus seiner ursprünglichen Konfluenz mit der Umwelt, baut eine Grenze zu ihr auf und setzt sich an dieser Grenze, an diesem Berührungspunkt, an dem sich alles Erleben und Erfahren konzentriert, mit der Umwelt auseinander. Anfangs verschwimmen die Grenzen zwischen Ich und Nicht-Ich, wie wenn man im Sommer am Strand döst; erst mit dem Appetit wird der Unterschied deutlich: »Ich« ist, wo der Mangel spürbar wird. »Nicht-Ich« ist, wo ich ihn befriedigen kann. Auch entwicklungspsychologisch ist das so: Wir beginnen unser Leben in inniger Verschmelzung mit der Umwelt, erst allmählich löst sich der Säugling aus dieser Konfluenz und dabei vor allem aus der Mutter-Kind-Symbiose und entwickelt ein Ich-Gefühl, wird kräftiger und kann schließlich zugreifen und sich ein Stück weit selbst versorgen. Es leuchtet ein, daß bei dieser Entwicklung dem Wachstum der Zähne eine besondere Bedeutung zukommen muß, ähnlich wie in jedem Kontaktprozeß die aggressiven Funktionen ihre notwendige Rolle haben. Die Fähigkeit zur Ausbildung der Kontaktgrenze wird also früh in der Entwicklung des Kindes ausgebildet und bis ins Erwachsenenalter hinein dann weiter geschärft. Und das gleiche gilt für die Fähigkeit, bei hoher Energie die Kontaktgrenze wieder durchlässig werden, also sich in den vollen Kontakt fallen zu lassen, ohne gleich dieses vorübergehende Aufgeben der kontrollierten Ich-Funktionen als Identitätsbedrohung zu erleben.

Die Ausbildung dieser Fähigkeit kann nun durch äußere Einflüsse auf zweierlei Weise gestört sein; entweder wurden schon die ersten Schritte aus der Konfluenz heraus permanent entmutigt, so daß die nötige Unterstützung für die Entwicklung der eigenen Kräfte fehlte, oder dem Kind wurde zu früh eine Selbständigkeit abverlangt, die es noch nicht aufbringen konnte, für die die Entwicklung seiner sensomotorischen und emotionalen Kräfte noch nicht ausreichte. Im ersten Fall handelt es sich um eine überlange Konfluenzphase, im zweiten um zu frühe Autonomie-Zumutungen. Wenn – und das ist entscheidend für die Pathogenese – das Entwicklungsdrama dieser Entmutigungen oder Zumutungen sich auf der Bühne zentraler Lernbereiche abgespielt hat, wie z. B. Stehen und Laufen, Kontrolle der Ausscheidungen, Beißen und Kauen, Sprechen und Gefühle ausdrücken, dann wird später die Gestaltbildungskompetenz dauerhaft nachwirkende Defizite im Hinblick auf die Kontaktgrenze aufweisen. Wie schwerwiegend diese Störungen jeweils werden, entscheidet sich danach, wie früh in der Entwicklung und wie kontinuierlich die hemmende Konfluenz und die Autonomie-Zumutungen biographisch erfahren wurden und auf welche angeborenen Stärken im Organismus sie trafen.

Auch in der Gestalttherapie kommt der diagnostische Blick nicht ganz um solche entwicklungspsychologischen Konstrukte herum. Es geht hier um die sogenannten »frühen Störungen«, die ja nicht nur in der Literatur der Objektbeziehungstheoretiker existieren, sondern jedem Therapeuten aus mühseligen Arbeitserfahrungen bekannt sind. Aber als Gestalttherapeut kann er sich frei halten von den jeweils neuesten Theorien über die Stadien der frühen Kindheitsentwicklung und sich flexibel an dem orientieren, was er jeweils in der lebendigen Begegnung mit dem Klienten entdeckt. Immer muß neu gefragt werden, in welchen spezifischen Lernbereichen die Entwicklung behindert wurde und in welchen anderen die Entwicklung durchaus zum Wachstum der Gestaltbildungskompetenz beigetragen hat. Denn jeder, dem überhaupt psychotherapeutisch geholfen werden könnte, verfügt über vielerlei Fähigkeiten, die ihm den Austausch mit der Umwelt ermöglichen. Auch hier ist die kreative Fähigkeit der Menschen immer wieder überraschend und berührend und die Kompensationsfähigkeit des Organismus erstaunlich. Überdies muß hier auch beachtet werden, daß es möglich ist, in bestimmten Lernbereichen entmutigt zu werden und in anderen zu frühen Anforderungen an die Selbständigkeit ausgesetzt zu sein. Dies ist nämlich der genetische Ursprung des Borderline-Syndroms, dessen Hauptmerkmal die Neigung zur Spaltung ist, das heißt die Neigung, die jeweils andere Seite einer Erfahrung aus dem je gegenwärtigen Erleben zu verdrängen. So kann also das folgende Schema der »frühen Störungen« nicht mehr als eine grobe Landkarte für eine Entdeckungsreise voller Abenteuer sein:[2]

»Frühe Störungen« in der Qualität der Kontaktgrenze

Psychotische und frühe psychosomatische Störungen		Narzißtische Störungen
zuviel Konfluenz	← Borderline →	zuviel Autonomie
↓		↓
* mangelndes Urvertrauen in die Realität		* mangelndes Urvertrauen in die Beziehungen
* zu schwache Kontaktgrenzen		* zu starke Kontaktgrenzen
↓ zuviel »Erfinden« zuwenig »Entdecken«		↓ zuviel »Entdecken« zuwenig »Erfinden«
* grandiose Innenwelt		* überwältigende Außenwelt

Aus gestalttherapeutischer Perspektive ist es nicht sinnvoll, von Persönlichkeitsstörungen oder Charakterneurosen zu sprechen:

Der Charakter *ist* die Störung. Immer geht es um die Austauschprozesse im Organismus/Umwelt-Feld, und diese Prozesse können wir defizitär nennen, wenn sich in ihnen nicht das volle Potential eines Menschen entfalten kann. In diesem Sinne können wir von psychotischen oder narzißtischen Prozessen sprechen, wenn die Qualität der Kontaktgrenze zu weich oder zu rigide ist, und z.B. von depressiven, hysterischen oder zwanghaften Prozessen bei bestimmten anderen Unterbrechungen oder Beeinträchtigungen des Kontaktprozesses. Der Unterschied zwischen den »frühgestörten« psychotischen und narzißtischen und den anderen neurotischen Prozessen ist der, daß bei den ersteren eine Schwäche, ein Defizit, vorliegt, tatsächlich etwas an Entwicklung fehlt, während es sich bei den letzteren immer um kreative Anpassungen in einem Feld handelt, in dem es Verdrängungen gibt. Diese Unterscheidung ist wichtig, weil diese beiden Arten von gestörten Prozessen eine je eigene Form der therapeutischen Aufmerksamkeit verlangen: Bei den »frühgestörten« Prozessen muß der Therapeut einen Wachstum begünstigenden Schutzraum bieten, in dem der Klient die Chance hat, das noch Fehlende nachwachsen zu lassen und, soweit das nicht mehr gelingt, sich mit seiner Behinderung zu identifizieren; bei den »normalneurotischen« Prozessen dagegen geht es darum, die Energie und die schöpferische Kraft sinnlich erfahrbar zu machen, die chronisch zur Aufrechterhaltung von Verdrängungen gebraucht wird. Im Organismus des lebendigen Menschen uns gegenüber sind freilich in der Regel beide Arten von gestörten Prozessen miteinander verflochten, so daß vom gestalttherapeutischen Handeln eine stets neue und flexible Mischung aus raumgebender Unterstützung und Energie-freisetzender Konfrontation verlangt wird. Auch im Hinblick auf »frühgestörte« Prozesse bleibt dabei die Einsicht wichtig, daß die therapeutische Arbeit immer auf den vorhandenen Fähigkeiten und Kräften des Klienten aufbauen muß, statt sich in dem zu verlieren, was *nicht* ist.

Trotz aller Schulung wird unser diagnostischer Blick aber immer beeinflußt bleiben von den Typisierungsschemata unserer alltäglichen Menschenkenntnis – und die beziehen sich eben doch auf Charaktere. Das ist nicht weiter schlimm, solange der Blick offen für die Überraschungen bleibt, *und* wenn man sich klar macht, daß Charaktere je individuell ausgeprägte Kombinationen von Reaktionsbildungen sind, die die Funktion von Abwehrmechanismen haben. *Reaktionsbildungen* sind Verhaltensweisen, die sich einst zur Abwehr ehemals übermächtiger Ängste bewährt haben und die nun automatisch als Reaktion auf bestimmte Reize und Anforderungen der Umwelt auftreten. Kontaktunterbrechungen und -blockierungen vermeiden oder dämpfen die Erregung, Reaktionsbildungen vermeiden oder dämpfen die Erregungsangst. Sie bilden quasi eine zweite Verteidigungslinie des Organismus gegen besonders starke Umweltreize, die die Aufrechterhaltung von Verdrängungen bedrohen und denen man nicht aus dem Wege gehen kann.

Goodman hatte die therapeutische Situation als eine »experimentelle, geschützte Notsituation« bezeichnet (Goodman III, 12). Notorisch erlebt der Klient die therapeutische Situation als eine Situation dramatisch erhöhter Stimuli, teils durch die Anwesenheit des intervenierenden Therapeuten, teils durch die ihm nahegelegten Selbsterfahrungsexperimente. Und auf diese erhöhten Anforderungen und verstärkten Reize reagiert er natürlich zunächst mit den Verhaltensweisen, mit denen er sich gewöhnlich auch sonst in solchen Situationen hilft. Der Therapeut erlebt also den Klienten zunächst in seinen typischen Reaktionsbildungen, in seinem neurotischen Charakter. Da mag es nützlich sein zu wissen, zu welchen Reaktionsbildungen z. B. ein Mensch neigt, der sich oft in hysterischen oder narzißtischen Prozessen verfängt. Aber gerade hier ist die Gefahr besonders groß, unsere Wahrnehmung durch Typisierungen wie »Hysteriker« oder »Narzißt« so einzuengen, daß wir die Einzigartigkeit auch dieses Menschen nicht mehr wahrnehmen. Entscheidend ist, daß der Therapeut erkennen kann, ob und wann es sich beim Verhalten des Klienten um eine Reaktionsbildung handelt, auf die unreflektiert einzugehen ihm einen neurotischen Gewinn, nicht aber einen Gewinn an reflexiver Sinnlichkeit bringen würde. Hier also und nur hier ist der Platz für die Frustrationsstrategien, für deren meisterhafte Handhabung Frederick Perls bekannt war, und zwar insbesondere, wenn es sich bei den

Reaktionsbildungen um Interaktionsstrategien vom Typus »Spiele für Erwachsene« handelt.[3]

Gestalttherapie ist ein von der therapeutischen Beziehung getragener und vom diagnostischen Blick geleiteter Interaktionsprozeß, in dem wie bei einem Paartanz einer der beiden die Führung übernimmt. Je tragfähiger die therapeutische Beziehung und je klarer und beweglicher der diagnostische Blick, desto schwungvoller, fließender und anmutiger der Tanz, desto effektiver die Therapie. Und da zu einem Tanz zwei gehören, muß der diagnostische Blick des Therapeuten immer auch sich selbst gelten. Hat er blinde Flecken, braucht er die Hilfe von Kollegen in Therapie und Supervision; weiß er um seine allergischen Reaktionen und Anfälligkeiten, muß das seinen Blick nicht verstellen. Sind aber seine Sinne offen, seine Gefühle ungetrübt und sein Kopf leer, dann wird sein ganzer Organismus zum Auge des diagnostischen Blicks.

III. Die Emotionale Orientierung – Zur Bedeutung der Gefühle im Kontaktprozeß

Aber es sind doch unsere Gefühle, die uns zu
Menschen machen; wer würde sie aufgeben wollen,
selbst wenn er wüßte, daß jede neue Liebe nur
eine weitere Geisel für jene terroristischen
Zwillinge Zeit und Schicksal sind?
Arthur C. Clarke

1. Gefühlsausdruck und Gefühlserfahrung: Zur Anthropologie der Emotionen

Was in diesem Bild vom Kontaktprozeß zwischen dem Menschen und seiner Umwelt fehlt, sind natürlich die Gefühle. Nicht daß jede Berührung mit der Umwelt gleich mit großen Emotionen verbunden wäre; aber unsere Gefühle haben dort, wo sie spontan auftreten, eine wichtige Funktion für das Gelingen befriedigender Kontaktprozesse, und deshalb wird in der Praxis der Gestalttherapie dem emotionalen Erleben des Klienten auch besondere Aufmerksamkeit geschenkt. Eine der Theorie des Kontaktprozesses kongruente Theorie der Gefühle, die ihrer Rolle in der gestalttherapeutischen Praxis gerecht würde, fehlt bisher. Sie soll im folgenden skizziert werden.

Die große Bedeutung, die die Gefühle für den Kontaktprozeß generell und für die psychotherapeutische Arbeit im besonderen haben, hat ihren doppelten Grund in ihrer anthropologischen Bedeutung als handlungsorientierende Kraft und in der psychopathologischen Bedeutung der je kulturspezifischen Kanalisierung oder Unterdrückung ihres Ausdrucks. Seit Darwins berühmter Studie ›Über den Gemütsausdruck beim Menschen und bei den Tieren‹ von 1872 hat man diese beiden Aspekte der menschlichen Emotionalität gegeneinander ausgespielt; biologistische Auffassungen von der Universalität des menschlichen Gefühlsausdrucks standen unverbunden neben und oft feindselig gegenüber kulturrelativistischen Auffassungen von der rein gesellschaftlichen Determination des Gefühlslebens.[1] Neben dieser spannenden Auseinandersetzung, die vornehmlich von Soziologen und Verhaltenswissenschaftlern geführt wurde, sind die heterogenen Ansätze der Psychologie, wie stets auch hier von ihrer chronischen Erkrankung am Behaviorismus behindert, vergleichsweise uninteressant und zudem sehr verwirrend.[2] Es ist das Verdienst einiger Außenseiter unter den Emotionsforschern, daß der Streit zwischen den Universalisten und den Relativisten heute als erledigt betrachtet werden kann und daß wir nunmehr über Untersuchungen verfügen, die es ermöglichen, die interaktive Bedeutung der Emotionen in die Betrachtung mit einzubeziehen.

Die Philosophin Agnes Heller hat in ihrer ›Theorie der Gefühle‹ eine Analyse der lebenspraktischen Bedeutung der Emotionen vorgelegt[3], die mit der falschen und unfruchtbaren Alternative von Gefühl und Verstand aufgeräumt und die Emotionen wieder in jenen Stand philosophischer Frag-Würdigkeit versetzt hat, die sie zum Beispiel in Spinozas Ethik schon einmal hatten. Thomas Scheff, bekannt durch seine soziologischen Analysen psychopathologischer Etikettierungsprozesse (sog. »labelling theory«) hat mit seiner Analyse der Erfahrung emotionaler Katharsis[4] erneut das Interesse der interaktionistisch orientierten Soziologie am Problem der Emotionen geweckt.[5] In unserem Kontext von besonderer Bedeutung sind aber die Untersuchungen des Arztes und Musikwissenschaftlers Manfred Clynes zum Funktionieren emotionaler Kommunikationen – erst diese Untersuchungen ermöglichen eine empirisch fundierte Berücksichtigung der Emotionen in der Theorie des Kontaktprozesses.[6]

Bevor ich auf diese Arbeiten näher eingehen kann, sind einige begriffliche Klärungen notwendig, denn weder die Sprache der Wissenschaft noch die Alltagssprache ist im Hinblick auf die Gefühle klar und eindeutig; in der Wissenschaft hängt die Bedeutung von Begriffen wie Emotion, Empfindung, Affekt, Gefühl, Stimmung, Leidenschaft von der jeweils vertretenen Theorie ab, während die

Alltagssprache dagegen Unterscheidungen trifft oder Phänomene übergeht, je nach der Kultur, in der sie wurzelt. So unterscheiden wir etwa verschiedene Intensitätsgrade ein und desselben Gefühls, wie bei Ärger und Wut, während wir für andere Gefühle gar kein Wort besitzen. Clynes berichtet zum Beispiel, daß die Balinesen ein eigenes Wort für das Gefühl kennen, das uns beim plötzlichen Anblick überwältigender Schönheit ergreift. Und auch nahe verwandte Sprachen kennen gerade bei der Bezeichnung von Gefühlen viele unübersetzbare Nuancen. Das englische Wort »reverence« etwa ist weder durch »Demut« noch durch »Ehrfurcht« ganz richtig wiedergegeben. Die Alltagssprache ist also prinzipiell ein unzuverlässiger Führer durch das psychologische Reich der Gefühle. Alltagssprachliche Ausdrücke können andererseits recht aufschlußreich sein für die Bedeutung, die ein Gefühl in der Tradition und Gegenwart einer Kultur hat, und für die sozialen Normierungen, denen der Ausdruck der Gefühle in einer Gesellschaft jeweils unterliegt. Das Wort »Angst« zum Beispiel hat offenbar nur im Deutschen diesen abgründigen Unterton, der die Franzosen dazu veranlaßt hat, »le Angst« von »l'angoisse« zu unterscheiden. Und für das Gefühl sexueller Erregtheit gibt es im Deutschen kein hochsprachlich akzeptiertes Wort: Ausdrücke wie »geil« oder »spitz« sind subkultureller oder privatsprachlicher Natur.

In einer ersten Annäherung möchte ich hier die Gefühle von Körperempfindungen, Stimmungen und Leidenschaften unterscheiden. *Körperempfindungen* sind stets Bestandteil von Gefühlen, können aber auch ohne Gefühle auftreten; es fehlt ihnen deren evaluativer, auf die Umwelt bezogener Charakter. Die Empfindung von Hunger und Durst informiert uns zwar über einen Mangel im Körper, noch nicht aber, wodurch dieser zu beheben wäre. Und auch physische Schmerzen sind leider weder in ihrer Intensität noch in ihrer Lokalisierung von sich aus schon eine Einschätzung der Störung, die ihnen wahrscheinlich zugrunde liegt. Die Störung mancher Organe verursacht überhaupt keinen informierenden Schmerz (z.B. der Leber); andererseits gibt es das Phänomen der Phantom-Schmerzen, die sich auf ein gar nicht mehr vorhandenes Organ beziehen. Schließlich können relativ harmlose Verletzungen höllische

Schmerzen bereiten, während sich existentiell bedrohliche Erkrankungen manchmal kaum oder erst sehr spät durch Schmerzen bemerkbar machen.[7]

Stimmungen sind Dispositionen zu einer bestimmten emotionalen Orientierung, die handlungsrelevant werden, sobald eine konkrete Kontaktsituation entsteht. Die gesamte Umwelt bekommt dann eine bestimmte emotionale Tönung; jeder kennt das Phänomen, wie ein und dieselbe Umgebung heute grau, morgen rosig erscheinen kann je nach der Stimmung, in der man sich befindet. Stimmungen werden entweder durch subjektiv unabweisbare Umwelteinflüsse (z. B. durch das Wetter) ausgelöst, oder sie sind ein Resultat von Überschuß-Gefühlen aus anderen, unbefriedigenden Kontaktprozessen. Natürlich haben auch die Stimmungen ihre rein physische Seite; das zeigt ihre Beeinflußbarkeit durch Drogen. Die Neigung zu bestimmten Stimmungen, wie zum Beispiel zu einer »depressiven Grundstimmung«, ist aber auch psychologisch und sozial beeinflußbar, nämlich sowohl durch Stärkung der individuellen Kompetenzen im Umgang mit widrigen Umweltfaktoren und der Fähigkeit, zu nährenden Erfahrungen zu gelangen, als auch durch eine direkte Veränderung der Umwelt. Im ersteren Fall geht es um Pädagogik und Therapie, im letzteren um Technik und Politik, aber auch um Kunst. Stimmungen unterscheiden sich von Gefühlen dadurch, daß ihnen die kognitive Funktion fehlt; anders als bei den eigentlichen Gefühlen gehen die Stimmungen ja gerade über die Besonderheiten der jeweiligen Kontaktsituation hinweg, nehmen von der jeweils neuen Qualität der Phänomene keine Kenntnis, sondern färben als emotionale Vorurteile jede neue Situation so ein, daß sie wieder im alten Licht erscheint.

Wie den Stimmungen, so ist auch den *Leidenschaften* eine Dauerhaftigkeit eigen, die den im Kontaktprozeß spontan auftretenden Gefühlen abgeht. Anders als die Stimmungen entstehen sie aber nicht aus einer Verbindung individueller Defizite mit der *Natur* der Umgebung, sondern durch eine Verbindung individueller Defizite mit der *Kultur* der Umgebung: Leidenschaften sind kulturell ermöglichte und symbolisch überhöhte Fixierungen an ersehnte oder gehaßte Objekte vergangener oder zukünftiger Kontaktprozesse.

Die Liebe zum Beispiel kann vor allem dann zu einer verzehrenden Leidenschaft werden, wenn die ersehnte Person dem/der Betroffenen sozial oder physisch unerreichbar ist *und* wenn eine solche Fixierung einen kulturellen Stellenwert besitzt.[8] Selbst der Haß kann zu einer Leidenschaft werden, wenn man mit dem gehaßten Menschen zusammen in eine soziale Einheit gezwungen wird, wie zum Beispiel in eine Ehe[9] oder eine Dorfgemeinschaft, oder wenn der Verfolgung der gehaßten Person und der Rache an ihr eine besondere kulturelle Bedeutung beigemessen wird, wie bei der Verbrecherjagd.[10]

Es ist vielleicht eine Wirkung der tiefgehenden Prägung unserer Verhaltensorientierungen durch Konsumgewohnheiten, daß Leidenschaften, jedenfalls als ein emotionales Festhalten an ersehnten oder verfluchten Objekten von Kontaktprozessen, kulturell aus der Mode gekommen sind. Es gibt aber auch ein Festhalten an objektloser Erregung, und das ist die Art von Leidenschaft, die der Schluck- und Wegwerfgesellschaft offenbar mehr entspricht.

Hierher gehören die vielfältigen, von der *Angst-Lust* des Nervenkitzels begleiteten Betätigungen, wenn sie mit jener Besessenheit betrieben werden, die für das leidenschaftliche Verhalten charakteristisch ist. Und stets sind sie mit einem physischen oder ökonomischen Risiko behaftet, das – wie man meinen sollte – freiwillig nur auf sich nimmt, wer reichlich hat. Bergsteigen und Rennfahren wären neuere, Spiel- und Jagdleidenschaft traditionellere Beispiele für Leidenschaften, deren Ziel nicht die Befriedigung, sondern die Erregung ist. Immer mehr verbreiten sich heute hochrisikoreiche Sport- und Abenteuerarten, in denen offenbar Grenzerlebnisse gesucht werden, die das Ich-Bewußtsein zugleich erhöhen und transzendieren sollen. Hierher gehört auch die Faszination unserer Kultur an Geschwindigkeit und Beschleunigung. Der erhöhte Blutdruck und das Adrenalin wirken bei diesen Erfahrungen als Anti-Depressiva. Und das kann süchtig machen. Aber unbewußt wird doch immer auch ein Ziel gesucht, ein Glück, eine Befriedigung, eine Ruhe am Ende aller Wege, und je schneller ich mich bewege, desto eher scheine ich es zu erreichen. Daher die Beliebtheit des Autos als Freizeitmobil – es macht es uns leicht, die Enttäuschung, daß am Ziel das unbewußt Gesuchte doch wieder nicht ist, durch immer weitere Fahrten zu anderen Zielen zu übertünchen.

Demgegenüber entstehen die eigentlichen *Gefühle* (manche Autoren sprechen hier von *Affekten*) spontan im unmittelbaren Kontext des jeweiligen Kontaktprozesses. Sie haben jeweils ihren bestimmten Ort in diesem Prozeß, wo sie ihn entweder fördern oder hemmen. Und sie können auch, wie wir sehen werden, in verkrüppelter Form auftauchen als Hinterlassenschaften früherer, unvollendet gebliebener Kontaktprozesse, Rückstände von Ausdruckskontrollen und Unterdrückungsprozessen an anderer Stelle. Vollständige *Gefühle sind körperlich erlebte und spontan mimetisch und motorisch zum Ausdruck gebrachte Lagebeurteilungen des Organismus zur jeweiligen Situation im Organismus/Umwelt-Feld.* In dieser Bestimmung ist zunächst einmal die evaluative Funktion der Gefühle festgehalten, die heute vor allem von der kognitiven Psychologie betont wird.[11]

Gefühle sind nicht »irrational«, wie es eine in den Humanwissenschaften längst überholte Vorstellung will, die den »klaren« Verstand der »getrübten« Emotion gegenüberstellt; sie enthalten vielmehr stets eine »rationale« Einschätzung der jeweiligen Kräfteverhältnisse von Subjekt und Objekt im Kontaktfeld, die in dem Maße realistisch oder unrealistisch ist, wie eben das Wahrnehmungspotential des Individuums geschärft oder abgestumpft ist. Ich fühle mich sicher aufgehoben oder bedroht, angezogen oder abgestoßen, geliebt oder gehaßt, und bewerte in diesem Fühlen jeweils mein Verhältnis zu meiner augenblicklichen Umwelt. Diese Einschätzung erfolgt spontan, das heißt unverzüglich, absichtslos und engagiert, anders also als die Abstand und Absicht voraussetzenden Einschätzungen des Verstandes. Anders aber auch als eine die Wahrnehmungsfunktionen übergehende und daher am Objekt vorbei ins Leere verpuffende Reaktion, die bloß impulsiv ist und ohne Orientierungsfunktion bleibt.

»Fühlen heißt, in etwas involviert zu sein«, wie Agnes Heller sagt[12]; der fühlende Organismus ist an der Kontaktgrenze unmittelbar und engagiert an der Umwelt beteiligt. Jedes Gefühl drängt mich in eine Handlungsrichtung – auf das Objekt zu oder beim Objekt bleibend oder vom Objekt weg – und zu einem bestimmten Handlungsmodus – destruierend oder bewahrend oder vermeidend. So erlebe ich fühlend die jeweilige Lage des Organismus/Umwelt-Feldes als Handlungsmotivation am und im eigenen Leib. Der Grund für die Leibhaftigkeit dieser Erfahrung liegt darin, daß die Emotion normalerweise vom Bedürfnis angetrieben wird, das als Mangel im Organismus ja überhaupt Motor des Kontaktprozesses ist. Es ist diese elementare, leibhafte Verbindung zum Bedürfnis, das dem Urteil des Herzens so viel mehr handlungsmotivierende Kraft verleiht als dem entrückteren Urteil des Verstandes – freilich um den Preis geringerer Differenzierung. Gefühle sind also stark motivierende Umwelteinschätzungen von relativ geringer Trennschärfe – beim Verstand liegen die Dinge umgekehrt.

Die Leibhaftigkeit der Gefühle kommt unmittelbar physiologisch zum Ausdruck. Jedes Gefühl ist von einer Reihe körperlicher Vorgänge begleitet, die offenbar in jeweils spezifischer Kombination auftreten und natürlich darüber hinaus nach Intensität des Gefühlszustandes variieren. Atemrhythmus und Pulsschlag verändern sich, es kann zu Blutandrang in bestimmten Körperregionen kommen (im Kopf beim Erröten, in den Genitalien bei sexuellen Gefühlen) oder auch zu Blutleere (etwa wenn man bleich vor Angst oder Wut wird); entsprechend gibt es Kälte- oder Wärmeempfindungen, oder es können zusätzlich Schweißabsonderungen auftreten. Am wichtigsten sind aber wohl die Hormonausschüttungen, bei denen aber bisher nur die Rolle der Sexualhormone und die des Adrenalins gut bekannt sind.[13]

Es hat natürlich von seiten einer naturwissenschaftlich verkürzten Psychologie nicht an Versuchen gefehlt, die Gefühle als Zustände des Körpers zu bestimmen und die subjektive Erfahrung eines Gefühls als bloßes Derivat der physiologischen Vorgänge zu verstehen. Entsprechende Laborversuche aber haben nicht die erwünschten Ergebnisse gebracht – Fühlen heißt Beteiligtsein, Emotionen sind Phänomene des Organismus/Umwelt-Feldes, die sich auch, aber nicht nur, im Körper ihren Ausdruck suchen. Die Leiblichkeit der Gefühle sorgt freilich für ihre überwältigende Gegenwärtigkeit; wie Bedürfnisse können sie nicht eigentlich verdrängt werden, sondern nur blockiert, gehemmt, kanalisiert und kontrolliert, eine Tatsache, die ihren Grund in der Bedeutung der Gefühle für das menschliche Überleben hat.

Gefühle sind aber nicht nur »spontan körperlich erlebte«, sondern auch »spontan mimetisch und motorisch zum Ausdruck gebrachte« Kognitionen. Und erst aus dieser Tatsache entschlüsselt sich die andere wichtige Funktion der Gefühle: Sie haben neben der Orientierungs- auch Signal- und Mitteilungsfunktion, sie informieren nicht nur den Organismus, sondern auch seine Umwelt. Wie das im einzelnen geschieht, ist Gegenstand von zwei ganz unterschiedlichen Forschungsansätzen, die zusammengenommen die These von der Universalität der menschlichen Emotionalität und ihrer Ausdrucksformen endgültig bestätigt haben; ich meine die Untersuchungen von Ekman und Friesen über den mimetischen Ausdruck der Gefühle und die Untersuchungen von Clynes über das Wesen der emotionalen Ausdrucksformen.

Ekman und Friesen haben in ihren jahrzehntelangen Forschungen nachweisen können[14], daß zumindest sieben Gefühle einen distinkten Gesichtsausdruck haben, der von allen Menschen quer durch die Kulturen und unabhängig von der Rasse oder vom zivilisatorischen Entwicklungsstand wiedererkannt werden. Diese sieben Gefühle sind *Überraschung, Ärger, Furcht, Freude, Trauer, Angst* und *Ekel.* Wichtig ist, daß Menschen universal auch in der Lage sind, den entsprechenden Gesichtsausdruck absichtlich so zu reproduzieren, daß zumindest eine – meist durch Übertreibung erreichte – Annäherung an den spontanen Ausdruck des Gefühls erreicht wird. Wir werden sehen, daß diese Fähigkeit zur mimetischen Reproduktion des Gefühlsausdrucks für das Funktionieren von sozialer Interaktion von immenser Tragweite ist. Die Frage, wie es kommt, daß die muskulären Bewegungen des Gesichts zum Ausdruck eines bestimmten Erlebniszustandes so universal bei allen Menschen übereinstimmen, kann evolutionstheoretisch als Resultat gattungsspezifischer Lernprozesse gedeutet werden – sicher scheint jedenfalls, daß es »ein Gesicht-Affekt-Programm gibt, das im Nervensystem aller Menschen lokalisiert ist und das bestimmte Gesichtsmuskelbewegungen mit bestimmten Gefühlen verbindet«[15].

Die Auslöser dieses Programms aber sind ebenso wie die Folgehandlungen sozial gelernt und kulturell variabel; der Ausdruck der Gefühle kann – bis zu einem gewissen Grade – unterdrückt werden.

Für das Verständnis therapeutischer Prozesse von noch größerer Tragweite sind die genialen Untersuchungen von Manfred Clynes[16], die vermutlich deshalb noch kaum rezipiert worden sind, weil sie sich jenseits aller herkömmlichen Fachdisziplinen bewegen. Clynes geht von einer Frage aus, die ihn als Künstler interessiert: Wie kommt es eigentlich, daß Musik in der Lage ist, Gefühle hervorzurufen, und was ist es, daß manche Musik dazu besser qualifiziert ist als andere? Wie so oft ist auch hier der erste Schritt der Erkenntnis, daß gerade das uns Vertraute und Selbstverständliche als spannend und merkwürdig, eben für erklärungsbedürftig gehalten wird.

Angeregt zweifellos von seinen Erfahrungen als praktizierender Musiker geht Clynes davon aus, daß ein Gefühl ursprünglich immer durch eine expressive *Bewegung* zum Ausdruck gebracht wird, die eine bestimmte Zeit dauert.[17] Die Mikroanalyse solcher Ausdrucksbewegungen[18] hat ihn dann zu der Entdeckung geführt, daß jedes elementare Gefühl eine spezifische raum-zeitliche Form der ihr zugehörigen Ausdrucksbewegungen besitzt. Clynes nennt sie die »essentische Form« eines Gefühls: »Essentische Formen stellen sich nun als die Basis jedes Ausdrucks dar, gleichviel in welcher Modalität er erscheint; so kann ein ausdrucksvoller musikalischer Satz, der Ton einer Stimme, ein Tanzschritt und eine ausdrucksvolle Berührung an der gleichen essentischen Form teilhaben, wenn sie eine bestimmte Qualität ausdrücken wollen ... Das Nervensystem scheint so programmiert zu sein, daß es in der Lage ist, diese Formen sowohl präzise zu produzieren als sie auch präzise zu erkennen ... Auf diese Weise sind sie Fenster über die Kluft zwischen den Individuen, die Übertragung von Gefühlen erlauben und damit emotionales Verstehen untereinander ermöglichen.«[19]

Damit ist bereits das Wichtigste gesagt: Emotionen sind universal biologisch auf »essentische Formen« festgelegt, die sich aber in ganz verschiedenen Medien äußern können. Je kulturspezifischer solche Medien sind, desto mehr Lernerfahrung ist zu ihrem Verständnis nötig. Die Anatomie des menschlichen Antlitzes ist überall fast die gleiche; deshalb lassen sich auch die im Mienenspiel zum Ausdruck gebrachten »essentischen Formen« überall wiedererkennen. Auch den ärgerlichen oder liebevollen Ton einer menschlichen Stimme wird man stets erkennen, gleichviel ob einem die Sprache vertraut oder fremd ist. Tanz und Musik wären Beispiele für Medien, die schon etwas mehr Lernerfahrung voraussetzen – man muß sich erst »einsehen« oder »einhören«. Aber dann kann auch hier die emotionale Berührung über alle kulturellen Grenzen hinweg reichen – die Rezeption indischer Musik in Europa oder die große Bedeutung europäischer Musik in Japan beweisen es.

Die Kommunikation von Gefühlen unterliegt bestimmten genetisch determinierten Organisationsprinzipien, die natürlich für die Rolle der Gefühle im Kontaktprozeß von großer Bedeutung sind. Ich werde deshalb die sieben Organisationsprinzipien emotionaler Kommunikation (»basic biological design properties that appear to govern the dynamic communication of emotions«), die Clynes entdeckt hat[20], im einzelnen vorstellen:

1. Exklusivität

Nur *ein* Gefühlszustand kann innerhalb einer gegebenen Zeit ausgedrückt werden. Das heißt nicht, daß sogenannte gemischte Gefühle nicht ausgedrückt werden können – was sozusagen ausgedrückt wird, ist der Zustand der Mischung. Man kann aber nicht mit einem Körperteil zum Beispiel Zärtlichkeit und mit dem anderen Ärger ausdrücken. (Bei den sogenannten paradoxen Handlungsaufforderungen und widersprüchlichen Mitteilungen, die bei den Untersuchungen zur schizophrenogenen Familienkommunikation entdeckt worden sind, geht es nicht um Widersprüche gleichzeitig geäußerter Gefühle, sondern um Widersprüche zwischen emotionaler und semantischer Ebene, wenn z. B. lächelnd etwas Negatives gesagt wird oder etwas Positives mit ärgerlicher Stimme.)

2. Äquivalenz

Ein Gefühlszustand kann von ganz unterschiedlichen Äußerungsmedien (»output modalities«) zum Ausdruck gebracht werden. Zunächst der Körper: Clynes hat zu seinen Untersuchungen den bloßen Druck eines einzelnen Fingers verwandt, aber natürlich ist das *Gesicht* wegen seiner frontalen Lage im Körper und wegen seines außerordentlichen Reichtums an Ausdrucksmöglichkeiten von besonderer kommunikativer Bedeutung.[21] Wichtig (auch für den therapeutischen Kontext) ist hier die Frage nach der Rolle der *Körperhaltung.* Es gibt Haltungen, die den Ausdruck eines bestimmten Gefühls unterstreichen und verstärken, solche, die dem Gefühl widersprechen und seinen Ausdruck hemmen, und solche, die darauf ohne Einfluß bleiben. Zum Beispiel wird eine zurücklehnende Haltung den Ausdruck von Ärger wie eine zusammengekrümmte den Ausdruck von Freude hemmen.[22] So ist leicht einsichtig, wie chronifizierte Körperhaltungen die Lebendigkeit der emotionalen Kommunikation zwischen Menschen behindern können. Daß die Stimme für den Ausdruck der Gefühle so wichtig ist wie die Mimik, muß kaum betont werden; entsprechend groß ist die Bedeutung, die die Arbeit an der Stimme in der gestalttherapeutischen Praxis hat. Die Stimme ist über den Gesang der Musik als einem emotionalen Äußerungsmedium schon ganz nahe. Das Prinzip der Äquivalenz reicht aber weiter: Wie ein Wort den gleichen Inhalt hat, gleichviel ob es gesprochen oder geschrieben wird, so läßt sich der Ton der Stimme, mit der das Wort gesprochen wird, zum Beispiel auch durch die spezifische Modulation der Handbewegung in der Zeichensprache der Taubstummen ersetzen. Der Film ›Gottes vergessene Kinder‹ mit einer wunderbaren, taubstummen Hauptdarstellerin, ist eine einzige hinreißende Illustration des Äquivalenzprinzips der Äußerungsmedien.

3. Kohärenz

Unabhängig vom gewählten Äußerungsmedium wird der Ausdruck eines bestimmten Gefühls von einem Gehirnprogramm bestimmt, das Clynes als dessen »essentische Form« bezeichnet und das dafür sorgt, daß die innere Erfahrung und der Ausdruck des Gefühls annähernd übereinstimmen. »Es existiert eine Verbindung zwischen den physiologischen Erscheinungen, der dynamischen Ausdrucksform – dem Charakter der Bewegung – und der entsprechenden psychischen Erfahrung. Das Wesen dieser Verbindung ist eines der bemerkenswertesten Naturphänomene«, meint Clynes. Seine Entdeckung der »essentischen Formen« ist tatsächlich von großer Tragweite. Sie erklärt nämlich, daß wir ein Sensorium für die Echtheit eines Gefühlsausdrucks besitzen. Wird ein Gefühl – in irgendeinem Äußerungsmedium – kohärent, d. h. in relativer Übereinstimmung mit seiner »essentischen Form«, zum Ausdruck gebracht, wird auf seiten des Ausdrückenden die Qualität der *Gefühlserfahrung* noch gesteigert, während auf seiten des Zuschauers oder Adressaten der Eindruck von *Authentizität* entsteht.

Die »essentische Form« übt offenbar eine eigene Anziehungskraft aus; ungehindert von sozialen Verhaltensvorschriften oder eingefleischten Hemmungen tendiert der Ausdruck der Emotionen im Medium des eigenen Körpers stets von sich aus zur Authentizität. Um sich davon zu überzeugen, braucht man nur Kinder zu betrachten: Es liegt nicht etwa daran, daß Kinder klein und niedlich sind, daß uns ihr Schmerz so leicht berührt, ihre Freude so sehr mitreißt, sondern an der Authentizität ihrer Gefühlsäußerungen, die noch nicht sozial gebändigt sind. Der emotionale Ausdruck hat ja die Kraft, die »essentische Form« zu verkörpern und dadurch zu kommunizieren, wobei die Qualität der eigenen Verkörperung selbst als befriedigend erlebt wird. Und was für das Ausdrucksmedium Körper gilt, trifft auch für andere Medien zu, bei denen die Annäherung an die »essentische Form« *geübt* werden muß: Je authentischer der Ausdruck gelingt, desto größer wird auch in der bildenden Kunst, in der Musik, im Tanz, im Schauspiel, die Befriedigung sein; der Künstler wird nicht aufgeben, bis ihm die größtmögliche Annäherung an die »essentische Form« dessen, was er ausdrücken möchte, endlich gelungen ist.

4. Komplementarität

Der Ausdruck und das Erkennen einer »essentischen Form« werden auf dieselbe Weise im zentralen Nervensystem gesteuert, so daß eine klar zum Ausdruck gebrachte Form auch ebenso klar wahrgenommen wird. Diese Wahrnehmung ist aber nicht eine bloß kognitive, sondern die Wahrnehmung authentischer Gefühlsausdrücke löst im Wahrnehmenden ebenfalls einen entsprechenden *Gefühls-*

zustand aus. Clynes erklärt also dieses emotionale Mitschwingen mit der Existenz der gleichen »essentischen Formen« im biologischen Programm unserer Gattung. Es wird deshalb etwa zwischen einem Menschen und einer Biene keine emotionale Kommunikation geben. Zwischen Mensch und Hund dagegen scheint es über die Gattungsschranken hinweg eine schwache Komplementarität zu geben, da Hunde offenbar auf den Ausdruck von Ärger, Angst oder Freude beim Menschen reagieren – vermutlich über den Geruch feiner Schweißabsonderungen und über das Gehör.

5. Selbst-Steigerung

Die Intensität eines Gefühlszustandes wird – innerhalb bestimmter Grenzen – gesteigert durch ein wiederholtes, arrhythmisches Ausdrücken der »essentischen Form« des betreffenden Gefühls. Das Studium der raumzeitlichen Bewegungseinheiten, aus denen ein Gefühlsausdruck besteht, ermöglicht es uns zu verstehen, wie es zur Steigerung der Erlebnisqualität kommen kann. Es ist, als ob sich die Erfahrung eines Gefühlszustandes mit der Wiederholung seiner Ausdruckseinheiten allmählich der »essentischen Form« annähert. Gleichzeitig werden diese Wiederholungen aber auch als eine energetische Entlastung erlebt, der bestimmte physiologische Vorgänge entsprechen und die nach einer gewissen Zeit einen Befriedigungs- oder Sättigungspunkt erreichen. Wenn die Wiederholung des Ausdrucks einer »essentischen Form« aus neurotischen, sozialen oder sonstigen Gründen abgebrochen wird, bevor dieser Sättigungsgrad erreicht ist, wird nur ein geringerer Intensitätsgrad des emotionalen Erlebens erreicht, als dem Anlaß (i. e. dem Interaktionsverhältnis von Bedürfnis und Objekt) entsprochen hätte. Die Folge sind Frustrationen und emotionale Rückstände, wie jeder sie genau aus der Erfahrung des vorzeitigen Abbrechens bei sexueller Stimulierung kennt. Clynes fand übrigens heraus, daß sowohl die Zeitdauer der einzelnen »essentischen Formen« wie auch die Dauer der Steigerung bis zum Erreichen der größten Intensität von Gefühl zu Gefühl variiert.[23] Zwischen dem Ausdruck einer »essentischen Form« und dem nächsten entsteht eine kurze Pause, deren Dauer ebenfalls variiert und die nicht schadlos übergangen oder überdehnt werden kann. Während dieser Pause erlebt man eine gewisse Befriedigung über den eben vollzogenen Ausdruck einer »essentischen Form« und ein Gefühl der Vorbereitung und Antizipation der nächsten Ausdrucksbewegung mit einem wachsenden Drang, sich zu äußern.

Ein wichtiger Befund von Clynes in diesem Zusammenhang ist schließlich, daß eine mechanische, das heißt absichtsvoll auf einen willkürlichen Rhythmus festgelegte Repetitionsrate der Ausdruckseinheiten eine Steigerung der Intensität verhindert. Therapeuten werden in dieser Mechanik der Wiederholung eine Form der Vermeidung erkennen, zu der manche Patienten unbewußt neigen, wenn sie aufgefordert werden, eine bestimmte Ausdrucksbewegung mehrfach zu wiederholen. Auf diese Weise kann leicht die Absicht des Therapeuten vereitelt werden, dem Klienten mit der erstrebten Intensitätssteigerung des ausgedrückten Gefühls so etwas wie emotionale Bewußtheit zu vermitteln.

6. Objektlose Emotion

Gefühlszustände können erfahren und ausgedrückt werden, ohne daß es im Erleben dabei irgendeinen Bezug zur Beziehung des erfahrenen Subjekts zu einem Objekt gibt. Gewöhnlich denken wir an Emotionen im Zusammenhang mit menschlichen Beziehungen. Aber die Möglichkeit, von der »essentischen Form«, die ein Stück Musik zum Ausdruck bringt, in einen ähnlichen Gefühlszustand versetzt zu werden, zeigt, daß es auch einen direkten Zugang zu den in uns schlummernden reinen emotionalen Qualitäten gibt. Ich würde hier von sentischen Kontaktprozessen sprechen: Wenn ich Musik höre (nicht nur beiläufig wahrnehme), ist sie natürlich das Objekt meines Bedürfnisses; aber die Gefühlsqualität, die sie mir vermittelt, ist nicht Resultat einer spontanen Einschätzung meines Verhältnisses zu ihr, sondern sie ist selbst wesentlicher Bestandteil des Objektes, mit dem ich in Kontakt bin und der damit eine besondere »sentische« Qualität erhält.

Clynes' Beobachtung geht aber über die Möglichkeit sentischer Kontaktprozesse noch hinaus: Man kann sich auch ohne jeden äußeren Anlaß in einen Gefühlszustand versetzen, indem man eine Ausdrucksbewegung in möglichst großer Annäherung an eine »essentische Form« mehrfach arrhythmisch wiederholt. Der Leser kann sich das leicht selbst vergegenwärtigen: Wenn man etwa fest die Faust ballt, mehrfach mit Arm und Faust in die Luft schlägt und dazu zeitlich koordiniert die Luft auf die Silbe »Ha!« ausstößt, wird man erleben, daß ein Gefühl zwischen Ärger und Wut aufsteigt. (*Deshalb* war Ho-Tschi-Minhs Name so herrlich für »Demos« geeignet!) Oft werden dabei spontan Objekt-Phantasien auftreten, und es geht zunächst leichter, wenn man sich von vornherein ein Objekt vorstellt. Zum Beispiel: wenn man die Winkel des leicht geöffneten Mundes scharf nach unten zieht, dabei gleichzeitig mit der Nase eine rümpfende Bewegung nach oben vollzieht und zwar so, daß sie sich dabei in Falten legt, schließlich noch an einen unsauberen Abort denkt, dann wird bei vielen Menschen schon der zu intensiveren Ekelgefühlen gehörige Würgereflex im Hals auftreten. Mit etwas Übung kann man dann auch die Vorstellung eines Objekts weglassen und erlebt dennoch deutlich das Gefühl. Diese Fähigkeit zur Produktion von objektlosen Gefühlszuständen ist wichtig, denn in ihr gründet unsere Möglichkeit zur Empathie.

Darüber bald mehr. An dieser Stelle bleibt zunächst noch zu ergänzen, daß die Erfahrung solcher generalisierter Gefühlszustände zwei wichtige Aspekte enthält: Erstens, die Erfahrung umfaßt eine ganze Gestalt je gefühlsspezifischer Körperempfindungen, die relativ subtil sein können. Bei Freude etwa fühlt sich der Körper unweigerlich leicht an, bei Traurigkeit dagegen schwer. Jedes Gefühl ist von Spannungszuständen in je anderen Körperbereichen begleitet. Die Phänomenologie dieser Erfahrungen ist noch wenig untersucht[24], aber natürlich von einiger klinischer Bedeutung. Insbesondere können sich bestimmte Körperspannungen zu Symptomen verfestigen, statt in einer ganzen Erfahrungsgestalt eingebettet zu sein und mit ihr wieder zu verblassen, wenn wichtige Gefühle, wie die Trauer über den Verlust eines geliebten Menschen etwa, unterdrückt werden.

Zweitens besitzen die objektlosen Gefühlszustände eine Art »Wissen« über ihnen zugehörige Beziehungskonstellationen und Einstellungen. Zur Traurigkeit gehören etwa Hilflosigkeit und Hoffnungslosigkeit als Einstellungen, und die Art der Erinnerung, die durch eine objektlose Traurigkeit ausgelöst wird, hat mit Abschied, Verlust, Trennung etc. zu tun. Diese Erinnerungen und Phantasien zeigen die immanente Tendenz unseres Bewußtseins, sich Objekte zu suchen und gegebenenfalls selbst zu schaffen – phänomenologisch gesprochen: seine Intentionalität. Die Tatsache, daß das Gehirn auf sensorische Deprivation normalerweise mit Halluzinationen reagiert, belegt diese Tendenz.

Die Implikationen, die die Untersuchungen von Manfred Clynes für das Verständnis der Rolle der Gefühle im menschlichen Leben haben, sind damit noch nicht erschöpft. Aber mit dieser Skizze ist doch die Grundlage gelegt für eine detaillierte Beschreibung der Gefühle im Rahmen des Kontaktprozesses.

Halten wir also kurz das Wichtigste fest, was sich an dieser Stelle anthropologisch über die Gefühle sagen läßt.

1. Gefühle (Affekte) sind körperlich erlebte Zustände, die in konkreten oder vorgestellten Kontaktprozessen handlungsmotivierende Beurteilungen zur jeweiligen Lage im Organismus/Umwelt-Feld enthalten.
2. Die Möglichkeit, bestimmte elementare Gefühle zu erleben, ist im zentralen Nervensystem jedes Menschen genetisch verankert.
3. Jedes dieser Gefühle hat eine bestimmte gleichbleibende »essentische Form«, die sich unabhängig vom Ausdrucksmittel durchhält.
4. Zu jedem Gefühl gehört eine spezifische Kombination von physiologischen Erscheinungen, die sich im Erleben zu einer je bestimmten Körper-Gestalt eines Gefühls verdichten.
5. Neben dem psychischen Erleben und physiologischen Geschehen gehört als drittes Element zu jedem Gefühlszustand der Ausdruck zu einer Serie von arrhythmisch aufeinanderfolgenden Ausdrucksbewegungen.
6. Die Qualität des Gefühlsausdrucks hängt weniger vom gewählten Äußerungsmedium als von der Nähe der Ausdrucksbewegung zur »essentischen Form« und von der durch Annäherung

an einen Sättigungsgrad erreichten Intensität des Gesamtausdrucks ab und bestimmt das Ausmaß des Mitergriffenseins der Beteiligten und der Zuschauer.

7. Gefühle können auch ohne Objekt erlebt werden, wenn sie stimmig zum Ausdruck gebracht werden. Verallgemeinerte (objektlose) Gefühlszustände haben die Funktion, Empathie zu ermöglichen.

Der Mensch ist, was er ist, freilich immer nur der Möglichkeit nach. Ob und welche seiner anthropologischen Potentiale entfaltet und zur Blüte gebracht oder gehemmt und erstickt werden, hängt von der Kultur einer jeweiligen Gesellschaft ab. Auf einer sozial uninteressanten Mikroebene konnte Clynes die gleichen Ausdrucksbewegungen für die gleichen Gefühle bei US-Amerikanern, mexikanischen Indianern, Balinesen und japanischen Zen-Mönchen nachweisen. Ekman und Friesen konnten beim Vorführen von Horrorszenen dasselbe Spiel der Gesichtsmuskeln bei Amerikanern wie bei Japanern beobachten – solange sie sich unbeobachtet glaubten; in einer sozialen Situation aber zeigten die Japaner eine hochgradige Ausdruckskontrolle, durch welche sie sogar bei Horrorszenen zu einem höflichen Lächeln in der Lage waren. Unsere eigene Gesellschaft ist gegenwärtig von einer Diskrepanz zwischen einer noch relativ hohen Ausdruckskontrolle und einer gleichzeitigen Informalisierung alltäglicher Verhaltensweisen gekennzeichnet. Unterdrückung des Gefühlsausdrucks hat aber Auswirkungen auf den kognitiven Gehalt der emotionalen Erfahrung überhaupt, weil kein Gefühl *ohne Expression* sich seiner »essentischen Form« annähern, geschweige denn Intensität erreichen kann. Mangel an Information über das Geschehen im Organismus/Umwelt-Feld muß zwangsläufig die Folge sein.

Nicht jeder Kontaktprozeß ist ursprünglich mit stärkeren Gefühlen verbunden. In der gestalttherapeutischen Praxis mache ich freilich die Erfahrung, daß bei Lockerung der introjizierten Ausdruckskontrollen und allmählicher Sensibilisierung für subtilere Gefühlszustände immer wieder eine überraschende emotionale Lebendigkeit entstehen kann. Dennoch bleibt die *Frage, wann in ungehinderten Kontaktprozessen Gefühle auftauchen* und wann nicht. In dieser Allgemeinheit kann die Frage so beantwortet werden: *immer dann, wenn der Organismus auf motivierende Orientierungen angewiesen ist.*

Arlie Hochschild vertritt in ihrer schönen Arbeit über die Kommerzialisierung der menschlichen Gefühle[25] die These, daß Gefühle normalerweise erst dann auftreten, wenn eine neu wahrgenommene Realität mit unseren Erwartungen kollidiert, so als seien Emotionen immer mit einem Moment der Überraschung verbunden. Meines Erachtens trifft das für viele, aber durchaus nicht alle Gefühle zu; ich erwähne diese These hier, weil es sich lohnt, sie in der therapeutischen Arbeit als Hypothese zu benutzen. Sicher ist jedenfalls, daß authentische Gefühle *immer* die Routine durchbrechen, das Gewohnte verlassen, das Habitualisierte lockern. Das muß aber nicht durch das überraschende neue Ereignis oder Objekt ausgelöst werden, sondern kann – wie etwa bei Dankbarkeit, bei Liebe oder bei manchen ästhetischen Erfahrungen – auch eine Vertiefung des Vertrauten, das allmähliche Entdecken neuer Perspektiven und Dimensionen, sein.

Aber wie viele Grundgefühle besitzt der Mensch eigentlich? Über wie viele elementare Emotionen verfügt unser zentrales Nervensystem als Erlebnismöglichkeiten? Und welche Gefühle, für die unsere Sprache einen Namen kennt, gehören zu denen, die eine »essentische Form« besitzen? Wir wissen es noch nicht. Mit Sicherheit können wir zunächst nur diejenigen dazu zählen, für die Clynes eine »essentische Form« empirisch nachweisen konnte, nämlich: Ärger, Freude, Sex, Liebe, Haß, Trauer, Demut, Dankbarkeit und Seligkeit.[26] Schon diese Liste wird sogleich Fragen aufwerfen:

Sex? – Es ist vielleicht weniger überraschend, daß sexuelle Erregung ein eigenständiges, unverwechselbares (übrigens auch von Liebe deutlich unterschiedenes) Gefühl ist und nicht nur eine Körperempfindung, da es sich doch so klar auf ein Objekt in der Umwelt bezieht, als vielmehr, daß wir für dieses Gefühl keine Worte haben. – Demut oder Ehrfurcht sind meine Übersetzung des englischen »reverence«, Seligkeit die für »bliss«. Auch hier liegt ein sprachliches Problem vor, das auf Eigentümlichkeiten des kulturellen Kontextes verweist: Demut und erst recht Seligkeit sind altmodische Worte, die wir fast nur noch aus literarischer und kirchlicher Tradition kennen. Wenn sich für die meisten Menschen heute mit solchen Worten keine Erfahrung mehr verbindet, liegt das offenbar nicht daran, daß ihnen die Anlage dazu fehlen würde. Schließlich ist auch Dankbarkeit ein Gefühl – ich meine hier das *Gefühl,* nicht die moralische Haltung –, das recht selten authentisch erlebt wird, und es soll Menschen geben, die niemals wirklich geliebt haben.

Für einige der Gefühle, die Clynes analysiert hat, gibt es nach den Untersuchungen von Ekman und Friesen einen genetisch festgelegten mimetischen Ausdruck, bei anderen offenbar nicht. Vielleicht hat sich ein mimetisches Ausdrucksschema nur für solche Emotionen entwickelt, deren kommunikative Funktion von besonderer Überlebensbedeutung in der menschlichen Evolution war. Freude, Ärger (Wut) und Trauer sind eindeutige Fälle. Überraschung, Furcht und Ekel, die ebenfalls einen eindeutigen Gesichtsausdruck besitzen, sind von Clynes nicht untersucht worden. Sind vielleicht Aversionsgefühle wie Furcht und Ekel und in gewisser Weise auch die dem Schreck verwandte Überraschung mit einer Untersuchungsmethode nicht zu fassen, die auf Berührung beruht?[27]

Jedenfalls vermute ich, daß es sich um Gefühle handelt, die ebenfalls über eine »essentische Form« verfügen. Und nicht nur bei diesen drei; im folgenden gehe ich davon aus, daß es sich bei allen spontan in einem Kontaktprozeß auftauchenden Emotionen zumindest um Variationen und Abschattierungen von Grundgefühlen mit je spezifischer »essentischer Form« handelt. Zu unterscheiden davon sind natürlich *zusammengesetzte* Gefühle wie etwa Eifersucht (Wut und Furcht) und *emotionale Haltungen* wie Mütterlichkeit, die Ergebnis individueller und kultureller Sozialisationsprozesse sind und als eine Form von Reaktionsbildung auch psychopathologisch von Bedeutung sein können. Von ihnen wird später die Rede sein.

Nachdem nun der Charakter der eigentlichen Gefühle (Emotionen/Affekte) im Unterschied zu den Körperempfindungen, den Stimmungen, den Leidenschaften und den emotionalen Haltungen einigermaßen geklärt ist, mag der Versuch gelingen, in die verwirrende Vielgestaltigkeit der emotionalen Landschaft etwas Ordnung zu bringen. In bezug auf den Kontaktprozeß und seine Verlaufsphasen lassen sich fünf Gruppen von Gefühlen unterscheiden, die je ihre spezifische Funktion in diesem Geschehen haben: Manche gehören zum Vorkontakt, andere zur Phase der Orientierung und Umgestaltung, einige sind charakteristisch für das Stadium des Vollen Kontakts, der Integration, und wieder andere für den Nachkontakt. Nur die Angst- und Schamgefühle stellen einen Sonderfall dar; sie hemmen den Kontaktprozeß, statt ihn zu fördern oder zu vermeiden wie die anderen Gefühle, und sie können an jeder Stelle des Kontaktprozesses auftauchen. Zu unterscheiden sind also:

1. die Aversions- und Attraktionsgefühle (Vorkontakt);
2. die aggressiven Gefühle (Orientierung und Umgestaltung);
3. die Beziehungsgefühle (Integration);
4. die würdigenden Gefühle (Nachkontakt); und
5. die hemmenden Gefühle.

Zunächst zu den Vorkontaktgefühlen. Das sind Gefühle, die den Organismus dazu motivieren, sich entweder vom Objekt abzuwenden, sich aus dem Feld zu begeben oder gar die Flucht zu ergreifen oder umgekehrt sich weiter hinein in die Umwelt zu begeben, sich dem erwünschten Objekt näher zuzuwenden und die Umwelt umzugestalten. Sie bewirken also eine mehr oder minder starke Aversion oder Attraktion im Organismus/Umwelt-Feld.

Alles, was einen Mangel im Organismus beheben kann, kommt aus der Umwelt. Manches davon kennen wir schon gut, anderes ist noch ein wenig fremd, einiges völlig neu. Wenn wir unsere Sinne und unseren Intellekt öffnen und anregen lassen von der jeweiligen Umwelt, wird uns der zuvor kaum gespürte Appetit bewußt, und zugleich entsteht ein appetitgeleitetes Interesse. Ein überhungerter Organismus kennt keine Neugier, er greift nach allem, was sich ihm bietet. *Neugier* entsteht in der Lücke zwischen Bedürfnis und Überraschung; ein gewisser Abstand zum Bedürfnis ermöglicht jenes »interesselose Interesse«[28], das auch eine Geisteshaltung ist, aber hier, in diesem Moment des Kontaktprozesses als ein Gefühl auftaucht, das sich bis zum Brennen steigern kann. Zumindest als Kinder kannten wir alle, was das heißt: vor Neugier brennen. Was ist in dieser Tüte? Was ist hinter diesem Vorhang, dieser verschlossenen Tür? Was ist da draußen jenseits des Gartenzaunes?

Eigenartigerweise scheint das dem neugierigen Interesse zugrundeliegende Bedürfnis auf das Neue ganz allgemein aus zu sein. Es motiviert zu einem spielerischen, tentativen Handeln; mal sehen, was das ist, mal ausprobieren, wie das geht. Es ist »interesseloses« Interesse, weil es noch nicht den Horizont durch die Suchhaltung des Wünschens einengt, sondern sich weltoffen dem Neuen zuwendet, was immer es bringen mag. In der Neugier kondensiert sich die spezifisch menschliche Verschränkung von Umweltgebundenheit und Weltoffenheit zur Emotion. Nur eine Gesellschaft, die die Frage, was jenseits der Berge liegt, die das enge Tal umgeben, schon für metaphysisch hält, konnte das Wort »Gier« mit diesem Gefühl verbinden. Neugieriges Interesse ist das Vorkontaktgefühl schlechthin, und die Unfähigkeit, es zu empfinden, wird stets die Seele auf besonders bedrückende Weise einengen.[29]

Die Erregung, in die uns die Erwartung des Neuen versetzt, ist freilich immer mit etwas Angst vor dem Ungewissen durchsetzt, und diese Angst kann dann das ganze Gefühl einfärben, wenn wir uns selbst ausprobieren oder gar darstellen sollen. So hat die Erregung der Neugier mancherlei Abschattierungen von der nervösen und vielen den Schlaf raubenden Spannung des *Reisefiebers* über die schon viel heißere Erregung der sich sammelnden Kräfte vor einer Prüfung oder sonstigen besonderen Anforderung bis zum *Lampenfieber* der Bühnenangst, die nur dann paralysiert, wenn man sie zu unterdrücken sucht. Die brennende (Vor-)Lust, hinter den Vorhang zu schauen, kann sich also leicht ins fahrige Zittern der angstvollen Erregung vor dem Auftritt verkehren. Es ist wichtig, hier zu notieren, daß die Ähnlichkeit des Lampenfiebers mit dem kontakthemmenden Gefühl der (Erregungs-)Angst weder theoretisch noch praktisch zur Verwechslung verführen sollte: Lampenfieber ist ein wichtiger Motor der Kontaktnahme mit dem Publikum *und* dem Inhalt oder der Form des eigenen Vortrags; es mobilisiert Energie, die nun den Sinnen die besondere Wachheit und der Motorik die besondere Lebendigkeit verleiht, die der Darstellung zum Erfolg verhelfen. Das Zittern vor dem Auftritt ist das Vibrieren der schon präsenten, durch das Gefühl aktivierten Energie. Wie unangenehm auch immer die Symptome dieser Erregung erscheinen mögen, sie darf nicht angstvoll gedrosselt werden. Denn nur so kann es die immer wieder überraschende Entdeckung geben, daß man schon kurz nach Beginn des Auftritts plötzlich ganz ruhig war – eine Entdekkung, die man freilich erst im Rückblick macht, weil eben alle Energien, die sich eben noch als Lampenfieber manifestiert hatten, und alle Aufmerksamkeit nun in die Handlung selbst einfließen und für Selbstbetrachtung keinen Raum mehr lassen.

Manchmal ist die Neugier befriedigt, manchmal weckt das Entdeckte erst recht unser Interesse – das nun aber durchaus nicht mehr »interesselos« ist, sondern ganz und gar engagiert, und zwar für *einen* Gegenstand oder *eine* Person oder Gruppe oder *eine* Idee. Etwas im Umfeld hat unsere besondere Aufmerksamkeit erregt, wir fühlen uns »unwiderstehlich«, »wie magisch« angezogen, immer wieder blicken wir in diese Richtung, horchen da herüber, und in unseren Gedanken kristallisieren sich Wünsche heraus. Das zugrundeliegende Gefühl ist das eines spontan *Sich-angezogen-Fühlens,* für das unsere Sprache keinen guten Ausdruck besitzt.

Am meisten Worte sind natürlich dort über dieses Gefühl verloren worden, wo es um *erotische Anziehung* geht. Doch ist dies nicht dasselbe wie *Verliebtheit,* die nicht so sehr ein Affekt als vielmehr eine Stimmung ist, die sich bei etwas Bestand schnell zu einer Leidenschaft verdichten kann. Aus dem Gefühl der Attraktion kann sich Verliebtheit ergeben, aber man merkt das eben erst im nachhinein, am nächsten Morgen etwa, wenn sich die Welt rosa färbt und die Gedanken zu kreisen beginnen. Verliebtheit kann sich dann rasch zu jener Besessenheit steigern, die nichts als sich selbst mehr gelten läßt und die im Zeitalter des Subjekts als Legitimationsquelle sui generis erlebt und oft auch akzeptiert wird. Dieser Zustand himmlischen Wahnsinns hat nichts mehr mit dem ursprünglichen Gefühl des Sich-angezogen-Fühlens zu tun[30], außer daß er eine Dauerbereitschaft schafft, sich diesem Gefühl immer von neuem hinzugeben. Das Gefühl der Attraktion informiert mich darüber, daß hier etwas oder jemand ist, das oder der oder die nicht nur mein Bedürfnis allgemein befriedigen könnte, sondern auch meinen besonderen Wünschen und Neigungen entgegenkommt. Verliebtheit dagegen macht tatsächlich blind durch die Fixierung auf eine einzige Gestalt beziehungsweise durch die krasse Selektivität der Wahrnehmung. Der Ausdruck »Liebe auf den ersten Blick« trifft das Gefühl der spontanen Attraktion schon besser – nur daß es sich dabei um »Liebe« handelt, ist natürlich stets eine nachträgliche Deutung. Der Ausdruck mag aber ganz gut veranschaulichen, daß es spontane Attraktion natürlich nicht nur im Erotischen gibt, sondern zum Beispiel auch gegenüber anderen Zügen eines Menschen wie gegenüber Gegenständen, Landschaften oder Kunstwerken.

Ein drittes zentrales Attraktionsgefühl ist die *Sehnsucht.* Das deutsche Wort mit seiner Anknüpfung an »Sucht« weist schon darauf hin, wie leicht erst recht aus der Sehnsucht eine Leidenschaft oder wenigstens eine Stimmung wird. Das aber darf nicht darüber hinwegsehen lassen, daß Sehnsucht ein Kontaktgefühl ist, das unter Umständen mit der plötzlichen Heftigkeit eines Schmerzes auftritt. Sehnsucht ist die Verbindung eines starken Bedürfnisses mit dem Urteil »Hier und jetzt unerfüllbar!«. Dabei geht es weniger um die vorrangigen als um die höherrangigen Bedürfnisse; wenn wir Nahrung brauchen, sprechen wir von Hunger und nicht von Sehnsucht nach Essen, und auch bei sexuellem Bedürfnis ist von Sehnsucht erst die Rede, wenn es sich um einen bestimmten und geliebten Menschen handelt, den wir lieben möchten. Das liegt wohl daran, daß sich die vorrangigen Bedürfnisse in eigenen Körperempfindungen zu Wort melden, während die subtileren Bedürfnisse der Seele einen Fürsprecher brauchen, den sie eben in der Sehnsucht finden. Sehnsucht informiert den Organismus also doppelt, daß er es hier mit einem starken, nicht zu unterschätzenden Bedürfnis zu tun hat und daß er sich in einer Umwelt bewegt, die dieses Bedürfnis (so wie sie ist) nicht befriedigen kann. Und deshalb motiviert Sehnsucht, sich woandershin zu begeben oder die gegenwärtige Umwelt so umzugestalten, daß sie befriedigender wird. In der Sehnsucht hängenzubleiben, ist dagegen masochistisch.

Diesen drei Attraktionsgefühlen Neugier, Sich-angezogen-Fühlen und Sehnsucht stehen drei Aversionsgefühle gegenüber: Schreck, Furcht und Ekel. *Erschrecken* gehört in den Zusammenhang von Überraschung. Ob es sich bei diesen Reaktionen um volle Emotionen (mit einer »essentischen Form«) handelt, ist ungeklärt. Überraschung ruft jedenfalls unvermeidlich einen bestimmten Gesichtsausdruck hervor: geöffneter Mund, aufgerissene Augen und hochgezogene Augenbrauen. Wenn dazu noch ein scharfes Einziehen des Atems kommt, der dann angehalten wird, haben wir bereits eine vollständige Beschreibung des sogenannten »startle reflex«, dem manche eine Schlüsselrolle im gesamten System der emotionalen Erregung zuschreiben wollen.[31] Die deutsche Sprache hat dafür kein Wort – mit Erschrecken bezeichnen wir bereits eine negative Überraschung, und Schreck geht rasch in Furcht und Schrecken über.

Es gibt ja aber auch die gute Überraschung, die – genau wie die böse – zu einer kurzfristigen Paralysierung der Motorik bei geschärfter Sinneswahrnehmung führt. Es ist, als ob der ganze Körper eine kurze Ewigkeit lang verharrt, unentschieden, ob er sich zur Flucht wenden oder vorsichtig annähern soll. Im Schreck wird aus diesem Verharren eine Erstarrung, die bedrohliche Überraschung löst eine Art Totstell-Reflex aus. (Bei manchen Menschen ist diese Schreckstarre chronifiziert; sie sind unbeweglich und schauen einen stets mit aufgerissenen Augen an – eine Reaktionsbildung.) Diesem Ausdruck entspricht auf der Erlebensseite eine Empfindung von Kälte und Benommenheit – als habe man einen Schlag bekommen –, die bei einem starken Schrecken noch eine Weile anhalten kann, wenn der Anlaß schon vorüber ist. Erschrecken mobilisiert also die Sinne, lähmt aber die Glieder und vor allem den Verstand, so daß es zu einer klaren Orientierung dennoch nicht reicht. Manchmal aber kommt es auch zu blinder, impulsiver Motorik: Man macht etwa einen Satz zur Seite, um etwas Überraschendem auszuweichen, und ohne Rücksicht, wohin man springt, oder man schlägt unwillkürlich auf das Schreckgespenst ein.

Furcht sieht da schon genauer hin. Anders als das Erschrecken ist die Furcht ein Gefühl, das sich oft erst langsam anbahnt, ehe es sich voll entfaltet, um dann wieder abzuklingen, wenn die Gefahr vorüberzieht oder die Flucht gelungen ist. Mit Furcht meine ich hier das Gefühl bei einer konkreten, realen (oder eingebildeten) Gefahr, unterschieden von Angst als einem Gefühl vager, unspezifischer Bedrohung. Obwohl alltagssprachlich die Worte Angst und Furcht meist synonym verwendet werden, ist es wichtig, diese beiden Gefühle zu unterscheiden. Was ich hier Furcht nenne (engl. »fear«), ist ein Aversionsgefühl im Vorkontakt; Angst dagegen ist ein hemmendes Gefühl (vgl. Abschnitt III, 6), das innere Erregung blockiert. Furcht führt nicht wie der Schreck zur Erstarrung der Motorik, sondern mobilisiert vielmehr die Kräfte zu Flucht oder Vermeidung. Bei tödlichen Gefahren sind Menschen deshalb zu außerordentlichen körperlichen Leistungen fähig: Die Furcht weckt die bislang unausgeschöpften Energiereserven. Auch schärft Furcht die Sinne, die Wahrnehmung ist wachsam und gespannt. »Blind vor Angst« ist nur, wer das Gefühl für die Gefahr durch Erregungsangst blokkiert – was bei realer Gefahr zu einer »kopflosen Flucht« führen kann, statt, was oft sicherer ist, nach Deckung und Versteck zu suchen. Auch in den relativ befriedeten Territorien der modernen Zivilisation und auch ohne Krieg oder sonstige Katastrophen hat die Furcht eine wichtige Orientierungsfunktion, die nicht ohne Schaden unterdrückt werden kann. Furchtlosigkeit ist psychopathisch, und die Unfähigkeit des Psychopathen, seine Furcht zu erleben, führt nicht nur zu Selbstschädigungen, sondern auch zu unnötigen Verletzungen in der Umgebung.

Das Problem der Furcht in unserer Zivilisation liegt in der Abstraktheit ihrer schlimmsten Gefährdungen; die Realität eines Atomkriegs liegt jenseits unserer Vorstellungskraft, und auch, was ein Fortschreiten der ökologischen Zerstörung des Planeten, eine

Verdreifachung der Erdbevölkerung oder mehrere hundert Millionen Aids-Kranke wirklich bedeuten würden, überfordert die soziale und politische Phantasie – und doch handelt es sich um reale Gefahren, die wir alle zu fürchten haben. Am deutlichsten wurde dieses Problem bisher bei der Katastrophe von Tschernobyl. Die Tatsache, daß die Strahlung sinnlich nicht erfahrbar war (und ist), war die eigentliche Ursache der Verwirrung über die Gefahrenquellen; aus Furcht, die ein klares Objekt hat, wurde vielfach Angst, die sich ihre Objekte diffus phantasierend sucht. Auch Vorgänge dieser Qualität müssen sinnlich erfahrbar gemacht werden, wenn Furcht ihre orientierende Funktion behalten soll. Vielleicht reagieren wir eines Tages auf das vermehrte Knacken eines Geigerzählers genauso automatisch wie heute auf das Hupen eines Autos. Ungelöst bleibt aber auch dann die Frage, wie Menschen emotional gegen eine *Dauerbedrohung* mobilisiert werden können. Denn ein Kontaktgefühl kann niemals lange anhalten, es erreicht relativ rasch seinen Sättigungspunkt und nimmt dann an Intensität wieder ab. Und es kann auch nicht unablässig neu stimuliert werden; der Organismus wehrt sich mit Abstumpfung gegen eine Auszehrung durch emotionale Überreizung. Auf Tschernobyl reagierte schließlich jeder mit den Abwehrmechanismen, die seinem Charakter am ehesten entsprachen.

Das ließ sich nicht nur in der therapeutischen Praxis, sondern überall, und vor allem bei den für die Information verantwortlichen Experten beobachten. Und doch ist die emotionale Ansprechbarkeit auch und gerade gegenüber den ganz außerordentlichen Gefährdungen, denen sich die menschliche Gattung an diesem Punkt ihrer Geschichte aussetzt, von großer Bedeutung, denn die Gefühle sind der lebendige Nährboden moralischer Haltungen, die ohne sie zu bloßen Gesten verdorren. Allerdings ist von neuen und womöglich noch größeren Katastrophen eine emotional aufrüttelnde Wirkung *nicht* zu erwarten. Statt dessen ist eine dosierte, Engagement erzeugende, weil Distanz ermöglichende, dokumentierende und künstlerische Aufklärung durch die Medien notwendig – verbunden mit der Entdeckung und Wiederbelebung alter und neuer Ausdrucksformen der Furcht. Was die Furcht zu einem so »vernünftigen« Gefühl macht, ist, daß sie einen nicht erst zur Flucht anhält, wenn es schon spät ist, sondern auch rechtzeitig schon zur klugen Vermeidung unnötiger Risiken rät. Um diese Rolle spielen zu können, muß Furcht aber gespürt, und das heißt eben auch ausgedrückt werden. Dazu gehört freilich ein Mut, der dem »furchtsam« genannten Verhalten gerade abgeht, das in Wirklichkeit nur ein Sich-Sorgen-Machen aus der Sicherheit des Gewohnten heraus ist.

Unmittelbarer noch als die Furcht drängt uns der *Ekel,* das dritte wichtige Aversionsgefühl, zur Vermeidung. Ebenso elementar wie Furcht und Schrecken ist uns der Ekel tief ins biologische Schicksal eingeprägt. Jeder Mensch kennt Ekelgefühle, und universal ist der Ausdruck des Ekels erkennbar und nachvollziehbar. Aber gerade dieses Gefühl scheint auch in ganz besonderer Weise anfällig für idiosynkratische Ausprägungen und kulturelle Überformungen. Das Allgemeine am Ekel hat offenbar eine ontogenetische und eine phylogenetische Seite. Dem Säugling scheint Ekel zunächst fremd zu sein: Er spuckt, was er nicht mag oder ihm unbekömmlich erscheint, spontan und ohne Brechreiz wieder aus, und er fühlt sich in und mit den Ausscheidungen des eigenen Körpers nicht unwohl. Das sich erst langsam, aber durchaus nicht nur durch die sozialisierende Hand der Mutter entwickelnde Ekelgefühl steht für die allmähliche Verfestigung der Ich-Grenzen auf der Ebene der Körperlichkeit; daß das Eßbare Noch-nicht-Ich und das Ausgeschiedene Nicht-mehr-Ich ist, wird nicht von vornherein so erlebt. Es handelt sich um einen frühkindlichen Lernprozeß, der offenbar besonders sensibel ist, kann doch eine vorzeitig erzwungene Auflösung dieser kuscheligen Konfluenz mit Milch und Kot ebenso nachhaltig prägen wie eine auch nur leichte Behinderung dieses Scheidungsprozesses. Milch und Kot sind denn auch von jeher zwei Hauptanlässe für Ekelgefühle.

Die phylogenetische Wurzel der Ekelgefühle ist dagegen die überlebenswichtige Aversion gegen jede Fäulnis. Der als ein »niederer« Sinn erst in der Aufklärung in Verruf geratene Geruchssinn hat hier seine erste Bedeutung. Bevor noch das Verwesende dem Mund zugeführt werden kann, warnt der üble Geruch die Nase bereits durch »innigste Einvernehmung«, wie Kant mit gewohnter Präzision formuliert hat[32], feinster Partikel und Substanzen. Das dadurch ausgelöste Ekelgefühl ist eine nahezu unüberwindbare Barriere gegen die Einverleibung. Und wie der Ekel bei jedem einzelnen eine besondere Geschichte hat, die zu je individuellen Aversionen und Reizbarkeiten geführt hat, so hat der Ekel auch in jeder Gesellschaft eine kulturelle und zivilisatorische Geschichte, die sowohl die Anlässe wie die Überwindungen des Ekels trotz aller Universalität ganz unterschiedlich ausformt. Bekanntlich hätten wir mit unserem gegenwärtigen Ekel-Standard den Besuch einer mittelalterlichen Stadt kaum ohne ständiges Würgen überstanden, und noch das Paris der Aufklärung wird von Corbin, dem Historiker der Düfte, kaum anders geschildert.[33] Oder, um ein ganz anderes Beispiel zu wählen: Spucknäpfe waren vor noch gar nicht so langer Zeit[34] eine zivilisatorische Errungenschaft; heute ist die Ekelschwelle höher, der Spucknapf selbst ist nun schon ekelerregend, und das Spucken überhaupt ist schlechthin unfein geworden.

Wie außerordentlich prägend Kultur und Gesellschaft auf die Anlässe und die Ausdrucksformen der Gefühle einwirken, zeigt sich beim Ekel nicht nur in der zivilisatorischen Zurückdrängung, ja buchstäblichen Kanalisierung[35] der körperlichen Ausscheidungen, sondern auch an der kulturellen Überformung der Fäulnisgrenze durch die Kochkunst. Etwas überspitzt spricht Raulff vom Ekel als dem »Nullpunkt der Gastrosophie«[36], einem Zustand, der durch die Kochkunst überwunden werde. Tatsächlich hat es die gastronomische Kultur vermocht, uns alle möglichen fauligen Zustände von Nahrungsmitteln schmackhaft zu machen, Käse und Wein sind nur die bedeutendsten Beispiele. Aber auch hier gilt, wie im zivilisatorischen Bereich der Hygiene, daß es nicht nur kollektiver, sondern auch individueller Lernprozesse bedarf, um den jeweiligen kulturellen Standard einzuholen. Kinder haben wenig Sinn für kulinarische Genüsse, und was ihnen als Lieblingsspeise gilt, erregt oft schon den Ekel des geschärfteren Geschmacks.

Es ist bei alledem nicht ohne weiteres zu sagen, wann nun eigentlich Gefühle des Ekels als »gesund« oder gar »natürlich« gelten dürfen, und wann sie phobischen Charakter annehmen. Insgesamt scheint eine Erhöhung der Ekelschwelle dem Organismus eher förderlich zu sein; schließlich wäre ein geschärftes Ekelempfinden nicht nur bei Bulimie heilsam, sondern vielleicht schon angesichts eines normalen »Hamburgers« nützlich. Wiederum geht, jedenfalls in unserer Phase des Zivilisationsprozesses, die größere Gefahr nicht von überstarken Gefühlen, sondern von ihrer Unterdrückung und Vermeidung aus. Die Möglichkeit, Ekel zu empfinden, gehört originär zu unserer psycho-physischen Ausstattung; eine Vermeidung von Ekelgefühlen kann zum Beispiel dazu führen, daß der Brechreflex quasi einrostet, so daß schädliche Speisen nicht unverzüglich ausgeworfen werden können. Umgekehrt liegt aber eine Vermeidung des Ekels auch dann vor, wenn Ekel, statt als relativ rasch vorübergehendes Gefühl *erlebt* zu werden, als phobische Haltung chronifiziert wird. Dann und nur dann ist Ekel – eigentlich ein Ekel vor dem Ekel – schädlich, und das in besonderem Maße, wenn diese emotionale *Haltung* auf etwas fixiert ist, nach dem der Organismus ein natürliches Bedürfnis hat. Das klassische Beispiel ist natürlich Ekel im Zusammenhang mit Sexualität.

Die pauschale Zuordnung der Attraktions- und Aversionsgefühle zum Vorkontakt mag hier und da problematisch erscheinen; sie sollte nicht zu dogmatisch genommen werden. Es darf nicht vergessen werden, daß wir hier immer mit einem idealtypisch bereinigten Modell arbeiten, das die Verschachtelung und Einbettung der Kontaktprozesse ineinander unberücksichtigt läßt. Auch gibt es gerade zwischen den ersten beiden Kontaktphasen in der Realität der Interaktionen zwischen Menschen oft ein Hin und Zurück, so daß Überschneidungen normal sind; natürlich kommt es oft erst bei genauerer Orientierung zu erotischer Attraktion, und natürlich kann manchmal erst die genauere Orientierung Ekelerregendes oder Bedrohliches entdecken. Dennoch ist es nicht unwichtig zu sehen, daß die bisher besprochenen Gefühle zum Vorkontakt gehören – wenn sie in der zweiten Kontaktphase auftreten, ist nämlich in der Regel entweder im Vorkontakt etwas übersehen worden, und es kommt zu einer »Regression« im Kontaktprozeß (einem vorübergehenden Zurückgehen auf eine vorangegangene Phase des Kontakts), oder es handelt sich um den Beginn eines neuen Kontaktprozesses (und eine Unterbrechung des alten) durch das Auftreten eines neuen Situationsthemas. Die Attraktions- und Aversionsgefühle entscheiden eben oft darüber, ob und wie der weitere Kontakt überhaupt stattfindet.

3. Aggression und Expression: Lächeln und Toben, Lachen und Weinen

Systematisch gesehen folgen auf die Vorkontaktgefühle die zur Phase der Orientierung und Umgestaltung gehörigen aggressiven Gefühle. Bei der Beschreibung des Kontaktprozesses im zweiten Kapitel war bereits die Rede von der warmen Wut und dem kalten Haß und von der Lust an der Initiative, am Zupacken, am puren Tun in der Auseinandersetzung mit der Umwelt, und es wurde auch erwähnt, daß Sexualität in diesen Zusammenhang gehört. Es sind tatsächlich nur drei Gefühle, die hier klar unterschieden werden können; wir können sie Wut, Haß und Sex nennen. Die Initiative-Lust ist kein eigentliches Gefühl; sie ist eher eine lustvolle Körperempfindung, die die energetische Ausdehnung des Organismus in die Umwelt begleitet, wenn wir uns körperlich und geistig in den Kontakt stürzen. Kaum aber treffen wir auf Widerstand, kommt Ärger auf. Die verschiedenen Gefühle des Ärgers, die wir erleben, sind einfach die weniger intensiven Formen von Wut und Haß, und wer einmal auf diese Unterscheidung auch bei den feineren ärgerlichen Regungen achtet, dem wird sie auch da schon sinnlich erfahrbar.

Die aggressiven Gefühle sind mit einem starken Drang nach motorischem Ausdruck verbunden. Die Wut »steigt« in einem »hoch« und will raus; es wird einem heiß, der Kopf wird rot, die Augen sind leicht zusammengedrückt und funkeln, ohne doch klar wahrzunehmen (man kann »blind« sein vor Wut), der Mund ist geöffnet, und die Lippen ziehen sich von den Zähnen zurück. Dieser zähnefletschende Gesichtsausdruck ist aber vom Sinn und Erleben der Emotion her gesehen nicht etwa das stammesgeschichtliche Überbleibsel einer Drohgebärde, wie wir sie von manchen Tieren kennen[37], sondern Ausdruck oraler Lust an der Zerstückelung des Widerständigen, eine Beißlust, wie sie ja auch vertrauter Bestandteil der Sexualität ist. Vor allem wird bei Wut aber auch die Stimmuskulatur angeregt. Schon beim leisesten Ärger erheben wir unwillkürlich die Stimme, und ein in vollem Zorn entbrannter Mensch will sich seine Wut aus dem Leibe brüllen.

Die Stimme des kalten Hasses dagegen ist weniger volltönend als schneidend und scharf. Es ist keine orale oder sonstige Lust mit Haß verbunden; die motorische Energie wird eher zurückgehalten, um plötzlich und abrupt zuzuschlagen. Entsprechend zieht sich das Blut aus dem Gesicht zurück (bleich vor »Wut«), und die Lippen sind zusammengepreßt. Wo Wut destruierend und umgestaltend gegen die Widerständigkeit des gewünschten und oft geliebten Objekts anbrandet, sucht Haß den vernichtenden, das ganze Objekt aus dem Weg räumenden Schlag. Wut ist deshalb leicht zur Versöhnung bereit, auch wenn die Destruktion nicht voll gelungen ist. Haß dagegen wird umgekehrt leicht zu einer Leidenschaft, die sich dann an dem nicht zu beseitigenden Opponenten festkrallt und den Organismus auszehrt. Im politischen Bereich zeigt sich diese Auszehrung als ein Verlust rationaler Orientierung; ein neues Beispiel dafür ist etwa das Verhältnis des offiziellen Amerikas zu Saddam Hussein oder Gaddhafi.

Daß Sex hier unter die aggressiven Gefühle gerechnet wird, hat nicht nur mit der Systematik des Kontaktprozesses zu tun. Es ist interessant, daß unter den Gefühlen, die Clynes erforscht hat, die »essentische Form« von Sex am ähnlichsten der von Ärger/Wut (»anger«) ist, wohingegen die »essentische Form« von Liebe mehr der von Trauer ähnelt – beides Gefühle des *Vollen* Kontakts. Sex zeigt die gleiche Symptomatik wie Wut, nur daß das Blut nicht in den Kopf, sondern in die Genitalien drängt: derselbe, fast unwiderstehliche Drang zur motorischen Äußerung, wozu auch hier die Stimme mit gehört, ein lustvolles Gefühl der Hitze und – deutlicher noch als bei der Wut – ein heftiger, stoßweiser Atem. Grundsätzlich anders als bei allen anderen Gefühlen ist beim Sex allerdings die Kulmination im Orgasmus, der (zumindest auf der körperlichen Ebene) die Sättigung anzeigt und der, als eine Körpererfahrung des Vollen

Kontakts, dem Übergang vom rein sexuellen Fühlen zu einem Gefühl der Liebe eine hilfreiche Brücke bauen kann. Bis dahin aber ist Sex ein aggressives Gefühl: Erregung durch die geschlechtlichen Stimuli der Umwelt bei entsprechend bedürfnisgeleiteter Orientierung und Entfaltung des Gefühls bei der Umgestaltung einer Begegnung zum erotischen Kontakt.

Die aggressiven Gefühle haben etwas Disruptives, Umstürzlerisches, sie sind auf Veränderung aus; das macht sie allen Zivilisationsbemühungen verdächtig. Zugleich gehört eine gewisse Heftigkeit zum Wesen ihres motorischen Ausdrucks; das macht sie so unkultiviert. Deshalb sind die aggressiven Gefühle die typischen Opfer internalisierter Affektkontrollen. In denjenigen Gesellschaften, in denen der Zivilisationsprozeß am weitesten fortgeschritten ist, gehören Störungen der aggressiven Funktionen und Hemmungen der aggressiven Gefühle zur neurotischen Normalausstattung der Bevölkerung. Das mag angesichts von soviel Streit und Gewalt in der Familie und soviel Bereitschaft zu rascher Sexualität außerhalb von ihr nicht sofort einsichtig sein. Aber es ist ja gerade die Unfähigkeit, das Gefühl des Ärgers wirklich zu *spüren* und die (meist soziale) Unmöglichkeit, dem Ärger vollen Ausdruck zu verleihen, die zu den gewalttätigen Ausbrüchen im Privatbereich (und den Kriegsspielen und Katastrophenszenarien im öffentlichen Bereich) führen. Wie sich Ausdruck und Erleben wechselseitig steigern, so können sie einander auch wechselseitig hemmen; wer seine Gefühle nicht ausdrückt, erlebt sie auch nicht genuin. Was man spürt, ist das Anschwellen der gestauten Energie, die nun ein Ventil sucht (und dann oft im Partner oder den Kindern findet) und der gegenüber immer stärkere Dämme gebaut werden müssen. Der »stille Ärger«, die »zurückgehaltene Wut« führen genausowenig wie zurückgehaltener Sex dazu, daß die affektiven Energien in »produktivere« Kanäle fließen, wie es eine schlichte Version der Sublimationstheorie haben will. Vielmehr bleiben sie an der unbeendeten Situation kleben und lenken selbst die Gedanken von neuen Aufgaben immer wieder ab.

Das heißt aber nicht etwa, daß hier freiflottierender Gewalttätigkeit und einer Schwäche für Tobsuchtsanfälle das Wort geredet wird. Die Wurzeln der menschlichen *Neigung zur Gewalttätigkeit* sind vielfacher Natur; starke *Frustrationen* und *Desensibilisierung durch Gewöhnung* sind wohl die wichtigsten ursächlichen Faktoren, bloßer Affektstau reicht nicht aus. Was aber in der endlosen Diskussion um das Problem, wie die Feindseligkeit der Menschen untereinander gemindert werden könnte, zumeist unerörtert bleibt, ist, daß eine Wiederbelebung der sinnlichen Empfindlichkeit sich nicht nur und nicht einmal zuerst auf das Einfühlen der Verletzbarkeit des anderen konzentrieren darf, sondern vorrangig das Empfinden für die eigenen aggressiven Impulse und Gefühle schärfen muß. In Gestalttherapiegruppen läßt sich sehr genau beobachten, wie eine Verfeinerung des Gespürs für die eigenen feindseligen Gefühle und eine Wiederentdeckung und Belebung der direkten Ausdrucksformen für den gerade erst aufkeimenden Ärger das große Brüllen und Toben und erst recht natürlich die Gewalttätigkeit ganz überflüssig machen.

Je spontaner und dem jeweiligen Intensitätsgrad angemessener ein Gefühl ausgedrückt wird, desto sicherer erreicht es eine Sättigungsebene, ohne den Charakter von »Anfällen« oder »Ausbrüchen« anzunehmen. Vielen Menschen fällt es schwer, mit Entschiedenheit »Nein!« zu sagen, oder, wenn sie etwas wollen, ihrer Stimme Gewicht zu verleihen. Kaum sind die üblichen Normen des Verhaltens in der Öffentlichkeit aber etwas gelockert, wie in der Familie (oder bei bestimmten Demonstrationen und in manchen Therapiegruppen), sind oft dieselben Menschen relativ leicht dazu zu bringen, die geballte Faust zu schütteln, mit lauter Stimme zu brüllen und womöglich mit den Füßen aufzustampfen und zu kicken – jedem ist eben dieses Repertoire aus der eigenen Kindheit noch geläufig. Auch im Bereich der Aggressionen gibt es also so etwas wie reifere Verhaltensweisen, und diese decken sich weder mit regressivem Toben noch mit repressivem Schweigen. Unser emotionales Empfindungsvermögen kann sich nur entwickeln, wenn wir, auf der Suche nach Ausdrucksformen, die Subtilität mit Intensität verbinden, zwischen der Scylla der Infantilität und der Charybdis der Unterdrückung hindurchsteuern.

Der Ausdruck der Gefühle beim Menschen ist nicht an bestimmte Äußerungsmedien gebunden. Die Nähe zur jeweiligen »essentischen Form«, zur authentischen Ausdrucksgestalt der Gefühle, kann im Mienenspiel ebenso gut wie etwa in einem Gedicht gesucht werden. (Poesie, sagt Wordsworth, ist »emotion recollected in tranquility«[38].) Aber natürlich hat in der direkten Interaktion der Körper als Medium der emotionalen Kommunikation eine vorrangige Bedeutung.[39] Und der menschliche Körper ist dazu in einzigartiger Weise ausgestattet. Die aufgerichtete Wirbelsäule ermöglicht das subtile Ausdruckspotential der menschlichen Körperhaltung im Sitzen, Gehen und Stehen und setzt zugleich Arme und Hände nicht nur zum Werkzeuggebrauch, sondern auch für die Sprache und die Gesten frei. Die flächige Anordnung von Augen und Mund in einem Gesichtsfeld, das durch Hunderte feinster Muskeln bewegt werden kann, sorgt für die unvergleichliche Vielgestaltigkeit des menschlichen Antlitzes. Und schließlich kann der Mensch und offenbar nur der Mensch lachen und weinen und besitzt damit zwei Ausdrucksmodalitäten von so eigentümlicher Erlebnis- und Ausdruckskraft, daß ihre Rolle im Kontaktprozeß besonderer Erwähnung bedarf.

Zuvor aber ein Wort über das *Lächeln*, diese unverwechselbar menschliche Ausdrucksgeste, die nach dem noch ungerichteten Schrei praktisch der erste Träger von Kommunikation beim Säugling ist. Noch bevor Lachen und Weinen sich vom bloßen Schreien ablösen und differenziert entwickeln (im 4. bis 5. Monat), kann das Kind lächeln (nach etwa fünf Wochen hieß es bisher, nach neueren Erkenntnissen spätestens am dritten Tag), als Reflex des Wiedererkennens zunächst wohl, aber sehr bald schon absichtsvoll als Geste eingesetzt. Das Lächeln ist die Ur-Geste des Menschen: Friedfertigkeit und Freundlichkeit verheißend und doch immer unergründlich, weil vieldeutig, öffnend ebenso wie verbergend. Das Lächeln ist der Gegenpol zum Toben; schreiend betreten wir diese Welt, lächelnd gewinnen wir sie. Das Schreien ruft die Mutter, das Lächeln hält sie fest. Ein Mensch, der nicht mehr lächelt, glaubt, nichts mehr gewinnen zu können oder alles schon gewonnen zu haben. Wie in keiner anderen Ausdrucksgeste erweist sich im Lächeln das spezifische Verhältnis, das der Mensch zu seinem Körper hat, die »exzentrische Positionalität«, aus der heraus er seinen Körper instrumental und expressiv zugleich in seiner Beziehung zur Umwelt einsetzen kann.[40]

Das Lächeln ist also nicht Ausdruck eines Gefühls; es ist vielmehr in besonderer Weise dazu geeignet, Gefühle zu verbergen. Die Geste des Lächelns ist freilich zu unterscheiden von einem Anflug des Lachens, das ja viele Zwischentöne und Intensitätsgrade kennt. Wenn ich sage: »Ich mußte lächeln«, dann meint das genauer: »Ich mußte ein bißchen lachen« – denn das Lachen kommt unwillkürlich, kann zwar (mit Mühe) unterdrückt, aber nur um den Preis der Unechtheit erzwungen werden. Die Geste des Lächelns indessen kann mit einiger Übung jederzeit produziert werden, solange wir noch Herr unserer Sinne besser: Herr unserer Gesten – sind. Es drückt nicht wie das Lachen spontan einen momentanen Erlebniszustand im Organismus/Umwelt-Feld aus, sondern bezeichnet eine *Haltung* und eine *Absicht;* die Haltung ist die einer inneren Ausgeglichenheit, eines Friedens mit sich und der Welt, wie es das Lächeln Buddhas zeigt, das im »zufriedenen« Lächeln noch seinen mundanen Abglanz hat; die Absicht ist die, durch Signalisierung der eigenen Friedfertigkeit die des anderen sicherzustellen – eine Intention, die im Begrüßungslächeln schon habitualisiert ist. Und natürlich müssen innere Haltung und äußere Absicht nicht zusammenfallen, und eben deshalb kann das Lächeln mehr noch als andere Ausdrucksgesten zum Instrument der Täuschung und Verschleierung werden, zur Waffe im fintenreichen Spiel sozialer Maskeraden.

Eben weil man lernen kann zu lächeln, ohne damit eine innere Haltung zu spiegeln, kann sich das Lächeln auch besonders leicht mit Introjekten verbinden. Das »keep smiling«, zu dem zumal die Menschen in den Dienstleistungsberufen der Konsumgesellschaft angehalten werden, kann sich dann leicht zur Maske eines gefrorenen »Sozial-Lächelns« versteifen, die nicht ohne weiteres mehr abgelegt werden kann.[41] Noch häufiger zu beobachten – und für die gestalttherapeutische Bearbeitung der Aggressionshemmungen von Bedeutung – ist der eingefleischte Reflex des »Sei-mir-nicht-bös!«-Lächelns, den viele Menschen zeigen, wenn sie gerade eine kritische Bemerkung gemacht haben. Darin ist die alte, schon als Kind gemachte Erfahrung bewahrt, daß sich kaum jemand der entwaffnenden Wirkung eines Lächelns entziehen kann. Als Reflex freilich nimmt dies Lächeln nur der Kritik die Spitze, macht sie stumpf und wenig wirkungsvoll. Mit seinen tausend Nuancen ist das Lächeln allerdings die unergründlichste aller Ausdrucksgesten. So erstaunlich einerseits unsere Fähigkeit ist, manche seiner Varianten sofort richtig einzuschätzen, so viel Raum bleibt hier doch für überraschende Entdeckungen bei den eigenen Ausdrucksmöglichkeiten wie bei der Beobachtung des Mienenspiels anderer.

Wie sich der Mensch lächelnd beherrscht, verliert er im *Lachen und Weinen* die Beherrschung. Lachen und Weinen sind eben Modalitäten des Gefühlsausdrucks und nicht Ausdrucksgesten; ihnen haftet etwas Unwillkürliches an, wir werden von ihnen überwältigt, weil sich in ihnen das Gefühl eine expressive Bahn bricht. Es ist möglich, ohne Gefühl zu lächeln, nicht aber, ohne Gefühl zu lachen und zu weinen. Im Lächeln bezeichnen wir etwas, im Lachen und Weinen *sind* wir einfach, nämlich im Extremfall reduziert auf den Zustand des Geschütteltseins durch das Schluchzen oder das Gelächter. Dabei drückt sich im Lachen und Weinen nicht etwa ein je bestimmtes Gefühl aus, wenngleich es ohne Frage eine besondere Affinität des Lachens zur Freude und des Weinens zur Trauer gibt. Aber weder *müssen* Freude und Trauer sich so ausdrücken, noch sind Lachen und Weinen auf sie festgelegt; wir können auch lachen aus Liebe oder Dankbarkeit, beim Sex oder in der Befreiung von einer Last oder einfach über einen Witz. Und es gibt vielleicht mehr Tränen, die aus Sehnsucht geweint werden oder aus dem Angerührtsein vom Geschick eines anderen, als aus Trauer; und schließlich gibt es ja auch die Tränen der Freude.

Merkwürdigerweise ist das Weinen noch seltener untersucht worden als das Lachen. Für Freud war das Unwillkürliche des Lachens Ausdruck einer energetischen Entladung, die dadurch entsteht, daß der Witz die Zensur des Unbewußten zu umgehen weiß – eine Theorie, die hauptsächlich leidvolle Erfahrung im Umgang mit Schicklichkeitsnormen verrät. Bergson sah im Lachen das plötzliche Fließen des »élan vitale«, der durch den Humor »mechanisch« zum Stillstand gebracht worden war. Aber wir können heute etwa die komische Mechanik der Bewegungen des zum Roboter gewordenen Fließbandarbeiters in Chaplins ›Modern Times‹ nur noch mit einem lachenden und einem weinenden Auge goutieren.

Erst Helmuth Plessner gelang es in seiner klassischen Studie über ›Lachen und Weinen‹[42], beide Phänomene zusammen zu sehen und eine (auch für Therapeuten bedeutsame) Phänomenologie dieses Ausdrucksverhaltens zu entwickeln. Plessner konnte zeigen, daß das Gemeinsame des Lachens mit dem Weinen darin besteht, daß sich in beiden ein Zusammenbruch der »exzentrischen Positionalität« ausdrückt, dieser sonst immer mitgegebenen Distanz des Menschen zu sich selbst, und damit zugleich erklären, warum nur Menschen zum Lachen und Weinen befähigt sind. Die Anlässe können gewiß ganz unterschiedlich sein, aber immer handelt es sich offenbar bei ihnen um die Erfahrung eines plötzlichen Bruchs mit der gewohnten Realität, ein Zusammenfallen des sich in Szene setzenden Subjekts mit der Inszenierung selbst. Das Ich und seine Rolle (das »I« und das »Me« bei G. H. Mead) werden identisch und erlauben es dem Individuum nicht mehr, sich zur Welt zu verhalten.

Im Lachen aber bleibt die eigene Person aus dem Spiel, wird einfach weggelassen, ist das Ich im Bruch der Welt verschwunden. Daß deshalb »auch dem herzhaftesten, humorvollsten, aus der Tiefe des Gefühls hervorquellenden Lachen etwas Oberflächliches (anhaftet)«, wie Plessner meint, muß man nicht so sehen. »Der Mensch antwortet mit ihm direkt, ohne sich in die Antwort mit einzubeziehen. Im Leben wird er gewissermaßen anonym – ein Grund für die ansteckende Kraft, die ihm innewohnt.«[43] Nur wenn man Tiefe allein im Individuum vermutet, wird jedes Lachen oberflächlich.

Umgekehrt freilich haben wir ganz leicht den Eindruck von Tiefe, wenn wir im Weinen quasi in uns selbst hineinfallen und die Welt um uns im Mahlstrom des eigenen Selbst verschlungen wird. Wie man im Lachen außer sich ist, so zieht man sich im Weinen zurück, und der Wunsch, sich (am besten in Mutters Schoß) zu verbergen, ist mehr und anderes als soziale Scheu und Rücksichtnahme. Im Lachen wird das eigene Ich nicht vermißt; allzu explosionsartig überfällt es uns, und oft genug sind wir auch aufgehoben im Lachen der anderen und mitgetragen von ihm. Im Weinen aber lösen sich die Ich-Grenzen allmählich auf; man fällt hinein in ein Tränenmeer, die Nase läuft, das Gesicht quillt auf, der Körper scheint zu schmelzen. So kuschelt man sich an oder ein, beschützt und bedeckt sich in diesem Zustand der Wehrlosigkeit und sichert damit äußerlich Grenzen, die im Inneren gerade zerrinnen. Aber hier sind wir schon bei dem nächsten Abschnitt, den Gefühlen in der Phase des vollen Kontakts.

Bleibt zu erwähnen, daß beide, das Weinen ebenso wie das Lachen, auch zur Abwehr benutzt werden können. Es gibt nicht nur die strategisch eingesetzten Krokodilstränen, zu denen manche fähig sind, sondern vor allem ein neurotisches Weinen, das meistens Ausdruck von Ohnmachts- und Resignationsgefühlen und somit versteckter Aggressivität ist. Weinen kann zum *Heulen* verkommen, wie das Lachen zur *Albernheit* – beides sind Reaktionsbildungen. Mindestens ebenso bemerkenswert wie das neurotische Weinen ist aber die Tatsache, daß in unserer Gesellschaft viele Menschen überhaupt nicht mehr weinen können. Vielleicht steht es mit dem Lachen nicht viel besser, aber daß es Männer gibt, die seit ihrer Kindheit nicht mehr geweint haben, steht fest und beweist die außerordentliche Kraft kultureller Affektkontrollen.[44] Eben weil es die nach außen quellende Innerlichkeit ist, die sich im Weinen ausdrückt, ist das Weinen auch stärker als das Lachen den kulturellen Prägungen unterworfen. Die Einstellung zum Weinen ist symptomatisch für die soziale Bedeutung, die der öffentlichen Darstellung von Innerlichkeit überhaupt jeweils zukommt. Die Geschichte des Heulens[45] hat gerade erst wiederentdeckt, daß es im 18. Jahrhundert eine Mode des Weinens auch für Männer gab, ganz ebenso, wie es heute Sitte ist, daß sich Männer der Tränen in der Öffentlichkeit enthalten und sich schämen, wenn sie trotzdem kommen.

So kann also gerade beim Weinen forciert oder gehemmt werden, was sich unkontrolliert stets als starker Ausdruck eines Gefühls darstellt. Auch hier verfügen wir offenbar über ein feines Sensorium für das Authentische: Das echte Weinen hat, wie von Plessner beschrieben, seine eigene unmißverständliche Formsprache, und das Lachen, wie Clynes gezeigt hat, seine eigene »essentische Form«, als sei es ein Gefühl.[46] Wer in einer gefühlsrestriktiven Kultur lebt und, wie der Gestalttherapeut, dennoch mit Gefühlen konfrontiert wird, muß freilich dieses Sensorium durch Beobachtung und Erfahrung erst wieder schärfen.

Aus der Analyse Plessners läßt sich dabei als Wichtigstes lernen, daß Lachen und Weinen eine bestimmte Zuständlichkeit des jeweils ausgedrückten Gefühls verkörpern, nämlich einen Zusammenbruch der inneren Distanz, der einem vorübergehenden Ich-Verlust gleichkommt (genauer: einem Verlust der Ich-Funktionen des Selbst) und dessen Echtheit und Intensität am Verlust der Selbstkontrolle direkt beobachtbar werden. Es ist deshalb durchaus möglich, daß Lachen oder Weinen auch bei Gefühlen auftreten, an die man gewöhnlich in diesem Zusammenhang nicht denkt: bei extremer Furcht etwa oder beim Schrecken oder bei Verlegenheit. Und sie brauchen nicht einmal überhaupt Ausdruck von Gefühlen zu sein, solange es nur um die Erfahrung der Brüchigkeit unserer Realität geht, wie bei der Konfrontation mit einem Paradox. Auch jenseits der Gefühle lachen wir über einen Witz und weinen wir vor Schmerz, wenn die Realität all unsere Ich-Funktionen außer Kraft setzt. Mit Lachen und Weinen reagieren wir darauf, daß die Kontaktgrenze – die einzige Realität, die wir psychologisch erfahren – sich uns manchmal wie ein Zen-Koan präsentiert: Innerhalb des Systems ist eine Antwort nicht zu fassen.

Auch im Zusammenhang mit den aggressiven Gefühlen können Lachen und Weinen als Ausdruck der Erfahrung von Absurdität und Hilflosigkeit auftreten, wir lachen über andere, wenn deren Verhalten zugleich typisch für ihn/sie und »out of context«, nicht zur Situation passend, ist; wir können aber auch über den anderen weinen, wenn wir momentan über seine/ihre Unbeweglichkeit verzweifeln. Hier werden Lachen und Weinen zu Aggressionen, hier wollen sie auf Veränderung hinaus. Häufiger freilich verkrümmen sie sich in dieser Kontaktphase zu Reaktionsbildungen und behindern als vorwitzig-albernes Lachen oder als Mitleid erheischendes Heulen das Gespür für die aufsteigenden Aggressionsgefühle und deren Ausdruck.

Lachen und Weinen können in jeder Kontaktphase auftreten, aber sie haben gewissermaßen ihren Heimathafen in der Phase des Vollen Kontakts, wo Subjekt und Objekt verschmelzen. Das liegt daran, daß beim Lachen und beim Weinen wie bei den Zustandsgefühlen das Zeitempfinden verlorengeht; sie drücken eine Zuständlichkeit, ein Andauern jenseits des Augenblicks aus, in dem jeder Moment Ewigkeit enthält. Deshalb also ist ein helles Lachen der klarste Ausdruck von Freude und ein tiefes, dunkles Weinen der wichtigste Ausdruck von Trauer. In Trauer und Freude scheint die Zeit stillzustehen. Und ganz ebenso ist es bei den anderen Gefühlen des Vollen Kontakts: Ehrfurcht und Seligkeit, das Gefühl für Schönheit und die emotionale Seite der Erfahrung einer intellektuellen Einsicht, vor allem aber natürlich die Liebe. Alle diese Gefühle haben keinen Sinn für Zeit. Denn: »Time is righteous and has no concept of intimacy«, wie es wunderschön in einem Gedicht heißt, das spontan in einer Gestaltarbeit entstand.[47]

Oder vielleicht ist es umgekehrt: Liebe, wie auch die anderen hier angeführten Gefühle, sind nicht *Ausdruck* eines Zustands und also auch nicht Ausdruck einer Beziehung, sondern sie *sind* der Zustand, den sie ausdrücken. Ihre eigentümliche Zeitlosigkeit liegt darin, daß sie alle Motivation hinter sich gelassen haben, daß sie – phänomenologisch gesagt – keine Intentionalität besitzen. Sie sind Ich-lose Gefühle, weil sie schon haben, was andere Gefühle erst suchen: eine Berührung, in der berührendes Subjekt und berührtes Objekt ineinander aufgegangen sind, in der das Ich im Du verschwunden ist.

Goodman bezeichnet die Zustandsgefühle unübersetzbar als »concerns«, ein Wort, in dem so etwas wie »Sorge-tragen-für« mitschwingt (XIII, 2). Zustandsgefühle wollen bewahren, nicht verändern. Es ist wichtig zu sehen, daß diese Gefühle nicht einfach dauerhafte Begleiterscheinungen von Beziehungen sind oder latente Gefühlslagen, die sich gegebenenfalls im Vollen Kontakt manifestieren würden, sondern die seelische Erfahrung eines als zeitlos andauernd erlebten Einsseins oder Sehr-nahe-Seins mit dem

Objekt (beziehungsweise in der Trauer mit der Leerstelle, die der Verlust hinterlassen hat).

Am leichtesten verständlich ist das wohl bei der *Freude.* Ich kann mich über dies und das freuen, aber es muß auch nichts Besonderes sein, über das ich mich freue; Freude ist dann Ausdruck eines existentiellen Zustands, der mich lachen und mir das Herz hüpfen läßt, ja sie *ist* dieser Zustand. Tatsächlich ist, wenn der ganze Körper Ausdrucksmedium wird, ein Hüpfen und Springen, wie wir es von Kindern kennen, der charakteristischste Ausdruck von Freude. Um Freude in uns zu wecken, bedarf es nichts, zu dem wir als Personen eine besondere Beziehung hätten; das Überraschende ist hier manchmal erfolgreicher. Die anerkennende Bestätigung bestimmter Gewohnheiten oder Charakterzüge oder die schmeichelhafte Betonung bestimmter Fähigkeiten zum Beispiel lösen eher bloße Zufriedenheit als helle Freude aus.

Schwieriger ist die Vorstellung, daß es bei den Zustandsgefühlen nicht um Beziehungen geht, vor allem bei dem Gefühl der *Liebe.* Aber was wir mit diesem Wort meinen, ist ja bekanntlich immer besonders schwer zu klären. So kann offenbar mit dem Satz »Ich liebe dich« so Unterschiedliches gemeint sein wie: »Ich will dich besitzen«, »ich finde dich sexuell unwiderstehlich«, »ich will mit dir meinen Alltag teilen«, »ich bewundere dich«, »ich finde dich schön«, »ich bewerte deine Handlungsweise als gut«, »ich kann mir dich gut vorstellen als Vater/Mutter meiner Kinder« – oder einfach: »Mir läuft das Herz über, jetzt, in deiner Gegenwart«. Vom *Gefühl* der Liebe ist nur im letzten Satz die Rede; alles übrige sind Wünsche, Haltungen und Bewertungen. Dieses Gefühl ist der Freude verwandt, aber von langsamerer, sanfterer Motorik, gleichsam schwerer im Körperbild und auch brennender, obwohl weniger hell.

Aber die Sprache mit ihren Vergleichen versagt hier rasch; nicht ohne Grund sind die Zustandsgefühle ein bevorzugtes Thema der Poesie, und deren Kunst besteht in der Andeutung durch das Weglassen oder die Metapher. Liebe als Gefühl jedenfalls tritt spontan im Kontaktprozeß auf und verschwindet natürlich auch wieder mit ihm. Gewiß gibt es das Glück, daß ein bestimmter Mensch dazu in der Lage ist, dieses Gefühl über lange Zeit immer wieder einmal in uns hervorrufen zu können. Aber dann werden auch andere Menschen ein paar Tropfen von diesem Überfluß abbekommen. Denn das Wesen des Gefühls, das wir Liebe nennen, ist ein Überfließen, Angefülltsein mit dem *jeweiligen* Du, und wenn es leicht stimuliert wird in einem Menschen, fließt es auf Gerechte wie Ungerechte, wie sie gerade kommen. Liebe ist kein Attraktionsgefühl, sie unterscheidet nicht in einem »dich liebe ich – dich aber nicht«. Durch wen oder was auch immer die Liebe stimuliert sein mag – als *Gefühl* gilt sie einem »verallgemeinerten Anderen« (G. H. Mead), dem allgemeinen Du überhaupt, von dem eine besondere Erscheinung uns in diesem Moment vor Augen ist. Liebe als Gefühl ist deshalb nicht eine starke Form der Zu-Neigung, sondern ein Loslassen und Sich-fallen-Lassen in einen Zustand, bei dem das Ich vom Du so absorbiert wird, daß auch das Du kein spezifisches Gegenüber mehr sein kann, sondern sich zur Befindlichkeit des momentanen Seins überhaupt verallgemeinert. Dafür ist es durchaus keine notwendige Bedingung, daß auch dem geliebten Menschen in diesem gleichen zeitlosen Augenblick das Herz übergeht.

Wie sehr Subjekt und Objekt in den Zustandsgefühlen des Vollen Kontakts transzendiert werden, zeigen erst recht *Ehrfurcht* und *Seligkeit,* die religiösen Gefühle. Es wurde schon erwähnt, daß Clynes zunächst für »reverence« und später auch für »bliss« je eine klare »essentische Form« entdecken konnte. Im Deutschen gibt es kein Wort, das die gleichen Konnotationen enthält wie das englische »reverence«. Es liegt etwas von »Respekt« darin, aber damit verbinden wir eher eine Einstellung als ein spontanes Gefühl. Und auch Demut scheint eher eine Haltung zu bezeichnen. Vielleicht kommt das deutsche Wort Ehrfurcht dem englischen »reverence« am nächsten, obwohl dieses Gefühl natürlich weder etwas von Furcht vor einer Bedrohung hat noch etwas mit dem säkularen Begriff der Ehre zu tun hat. Aber wenn wir sagen, daß ein Mensch oder ein symbolisches Objekt uns Ehrfurcht einflößt oder daß uns angesichts ihrer Ehrfurcht überkommt, drückt sich in diesen Redeweisen etwas von der Aura aus, die auf uns einwirkt, ein Charisma, das vom Objekt ausgeht und das in uns so etwas wie einen »heiligen Schrecken« auslöst (»awe« ist das Wort dafür im Englischen). Ehrfurcht ist das Gefühl, daß etwas Größeres, Anderes, Transzendentales von unserem Herzen Besitz ergreift, und das durch einen Menschen mit besonderer Ausstrahlung oder durch ein sakrales Objekt oder einen heiligen Ort ausgelöst wird. Ehrfurcht wird also oft im Zusammenhang mit religiösen Erfahrungen und Begegnungen erlebt werden. »Bliss« dagegen – schwach hier nur mit dem kirchlich verschlissenen Begriff der Seligkeit übersetzt – *ist* das Gefühl einer religiösen Erfahrung: aufgehoben zu sein im All.

Es ist offenbar nicht so einfach, sich der Erfahrung solcher religiösen Gefühle *allein* zu stellen. Allein sind sie nur schwer auszudrücken und deshalb eben auch nur schwer zu intensivieren, vielleicht, weil sich mit ihnen besonders deutlich die Erfahrung der Kleinheit und Endlichkeit unserer individuellen Existenz verbindet. So ist es natürlich, daß sich die Menschen an die Hand nehmen und sich gemeinsam auf die Suche nach dem machen, was jeder für sich schon in sich trägt. Es war und ist die gesellschaftliche Funktion religiöser Rituale, für diese emotionalen Erfahrungen soziale Ausdrucksformen zur Verfügung zu stellen, in denen sich der einzelne in der Gruppe aufgehoben weiß.

Wunderbarerweise kann nun aber das Gefühl, »gesegnet« zu sein, auch ganz außerhalb eines religiösen Kontextes auftreten, und gerade die gestalttherapeutische Arbeit schafft dafür manchmal die Voraussetzungen. »Seligkeit« ist ein zu schweres Wort für das, worum es hier geht, obgleich es sich um dasselbe Gefühl in geringerer Intensität handelt. Ich meine die emotionale Dimension der Erfahrung einer überraschenden Einsicht, einer plötzlichen Klarheit, einer sich schließenden Gestalt, eine »Mini-Satori«. In diesem *Aha-Gefühl*[48], wie es manchmal genannt wird, schwingt Erleichterung mit, weil die mühevolle Suche, die in so viele Sackgassen geführt hatte, nun zu Ende ist, und auch Befriedigung über das Gelingen des Werkes, die Lösung der Aufgabe. Und doch handelt das Aha-Gefühl nicht von uns selbst, ist wiederum ein Angefülltsein durch etwas anderes, nicht von mir Kommendes, eine kleine Erleuchtung eben.

Das Aha-Gefühl ist ein stiller Moment erregender Klarheit; das Körperbild ist etwas zittrig und vor allem leicht, wie bei der Freude.

Wenn im Kontext der gestalttherapeutischen Arbeit ein Patient von einem solchen Aha-Gefühl überkommen wird, ist das ein sicheres Zeichen dafür, daß die gemeinsame therapeutische Anstrengung gelungen ist, daß der Patient eine Situation beenden konnte, sich bei ihm eine Gestalt geschlossen hat. In der therapeutischen Situation sind solche Sternstunden freilich selten, weil sich die Erfahrung der Einsicht meistens erst viel später und außerhalb der Therapie einstellt.

Das in der Psychotherapie am meisten diskutierte Zustandsgefühl ist die *Trauer.* Gemeint ist hier nicht Traurigkeit (englisch: »sadness«), die ein Überschuß-Gefühl ist (vgl. III, 7), sondern das Gefühl eines Verlustes (englisch: »grief«). Die Bedeutung des Verlustes bestimmt die Intensität unserer Trauer; am stärksten wird sie beim plötzlichen Tod derer sein, die die Soziologie in ihrer neutralisierenden Sprache »signifikante Andere« nennt. Aber wir kennen auch die milderen Formen beim Abschieds- und Trennungsschmerz oder bei der Wehmut am Ende eines schönen und wichtigen Zeitabschnitts. Trauer ist das Paradox, im vollen Kontakt mit einer Leerstelle, einem Verlust zu sein, und so kann man denn, wie Goodman sagt, »verstehen, wie schrecklich sie ist, denn wo es weder Ich noch Du gibt, da muß das Gefühl wie das von einem Abgrund sein«. (XIII, 2)

Es gehört zu den Eigentümlichkeiten des menschlichen Gefühlslebens, daß wir nicht Abschied nehmen, uns nicht lösen können von der verschwindenden Gestalt, ohne uns in diesen Abgrund fallenzulassen. Dann und nur dann wird Zeit die Wunde heilen und nicht bloß roh vernarben lassen. Wie jedes Gefühl hat auch die Trauer, wenn sie entsprechend ausgedrückt wird, ihren Sättigungspunkt, von dem ab sie allmählich verblaßt. Aber hier täuscht der Ausdruck, denn Trauer entläßt uns nicht erfüllt, sondern erschöpft und leer, der Organismus braucht Erholung. Dann aber wird sich die Leere allmählich mit neuem Lebensappetit füllen, und neue Kontaktprozesse werden möglich.

Der starke, spontane Ausdruck von Trauer ist typischerweise ein tiefes, schluchzendes Weinen, das den Körper schüttelt, die Knie weich werden läßt und den Rücken beugt.[49] Die Trauerarbeit allerdings, das braucht kaum noch gesagt zu werden, nachdem Alexander Mitscherlich diesen Freudschen Begriff weithin bekanntgemacht hat[50], ist noch etwas anderes als das spontane Gefühl der Trauer. Zum Trauern (englisch: »mourning«) gehört vor allem auch, der Wut und dem Schmerz über das angetane Leid Ausdruck zu verleihen. Auch hier ist das Ritual hilfreich.

So recht begriffen habe ich das erst, seit ich in Griechenland die durch Mark und Bein gehenden Klageschreie einer Frau miterlebt habe, die ihren Mann durch einen plötzlichen Herztod verloren hatte und der nun Bekannte und Verwandte am Eingang der Dorfkirche nacheinander kondolierten. In diesem Schreien waren Wut, Schmerz und Trauer zu einem einzigen archaischen Laut verschmolzen, den auszustoßen all ihre Kraft erforderte. Aber niemand beruhigte und besänftigte diesen Ausbruch; im Gegenteil: ihre beiden jungen, stämmigen Söhne hielten die schwere Frau an den Oberarmen gepackt aufrecht an die Mauer der Kirche gedrückt, an der sie sonst wohl vor Erschöpfung zusammengesunken wäre. Tags darauf folgte diese Witwe einer uns unbarmherzig erscheinenden Sitte und schloß sich vierzig Tage lang in ihr verdunkeltes Zimmer ein; das Essen wurde ihr gebracht. Der totale Rückzug – der Mensch an einem Nullpunkt verharrend. Und wiewohl das Dogma die Dauer des Rückzugs ohne Hinsicht auf den konkreten Fall vorschreibt, scheint das Ritual hier Ähnliches zu leisten wie die individualisierte psychotherapeutische Anleitung und Begleitung von Trauerarbeit im modernen gesellschaftlichen Kontext.

Das Problem, um dessen Lösung es in beiden Fällen geht, ist das gleiche. Allzu leicht wenden wir unseren Blick von der verschwindenden/verschwundenen Gestalt vorschnell ab und lassen uns von neuen Stimuli verleiten, statt den Blick in den Abgrund zu riskieren. »Das bedeutet aber«, meint Ann Clark in ihrer vorzüglichen Darstellung der *Trauerarbeit* im Rahmen der Gestalttherapie[51], »daß wir einen integralen Bestandteil des Wandlungsprozesses übersehen. Denn beides, Destrukturierung und Formierung, gehören unablösbar zum Zyklus von Wandel, Wachstum und Entwicklung. Wenn wir vorausplanen und Anfänge suchen, bevor die Enden erreicht sind, leben wir für die Zukunft, ohne die Gegenwart zu bemerken und die Vergangenheit abzuschließen. Das Ergebnis sind unbeendete Situationen, unbeendete Beziehungen, unbeendete Abschlüsse und verzerrte Neuanfänge ... Letztlich gehen wir gar nicht von unserer Trauer weg, sondern retroflektieren sie zu einem allem zugrundeliegenden und alles durchdringenden Gefühl der Depression in dem Maße, wie wir uns dem Zyklus des Wachstums in den Weg stellen ... Trauer ist das Gefühl, das für den Prozeß der Destrukturierung innerhalb des Gestaltzyklus notwendig ist.« Trauer also ist ein Zustandsgefühl, in dem quasi die alte Kontaktfigur verbrennt. Es ist deshalb ein schmerzhaftes Gefühl, das natürlicherweise eingebettet erscheint in einem Prozeß des Trauerns, zu dem auch Gefühle des Ärgers oder der Wut gehören.

Ähnlich wie Kübler-Ross in ihrer Arbeit mit Sterbenden[52] hat Ann Clark in ihrer Arbeit mit Trauernden verschiedene Stadien dieses Prozesses unterscheiden können. Zunächst kommt eine Phase des Rückzugs, in der man sich klein und reduziert fühlt, überwältigt vom Schock oder manchmal auch befreit von der langen Sorge, jedenfalls gelähmt und unfähig, Praktisches zu erledigen, »zu tun, was getan werden muß«. Glücklich, wer in diesen Augenblicken Hilfe und Unterstützung hat und sich den für den Organismus so notwendigen Rückzug leisten kann. Danach folgt eine Phase des Ärgers und schließlich drittens die Phase, in der das Schicksal angenommen und verarbeitet wird (»existential acceptance«).

Für die therapeutische Arbeit ist die zweite Phase von besonderer Bedeutung. Ann Clark unterscheidet hier drei Arten des Ärgers, die oft unausgedrückt bleiben: Ärger aus früheren, unbeendeten Situationen, insbesondere solche, in denen schon zur Klage Anlaß war, ohne daß sie ausgedrückt worden wäre. In der Trauer der Gegenwart kommen all die alten, in der Vergangenheit begrabenen Kümmernisse wieder zum Vorschein und verstärken die gegenwärtige Trauer um die Dimension von Ärger und Wut. Hinzu kommt der ganz gegenwärtige Ärger über das Fehlen des anderen gerade jetzt, wo ich Hilfe brauchte, wo ich Rat brauchte, wo ich gestützt werden möchte. Und schließlich die tiefe, existentielle Wut über das Schicksal überhaupt: Warum müssen wir überhaupt verlieren, um zu gewinnen, sterben, um zu leben?

Zwei Symptome sind es meines Erachtens hier, auf die der Therapeut seine besondere Aufmerksamkeit richten sollte. Einerseits wird der Ärger über den Toten oder sonst entschwundenen Menschen oft verdrängt, weil er nicht ausgedrückt werden darf – der Grundsatz »de mortuis nihil nisi bene«[53] ist de facto eine soziale Norm, die zunächst während der Trauerzeit gilt. Andererseits aber wird unterschwellig oft die *existentielle* Wut, die sich allenfalls gegen Gott selbst richten müßte, leicht auf die Bezugsperson projiziert, der die Trauer gilt. Die Folge dieser doppelten Kontaktunterbrechung ist dann ein im verborgenen schwelendes Ressentiment gegenüber dem Toten.

Trauern als ein Prozeß der Ablösung und des Abschiednehmens[54] bedeutet also mehr und anders als das Gefühl der Trauer zu empfinden, den Schmerz des Verlustes zu spüren. Der Organismus durchläuft dabei einen Zyklus von Paralyse, Expression und Rückzug und kommt dabei nicht nur mit Trauer, sondern auch mit anderen Gefühlen, vor allem Ärger/Wut, aber oft natürlich auch Furcht in Berührung. Zur Trauer*arbeit* muß dieses Trauern erst dann werden, wenn daneben auch stark verkrustete emotionale Haltungen wie Hilflosigkeit, Schuldgefühle, Frustrationsgefühle und Ressentiments eine Rolle spielen und somit allzu viele Rest-Affekte die reine Trauer eintrüben. Aber in einer Gesellschaft, die statt auf kollektive Rituale auf individuelle psychische Verarbeitung setzt, ist vielleicht die Begleitung des Trauernden durch einen Therapeuten auch etwas anderes als Psychotherapie qua Arbeit an Defiziten. Wenn Gestalttherapie dafür durch ihren besonderen Sinn für emotionale Prozesse in einzigartiger Weise geeignet ist, wie Ann Clark meint, so gilt freilich hier auch ihre Warnung, »daß es derjenige Therapeut ist, der sich mit diesen Dingen noch *nicht* persönlich auseinandergesetzt hat, der zu ihrer Bearbeitung unfähig ist oder sie gar nicht wahrnimmt oder der sie mit Antworten aus etablierten diagnostischen, religiösen oder philosophischen Kontexten hinwegerklärt«.[55]

Zum Schluß möchte ich hier noch ein Gefühl erwähnen, bei dem die Integration des Vollen Kontakts besonders schön zum Ausdruck kommt und das doch nur selten überhaupt zu den Emotionen gezählt wird, ja im Deutschen noch nicht einmal einen eigenen Namen hat: das *Gefühl der Schönheit.* Gibt es das überhaupt, ein Gefühl für Schönheit, wenn darunter etwas anderes verstanden werden soll als unser ästhetischer Sinn für harmonische Proportionen? Zunächst muß wiederum unterschieden werden zwischen den Anlässen und Auslösern eines Gefühls, die allemal, und schon gar beim Gefühl der Schönheit, kulturell geprägt sind, und der Gabe, es zu empfinden. Die Schönheit liegt im Auge des Betrachters, sagt man, und das ist in einem sehr genauen Sinn wahr: Nicht die Dinge sind schön, sondern wir machen mit ihnen die Erfahrung von Schönheit. Und doch besteht diese Erfahrung gerade darin, von den Dingen in dieser speziellen Weise angerührt und ergriffen zu werden, die uns anfüllt und ausfüllt und keinen Raum mehr läßt für den Betrachter. Das *Gefühl* der Schönheit hat bei aller sozialen Bestimmtheit seiner jeweiligen Ansprechbarkeit nichts mit ästhetischen Erwägungen, Kategorien und Urteilen zu tun, die immer Abstand erfordern. Vielmehr überwältigt uns das Gefühl der Schönheit, schluckt alle Distanz und löst den Betrachter momentan in sich auf. Deshalb kann es vorkommen, daß uns bei dem Anblick überwältigender Schönheit die Tränen kommen. Im Gefühl der Schönheit verschmelzen wir mit dem sinnlichen Schein des Gegenstands unserer Erfahrung; und auch wenn man sagt, jemand sei in den Anblick einer Schönheit versunken, so wird doch dieser zeitlose Moment des Verschmelzens nur kurze Augenblicke währen. Nicht zu verwechseln ist nämlich das Gefühl der erotischen Anziehung mit dem der Schönheit, bei solcher Verwechselung werden introjizierte ästhetische Maßstäbe zur Kanalisierung und oft genug Hemmung einer sexuellen Erregung benutzt, die gerade nicht diesen Charakter von Zeitlosigkeit im und zugleich jenseits des Augenblicks hat. Vielmehr haftet dem Gefühl der Schönheit etwas von Überraschung, ja fast schon Erschrecken an – wohl weil wir uns bei aller Vorbereitung und Suche letztlich doch immer unerwartet in ihm verlieren. So ist denn auch, ähnlich wie beim Erschrecken, der erste spontane Ausdruck dieses Gefühls, daß einem der Atem stockt, um sich dann unwillkürlich in einem Ausdruck laut zu machen. (Der Vokal der Schönheit ist das »oo« wie der des Ekels das »ii« und der der Befriedigung das »aa«[56].) Wie bei allen Gefühlen kann auch bei dem der Schönheit der Zugang durch Desensibilisierung und Ausdruckshemmung oder durch Mangel an Stimulierung verschüttet sein, was freilich in der Psychotherapie wohl selten – vielleicht zu selten – unmittelbar thematisch wird. Denn obwohl – oder vielleicht gerade weil – alles ästhetische Beurteilen im Gefühl der Schönheit ausgelöscht ist, fühlen wir uns in diesem Gefühl geborgen und zu Hause, so daß die emotionale Erfahrung von Schönheit in sich etwas Heilsames hat.

5. Die würdigenden Gefühle: Nachkontakt

Zum Abschluß eines Kontaktprozesses, wenn Sättigung und Befriedigung erreicht oder unerreichbar geworden sind und die entdeckte und erfundene Gestalt einer Berührung und Begegnung allmählich wieder verblaßt, tritt die evaluative Funktion der Emotionen, die bei den Zustandsgefühlen von geringerer Bedeutung war, wieder stärker in den Vordergrund. Die Nachkontaktgefühle sind spontane Würdigungen der eben sich dem Ende zuneigenden Kontaktsituation; sie zeigen uns sogleich den Grad und die Qualität der erreichten Befriedigung an und orientieren uns über die aus diesem Kontakt möglicherweise erwachsenden Handlungs- und Beziehungsfolgen. Solche Bewertungen können natürlich prinzipiell positiv oder negativ ausfallen und zeigen uns schon an: »Davon ein anderes Mal mehr!« oder: »Davon nicht noch einmal!« Ferner gelten die würdigenden Gefühle entweder dem Subjekt oder dem Objekt, die sich als zwei Aspekte des Organismus/Umwelt-Feldes im Nachkontakt wieder voneinander lösen und differenzieren. Aus der Kombination dieser zwei Beurteilungsalternativen ergibt sich ein Schema dieser vier wesentlichen Gefühle im Nachkontakt:

Würdigung	gegenüber dem Organismus	gegenüber der Umwelt
positiv	Stolz	Dankbarkeit
negativ	Ohnmacht	Schuld

Auch diese Gefühle tauchen natürlich in mannigfaltigen Nuancen und unterschiedlichsten Intensitätsgraden auf, die aber dennoch ihren je eigenen Gravitationspunkt haben.

Mit *Stolz* ist hier nicht eine Charaktereigenschaft gemeint, sondern das spontane Gefühl der Zufriedenheit mit dem Geschaffenen und dem Geschafften. Es ist ein Gefühl der Kraft und des Selbstvertrauens, das aus der eben wieder neu gewonnenen Gewißheit der eigenen Energiequellen und kreativen Fähigkeiten entspringt; wir können uns nun gelassen zurücklehnen und uns entspannen. Das Gefühl des Stolzes oszilliert zwischen dem eher passiven Sich-satt-und-befriedigt-Fühlen, wie nach einer erfüllten sexuellen Begegnung, und der zappeligen oder doch prickelnd-strahlenden Freude über das vollbrachte Werk, wie nach Beendigung einer Aufgabe; es kann also ebenso nach der Arbeit wie nach dem Vergnügen auftreten. Nur spüren wir dieses Gefühl oft nur unterdrückt und verklemmt, weil sein Ausdruck so wenig zugelassen wird.

Auch hier lohnt es sich, den Kindern zuzuschauen, die ihren spontanen Stolz noch nicht durch die Introjektion von Bescheidenheitsnormen erstickt haben; an ihnen können wir am besten den unverhohlenen Ausdruck dieses Gefühls betrachten: Die Augen glänzen, das Gesicht ist leicht gerötet, oft noch vom Schweiß der Anstrengung und Aufregung bedeckt. Und dann die im Stolz enthaltene Handlungsmotivation: Kundgeben und Vorzeigen – nicht eigentlich um der Beachtung willen, die freilich der Bestätigung dient und darin ihre psychologische Bedeutung hat, als vielmehr um teilhaben zu lassen an der Freude des Gelingens und dem Reichtum der Befriedigung. Kinder kommen von ihren großen Abenteuern zurück und wollen zeigen, was sie gefunden, entdeckt und gebaut haben. Es ist dieses spontane Mit-teilen-Wollen, das dem Gefühl des

Stolzes die Eitelkeit nimmt, solange nur sein Ausdruck nicht zurückgedrängt wird. Erst dann nämlich kommt es zu den Peinlichkeiten eines puritanisch-verschämten Sich-in-der-eigenen-Sonne-Badens, das nichts mehr gemein hat mit dem Wunsch, das Glück darüber auszudrücken, an einem Stück Schöpfung teilhaben zu dürfen. Deshalb können Menschen stolz sein darüber, ein Kind zur Welt gebracht, vielleicht sogar nur gezeugt zu haben, ohne daß man ihnen dieses Glück verargen oder gar als egoistisch ankreiden würde. Stolz als Gefühl bringt Glück zum Ausdruck; Stolz als Charakterzug dagegen verhüllt nur die Unsicherheit desjenigen, der seiner selbst nicht gewiß ist.

Demgegenüber ist *Dankbarkeit* ein im Ausdruck stilles Gefühl – und ein Gefühl, das ungleich seltener vorkommt. Wie es Menschen gibt, die niemals Liebe empfunden haben, so gibt es auch Menschen, die das Gefühl der Dankbarkeit nicht kennen. Denn hier ist nicht von einer moralischen Haltung, einem vagen Gefühl der Verpflichtung oder einer sozialen Konvention die Rede. Alles das gibt es auch, und es ist daran nichts Neurotisches oder sonst irgendwie Ungutes. Die fundamentale Bedeutung, die die universal geltende Reziprozitätsnorm als Ferment unterschiedlichster Vergesellschaftungsprozesse besitzt, wurde schon erwähnt.[57] (Individuelle Defizite in der Assimilation der Reziprozitätsnorm sind Persönlichkeitsfunktionsstörungen, die zum psychopathischen Charakterbild gehören.) Dankbarkeit aber, nicht als Verpflichtung, sondern als Gefühl, ist eine der tiefsten und schönsten Emotionen, zu denen der Mensch fähig ist.

»Gratefulness is heaven itself«, lautet eine Zeile bei William Blake, der sie damit in die Nähe von »bliss« rückt. Gewiß, denn man kann dankbar sein ohne besonderen Grund, nur als Gefühl, im Leben selbst ein Geschenk erhalten zu haben. Dennoch sucht auch dann das Gefühl der Dankbarkeit seinen Ausdruck in dem Wunsch zu geben, wie man sich selbst bereichert fühlt, so auch die Umwelt zu bereichern; in der Bereitschaft auch, für den anderen Sorge zu tragen. Dies ist nicht erst die von ihr stimulierte Handlungsmotivation, sondern schon ihre expressive Qualität; zum spontanen Ausdruck von Dankbarkeit gehört die Hinwendung zum anderen, ihm gewiß den Blick der Augen, vielleicht den Händedruck, auch einen Kuß, eine liebevolle Umarmung zu schenken, vor allem aber merkwürdigerweise Tränen. Die Tränen der Dankbarkeit sind nicht die des Weinens, sondern ein sanftes Naß in den Augen, das den Blick nicht nur verschleiert, sondern auch warm erscheinen läßt. Das Gebende im Ausdruck des Dankbarkeitsgefühls entsteht also durch Hinwendung, Wärme, Sich-Öffnen.

Zum Geben drängt Dankbarkeit darüber hinaus im Handeln, aber ganz ohne Tauschcharakter, weil Dankbarkeit als Gefühl – ganz anders als Dankbarkeit als Konvention – von vornherein um die Unmöglichkeit der Restitution weiß und damit auch nicht unglücklich ist wie das Schuldgefühl. Gewiß kann aus der Erfahrung der Dankbarkeit eine Bereitschaft erwachsen, für den anderen zu sorgen, ihn – und mit ihm ein Stück Welt – mitzuerhalten. Aber das ist bereits Ergebnis von Kontaktprozessen, gehört zum Bereich der Persönlichkeitsfunktionen. Im Moment des Kontakts selbst geht es eher darum, das richtige Zeichen zu finden, das richtige Symbol zu entdecken, das das Gefühl zu tragen vermag, in dem die Hinwendung zum Ausdruck kommen kann. In der Therapie ist es wichtig, bei der Suche nach Ausdrucksmöglichkeiten Unterstützung zu geben – vor allem aber das Gefühl der Dankbarkeit des Klienten selbst emotional aufnehmen zu können. Denn der Dankbare braucht ein Gegenüber, sonst geht sein Gefühl leicht ins Leere und kann sich unter Umständen in Haß verwandeln. Es gehört aber zu den gerade bei Therapeuten häufigen narzißtischen Störungen, die entgegengebrachte Dankbarkeit emotional nicht wirklich ertragen zu können – das wäre zu berührend und daher wird dann die Dankbarkeit des anderen abgewehrt, statt ihr Raum zu geben.

Keineswegs aber verlaufen ja alle Kontaktprozesse befriedigend. Oft, und manchmal allzu oft, erweisen sich die Hindernisse als unüberwindlich und unsere Kräfte und Fähigkeiten als unzureichend – oder es herrscht überhaupt ein Mangel, an dem hier und jetzt nichts zu ändern ist. So sind wir frustriert; immer noch hungernd, immer noch sehnsüchtig, fühlen uns mutlos, niedergeschlagen und leer; unsere emotionale Selbsteinschätzung nähert sich dem Nullpunkt, kurz: Wir fühlen uns ohnmächtig, womöglich verzweifelt. Auch bei diesem Gefühl ist die evaluative Funktion sofort klar: Dieser Brocken ist zu groß für dich, laß ab, gib dich geschlagen, such dir eine andere Möglichkeit, die leichter für dich ist. Das *Gefühl* der Ohnmacht ist das emotionale Eingeständnis unserer eigenen Schwäche, relativ zu den widrigen Umständen der jeweiligen Umwelt, hier und jetzt. Natürlich fühlen wir uns nicht immer gleich ohnmächtig, wenn ein Kontaktprozeß mal nicht so befriedigend verlaufen ist, wie wir uns das gedacht und erhofft hatten. Gewöhnlich spüren wir nur eine leichte Unzufriedenheit, also: ein unbefriedigtes Bedürfnis, das dann zum Anstifter des nächsten Versuchs wird, und dazu einen leichten Ärger, der die Energie für den nächsten Versuch mobilisieren wird.

Das wirkliche Ohnmachtsgefühl dagegen ist die Erfahrung der Kapitulation; wir fühlen, daß wir am Ende unserer Kräfte sind. Der Ausdruck der Ohnmacht ist niedergeschlagen: gesenkte Augen, abgeschlaffte, nach innen gekrümmte Haltung, flacher Atem und gelähmte Motorik, eine schwache Stimme. Diese Minimisierung aller expressiven Kontaktfunktionen ist dabei durchaus wirkungsvoll: Hilfe wird, zumal von entsprechend disponierten Menschen, rasch angeboten, aber ausnutzende Arrangements sind nicht selten – eine Folge davon, daß das Machtvakuum der Ohnmacht einen Sog ausübt. Dadurch werden Ohnmachtsgefühle allerdings nicht angenehmer; Ohnmacht ist ein schreckliches Gefühl, weil sich in ihm der fortbestehende Mangel mit der Gewißheit verbindet, ihn aus eigener Kraft nicht stillen zu können. Vielleicht ist deshalb die Urerfahrung der Ohnmacht, die jedem von uns in den Gliedern steckt, das vergebliche Schreien des hungrigen Säuglings.

So nimmt es nicht wunder, daß dieses Gefühl gern vermieden wird; entweder projizieren wir unsere Schwäche auf den anderen und dünken uns stärker als wir sind, oder – häufiger – verbrauchen wir die ganze verbliebene Kraft in immer neuen wütenden Ausfällen, deren Vergeblichkeit längst feststeht. Das kann gefährlich werden: Wenn ein Mensch, gleichviel ob gezwungenermaßen oder aus neurotischer Fixierung, an einer Situation hängenbleibt, in der er nicht weiterkommt, und seine Bedürfnisse und Energien nicht an anderer Stelle lebt, verwandelt sich die ohnmächtige Wut in eine

Verzweiflung, die nirgends mehr Möglichkeiten sieht, oder der Organismus zerfrißt sich in selbstzerstörerischen psychosomatischen Erkrankungen. Wird aber das unangenehme Gefühl zugelassen (und es geht nicht um eine objektive und allgemeine Mangellage – eine Hungersnot etwa), dann zeigt es an, daß Rückzug und Sammlung der Kräfte angesagt ist, bis eine Neuorientierung möglich wird, die dann zu fruchtbareren Kontaktufern führen wird.

Ohnmacht als Kontaktgefühl, nicht als Lebenshaltung, orientiert über die Grenzen der eigenen Kräfte und Möglichkeiten, ist ein Schutz vor gefährlicher Selbstüberschätzung, unrealistischen Phantasien und auszehrender Verbissenheit. In der Bearbeitung der Blockierungen des Ohnmachtsgefühls wird die Psychotherapie ihrer zweiten Aufgabe gerecht; wenn es bei der ersten um das Ermöglichen von Wachstum geht, so bei der zweiten um die Unterstützung von Schrumpfungsprozessen. Neurosen bestehen nicht nur aus Minderwertigkeits-, sondern auch aus Überwertigkeitsgefühlen, und deshalb hat die aus dem amerikanischen Argot stammende Bezeichnung »shrink« (eigentlich: »head-shrink« = Kopfschrumpfer) für Psychotherapeuten einen richtigen Kern.

Mit der *Schuld* verhält es sich umgekehrt wie mit der Ohnmacht: Das Schuldgefühl signalisiert eine Minderung nicht der eigenen, sondern der Kräfte und Qualitäten der Umwelt, und zwar durch unsere unmittelbare Einwirkung: ein Schaden ist angerichtet oder eine Verletzung zugefügt worden, der oder die – und das ist das Entscheidende – zur Befriedigung eines genuinen Bedürfnisses *unnötig* war. Ein spontan im Nachkontakt auftretendes Gefühl der Schuld zeigt unmißverständlich an, daß die Umwelt im gerade zu Ende gehenden Kontaktprozeß in einer Weise gemindert worden ist, die über den Austauschprozeß hinausgeht, der dem Ausgleich des Mangels im Organismus dient. Zerstörung und Vernichtung im Sinne der Destrukturierung der berührten Gestalt und der Beseitigung von Hindernissen auf dem Weg sind normale Bestandteile jedes Kontaktprozesses. Man fühlt sich nicht schuldig nach dem Verzehr einer Mahlzeit (obwohl sich schon hier manche vegetarisch zurückhalten würden) oder wenn man eine Mücke auf seinem Arm erschlagen hat, und auch nicht, wenn man in berechtigtem Zorn jemanden dazu gebracht hat, seinen Anteil beizutragen, oder wenn man gar jemanden, der permanent stört, zum Schweigen gebracht hat. In solchen Fällen wird man meist Befriedigung oder Erleichterung, manchmal auch Bedauern empfinden, nicht aber sich schuldig fühlen.

Aber wenn man jemanden unnötig verletzt hat, sei es aus fahrlässigem Mangel an Umsicht, wie wenn man einen Verkehrsunfall verursacht, sei es aus einem Ärger, der zu einer anderen Situation gehörte, oder sei es auch, weil man den Schaden beim anderen bewußt in Kauf genommen oder gar beabsichtigt hat – bei solchen Gelegenheiten wird man sich spontan schuldig fühlen. Der unmittelbare Ausdruck des Schuldgefühls ist ein Zurücknehmen des Körpers – man beißt sich auf die Lippen oder tritt unwillkürlich einen Schritt zurück – als könnten wir den Gang der Ereignisse umkehren, das Geschehene ungeschehen machen. Und das ist auch schon die zum Schuldgefühl gehörige Handlungsmotivation: wiedergutzumachen, den früheren Zustand wiederherzustellen, tätige Reue zu üben. Oft ist das nicht möglich, doch der Wunsch nach Wiedergutmachung bleibt und führt spontan zu gebenden, heilenden Handlungen gegenüber dem anderen, und wenn dieser vernichtet oder vertrieben ist, gegenüber jedem, dem man zuvor nicht gut gesonnen war.

Manche Psychotherapeuten scheinen der Auffassung zu sein, daß echte Schuld kein Thema für die Therapie sein kann. Auch Perls und Goodman erwähnen Schuld nur als neurotisches Problem. Aber es kommt nicht so selten vor, daß jemand sich damit abmüht, die in ihm aufsteigenden, berechtigten Schuldgefühle immer wieder zurückzudrängen, so daß allmählich immer größere Bereiche seines Lebens zu Tabu-Themen werden. In einem solchen Fall ist es absolut notwendig, sich dem Schuldgefühl zu stellen, ganz in das Gefühl hineinzugehen. Nur so kann Befreiung vom Druck der vergangenen Situation, Lösung aus der Fixierung, Öffnung für neue Möglichkeiten gelingen. Therapeutische Unterstützung ist dabei oft notwendig und immer hilfreich.

Am Umgang mit echter Schuld lassen sich übrigens die Ähnlichkeiten wie die Unterschiede von therapeutischem und seelsorgerischem Handeln gut verdeutlichen. Beiden geht es darum, mitzuwirken an einer Befreiung des schuldig Gewordenen aus seiner Verstrickung mit der Vergangenheit. Der Seelsorger aber wird zur Buße aufrufen und sie gegebenenfalls auch auferlegen, der Therapeut baut auf die motivierende Kraft des voll zugelassenen Gefühls; der Seelsorger empfiehlt den Sünder darüber hinaus der verzeihenden Gnade Gottes, der Therapeut begnügt sich mit dem Vertrauen auf die heilende Kraft des sich selbst regulierenden Organismus/Umwelt-Feldes. In beiden Fällen ist aber wohl letztlich das gleiche ausschlaggebend: das Angebot, die Last der Schuld ein Stück des Weges mitzutragen, in welchem das mitmenschliche Eingeständnis enthalten ist, daß es unser aller Schicksal ist, uns schuldig zu machen, und ein oft unverdientes Glück, wenn dieses Schicksal den einen weniger trifft als den anderen.

Bevor das Schuldgefühl wirklich zugelassen wird, hat man leicht die Vorstellung, daß man nie wieder aus ihm herauskommen wird, oder mindestens, daß das eigene Ich, die eigenen Fähigkeiten ein für allemal auf unerträgliche Weise beschnitten seien. Erst sich dem Schuldgefühl gegenüber zu öffnen, bringt die Lösung. Das echte Schuldgefühl geht nämlich, ganz im Gegensatz zu den neurotischen Schuldgefühlen, sofort in das Gefühl der Reue über, ja ist eigentlich identisch mit diesem. Reue aber weist den Weg aus der Vor-Hölle der Schuld: Etwas Heilsames zu tun bringt die Heilung, für den Schuldigen wie für die Umwelt. Daß im Deutschen »Schuld« und »Schulden« den gleichen Wortstamm haben, macht psychologisch Sinn, denn auch die Schuld will abgetragen werden. Aber wie wir nicht immer geben können, wo wir bekommen haben, so können wir oft auch nicht dort heilen, wo wir verletzt haben. Darin liegt ja das Furchtbare bei allen Verbrechen gegen das Leben, daß der Tod unwiderruflich ist. In jeder Schuld ist eben auch die Erfahrung von unserer Vergänglichkeit mit aufgehoben, und vielleicht ist deshalb unsere Abwehr oft so stark. Reue aber wird die Haltung gegenüber *allem* im Leben verändern, sie gibt dem Organismus/Umwelt-Verhältnis eine moralische Dimension. Es ist deshalb sehr wichtig, dem Reuigen Möglichkeiten und Wege der Restitution zu weisen – nicht: anzuweisen. Das ist manchmal eine therapeutische, oft eine politische, immer eine sozialpädagogische Aufgabe.

Robert Jay Lifton, der durch seine empirischen Untersuchungen von Opfern und Tätern bei den Massenmorden im Holocaust, in Hiroshima und in Vietnam zum wohl besten Kenner der Psychologie von Schuldproblemen überhaupt geworden ist, beschreibt das so:

> Diese Art von Schuld ist die (Erregungs-)Angst der Verantwortlichkeit, die sich in der kontinuierlichen Verwandlung der Selbstverdammung in ein Gefühl manifestiert, daß man gegen das Schlechte und für eine Alternative handeln muß, soll und kann. Für manche Vietnam-Veteranen war eine solche aktivierende Beziehung zur Schuld die Transformation der Selbstanklage über das, was man in Vietnam getan hatte, über die (immer noch selbst-kritische) Analyse, warum man so gehandelt hatte (einschließlich nicht nur der eigenen, früheren psychologischen Tendenzen, sondern auch der Natur einer Gesellschaft, die solche Tendenzen hervorgebracht und den Krieg selbst geführt hat). Und das führte dann zu den verschiedensten Aktivitäten gegen den Krieg und für eine soziale Veränderung. Eine belebende Beziehung zur Schuld impliziert also die Vorstellung von Möglichkeiten jenseits der Schuld, Vorstellungen, die ebenso sozial wie individuell sind. Wo das möglich war, führte diese Form der Konfrontation der verschiedenen Schuldkomponenten zu tiefen persönlichen und sozialen Einsichten. Buber hat daher recht, wenn er sagt, daß der »Mensch ein Wesen ist, das fähig ist, schuldig zu werden und fähig, seine Schuld zu beleuchten«.[58]

Schuld entsteht letztlich immer, wenn wir der Umwelt mehr entnehmen, als wir brauchen, und sie stärker verändern als notwendig. Darüber, was zuviel ist, kann eine psychologische Theorie nichts sagen. Sie kann nur die Bedingungen angeben, unter denen Reue als handlungsmotivierende Kraft erlebt werden kann; Moral ist ein gesellschaftlicher Code, der das Überleben des Einzelnen sicherstellen soll; Ethik dagegen läßt sich verstehen als der Code eines Individuums für das Überleben der Gattung. Schuldgefühle werden aus der Verletzung moralischer Regeln erst dann erwachsen, wenn damit auch die eigenen ethischen Normen verletzt werden. Und solche Normen können nicht gesellschaftlich introjizierte Verhaltensregeln sein, sondern erwachsen aus der Erfahrung mit dem Reichtum und der Zerbrechlichkeit des Lebens. Letztlich ist Ethik, wie Theodore Sturgeon sagt, »a reverence for your source and posterity. It is a study of the main current that created you«[59]. Ethik entsteht also aus der Ehrfurcht vor dem Leben – zuerst der vor dem eigenen.

Leicht wird das Gefühl der Schuld mit dem der Scham verwechselt, obgleich sich die beiden Gefühle sehr wesentlich unterscheiden. Perls hatte allerdings schon früh erkannt, daß es Gefühle gibt, die den Kontaktprozeß nicht fördern und voranbringen, sondern hindern und hemmen. In ›Das Ich, der Hunger und die Aggression‹ spricht er von den Angst- und Schamgefühlen als den »Quislingen des Organismus«[60], den Verrätern an den Bedürfnissen, die sie hemmen und hindern. Das Gefühl der Schuld gehört nicht zu diesen hemmenden Gefühlen, weil es erst im Nachkontakt auftaucht und dann dadurch, daß es wesentlich Reue ist, zu weiteren Kontaktprozessen führt und diesen eine spezifische Richtung gibt. Die hemmenden Gefühle dürfen freilich auch nicht mit den emotionalen Einstellungen und Gewohnheiten in einen Topf geworfen werden, die Charaktermerkmale einer Persönlichkeit sind. Bei ihnen handelt es sich um emotionale Reaktionsbildungen, wie wenn aus dem spontanen Vorkontaktgefühl des Ekels eine phobische Haltung wird, oder wenn sich unterdrückter Ärger allmählich zu einem Ressentiment verfestigt. Im Gegensatz zu diesen »unvollständigen« Gefühlen, wie Perls sie genannt hat und von denen im nächsten Abschnitt die Rede sein wird, sind Scham und Angst in sich abgeschlossene Emotionen mit jeweils eigenständigen und ausgeprägten Ausdrucksformen. Scham und Angst sind Grundgefühle, die quasi zur anthropologischen Ausstattung des Menschen gehören und sich in allen Kulturen und bei jedem Menschen finden.

Wie ist es aber möglich, daß Gefühle, die schlechthin zur menschlichen Natur gehören, zu »Verrätern« an jenem Kontaktprozeß werden, der für die Daseinsweise des Menschen in der Welt offensichtlich so elementar ist? Welche Bedeutung hat es, daß der Mensch von Natur aus mit Gefühlen ausgestattet ist, die den Kontaktprozeß hemmen? Von der Antwort auf diese Frage hängt natürlich auch die Bedeutung ab, die den Gefühlen der Angst und der Scham im therapeutischen Prozeß zukommt. Dennoch erfordern sie zunächst eine *soziologische* Antwort, denn *die anthropologische Funktion der Angst- und Schamgefühle beruht darin, daß sich in ih-*

nen die gesellschaftlichen Zivilisationsprozesse psychisch verankern und emotional ausdrücken.

Von vornherein angelegt auf symbolisch vermittelte Interaktionen mit seinen Mitmenschen kennt der Homo sapiens keinen Naturzustand jenseits von »Kultur«, die er nicht erst in seiner Sprache, sondern auch schon in seinem Körper hat. Es gibt nicht eine menschliche Natur, die kulturell geprägt würde, sondern die menschliche Natur ist nichts als dieser Zwang, sich in kulturellen Formen verkörpern und vergesellschaften zu müssen. Auch der Austausch von Organismus und Umwelt kann deshalb nur als selbstgesteuert betrachtet werden, wenn man seine jeweilige Kultivierung als notwendigen und essentiellen Bestandteil des Prozesses selbst begreift und nicht als eine neurotische oder pathogene Abweichung von einem ursprünglich rein naturhaften Vorgang. Anders wäre die Theorie vom Kontaktprozeß nur ein biologistischer Rückfall hinter die philosophisch-soziologischen Einsichten zur anthropologischen Bedeutung von Arbeit, Sprache und Ausdruck.[61] Es ist auch nicht so, daß sich in den normalen Angst- und Schamgefühlen ungute Introjekte gesellschaftlicher Provenienz manifestieren würden. Vielmehr sind die Angst- und Schamgefühle unmittelbarer Ausdruck des elementaren Gesellschaft-Seins jedes Individuums, unserer immer schon sozialen Natur also. Sie sind somit auch ursprünglich nicht neurotisch, obwohl sie den Kontaktprozeß hemmen.

Um das Wesen der Angst- und Schamgefühle zu begreifen, muß folglich zuerst das Positive an dieser hemmenden Funktion verstanden werden. Ich beginne mit dem *Gefühl der Angst.* Damit ist, wie bereits im Zusammenhang mit den Aversionsgefühlen erörtert, nicht die Furcht vor einer konkreten Bedrohung und Gefahr gemeint, sondern das hier als Erregungsangst bezeichnete unangenehme Gefühl einer Beklemmung im Brust- und Halsbereich, das sich mit der aufsteigenden Erregung bei einem neuen, ungewohnten, aufregenden fremden Kontakt zuweilen einstellt und das immer mit einer Störung des freien Atemflusses verbunden ist. »Die Erregung wird unterbrochen; der Atem angehalten: das ist Angst«, heißt es bündig bei Goodman, Erregung aber ist nicht ein Zustand, sondern eine Bewegung, ein Fluß; die Unterbrechung einer Erregung ist wie das Aufstauen eines Flusses, die Energie richtet sich nun, statt nach außen, darauf, »die Aufmerksamkeit abzuwenden, das Interesse abzulenken, den Atem anzuhalten, die Zähne zusammenzubeißen, die Bauchmuskeln zu verspannen, das Becken einzuziehen, die Schließmuskeln zusammenzuziehen, und so fort ... Das heißt, es gibt nun eine Veränderung gegenüber dem Geschehen, in welchem der Körper den allmählich zurücktretenden Hintergrund für das sich entfaltende Selbst bildet: Jetzt ist der Körper die Figur, und das Selbst in seinem Aspekt als motorisches und absichtvolles Ich ist der Grund« (Goodman, XI, 7). Es ist, als ob die Bedrohung vom eigenen Organismus ausginge. Und in der Tat, anders als bei der Furcht vor äußeren Gefahren sind es die eigenen Bedürfnisse und Appetite, von denen die Bedrohung ausgeht, und deren Entfaltung in sensomotorische Erregungen durch die Angst gehemmt wird.

Die eigenen Bedürfnisse können aber nur dann eine Gefahr darstellen, wenn ihre Befriedigung hier oder jetzt oder mit diesen Mitteln oder in diesem Umfang soziale Verbote und Gebote berühren würde, die bereits *internalisiert* sind, eingefleischt und zur zweiten Natur geworden *(assimiliert* in der Terminologie der Gestalttherapie). Unter diesen Umständen würde die Befriedigung von Bedürfnissen die soziale Natur des Organismus schädigen. Wenn dagegen die Ängste aus der Verletzung nicht assimilierter Introjekte stammen, dann kann unter Umständen die Gesellschaft im eigenen Leib einen daran hindern, die eigenen Bedürfnisse zu spüren oder auszudrücken. Das kann zu chronischen Angstkrankheiten führen, die natürlich den Organismus schwer schädigen.[62] Der Unterschied zwischen neurotischen Ängsten und gesunder Angst liegt also in der Differenz zwischen voll assimilierten »display rules« (Ekman/Friesen) und neurotisch introjizierten. Es gibt freilich gesellschaftliche Verfassungen, deren Ausdrucksregeln so lebensfeindlich sind, daß sie nie wirklich zur zweiten Natur werden können. Immer wird die Erregungsangst ein emotionaler Grund für eine Unstimmigkeit im Organismus/Umwelt-Feld sein, für die Berührung eines wunden Punktes im stets fragilen Verhältnis von Individuum und Gesellschaft. Da sich menschliche Bedürfnisse nur in den spezifischen Interessen einer sozialen Position gesellschaftlich legitimieren[63], bleibt stets ein nicht integrierter und unintegrierbarer Rest an Bedürfnissen und Emotionen, der immer wieder Erregungsängste verursacht.

Die Erregungsängste haben nichts zu tun mit der Furcht vor Strafe; und es ist auch nicht so, daß, wenn man sie übergeht und der Handlung ihren Lauf läßt, man sich schuldig fühlen würde. Die zivilisatorische Durchformung der gesamten leibseelisch-geistigen Einheit, die ich hier als den Organismus bezeichne, geht tiefer als die uns bewußten Verhaltensregeln einer Kultur; sie betrifft die Erregbarkeit des Organismus überhaupt, die sozusagen in Verdacht steht, mit animalischer Unmittelbarkeit über die Notwendigkeiten und Zwänge der gesellschaftlichen Vermittlung von Bedürfnisbefriedigungen hinwegzugehen, also vor allem über die arbeitsteilige Produktion und Distribution der Güter und die gesellschaftliche Organisation der Lust. In der Angst und noch mehr in der Scham schützt sich die Gesellschaft vor den Ansprüchen des Individuums, indem die Erregung storniert und der Kontaktprozeß vorübergehend unterbrochen wird. In gewisser Weise sind deshalb alle Ängste Sozialängste. Wie verhalte ich mich so, daß ich keine Tabus verletze und mich die anderen als einen der ihren betrachten? Und da niemals ganz ausgemacht ist, was alles tabuiert ist und in welchem Grad, und wie ich eigentlich sein muß, um wie die anderen zu sein, gibt es Anlässe der Angst allemal genug. Aber nur bei Menschen, die zu wenig Verhaltensmaßstäbe internalisiert haben, deren Sozialisation im Hinblick auf Normen und Werte chaotisch war, werden diese Sozialängste zu einem durchgehenden Charakterzug.

Normalerweise tritt die Angst erst dann auf, wenn der Organismus schon relativ stark erregt ist und die Bedürfnisse schon emotional zum Ausdruck drängen; die Angst betrifft hauptsächlich die expressiven Funktionen, sie stellt sich genau da ein, wo der motorische Ausdruckswille der Emotion auf die gesellschaftlichen Ausdrucksstandards, die »display rules« trifft. Erregungsangst reguliert das Ausdrucksverhalten des Menschen so, daß diese »display rules« normalerweise eingehalten werden. Und wo diese Regeln sehr rigide sind, da wird es entsprechend viel Erregungsangst geben, beziehungsweise Verhaltensweisen (Reaktionsbildungen), die die Funktion haben, das Auftreten einer solchen Angst zu vermeiden. Man kann das in therapeutischen Situationen sehr gut beobachten: Da würgt z. B. die Angst die Erregung schon ab, bevor einem Mann die Tränen noch in die Augen treten können und sichert damit die Einhaltung eines gesellschaftlichen Ausdrucksstandards. Oder die Angst paralysiert die Motorik einer Frau gerade in dem Moment, wo sie einen Ärger in sich aufsteigen spürt und garantiert damit eine gesellschaftlich erwartete Passivität im weiblichen Ausdrucksverhalten. Wenn die Angst- und Schamgefühle Verräter am Organismus sind, so sind sie zugleich auch die Spione der Gesellschaft; seismographisch reagieren sie auf feinste Abweichungen vom jeweils internalisierten Zivilisationsstandard.

Autonomes Verhalten kann also nie heißen: angstfreies Verhalten. Vielmehr geht es darum, der Angst nicht auszuweichen, sie nicht aus dem Erleben zu verbannen durch die vielen Formen der Angstabwehr (vgl. Kapitel IV, 2), die jedem alltägliche Praxis sind, sondern sie zu spüren und zugleich beim eigenen Atem zu bleiben. So allein nämlich verwandelt sich die Angst in handlungsmotivierende Gefühle wie Furcht oder Wut oder einfach in die Lust des Schaffens und Sich-Ausdrückens. Man kann sich das gut an dem Gefühl klarmachen, das wir Lampenfieber nennen: Die Erregung ist hoch, doch die Motorik (noch) stillgestellt; gleich wird der Vorhang aufgehen, die Spannung steigt fast ins Unerträgliche; aber Minuten, nachdem ich die Bühne betreten habe, verschwindet das Lampenfieber, weil nun alle Energie in meine Darstellung fließt und für alles andere kein Platz mehr bleibt. Erst die Unterdrückung des Lampenfiebers durch Beruhigungsmittel, autogenes Training oder Alkohol macht Angst und wird die Energie beeinträchtigen, die gleich darauf schon dringend gebraucht wird. Der Katalysator für die Verwandlung von Angst in die Ich-Funktionen, die der jeweilige Kontaktprozeß erfordert, ist der Atem. Im Loslassen des Atems beim Ausatmen bringt sich der einzelne immer wieder neu gegenüber und mit der Gesellschaft ins Spiel.

Noch deutlicher werden die zivilisatorischen Funktionen bei den

Scham- und Peinlichkeitsgefühlen. Ohnehin sind die Erregungsangst und das Schamgefühl nur die zwei Seiten ein und desselben Phänomens – die Angst kommt vor dem Ausdruck, die Scham danach; beide haben die gleiche Funktion – Absicherung der vergesellschafteten Dimension des Organismus, der sozialen Identität des Individuums – und beide arbeiten nach dem gleichen Prinzip – sie wirken hemmend und gegebenenfalls verhindernd auf die Initiative, die Aktivität und vor allem die Expressivität der Person im Kontaktprozeß. In der Angst wird die Erregung zur Paralyse; in der Scham wird die Lust zur Qual.

Der erste wichtige Punkt zum Verständnis der Scham- und Peinlichkeitsgefühle ist, daß es sich dabei um *ein* Gefühl handelt, das in sehr unterschiedlicher Intensität auftritt. Im Deutschen bezeichnen die Worte »Verlegenheit«, »Peinlichkeit« und »Scham« unterschiedliche Intensitätsgrade dieses Gefühls, in denen sich die schwindenden Distanzierungsmöglichkeiten gegenüber dem auslösenden Phänomen ausdrücken; ein Kompliment zum Beispiel kann verlegen machen, aber es wird in der Regel keine großen Schwierigkeiten bereiten, die Verlegenheit durch einen distanzierenden Akt zu überwinden. Und auch noch, wenn mir etwas peinlich ist, gibt es zumindest im nachhinein ein handlungsfähiges Subjekt, das versuchen wird, die Peinlichkeit auszulöschen. In der Scham aber geht es nicht mehr um etwas, was mir »passiert« ist, eine Handlung oder ein unkontrollierter Ausdruck, zu dem ich mich verhalten kann, selbst wenn ich zugleich der Urheber bin, sondern um mich selbst. Ich schäme *mich,* ich als Ursprung aller meiner Handlungen bin als Ganzes selbst der Stein des Anstoßes. Daher der Wunsch, die Erde möge sich auftun und mich auf der Stelle verschlingen – meine persönliche Identität muß verschwinden.

Ein deutlicher Beleg dafür, daß es sich bei diesen Gefühlsschattierungen um ein und dasselbe Gefühl in verschiedener Intensität handelt, ist die Identität der »sentischen Form« ihres Ausdrucks: Erröten, Sich-Bedecken, Sich-Verkriechen. Man kann vor Verlegenheit leicht erröten, und man kann vor Scham blutrot werden. Ob diese Reaktion bei allen Menschen gleich stark auftritt, wenn das Gefühl überhaupt zugelassen wird, ist schwer zu sagen; schon Darwin hatte jedenfalls bemerkt, daß es das Phänomen des Blutandrangs im Gesicht auch bei den dunkelhäutigen Rassen gibt. Das Sich-Bedekken weist darauf hin, daß die Ursache des Peinlichkeitsgefühls als eine Blöße erlebt wird, auch wenn es sich nicht um »Haut-Scham« handelt.[64] Das bedeckend-verdeckende Lächeln der Verlegenheit ist eine Geste des Verbergens, die zugleich um Entschuldigung bittet. Und wenn wir uns nicht abwenden und verstecken können, bedekken wir unser Gesicht, wenn es uns peinlich ist, vom Gefühl übermannt zu werden.

Je intensiver das Schamgefühl ist, desto stärker wird die Neigung, sich überhaupt zu verkriechen, sich unsichtbar zu machen; aber schon bei leichteren Peinlichkeitsgefühlen läßt sich ein charakteristisches Wegdrehen von Gesicht und Oberkörper beobachten. Die Funktion dieser verschiedenen Ausdrucksformen ist immer die gleiche, nämlich das von mir persönlich Sichtbare, das, was unter meiner kontrollierten Sozialfassade unwillkürlich und unversehens zum Vorschein kommt, soll verhüllt und versteckt werden, so daß die Blöße bedeckt, die Peinlichkeit getilgt ist. Die Katastrophe eines sehr starken Schamgefühls besteht auch darin, daß es nicht mehr ausdrückbar ist, denn wenn der Stein des Anstoßes die ganze Person ist, kann er auch nur durch das Verschwinden der ganzen Person beseitigt werden. In der Scham stellt sich das Individuum auf die Seite der Gesellschaft und löscht sich selbst aus.

Der zweite wichtige Punkt zum Verständnis der Scham- und Peinlichkeitsgefühle ist, daß sie entweder durch eine Beschädigung oder Vernichtung der sozialen Identität oder durch einen vorübergehenden Verlust von Körperkontrolle oder Interaktionskompetenz ausgelöst werden. Das läßt sich vielleicht am besten einsehen, wenn das Schamgefühl noch einmal mit dem Gefühl der Schuld verglichen wird. Das Schuldgefühl ist die Reaktion auf ein normverletzendes Verhalten, das vermeidbar gewesen wäre, weil der Handelnde alle Kompetenzen besaß; er löst deshalb Sanktionen aus, die auf ein bewußt aus freiem Willen handelndes Subjekt bezogen sind. Auslöser von Scham- und Peinlichkeitsgefühlen ist dagegen etwas, was einem »passiert« ist, normalerweise ein Verlust der Selbstkontrolle und der Beherrschung entweder der eigenen Körperlichkeit oder der sozialen Umgangsformen. Man kann sich ent-schuldigen durch etwas, worüber man sich dann schämen muß: verminderte Zurechnungsfähigkeit. Aber bezeichnenderweise sagt man über das Verhalten von jemandem, den man nicht einmal mehr für schuldfähig hält, es sei »einfach nur noch peinlich« – und das heißt, es muß mit Schweigen übergangen statt mit Sanktionen beantwortet werden. Nun ist die soziale Identität des Menschen in Frage gestellt.

Es gibt keine Möglichkeit, sich selbst vom Schamgefühl zu entlasten, es sei denn, man nimmt eine soziale Rolle in Anspruch, in der die verminderte Kompetenz ein normaler Zustand ist, wie in der frühen Kindheit, im hohen Alter und bei schwerer Krankheit oder Behinderung. Im gleichen Maße, wie sich der Mensch in solchen Rollen nicht mehr seines Mangels an Selbstkontrolle schämen muß, verzichtet er allerdings auch auf die Rechte der Selbstbestimmung. Und da überdies die Schamschwellen tief internalisiert sind, stumpft beim Erwachsenen das Schamgefühl auch in solchen Rollen und Situationen nur langsam ab, wird letztlich nur durch den Schmerz und die Mühsal körperlicher Leiden verdrängt.

Im Schamgefühl behauptet sich also die Gesellschaft gegenüber dem Individuum; im Schuldgefühl behauptet sich das Individuum gegenüber der Gesellschaft. Schuld setzt ein handlungsfähiges, selbstverantwortliches Subjekt voraus. Die Betonung der Schuldfähigkeit des einzelnen Menschen war deshalb eine der großen Errungenschaften des aufsteigenden Bürgertums der Neuzeit. In den Scham- und Peinlichkeitsgefühlen dagegen verzichtet das Individuum auf seinen Individualitätsanspruch zugunsten des Kollektivs. Daß Schamgefühl oft mit Schuldgefühlen abgewehrt wird, wie Hultberg beobachtet hat[65], ist dann gut verständlich als ein letztes Aufbäumen der Individualität gegenüber dem Kollektiv, das insbesondere dann naheliegt, wenn diese gleiche Gesellschaft ansonsten Individualität honoriert. Das kann möglicherweise so weit gehen, daß sich der Beschämte tatsächlich schuldig macht. So warnt Erik Erikson: »Wer sich schämt, will die Welt zwingen wegzusehen, seine Blöße nicht zu bemerken. Er möchte die Augen der Welt zerstören.«[66] Es gibt freilich auch umgekehrt die Vermeidung von Schuldgefühl durch Projektion der eigenen Verantwortlichkeit.

Das kommt eher bei den kleinen Versagern und Fahrlässigkeiten des Alltags vor, wenn es bequemer ist, die eigene Inkompetenz gegenüber den widrigen Umständen einzugestehen, als sich der Schlamperei und Unaufmerksamkeit für schuldig zu bekennen.

Die Scham- und Peinlichkeitsgefühle sind zutiefst sozial, ihr Träger ist eigentlich die Gruppe und nicht der einzelne. Wir fühlen uns nicht für andere schuldig, auch wenn sie uns sehr nahestehen. Wohl aber schämen wir uns für alle, mit denen wir uns identifizieren, und das können Lebensgefährten, Eltern oder Kinder, das eigene Geschlecht oder das eigene Volk, in bestimmten Situationen aber auch ganz fremde Menschen sein, deren Zuschauer man ist. In peinlichen Situationen[67] zeigt sich erst so recht, was Vergesellschaftung heißt: Unverzüglich stehen alle zusammen, um das peinliche Ereignis auszulöschen. Das kann durch Übergehen und Übersehen oder durch Herunterspielen und rasche Hilfe- und Abhilfeleistungen oder durch relativierendes Scherzen geschehen – jedenfalls wird der einzelne nicht, wie bei der Schuld, bloßgestellt, angeprangert und veröffentlicht, sondern, genau umgekehrt, versteckt und auf die Hinterbühne der Intimräumlichkeiten geschoben. In peinlichen Situationen leisten alle zusammen Reparaturarbeit zur Wiederherstellung sozialer Normalität. Die Scham- und Peinlichkeitsgefühle werden also ausgelöst durch einen vorübergehenden Verlust der Körperkontrolle oder der Interaktionskompetenz bei mir *oder* bei anderen in der jeweiligen Situation relevanten Menschen. Scham ist der Gegenpol zum Stolz; mich schämend verstecke ich meine Mängel, mit Stolz verweise ich auf meine Fähigkeiten. Stolz zeigt vor, Scham verhüllt. Und wie ich mich für andere Menschen schämen kann, so kann ich auch für andere stolz sein, wenn ich mich mit ihnen identifiziere.

Wie erwähnt können Scham- und Peinlichkeitsgefühle ausgelöst werden durch dauerhafte Beeinträchtigungen und Beschädigungen der Identität wie durch vorübergehende Minderungen der sozialen Kompetenz oder der Körperkontrolle. Und obwohl jede dieser Ursachen ebenso zu leichter Verlegenheit wie zu schlimmen Schamgefühlen führen kann, wiegt natürlich doch die Beeinträchtigung der eigenen sozialen Identität tendenziell schwerer. Entsprechend dieser drei Ursachen für Scham- und Peinlichkeitsgefühle möchte ich unterscheiden zwischen Identitätsscham, Sozialscham und Körperscham.

Die *Identitätsscham* bezieht sich auf das, was ich bin oder nicht bin im Kontext meiner Bezugsgruppen. Letztlich geht es immer darum, ob ich dazugehöre oder nicht. In archaischen Gesellschaften war der Ausschluß aus der Stammesgemeinschaft eine Strafe, die immer den psychischen, meist auch den physischen Tod zur Folge hatte. In traditionellen vormodernen Gesellschaften ist die soziale Identität meist über standesbezogene Ehrbegriffe abgestützt; die Verletzung der Ehre führt zur Beschämung der eigenen Zugehörigkeitsgruppe, die oft nur durch den Tod des Beschämten oder des Beschämenden wiederhergestellt werden konnte. Heute aber, nach Auflösung der engen geburtsbedingten Gruppenzugehörigkeiten in variable individuelle Rollenhaushalte, bezieht sich die Identitätsscham schließlich auf die eigene Existenz selbst, aus der Identitätsscham ist eine Existentialscham geworden. Menschen, die sich dergestalt ihrer eigenen Existenz chronisch schämen, sind nun häufig unter den Klienten der Psychotherapie zu finden; es sind die ungewollten Kinder, denen die Eltern ihr Erscheinen auf dieser Welt verübelt haben, die immer Abgelehnten, Überflüssigen, »zu nichts Nützenden«, nicht »Lebenswerten«, denen von Anfang an die Botschaft »du bist hier nicht willkommen« mitgegeben worden ist. Im Zeitalter der Massenflucht und Massenwanderung von Menschen wird sich allerdings dieses »du bist hier nicht willkommen« immer mehr wieder auch auf ganze Gruppen beziehen – mit den bekannten mörderischen Folgen.

Die *Sozialscham* entsteht bei fehlender oder nicht ausreichender Interaktionskompetenz. Hier geht es nicht darum, daß ich zur falschen Gruppe gehöre oder überhaupt nicht sein darf, sondern daß ich nicht so sein darf, wie ich hier und jetzt bin. Vielleicht bin ich arm oder ungebildet, wo Geld keine Rolle spielt und Bildung selbstverständlich ist, vielleicht weiß ich nicht, wie »man« sich kleidet oder beim Essen benimmt oder was »man« bei einer Einladung mitbringt; oder man lacht an der falschen Stelle oder hat einen Gefühlsausbruch, wo kühle Distanz der übliche Standard ist. Es gibt unendlich viele Anlässe der Sozialscham, und sie haben zugenommen, seit wir so mobil geworden sind, daß wir immer häufiger mit anderen und fremden Bevölkerungsgruppen und -kreisen in Berührung kommen.

Bei der *Körperscham* geht es um Entblößung. Hans Peter Duerr hat an reichem Material gezeigt[68], daß alle Kulturen und jeder Zivilisationsstandard eine ursprüngliche Genitalscham kennen, eine Scheu, die Genitalien zu entblößen, oder, wenn Nacktheit der Standard ist, die Genitalien des anderen anzusehen, erst recht bei sexueller Erregung und Betätigung. So scheint zumindest dieser Aspekt der Körperscham zur anthropologischen Ausstattung zu gehören, und selbstverständlich hat die gewaltsame Verletzung dieser Grenze verheerende psychische Folgen, die bei Menschen, die als Kinder sexuell mißbraucht wurden, zu einer tiefen Identitätsscham führt. Aber natürlich ist die Variationsbreite der Standards dennoch sehr groß, wie jeder Blick auf die Bekleidungssitten verschiedener Kulturen zeigt. Häufig, aber eben nicht immer, müssen die weiblichen Brüste bedeckt sein; in Indien gilt die Entblößung der Schultern und Arme als anstößiger als bei uns die Entblößung des Bauches; im fundamentalistischen Iran muß selbst das Kopfhaar der Frauen noch verborgen bleiben.

In unserer Gesellschaft ist vielleicht die Genitalscham nicht geringer geworden, wohl aber sind die Schamgrenzen im Hinblick auf Ausscheidungen, Eßgeräusche und generell Sauberkeit erheblich höher als früher in den christlichen Kulturen, während andererseits Nacktheit generell auf weit weniger Schamgefühl stößt als noch vor dreißig Jahren. Was jedenfalls immer Körperscham auslöst, ist der vorübergehende Verlust der als selbstverständlich geltenden Standards der Körper- (und Kleidungs-)Kontrolle, wofür ein offener Reißverschluß oder ein versehentliches Aufstoßen harmlose Beispiele sind – und die erzwungene Entblößung des Körpers und besonders der Genitalien, wie sie regelmäßig zu den »Degradierungsritualen« in geschlossenen Anstalten und ähnlichen »totalen Institutionen« gehören.[69] Auch die Körperscham wird erst dann neurotisch, wenn sie nicht Signal für die Überschreitung assimilierter kultureller Standards, sondern chronisch die Befriedigung bestimmter Bedürfnisse behindernde Hemmung durch bloß unverdaut introjizierte Selbstbilder des Körpers ist.

Daß die Scham- und Peinlichkeitsschwellen sich historisch verändern, kann wohl nicht bestritten werden, auch wenn man, wie Duerr, davon ausgeht, daß die Genitalscham eine ahistorische Konstante ist. Der Streit zwischen Universalisten und Kulturrelativisten ist im Hinblick auf die Gefühle ja längst schon zugunsten der Universalisten entschieden, die Gefühle und ihre sentische Form sind in allen Menschen gleichermaßen angelegt. Aber nicht nur die Intensität und die sozialen Räume ihres Ausdrucks, sondern vor allem auch die Anlässe für die Gefühle verändern sich mit den Gesellschaften, in deren Kontext sie vorkommen. Und auch wenn die öffentliche Entblößung der Genitalien wohl immer anstößig war, ist doch die Intensität des damit verbundenen Schamgefühls höchst unterschiedlich.

Tatsächlich ist die Geschwindigkeit, mit der die Scham- und Peinlichkeitsgrenzen und -anlässe sich verändern, heute ein pathogener Faktor im Bereich der psychischen Störungen. Es ist deshalb wichtig, hier noch einmal an den Gang des (neuzeitlichen abendländischen) Zivilisationsprozesses zu erinnern, dessen Gegenstand ja eben diese Veränderungen sind. Im ersten Kapitel ist kurz beschrieben worden, wie sich dieser Prozeß in drei Phasen, die einander überschneiden und überlappen, entwickelt. Zunächst kommt es zu einer Vervielfältigung und Verstärkung äußerlicher Verhaltensvorschriften; danach folgt eine Verinnerlichung äußerer Zwänge, so daß ein starkes »Über-Ich« entsteht, und schließlich werden die äußeren Verhaltensstandards in einem Prozeß der Informalisierung unserer Umgangsformen gelockert, der aber nicht in gleichem Maße für den Ausdruck der Gefühle wirksam ist. Statt dessen ist die neue Phase durch die wie eine Schere auseinanderlaufenden, immer widersprüchlicher werdenden Prozesse der Informalisierung der alltäglichen Umgangsformen und der Unterkühlung der emotionalen Ausdrucksweisen gekennzeichnet.

Alle drei Phasen sind in unserer Gesellschaft gleichzeitig wirksam, wenn auch die Bedeutung der ersten Phase stark abgenommen hat und das Gewicht der dritten nun ständig zunimmt. Die Gleichzeitigkeit der sich überlappenden Phasen des Zivilisationsprozesses zeigt sich unter anderem in den Unterschieden schichtspezifischer Verhaltensstandards und zunehmend in den Differenzen zwischen den Generationen. Im Hinblick nun auf die Scham- und Peinlichkeitsgefühle läßt sich dazu folgendes sagen:[70]

Zur ersten Phase gehören die Kategorien »Ehre« und »Beleidigung«, die sich beide stets auf ein Kollektiv beziehen (Stand oder Familie), aus dem der einzelne seine Identität bezieht und als deren Repräsentant er sich versteht. Verletzungen der Erwartungsstandards werden als, wiederum auf die Gruppe bezogene, »Schande« erlebt. In der zweiten Phase kommt es auf dem Hintergrund der allmählichen Trennung von öffentlicher und privater Sphäre zu einer Differenzierung dieses Erlebens in Schuld- und Schamgefühle. Das Individuum wird nun als einzelnes, selbstverantwortliches Subjekt gesehen. Und damit entsteht erst die Unterscheidung von selbstverständlichen Kontroll- und Kompetenzerwartungen hier und reflexiv zugänglichen Verhaltensnormen dort. Die mit dem Bürgertum entstehende Idee des verantwortlichen und also schuldhafter Handlungen fähigen Individuums bedarf, um sozial funktionieren zu können, der Entlastung durch eine Verkehrsordnung selbstverständlicher Kompetenz- und Kontrollerwartungen. Folgerichtig zieht deren Enttäuschung auch nicht Strafe, sondern Hilfe nach sich.

In der dritten Phase verlieren die Schuldgefühle gegenüber den Scham- und Peinlichkeitsgefühlen an Bedeutung. Das »Über-Ich« wird angesichts bestimmter gesellschaftlicher Entwicklungen (rascher sozialer und technologischer Wandel, Entwicklung des Sozialstaats, Medikalisierung sozialer Probleme, moralische Überforderung angesichts weltweiter Funktionsverflechtungen) eher dysfunktional im Verhältnis zur nun erforderlichen Flexibilität der Identitätsbildung und der Orientierung an wechselnden Verhaltensstandards. Die Anforderungen an die Kompetenz- und Kontrollvoraussetzungen wachsen, gerade weil die Schambarrieren etwas niedriger, dafür aber gruppenspezifisch variabler und darum schwerer erkennbar sind. Zugleich verliert die Idee des verantwortlichen Individuums angesichts übermächtiger Institutionen und undurchschaubarer Handlungsketten allmählich etwas von ihrer Überzeugungskraft.

Eine Unterscheidung in Schuld- und Schamgesellschaften, wie sie die Ethnologin Ruth Benedict in ihrer Untersuchung der traditionellen japanischen Kultur vorgeschlagen hat[71], kann also nicht überzeugen; sie ist zu unhistorisch gedacht. Es scheint eher so zu sein, daß bei langfristigen gesellschaftlichen Entwicklungsprozessen bestimmte Modernisierungsschübe immer mit einer stärkeren Betonung der individuellen Verantwortlichkeit und Haftbarkeit einhergehen. Dabei entstehen dann neue Verhaltensstandards, die später allmählich verinnerlicht werden. Und der Prozeß dieser allmählichen Verinnerlichung läuft möglicherweise immer über die Wiederentdeckung und Betonung der Schuldfähigkeit des einzelnen zu einer erneuten Betonung der Schamfähigkeit. Hultberg hat offenbar so etwas im Sinn, wenn er meint, daß unsere Gesellschaft »sich von einer Schuldkultur zu einer Schamkultur zu entwickeln scheint oder vielleicht auf dem Wege zu einer Mischform ist«[72]. Der »proteische Mensch« jedenfalls, dieser sich in der modernen Gesellschaft immer weiter verbreitende Sozialcharakter, scheint wenig Schuldgefühle zu haben, kommt aber ständig in peinliche Situationen. Das starke, alles verzehrende Schamgefühl ist außerhalb neurotischer Konstellationen seltener geworden, Peinlichkeitserlebnisse dagegen lauern überall.

Zusammenfassend läßt sich nun also folgendes über die Scham- und Peinlichkeitsgefühle sagen:

1. Die Ausdrücke »Scham«, »Peinlichkeit« und »Verlegenheit« bezeichnen verschiedene Intensitätsstufen des gleichen Gefühls. Die Intensität dieses Gefühls hängt vom Grad der Identifikation mit dem ab, dessen Entblößung oder Verlust als peinlich empfunden wird. Ferner besitzt dieses Gefühl eine prägnante Ausdrucksgestalt – Erröten, Bedecken, Verbergen, Verkriechen und wird als heiß, brennend und jedenfalls sehr unangenehm empfunden.

2. Die Scham- und Peinlichkeitsgefühle sind soziale Gefühle, sie

entstehen aufgrund unverschuldeter Umstände, für die die Betroffenen nicht haftbar gemacht werden. Scham- und Peinlichkeitsgefühle können wir für jeden anderen empfinden, mit dem wir uns identifizieren. Peinliche Situationen – die aktuellen Anlässe für diese Gefühle – lösen regelmäßig eine gemeinsame Anstrengung aller an der Situation Beteiligten zur Wiederherstellung von Normalität aus.

3. Es ist – vor allem für den therapeutischen Kontext – sinnvoll, zwischen Identitätsscham, Sozialscham und Körperscham zu unterscheiden. Identitätsscham ist das Gefühl, nicht sein zu dürfen, wie ich bin, und mich dort nicht zugehörig zu fühlen, wozu ich doch gleichzeitig gehöre. Ihre extreme moderne Form ist die Existentialscham des überhaupt im Leben Unerwünschten. Sozialscham ist das Gefühl, etwas im Umgang mit anderen falsch gemacht zu haben, das alle anderen scheinbar selbstverständlich richtig machen. Sie kommt in modernen Gesellschaften besonders häufig, wenngleich in eher leichter Form vor, weil die Chance, mit Fremden zusammenzutreffen, sich enorm vergrößert hat. Körperscham ist das Gefühl, zur falschen Zeit in der falschen Gesellschaft an der falschen Stelle sich körperlich entblößt zu haben. In Form der Genitalscham scheint sie universal verbreitet zu sein.

4. Die Grenze, an der Scham- und Peinlichkeitsgefühle auftauchen, ist im Laufe unseres eigenen Zivilisationsprozesses in dem Maße weiter gegen die Umwelt verschoben worden, wie die Erwartungen an die Körperbeherrschung, die Affektkontrolle und die Interaktionskompetenz jedes einzelnen gestiegen sind. Bei dieser Entwicklung gibt es Brüche und Schübe, die zu Differenzen im Hinblick auf die internalisierten Schambarrieren vor allem zwischen den Generationen führen. Zugleich sind aber sehr starke Schamgefühle durch den Individualisierungsprozeß der Moderne ins Pathologische gerückt: Da die Zugehörigkeit zu Familienverbänden und Standesgruppen die soziale Identität nur noch peripher konstituiert, bezieht sich

die starke Identitätsscham gleich auf das eigene Dasein überhaupt.

Entsprechend dieser vierfachen Bestimmung der Scham- und Peinlichkeitsgefühle muß auch ihre Rolle in der Psychotherapie verstanden werden. Und dort tauchen sie häufiger auf als im Alltagsleben, weil die Reaktionsbildungen, mit denen sie normalerweise abgewehrt und vermieden werden, allmählich durchlässiger werden oder verschwinden. Tatsächlich ist es eher ein gutes Zeichen für den Verlauf einer Therapie, wenn solche Gefühle auftauchen. Natürlich werden in jeder Therapie nach einer Weile und mit mehr Vertrauen in den Therapeuten peinliche Erfahrungen im Leben des Klienten thematisch werden. In einer prozeß-orientierten Therapie aber ist etwas anderes wichtiger, nämlich bei welchen Anlässen *innerhalb* des therapeutischen Kontaktprozesses bei einem Patienten Scham- und Peinlichkeitsgefühle auftreten. Im gestalttherapeutischen Kontext lassen sich typischerweise vier solche Anlässe oder »Gründe« beobachten:

1. Ich schäme mich dafür, daß mir etwas peinlich ist;
2. ich schäme mich, daß ich ein Patient bin;
3. ich schäme mich, daß ich berührt bin und mein Gefühl zeige; und
4. ich schäme mich dafür, daß ich dir zur Last falle.

Der erste Anlaß hat etwas mit den historisch sich wandelnden Grenzen zwischen Öffentlichkeit und Privatheit zu tun; wir lernen alle früh in unserer Entwicklung, daß »gewisse Dinge«, wenn überhaupt, nur in privatesten Beziehungen geäußert und besprochen werden dürfen. Aber was zu diesen Themen gehört und was nicht, ist schon von Generation zu Generation anders. Die heute alten Menschen sind überwiegend noch so aufgewachsen, daß zum Beispiel Eheprobleme auch gegenüber engen Freunden oft verschwiegen und allenfalls mit dem Seelsorger besprochen wurden; die heute Jungen dagegen bereden nun unaufhörlich ihre »Beziehungskisten«. Die psychotherapeutischen Gruppen tragen dazu einiges bei;

auch da, wo nicht explizit oder implizit die Regel gilt, daß der Klient alles äußern soll, was ihm durch den Kopf geht oder was er »auf dem Herzen« hat, sind doch »Authentizität«, »Sich-Öffnen« und »Sich-Einbringen« Werte, die oft mit ziemlichem Gruppendruck verbunden sind. Ohne das zu bemerken, können Anfänger unter den Gestalttherapeuten diesen Druck noch dadurch verstärken, daß sie ihre Klienten ständig mit Fragen verfolgen wie: »Was spürst du jetzt?«, »Was geht jetzt in dir vor?« oder »Wie fühlst du dich im Augenblick?«

Wenn die Patienten diese Fragen so klar beantworten könnten, daß dem Therapeuten damit geholfen wäre, brauchten sie keine Therapie. Was aber vor allem dabei übersehen wird ist, daß zu den häufigsten Beschädigungen der Interaktionskompetenz die Unfähigkeit gehört, nein zu sagen, überhaupt sich klar abzugrenzen und seinen eigenen Bereich zu bewahren. Rückzug ist eine zentrale Funktion im Organismus/Umwelt-Feld. Wenn diese Funktion in der Therapie behindert statt gestärkt wird, kann es dazu kommen, daß der Patient sich schämt – und dann über seine Schamgrenzen hinwegspringt. Später wird er das dann vage als Beschämung erleben.

Perls hatte die hemmenden Gefühle als »emotionale Widerstände« bezeichnet, die er neben die von Freud hauptsächlich untersuchten intellektuellen und die von ihm selbst besonders betonten physiologischen[73] Widerstände stellte. Das macht darauf aufmerksam, daß mit den Scham- und Peinlichkeitsgefühlen genauso verfahren werden muß, wie mit den anderen »Widerständen« auch, sie sollen berührt, aber respektiert werden; sie müssen bewußt gemacht, das heißt psycho-physisch erlebt und erfahren, aber nicht überwunden und bezwungen werden, sie sind Kräfte und Fähigkeiten.

Das beginnt gleich zu Anfang der Therapie. Vielen, die psychotherapeutische Hilfe suchen, ist es peinlich, Patient zu sein. Ein Theologe sprach auch nach zwei Jahren Therapie mit mir konsequent von »unseren Gesprächen«, während ich ebenso konsequent die Bezeichnungen »Ihre Therapie« oder »unsere therapeutische Arbeit« wählte. Es ist ohne Frage wichtig, daß sich die Klienten früher oder später mit ihrem Patientenstatus identifizieren lernen, denn sonst bliebe es hier bei einer Störung in den Persönlichkeitsfunktionen. Aber das muß nicht Voraussetzung, das kann auch Ergebnis der Therapie sein. (In der klassischen Psychoanalyse, die auf die Entwicklung einer »Übertragungsneurose« angewiesen ist, mag das anders sein.)

Der strukturelle Grund für die hier auftretenden Schamgefühle ist ja die Erfahrung einer Unfähigkeit, eines Mangels an Kompetenzen in der eigenen Lebensführung – eben jene Erfahrung, die den Patienten schließlich in die therapeutische Praxis geführt hatte. Hier kann der Therapeut, der sich nicht über den sozialen (also ihn mit einbeziehenden) Charakter der Schamgefühle im klaren ist, nach zwei Seiten Fehler machen. Manche Therapeuten teilen das Schamgefühl des Patienten so sehr, können sich so in ihn oder sie hineinversetzen, daß sie den Patientenstatus des Klienten nie thematisieren und dazu neigen, ihre Klienten eher als Freunde zu behandeln. Dann fehlt es natürlich an Distanz und Autorität. Andere Therapeuten fühlen sich nicht sicher, solange der Patient nicht explizit und rückhaltlos den Patientenstatus akzeptiert. Sie brauchen im Grunde eine Unterwerfungsgeste des Klienten, weil sie ihrer eigenen therapeutischen Autorität nicht genügend vertrauen. Analytisch formuliert würde man sagen, daß die Schamgefühle in besonderem Maße zu Gegenübertragungen anregen. Psychotherapie aber muß auch dazu verhelfen, unsere eigenen Unfähigkeiten, Begrenzungen und Behinderungen als Teil unseres jeweiligen So-in-dieser-Welt-Seins zu akzeptieren; erst dann wird ja auch der Reichtum innerhalb dieser Grenzen voll sichtbar. Die Gestalttherapie lebt von der Überzeugung, daß der Mensch erst dann heil und ganz ist, wenn er sich als das wahrnehmen und erleben kann, was er hier und jetzt ist, nicht mehr und nicht weniger.

Therapeutisch noch wichtiger ist der dritte Anlaß für Scham- und Peinlichkeitsgefühle im therapeutischen Kontaktprozeß – berührt, ja bewegt zu sein, nämlich hin zum Ausdruck eines Gefühls, der aber zugleich als Verlust der Selbstkontrolle gefürchtet wird. Unabhängig von der individuellen Pathologie erleben wir stets genau dort ein Gefühl der Peinlichkeit, wo wir mit dem spontanen Ausdruck eines Gefühls die herrschenden Ausdrucksregeln verletzen, wo also kulturelle Ausdrucksregeln die volle Entfaltung des Gefühls hemmen. Denn diese Hemmung verkörpert sich ja gerade in den Scham- und Peinlichkeitsgefühlen. Und diese Barrieren sind so stark, daß es außerhalb von therapeutischen Situationen zu peinlichen Gefühlen aus *diesem* Anlaß nur selten kommt. So erfährt man, daß in unserer Gesellschaft vielen Menschen schon ein heftiges Atmen oder lautes Schreien peinlich ist, vielleicht erst in einer Gruppe, die bioenergetische Übungen macht oder sich der »dynamischen Meditation« widmet oder sich mit irgendeiner »Encounter«-Technik strapaziert.

Aber auch ohne solche auf emotionale Entladung abzielenden therapeutischen Techniken berührt die Therapie natürlich immer wieder unterdrückte Gefühle und bringt den Klienten in Situationen, in denen die Bemühung um Unterdrückung des spontanen Gefühlsausdrucks in den Vordergrund rückt und schmerzvolle Figur des Erlebens wird. Am häufigsten ist wohl der Versuch zu beobachten, den Tränenfluß zu stoppen und das stoßweise Atmen des Weinens zu vermeiden – eine Anstrengung, die den ganzen Kehlkopf in schmerzhaftes Brennen bringt. Subtiler, aber keineswegs weniger bedeutsam, ist die leichte Verfestigung der Gesichtszüge und die kaum merkliche Erstarrung des Körpers bei dem Versuch, das allmähliche Schmelzen der kontrollierten Mimik und Haltung beim Ausdruck positiver Gefühle wie Liebe, Dankbarkeit oder Stolz aufzuhalten.

Am schwierigsten ist der therapeutische Umgang mit der Existential-Scham. Diese Menschen haben ständig das Gefühl, anderen Menschen unbequem zu sein, auch den Therapeuten mit ihrem Elend nur zur Last zu fallen. Wenn bei der Körper-Scham die Regel gilt: »Wo Peinlichkeit ist, da ist auch Lust!«, finden sich hier nur immer wieder die Spuren der introjizierten Negation der eigenen Existenz. Kann man bei neurotischer Körper-Scham mit der versteckten Lust gehen, ohne zu drängen, vorsichtig und liebevoll, mit Freude an der Neugier und Aufregung, geht es bei der Existential-Scham um ein Annehmen, mehr noch darum, eine Freude über das bloße Dasein dieses Menschen auszustrahlen. Die Lust ist ja nicht als solche da, sondern als der nackte élan vitale, der diesen Menschen bis hierher getragen hat. Deshalb halte ich die Erfahrung des Atems in der Arbeit mit diesen Menschen für zentral; im Atem wie im Pulsschlag sind wir unzweifelhaft und spürbar lebendig.

Bei anderen Formen der Identitäts-Scham geht es dagegen um das Aufdecken und Bewußtmachen der Wünsche nach Zugehörigkeit und Anerkennung und um die Arbeit an adäquaten, realistischen Identifikationen. Das Gefühl, anderen zur Last zu fallen, beruht auf einer Diskrepanz zwischen dem introjizierten (negativen) Selbstbild und der erlebten Wirklichkeit. Das kann sehr ausgeprägt auch bei Menschen sein, die in irgendeiner Form körperlich behindert sind und gemessen an den herrschenden Medienstandards der Gesellschaft sind wir das ja alle. Bei dieser Art der Identitäts-Scham geht es in der therapeutischen Arbeit um die Einsicht in die eigene Begrenztheit, in die Hinfälligkeit und Sterblichkeit des Körpers, Identifikation mit der eigenen Natur statt mit gesellschaftlichen Fremdbestimmungen.

Allgemein gesprochen hat die Psychotherapie drei Aufgaben im Hinblick auf die Scham- und Peinlichkeitsgefühle:

Erstens geht es darum, die Sensibilität für die eigenen und die fremden Schambarrieren und Peinlichkeitsschwellen wiederherzustellen, indem assimilierte Schamgrenzen von den bloß introjizierten Schamgefühlen des übersozialisierten Menschen unterschieden werden.

Zweitens soll die Therapie eine Identifikation mit den eigenen Grenzen und Behinderungen erreichen, die die Scham- und Peinlichkeitsgefühle in diesem Bereich überhaupt zum Verschwinden bringt. Das kann unter Umständen einschließen, daß in der Therapie auch ein Stück »Stigma-Management« gelernt werden muß.

Und drittens geht es darum, die Scham- und Peinlichkeitsgefühle beim affektiven Ausdruck als *das* Hindernis auf dem Weg einer freien Entwicklung unserer emotionalen Sensibilität zu erfahren.

Dieser letzte Punkt gilt ganz so für die Erregungsangst auch: Die Angst- und Schamgefühle sind die Wächter am Tempel der emotionalen Ausdruckslust – nur wer sich vor ihnen nicht fürchtet, findet Einlaß. Sobald man die Angst bewußt spürt, sobald man bei dem Gefühl der Peinlichkeit ein wenig verweilt, verwandeln sich diese

Gefühle wunderbarerweise in das, was sie verdecken: Erregung und Lust. Bei der Existential-Scham allerdings geht es um das Gefühl, überhaupt lebendig zu sein. Die Angst- und Schamgefühle sind deshalb *der* Angelpunkt jeder Therapie: »Die Bewußtmachung unerwünschter Gefühle«, schreibt Perls[74], »und die Fähigkeit, sie zu ertragen, sind die Conditio sine qua non für eine erfolgreiche Behandlung; diese Gefühle werden entladen, sobald sie Ich-Funktionen geworden sind. *Dieser Vorgang und nicht der Vorgang des Sich-Erinnerns ist die via regia zur Gesundheit.«* Die bloße Aufmerksamkeit auf die Art und Weise, wie die Erregungsangst die Energie blokkiert, wird den aufgestauten Fluß wieder in Gang bringen. Und das Verweilen bei einem Peinlichkeitsgefühl wird die im Verlegenheitslächeln sich schon andeutende Lust freisetzen.

Allerdings darf man sich das, besonders bei den heute so viel diskutierten narzißtischen Störungen, nicht zu einfach vorstellen. Denn hier kann der Therapeut sehr leicht wiederholen, was schon die Kindheitssituation des Patienten war: ihm zu wenig Raum zur eigenen Selbstentfaltung zu lassen. Was Hultberg über die narzißtisch gestörten Kinder von Psychologen schreibt, gilt doch wohl auch für die Klienten mancher Psychotherapeuten:

> Ohne es zu beabsichtigen, können gewisse Psychologen nicht umhin, ihren Kindern zu vermitteln, was landläufig mit der Phrase ausgedrückt wird: »Ich kenne dich besser als du dich selbst«, oder wie man es in der Terminologie der Narzißmustheorien und der neuen Empathieforschung formulieren würde, es herrscht ein Überwiegen an aktiver, durchdringender, »intrusiver« Empathie auf Kosten der passiven, nährenden, rezeptiven. Dies wird vom Kind zwangsläufig als ein starkes Eindringen in das Selbst empfunden, und das Kind wehrt sich dadurch, daß es mittels chronischer Scham jeden Zugang zum Selbst zu versperren sucht. Damit versperrt es sich aber auch selbst den Zugang zum Selbst, und dies kommt dann als Depression zum Vorschein, die oft durch fröhliche oder manische Anpassung abgewehrt wird, eine Störung, die unter dem Namen »Drama des begabten Kindes« jetzt weltweit bekannt geworden ist.[75]

Jedenfalls gibt es nichts, was ein Patient einem Therapeuten mehr verübelt, als eine Beschämung. Wenn der Therapeut durch Bloßstellungen vor der Gruppe, Etikettierungen, voyeuristische Vorführungen oder therapeutische Introjekte zum Vertreter gesellschaftlicher Normen und Sozialisationsinstanzen statt zum Anwalt der individuellen Kreativität des Patienten wird, wiederholt er unausgesprochen das elterliche »Schäm dich!«, das dem Patienten schon als Kind den Spaß verdorben und die Lust vergällt hatte. Gleichviel ob es sich dabei um die herrschenden Normen der herrschenden Mittelschichten handelt oder um die subkulturellen Normen einer Gruppe aus der »Therapie-Szene« – entscheidend ist, daß es sich um einen erneuten Versuch handelt, das Individuum *total* zu vergesellschaften. Der Patient aber wird sich gegen solche therapeutische Vereinnahmung nur schwer zur Wehr setzen können, weil er sich ja gerade zu öffnen versucht, dem Therapeuten zu vertrauen beginnt und sich auf eine neue Erfahrung einläßt. Aus diesem Grunde auch bemerkt er sie oft erst viel später und erlebt sie nun, wo er sich erst recht nicht mehr wehren kann, als Beschämung. Die Pein solcher Erinnerungen wird dann leicht entweder durch Idealisierung des früheren Therapeuten oder durch Ressentiments gegen ihn abgewehrt. So kommt es, daß in der real existierenden Psychotherapie viel Zeit auf die Bewältigung früherer Therapien verwendet werden muß.

7. Überschuß-Affekte und emotionale Gewohnheiten

Die Existenz der hemmenden Gefühle erklärt die Wirksamkeit der kulturellen Ausdrucksregeln allein noch nicht. So oft im therapeutischen Kontaktprozeß die Angst- und Schamgefühle berührt werden, so relativ ungewöhnlich sind sie doch in den Alltagssituationen. Die meiste Zeit leben wir, ohne die dauernde Anwesenheit dieser Wächter am Tempel der Ausdruckslust überhaupt zu bemerken. Wie ist das möglich? Angst- und Schamgefühle lassen sich nicht durch Willensakte vermeiden, sondern nur durch emotionale Haltungen und Einstellungen. Diese *emotionalen Haltungen*, wie ich sie nennen möchte, sind ein bestimmter Typ von Reaktionsbildungen, der dadurch entsteht, daß wir Überschuß-Affekte mit Introjekten verbinden. Das Ergebnis sind affektive Charakterstrukturen, in denen sich die Ausdrucksregeln verselbständigt haben.

Das bedarf der Erläuterung. Natürlich wird man nicht immer seinen Ärger gleich los, natürlich kann man nicht immer seine Freude sofort äußern; es bedarf keiner besonderen inneren oder äußeren Zwänge, um die Erfahrung zu machen, daß die Fülle einer Emotion innerhalb einer Situation nicht voll zum Ausdruck kommen konnte und nun in andere Situationen überfließt. Freude ist ein schönes Beispiel: wie herrlich, jemandem zu begegnen, der aus mir ganz unbekanntem Grund voller Freude ist und mich an seinem Lachen und Tanzen teilnehmen läßt! So mag tatsächlich jemand einem überraschten Fremden einen Freudenkuß geben oder eine Blume in die Hand drücken. Leider freilich sind uns da negative Erfahrungen viel geläufiger: überraschende Verärgerung, verblüffende Tränen, manchmal gänzlich ohne Anlaß, manchmal dem Anlaß ganz unangemessen. Denn neben der Freude sind es wohl Ärger/Wut und Trauer, die am ehesten zu *Überschuß-Affekten* werden können, vielleicht, weil diesen Gefühlen eine Heftigkeit des Ausdrucks eigen ist, die sie zu bevorzugten Opfern zügelnder Ausdrucksregeln macht. Problematisch an den Überschuß-Affekten ist natürlich, daß sie weder die Orientierungsfunktion noch die kommunikative Funktion der Gefühle adäquat erfüllen: Anlaß und Objekt des Gefühls gehören ja nicht zur aktuellen Situation; der Mensch, über den man sich ärgert, hat eigentlich gar keinen Anlaß zum Ärger gegeben. Und umgekehrt ist dieser Mensch nun falsch informiert über den Sich-Ärgernden und sucht vergeblich nach einer Ursache bei sich. Insofern können Überschuß-Affekte sogar peinliche Situationen auslösen, statt sie zu vermeiden, denn sie repräsentieren ja ein Stück mangelnder Interaktionskompetenz.

Deshalb, und weil sie in der neuen Situation meistens den gleichen Ausdrucksbeschränkungen unterworfen sind wie in der Situation ihres Ursprungs, kommen die Überschuß-Gefühle tatsächlich außerhalb der Therapie gar nicht so häufig zum Vorschein. Wenn aber die Gefühle sich nie voll äußern können, stumpft das emotionale Sensorium allmählich ab, und es ist immer weniger Verlaß auf seine Orientierungsfunktion. Schließlich sind einem die eigenen

Gefühle fremd und ein bißchen unheimlich geworden, und in der Therapie entsteht schon bei leichten Gefühlsregungen Erregungsangst. Eine Gesellschaft mit sehr restriktiven Regeln des Gefühlsausdrucks ist emotional desensibilisiert. Die Folge ist, daß die Menschen unter einer allgemeinen Motivationsschwäche leiden und immer stärkere Anreize brauchen, um sich für irgend etwas oder irgend jemanden zu erwärmen. Freilich läßt sich die Erregbarkeit zwar abstumpfen, aber nicht verdrängen, und ebenso bleiben die alltäglichen Anlässe von Wut und Haß, Trauer und Freude, Ohnmacht und Stolz, so daß die immer neue Frustration des spontanen Gefühlsausdrucks zu einer unassimilierbaren Erfahrung wird.

In dieser Situation bietet sich der klassische Abwehrmechanismus einer »Identifikation mit dem Aggressor« an. Wenn es gelingt, sich auf die Seite der repressiven Ausdrucksregeln zu stellen, kann die eigene emotionale Verödung als »coole« Lebenshaltung oder als Fähigkeit, den »Überblick zu behalten«, sogar das Selbstwertgefühl noch steigern. Aber diese Identifikation ist heute nicht mehr so einfach; allzu widersprüchlich ist unsere Kultur im Hinblick auf die Regeln des emotionalen Ausdrucks. Schließlich ist, was in der Öffentlichkeit verpönt ist, in der Intimbeziehung gerade gefordert: Intensität des emotionalen Erlebens. Und selbst im öffentlichen Lebensbereich gibt es nicht nur die Zwangsroutinen der Arbeitswelt und der Verkehrsflüsse, sondern auch die in immer mehr Erlebnisbereiche eindringenden Medienereignisse, bei denen je nachdem Sentimentalität, Betroffenheit oder dionysische Gefühlsausbrüche zumindest im Nacherleben gefragt sind.

Unter den mannigfaltigen Reaktionsmöglichkeiten, die die unterschiedlichen Sozialisationsmilieus und Lebenswelten, die heute gesellschaftlich koexistieren, für eine individuelle Lösung dieser Problematik bieten, möchte ich zwei Charaktertypen herausheben, die ziemlich klar ausgeprägt sind und relativ häufig vorkommen: Ich nenne sie die *»Selbstgerechten«* und die *»Verdrossenen«*. Der *»selbstgerechte«* Sozialcharakter wird seltener, obwohl diese Entwicklung von Psychotherapeuten meist überschätzt wird, weil diese Menschen nur selten den Weg in die Therapie finden.

Wenn sich mit dem Ausdruck von Gefühlen frühe Introjekte verbinden, denen der charakterliche Wert der Selbstbeherrschung betont wurde, und wenn sich eine solche Wertewelt in der gegenwärtigen Lebenswelt (etwa beim Militär oder in Wirtschaftsorganisationen) und bei wichtigen Bezugsgruppen dieses Menschen weiter erhalten hat, dann kann er noch zu einer so glatten »Identifikation mit dem Aggressor« kommen, daß die emotionale Austrocknung als Sieg über sich selbst erlebt wird. Freilich werden solche meist väterlichen Introjekte, die den Charakter von Lebensregeln haben und oft in Gestalt familiärer oder schulischer Mahn-Sprüche weitergegeben werden, allmählich altmodisch. Heute schon sind Aufforderungen wie »den inneren Schweinehund überwinden«, »sich am Riemen reißen« und »Zähne zusammen und durch!« ebenso wie die entsprechenden Abfälligkeiten wie »nah am Wasser gebaut« und Abwiegelungen wie »hat den Löffel abgegeben« vielen nur noch literarisch bekannt.[76] In anderen meist therapiefernen Milieus aber gedeiht dieser Sozialcharakter in nur milde entnazifizierter Form durchaus weiter. Die Gefühlskultur der Gegenwart weist so starke Brüche auf, daß die Gegensätze bei direkter Berührung gewöhnlich Gewalt auslösen, wie die Eskalation von Polizeieinsätzen und Jugendrandalen zeigt.

In diesem Zusammenhang ist es nötig, noch einmal auf das Problem der Schuldgefühle einzugehen. Es gehört nämlich zum »selbstgerechten« Sozialcharakter, daß er zwangsläufig ständig *neurotische Schuldgefühle* bei sich produziert. Der »Aggressor«, mit dem er sich identifiziert, besteht ja aus den nicht assimilierten Introjekten, die sich als Fremdkörper in seinem Organismus eingenistet haben und sich gegen das eigene Selbst richten, gegen die eigenen Bedürfnis- und Gefühlsregungen. Diese aber lassen sich nicht auslöschen, werden bei jedem Stimulus wieder wach und setzen sich auf mannigfache Weise unbewußt immer wieder durch. Echte Schuldgefühle entstehen aus der Verletzung anderer; neurotische Schuldgefühle entstehen aus der Verletzung der eigenen Zwänge und Kontrollen. Und anders als bei den echten erwächst aus den neurotischen Schuldgefühlen nicht der Wunsch nach Wiedergutmachung, sondern nur ein nagendes Unbehagen an der eigenen Unvollkommenheit und die unbewußte Neigung zur baldigen Wiederholung. *Die neurotischen Schuldgefühle entstehen aus der Sabotage an den eigenen Introjekten.* Und das ist natürlich mit heimlicher Lust verbunden, jener Lust, die sich aus den unterdrückten Bedürfnissen speist.

Diese Tatsache ermöglicht es, in der Gestalttherapie durch Beobachtung und Experiment die echten von den neurotischen Schuldgefühlen deutlich zu unterscheiden: Schon beim ersten Erzählen der Handlung, die das neurotische Schuldgefühl ausgelöst hat (oder der Handlungen, die es immer *wieder* auslöst), wird sich dem Aufmerksamen meist schon zeigen, was schließlich auch dem Klienten erlebbar wird, wenn er der Aufforderung des Therapeuten nachkommt und die Erzählung mehrfach wiederholt: die zurückgehaltene Erregung, die sich in der lebhaften Stimme, in den blitzenden Augen und oft im unterdrückten Lächeln offenbart. Während sich in der Bearbeitung echter Schuldgefühle die Selbstanklage allmählich in den Ernst einer neuen, reiferen Verantwortlichkeit verwandelt, wird in der Bearbeitung der neurotischen Schuldgefühle zunächst die fröhliche Lust an der Tat freigesetzt, die den Täter bislang unbewußt zur Wiederholung trieb. Die Therapie neurotischer Schuldgefühle führt von der »Identifikation mit dem Aggressor« (den introjizierten Verhaltensregeln) über die Identifikation mit dem Saboteur in sich zur Auflösung der Introjekte durch Assimilation und Ausscheidung.

Die Unterscheidung zwischen echten und neurotischen Schuldgefühlen hat Tradition: Freud hat zwar nie seine 1912 in ›Totem und Tabu‹ entwickelte seltsame Idee vom Ursprung aller Schuldgefühle im Vatermord der Urhorde aufgegeben, zugleich aber in seinen späteren zivilisationstheoretischen Überlegungen im ›Unbehagen an der Kultur‹ (1928) bereits zwischen einem allgemeinen Schuldgefühl, mit dem ein strenges Über-Ich bereits auf sündige Gedanken reagiert, und dem spezifischen Schuldgefühl der Reue nach einer konkreten Tat unterschieden. Die Unterscheidung ist allerdings von einer vielleicht durch allzu viele Schuldneurosen etwas betriebsblind gewordenen Psychoanalyse kaum aufgenommen worden. »Vielfach ist, vor allem in den Vereinigten Staaten, im Denken und in der Praxis nach Freud diese dialektische Bedeutung (des

Schuldgefühls) vollkommen verlorengegangen«, schreibt Robert Jay Lifton. »Schuld ist (für die psychoanalytische Praxis) einfach ein schmerzhaftes und schädliches Gefühl, das analysiert und überwunden werden muß.«[77]

In der hier vorgeschlagenen Sicht ist die »menschliche Ordnung der Dinge« (Martin Buber) zuallererst eine *soziale* Ordnung und unsere Fähigkeit, Verantwortung für jede unserer Beteiligungen an den gewaltsamen Störungen der Organismus/Umwelt-Interaktion zu spüren, eine *soziale* Kompetenz. So gesehen ist das neurotische Schuldgefühl tatsächlich »unvollständig«. In ihm bleibt die Fähigkeit zur Verantwortung an die Introjekte gefesselt, so daß nun die unterdrückten Bedürfnisse sich gegen diese Fähigkeit wenden und sie sabotieren, statt als Treibkraft und Lust in das verantwortliche Handeln selbst mit einzugehen. Lifton spricht anschaulich von »statischer Schuld«, in der permanente Selbstanklage oder strategische Vermeidungsmanöver die Erfahrung wirklicher Verantwortlichkeit gerade verhindern, und »animierender Schuld«, wenn »man aus der Vorstellung der Selbstverdammung Energie für Erneuerung und Wandel ziehen kann«[78]. Die Freisetzung der animierenden Kraft unseres Verantwortungsgefühls ist schließlich das Ziel jeder therapeutischen Bearbeitung von Schuldgefühlen – der neurotischen wie der echten.

Wo nun die glatte Identifikation mit solchen kontrollierenden Charakternormen nicht gelingt, weil diese kulturell allmählich verblassen, da entstehen oft die emotionalen Gewohnheiten des *»verdrossenen« Sozialcharakters.*[79] Was hier introjiziert ist, sind nicht die Normen und Wertemaßstäbe einer untergehenden patriarchalen Welt, sondern die Frustrationserfahrungen und Entmutigungen einer Kindheit in der »vaterlosen Gesellschaft« (A. Mitscherlich). Wenn, insbesondere im Verhältnis zu einer dominierenden, aber schwachen und genervten Mutter, der spontane Ausdruck elementarer Kontaktgefühle beim Kind immer wieder abgewürgt, gedämpft oder auch nur unbeachtet gelassen wurde, und wenn diese Erfahrung im Verlauf des weiteren Lebens immer wieder neue Nahrung bekommt, dann kann es zur Ausbildung von emotionalen Gewohnheiten kommen, in denen der Widerspruch von emotionaler

Erregbarkeit und Dämpfung des emotionalen Ausdrucks zu einer einzigen Verhaltensgestalt verschmolzen ist.

Dazu nun einige Beispiele: Das durchgehende Kennzeichen dieser emotionalen Gewohnheiten ist *Verdrossenheit;* ganz besonders ausgeprägt aber ist diese Gestimmtheit bei Menschen, denen oft die Freude verdorben worden ist, wie wenn die spontanen Äußerungen von Lebensfreude durch ständige Ermahnungen wie »Nicht so laut!«, »Paß auf, wo du hinläufst!«, »Hör auf mit dem Rumalbern!«, »Schau, wie du dich wieder zugerichtet hast!« etc. gehemmt worden sind. Zur Motorik der Freude gehört nun einmal Springen und Hüpfen und beim Erwachsenen Tanzen und Lachen. Und wie viele Menschen fühlen sich scheu und ungelenk, »self-conscious«, wie der schöne und präzise englische Ausdruck dafür lautet, wenn sie mit verdrossenem Neid den Bewegungen der Tänzer auf der Fläche zusehen! Und noch wichtiger: Zum Ausdruck der Freude gehört »sharing«, teilnehmen lassen wollen. Das setzt aber wenigstens ein klein wenig Beachtung voraus. So zum Beispiel, wenn ein Kind die Freude einer Entdeckung mit-teilen möchte, das eben Gesehene erzählen will. Oft freilich reagieren Erwachsene, wenn sie die Kinder mit ihrer Lebensfreude ins Leere laufen lassen, nur mit Verdrossenheit auf ihre eigene Unfähigkeit, sich mitzufreuen. Es ist tröstlich zu beobachten, wie sehr die Kinder in dieser Hinsicht oft zu den Erziehern der Erwachsenen werden; sie können so manches vertrocknete Herz noch aufhellen.

Die wiederholte Erfahrung aber, mit der eigenen Freude allein zu bleiben und ihren Ausdruck durch ständige Nörgeleien gehemmt zu sehen beziehungsweise später beim Erwachsenen als »kindisch« lächerlich gemacht zu bekommen, führt schließlich zur Unfähigkeit, sich überhaupt noch zu freuen. Nun werden diese Behinderungen beim Ausdrücken von Freude schon antizipiert, und man begnügt sich mit sogenannter »stiller« Freude. Auch die aber kann noch vergiftet werden, wenn sie sich etwa in einem leichten Schmunzeln an die Oberfläche des Gesichts hervortraut und nun durch die Nachfrage: »Worüber freust du dich denn mal wieder so?« ent-deckt wird. Wenn dann der Anlaß erzählt und von der emotionalen Bezugsperson für lächerlich befunden wird, ist die

Vernichtung der Freude vollständig. Schließlich wird der Grund zur Freude bereits aus der Wahrnehmung ausgeblendet oder mindestens störrisch vermieden. Was uns nun gegenübertritt, ist ein Mensch mit leicht verregnetem, eben verdrossenem Charakter.

Auch im Bereich der emotionalen Gewohnheiten ist natürlich am bekanntesten das Ergebnis permanent unterdrückten Ärgers: *Reizbarkeit* und *Ressentiments*, und auf der physiologischen Seite: Magen-Probleme. Die Reizbarkeit ist am stärksten, wenn die ständige Frustration von einem geliebten Menschen ausgeht, den man nicht verärgern will. Daher die Reizbarkeit unter Eheleuten oder bei Müttern, die von ihren Sprößlingen überfordert und genervt sind. Tiefer geht das echte Ressentiment; es ist die emotionale Gewohnheit des Menschen, der permanent seinen Ärger und seine Destruktionswut unterdrückt. Perls definiert Ressentiment als den Wunsch, daß der andere sich schuldig fühlen möge (vor allem bei aufgestörter Konfluenz).[80] Richtig ist, daß der ressentimentgeladene Mensch sich wünscht, daß der andere sich ändert, und zwar von sich aus. Denn da man die Änderung in direkter Aggression nicht erreichen kann oder will, wird man zur indirekten Zuflucht nehmen; die eigene Hemmung beim Ausdruck des Ärgers wird nun als Vorwurf projiziert, daß der andere schuld sei, solange bis dieser sich ärgert und damit nun den eigenen Ärger legitimiert.

Vor allem in Paarbeziehungen führt das oft zu einer Eskalation gegenseitiger Vorwürfe, denen die Betroffenen – wie die systemtheoretisch orientierte Familientherapie gezeigt hat[81] – oft ohne Intervention von außen hilflos ausgesetzt sind. »Was in solchen Fällen vermieden wird, ist der tatsächliche Kontakt mit dem anderen Menschen als einer Person, ob dieser Kontakt nun die Form einer Explosion des Ärgers annimmt oder in einem großzügigen Akt des Verstehens und Vergebens besteht oder darin, sich am Vergnügen des anderen mitzufreuen, über sich selbst offen zu sein oder was immer für eine der vielen Handlungen, die möglich wären, wenn nicht die erste Sorge immer die sklavische Wiederherstellung des Status quo wäre« (IX, 5). Dieses Schuldspiel wechselseitiger Vorwürfe hat allerdings mit neurotischen Schuldgefühlen nur insofern zu tun, als diese natürlich die Begleitmusik jeder erneuten Verletzung der introjizierten Aggressionshemmung sind. Eben deshalb ja läßt sich die Vorwurfspirale endlos fortsetzen, weil die Vorwürfe bei dem, der sie macht, neurotische, statt bei dem, dem sie gelten, echte Schuldgefühle auslösen.

Der andere Ärger, jener, der sich zur kalten Wut, dem Haß gegenüber nicht zu beseitigenden Widerständen, steigern kann, kanalisiert sich, wenn er zurückgehalten und aufgestaut wird, auch zu einer anderen emotionalen Gewohnheit, der *Verachtung.* Wen ich nicht vernichten und aus dem Weg räumen kann, dem kann ich mich in der Verachtung wenigstens emotional als überlegen dünken. Insofern gehen immer Projektionen in die Verachtung mit ein. Verachtung ist Mißachtung im doppelten Sinn: Mangel an Wertschätzung, aber auch einfaches Übersehen, nicht der Aufmerksamkeit für wert befinden.

Wenn aber der Gegenstand der Verachtung nicht aus dem Blick verschwindet – mag es der Chef sein, dem man täglich begegnet, oder der Konkurrent unter den Kollegen oder auch bestimmte Eigenschaften des eigenen Partners –, wenn also auch die Mißachtung mißlingt, dann entsteht *Verächtlichkeit,* die Angewohnheit, erst einmal überhaupt alles und jeden mit einer gewissen Abschätzigkeit zu betrachten. Verächtlichkeit ist also ein Produkt des permanenten Mißerfolgs beseitigender Aggressionen, wenn weder der eine noch der andere aus dem Felde gehen. Wiederum ist diese Konstellation am schlimmsten, wenn es um einen Partner oder eine andere emotionale Bezugsperson geht, »denn wir können es uns nicht leisten zu vernichten, zu nichts zu machen, was wir brauchen, selbst wenn es uns frustriert. So kommt es, daß durchgehender Ärger, indem er Appetit und Beseitigung miteinander verbindet, dazu führt, daß der Appetit schließlich selbst gehemmt und damit zu einer verbreiteten Ursache von Impotenz, Rückzug etc. wird«.[82]

Die emotionalen Gewohnheiten sind so vielgestaltig wie der menschliche Charakter. Meistens ist es nicht möglich, sofort klar zu erkennen, welche Überschuß-Gefühle sich in einer bestimmten emotionalen Gewohnheit mit welchen spezifischen Introjekten verbunden haben. Die Möglichkeiten sind nahezu unbegrenzt, und jeder wird seine eigenen Beobachtungen gemacht haben. Zum Beispiel kann die Weigerung, sich der Trauer hinzugeben, mit zusammengebissenen Zähnen und Tränen in den Augen, zusammen mit früheren Verzichtserfahrungen, in denen womöglich ein Wert gesehen wurde, zu einer generellen *Verbitterung* gegenüber allem und jedem führen. Oder: Stolz, der nicht gezeigt werden durfte oder konnte, kann sich in Verbindung mit Leistungsintrojekten zu einem *Leichtsinn* mit exhibitionistischen Zügen verbiegen. Am häufigsten dürfte in der Therapie aber die *Traurigkeit* auftauchen, bis in den Gesichtsausdruck hinein verfestigt und bei jeder Gelegenheit neu stimuliert. Was die Traurigkeit verbirgt, muß im therapeutischen Experiment jeweils erst entdeckt werden. Oft ist es eine Mischung aus unausgedrücktem Ärger und unausgedrückter Trauer, verbunden mit resignativen Introjekten wie »Da kann man nichts machen« und »So ist das Leben nun mal leider«.

Ein Hängenbleiben im Vorkontaktgefühl der Sehnsucht kann bei passiven Menschen durch Hemmung der aggressiven Funktionen auf die Dauer zu einem *sentimentalen Charakter* werden. Umgekehrt ist *Hoffnung* psychologisch die zur Charakterhaltung geronnene Sehnsucht des aktiven Menschen. Daß Dankbarkeit sich in *Haß* verkehren kann, wenn der Empfänger sich physisch oder emotional unerreichbar macht oder das Dankbarkeitsgefühl subtil entwertet, habe ich schon erwähnt. Daß die Unfähigkeit, sich dem Gefühl der Liebe wirklich hinzugeben, es einfach zuzulassen, besonders zusammen mit Mütterlichkeitsintrojekten zu einer versorgend/sich-sorgenden *Helferhaltung* führen kann, ist oft bemerkt worden. Auch der Zusammenhang zwischen Ekel, wenn er sich mit bestimmten Introjekten verbindet, und manchen *phobischen Haltungen*, ist schon erwähnt worden. Ein letzter Hinweis: Sehr *verschlossene Menschen*, die alles für sich behalten und manchmal auch zu Geiz neigen, haben oft zuviel Enttäuschung und Entmutigung erlebt, als es um den spontanen Wunsch ging, Stolz und Freude zu zeigen und zu teilen.

Dies sind ein paar Beobachtungen, die ich in *meiner* therapeutischen Praxis machen konnte. Ich erwähne sie hier mehr als Anregung, wie man sich als Therapeut in der unendlichen Vielfalt menschlicher Prägungen und Eigenarten zurechtfinden kann. Denn jeder Therapeut wird hier andere Erfahrungen haben, an denen er sich orientiert. Denn wir können zwar allgemeine Aussagen über die Struktur der Gefühle machen, aber die jeweils introjizierten Ausdrucksregeln variieren soziokulturell und historisch auch innerhalb unserer eigenen Gesellschaft schon so, daß die Beobachtungen und Erfahrungen der Therapeuten über die emotionalen Gewohnheiten vor allem von den Patientengruppen abhängen, mit denen sie arbeiten. Auch in dieser Hinsicht liegen natürlich Welten zum Beispiel zwischen Unterschicht-Patienten in einer Psychiatrischen Klinik, ehemals drogenabhängigen Jugendlichen aus dem Kleinbürgertum in einer »Release«-Wohngemeinschaft und Midlife-Crisis-geplagten New-Age-Touristen aus der oberen Mittelschicht in einem Gestalt-Workshop. Und darüber hinaus noch verarbeitet jeder Mensch seine Lebenserfahrungen auf je eigene Weise.

Nützlicher als alle Systeme einer Persönlichkeitsdiagnostik ist hier die große Welt der Romanliteratur mit ihrer nuancenreichen Beschreibung menschlicher Charaktere. Aus den Romanen von Balzacs ›Comédie Humaine‹ läßt sich noch immer mehr lernen als aus jeder psychologischen Charakterlehre. Die Landkarte der Theorie kann nur darauf aufmerksam machen, worauf zu achten ist, wonach man Ausschau halten sollte, welche Elemente typische Verbindungen eingehen – sie kann nicht voraussagen, auf welch einzigartige Weise die mannigfaltigen Faktoren, die in einem Leben zusammenwirken, sich in diesem besonderen Menschen verbunden haben, der mir jetzt gegenübersitzt, und was davon durch mich als Gegenüber in unserer einzigartigen Begegnung katalysiert wird. Alles was sich sagen läßt ist also, daß bei der therapeutischen Auflösung oder Lockerung emotionaler Haltungen auf dreierlei geachtet werden muß: auf die jeweiligen Überschuß-Gefühle aus unerledigten Situationen, auf die jeweils teils assimilierten, teils introjizierten Ausdrucksregeln und auf die Charakter-Introjekte aus dem frühen Sozialisationsmilieu.

8. Gefühlsansteckung und gemeinsames Fühlen: Die Formen der Sympathie

Gefühle haben eine Orientierungsfunktion nicht nur für den Fühlenden selbst, sondern auch für seine Mitspieler. Die Menschen, mit denen zusammen er handelt und erlebt. Der motorische Ausdruck eines Gefühls, der im Binnenverhältnis die Intensität der emotionalen Erfahrung steigert, wirkt im Außenverhältnis gegenüber der Umwelt als Indikator für die Handlungsrichtung und Beziehungsqualität des fühlenden Subjekts. Diese Tatsache ist ja eben der Grund für die sozialen Regulierungen und die individuellen Unterdrückungen des emotionalen Ausdrucks: Wer seine Gefühle nicht »beherrschen«, seine emotionalen Regungen nicht im Zaum halten kann, wer sich immer gleich anmerken läßt, wie ihm zumute ist, gilt zugleich als unberechenbar und leicht zu durchschauen – in unserer Gesellschaft also als kindlich. Denn relative Berechenbarkeit des Verhaltens anderer ist ein funktionales Erfordernis moderner Gesellschaften mit ihren langen Handlungsketten und ihrer hochgradigen Funktionsverflechtung.

Relative Undurchschaubarkeit andererseits gehört zu den charakterlichen Erfordernissen von individuellen Interaktionsstrategien, die auf Gewinn oder Eroberung aus sind. Erving Goffman erfand dafür den Ausdruck »impression management«. So kommt es, daß Menschen so häufig ein »poker face« zur Schau tragen, eine undurchdringliche Maske emotionaler Indifferenz, oder aber zu einer sozialen »Mimikry« greifen, wie Manfred Clynes die Kunst des Sich-Verstellens treffend genannt hat. »Bei der Mimikry«, so schreibt er[82] »– die nicht mit der vortrefflichen Kunst eines Mimen, wie der eines Marcel Marceau etwa, zu verwechseln ist –, ist das emotionale Bedürfnis [»sentic drive«] nicht mit dem motorischen Ausdruck verbunden. Die Produktion des Ausdrucks ist völlig ›intellektuell‹, ohne Erfahrung eines Gefühlszustands, der der ausgedrückten Form entsprechen würde. Und Mimikry kann auch nicht zu einem Prozeß der Empathie führen. Sie ist eine gefühllose Produktion von Ausdruck. Ihr komischer Aspekt, wo er vorkommt, beruht genau auf dieser Unverbundenheit«.

Die Angst, »sich zu zeigen« und emotional »loszulassen«, hat gute soziale Gründe. Andererseits ist aber ohne die Möglichkeit gemeinsamen emotionalen Erlebens weder kollektives Handeln noch arbeitsteilige Kooperation noch auch Interaktion in personengebundenen sozialen Rollen überhaupt denkbar.[83] Und diese Möglichkeit beruht darauf, daß wir uns selbst emotional am Gefühlsausdruck des anderen orientieren können. Es ist nicht nötig, die Formen des emotionalen Ausdrucks intellektuell erfassen und lesen zu lernen, weil wir die Emotionalität des anderen unmittelbar mitfühlend und einfühlend erleben. Clynes hat dieses Phänomen als »Prinzip der Komplementarität« formuliert; die Produktion und das Erkennen einer sentischen Form sind im Gehirn so koordiniert, daß eine präzise ausgedrückte Form auch im Wahrnehmenden das gleiche Gefühl auslöst – vorausgesetzt freilich, daß diese emotionale Wahrnehmungsfähigkeit nicht wiederum durch introjizierte Ausdrucksregeln abgestumpft ist.

Diese Tatsache ist von so immenser psychologischer und soziologischer Bedeutung, daß es erstaunen muß, wie wenig Beachtung sie bisher gefunden hat. Grundlegend ist noch immer die klassische Studie von Max Scheler über ›Wesen und Formen der Sympathie‹ von 1914[84], die freilich heute wegen ihres allzu zeitgenössischen Stils nur noch schwer lesbar ist. Die wichtige, auch von Clynes aufgenommene Unterscheidung von Sympathie und Empathie ist bei Scheler bereits genau ausgearbeitet. Sympathie nennt er das Entstehen eines ähnlichen oder gleichen Gefühls wie beim anderen durch die Wahrnehmung von dessen Gefühlsausdruck. Scheler unterscheidet zwei Formen sympathetischer Gefühle, die »Gefühlsansteckung« und das »unmittelbare Mitfühlen«. Empathie dagegen ist die Identifikation mit einem anderen Menschen auf der Basis eines von diesem erlebten, erfahrenen Gefühls. Auch hier kennt Scheler zwei Formen, das »Nachfühlen« (von Scheler auch »Mitgefühl« genannt) und die »Einfühlung« (auch »Einsgefühl« bei Scheler). Es lohnt sich, diesen Unterscheidungen nachzugehen.

Gefühlsansteckung ist uns am vertrautesten beim ansteckenden Charakter des Lachens. Jeder kennt diese merkwürdige Erfahrung, schließlich widerstrebend mitlachen zu müssen, wenn alle anderen sich vor Lachen biegen, man aber nicht mitbekommen hat, worüber sie lachen und was eigentlich so komisch ist. Offenbar ist die innere Distanz des Menschen zur Körperlichkeit des eigenen In-der-Welt-Seins eine so angespannte Seinslage, daß sie jederzeit zu einer Erholung im Lachen verführbar ist, das ja – wie auch das Weinen – unmittelbarer Ausdruck eines vorübergehenden Zusammenbruchs dieser inneren Distanz ist.

Auch das Weinen kann ansteckend wirken, wenngleich weniger leicht als das Lachen; in diesem nämlich bleibt das eigene Selbst noch vor der Tür, und nur der äußere Anlaß zählt; in jenem aber muß der Mensch sich selbst loslassen, um sich zu lösen, und das fällt dem Erwachsenen, zumal in der Öffentlichkeit, schwer. Gefühlsansteckung beim Weinen finden wir daher am ehesten zum Beispiel in der schützenden Dunkelheit eines Kinos, wenn das anonyme Schniefen und Schneuzen allmählich anschwillt, oder natürlich bei Kindern. Eine Lehrerin erzählte mir, daß während eines Landheim-Aufenthaltes eines Abends zu Beginn der Bettruhe ein Kind, wohl aus Heimweh, zu weinen angefangen habe – in kürzester Zeit habe die gesamte Klasse geheult. Auf die Frage der Lehrerin, was denn eigentlich los sei, habe sie immer nur die schluchzende Antwort bekommen: »Weiß ich auch nicht.« Die Lehrerin konnte sich, nachdem all ihre Beruhigungsversuche erfolglos blieben, schließlich nur durch eine drastische Maßnahme helfen: Sie ließ alle Kinder wieder aufstehen und schickte sie unter die Dusche.

Gefühlsansteckung gibt es freilich nicht nur beim Lachen und Weinen, sondern auch bei den eigentlichen Gefühlen, und zwar deshalb, weil Gefühle als reine Qualitäten erfahren und ausgedrückt werden können, also ohne psychischen und sozialen Anlaß, ohne Objekt. Der bloße Anblick einer intensiven Gefühlsäußerung vermag im Betrachter bereits eine ähnliche Gefühlsdisposition zum Klingen bringen. Die evolutionäre Funktion dieses Phänomens liegt wahrscheinlich darin, daß auf diese Weise Gruppen relativ rasch emotional zum Handeln motiviert werden können. Gefühlsansteckung ist ein wichtiges Element beim Zusammenhalt einer Gruppe, für die Gruppenkohäsion. Und da liegen auch ihre Gefahren: Wenn Gefühle wie Neugier, Sehnsucht und Destruktionswut durch soziale, politische und ökonomische Umstände permanent frustriert werden, lassen sie sich bei entsprechender Demagogie leicht in Begeisterung für die absurdesten Ziele umlenken.

Gefühlsansteckung schafft ein emotionales Gemeinschaftserlebnis, ein Wir-Gefühl, das jede rationale Erwägung der Handlungsziele und -folgen überschwemmen kann. Unvergessen ist das Ja-Gebrüll der Menge im Berliner Sportpalast auf Goebbels' rhetorische Frage: »Wollt Ihr den totalen Krieg?« Zur Gefühlsansteckung gehören natürlich mehrere, und so ist es kein Wunder, daß sie in Massensituationen besonders leicht gelingen kann; entsprechend angeregt und aufgeputscht wird dann aus der Freude der einzelnen ein massenhafter »Sturm der Begeisterung«, aus der individuellen Angst vieler die Panikreaktion einer Menge, aus den unterschiedlichsten persönlichen Ärgergefühlen die anonyme Gewalttätigkeit des Kollektivs. Und im Zeitalter der Massenmedien, des Massentourismus und der massenhaften Produktwerbung gibt es in der Gesellschaft viele Experten, die sich darin auskennen, wie man diese oder jene erwünschte Stimmung »anheizt«. (Was übrigens gleichzeitig vielleicht das einzige Gegengift gegen die totalitäre Demagogie ist.) Gefühlsansteckung ist deshalb so gefährlich, weil sie in der Regel eben nicht bei einer objektlosen Gefühlserfahrung stehenbleibt, sondern die sonst frustrierten und unterdrückten Gefühle anspricht und ihnen Sündenböcke und andere Ersatzobjekte zur Verfügung stellt. Darauf können also die offenen wie die heimlichen Verführer um so eher bauen, je mehr die Gesellschaft sich ansonsten »cool« gibt.

Entscheidend ist hier, daß die Manipulationsmöglichkeit durch Gefühlsansteckung um so größer ist, desto stärker die neurotischen *Objektvermeidungen* eines Menschen sind, durch die ein unausgeschöpftes Reservoir emotionaler Dispositionen entsteht. Der Bearbeitung dieser Vermeidungen in der Psychotherapie kommt deshalb eine große Bedeutung zu. Allerdings darf sie sich nicht mit der Einsicht in die Vermeidung begnügen, sondern muß sich darauf konzentrieren, dem Klienten die Art und Weise, wie er seinen Gefühlsausdruck blockiert, *sinnlich* erfahrbar zu machen. Sie kann dabei von der Erkenntnis ausgehen, daß emotionale Ausdrucksshemmung hier und Objektvermeidung einschließlich der Fixierung auf Ersatzobjekte da zwei Seiten ein und desselben Prozesses sind. In dem Moment, wo die bis ins Körperliche hinein introjizierten emotionalen Ausdruckssperren zu schmelzen beginnen, entdeckt und entwickelt nämlich der Mensch nicht nur neue, ihm ungewohnte Formen des Gefühlsausdrucks, sondern dieser Ausdruck sucht sich auch automatisch das richtige Objekt, denn dies allein verspricht ja Befriedigung des ungestillten Bedürfnisses.

Auf subtilere Weise unterliegen wir freilich ständig den emotionalen Einflüssen unserer Umgebung. Unser Leben ist stets eingebettet in das, was Clynes unsere »sentic environments« nennt. Wo immer man sich in einer Gruppe von Menschen aufhält, wird man von ihrer *emotionalen Atmosphäre* beeinflußt. In therapeutischen Workshops, wenn kleinere Gruppen über mehrere Tage zusammen sind und intensive Erfahrungen miteinander teilen, kann man das wie in einem Brennglas beobachten. Es kann vorkommen, daß die ganze Gruppe von einer bestimmten Stimmung überkommen wird, die die Thematik aller weiteren Arbeit eines Tages determiniert. Und ist der Therapeut selbst mit etwas emotional besonders beschäftigt (was er möglichst nicht sein sollte), dann wird sich das natürlich erst recht auf die Gruppenatmosphäre auswirken. Therapeutische Gruppen aber können schadlos, ja oft mit Gewinn, einen hohen Grad an emotionaler Intensität vertragen, weil der der Interaktion zugrundeliegende Vertrag es jederzeit ermöglicht, die Stimmung selbst zum Thema zu machen.

Das ist in anderen sozialen Situationen nicht ohne weiteres möglich. Dabei weiß ja jeder, daß es nicht nur freundliche, sondern auch feindselige, nicht nur fröhliche, sondern auch depressive, nicht nur liebevolle, sondern auch haßerfüllte emotionale Umgebungen gibt. Hinzu kommt als ein Wesenszug unserer Zivilisation, daß sie die Menschen einem ständigen Wechselbad aus emotionaler Kälte im öffentlichen Raum und emotionalen Schocks im Bereich der Medien aussetzt. In diesem Klima muß die emotionale Sensibilität des einzelnen allmählich abstumpfen. Wer aber versucht, sich gegen diese Einflüsse abzuschotten, bezahlt leicht mit sozialer Isolierung und Einflußlosigkeit. »Wir müssen unsere Gesellschaft so gestalten«, folgert Clynes, »daß der einzelne nicht von allen Seiten sentisch attackiert wird, so daß er von der Lawine sentischer Beleidigungen befreit wird, die von seinen eigenen Kreationen und Re-Kreationen auf ihn zurollt, und so, daß die essentischen Formen in Bezug auf jene spezifische, menschliche Gestalt genossen werden können, aus der sie entstehen: dem einzelnen Individuum.«[85] *Ein* Weg zu diesem Ziel ist die Wiederherstellung und Weiterentwicklung der emotionalen Sensibilität dieses Einzelnen, und *ein* Fahrzeug auf diesem Weg ist die Gestalttherapie.

Auf den ersten Blick erscheint der zweite Typ sympathetischer Gefühle, das *gemeinsame Fühlen* (von Scheler auch als »unmittelbares Mitfühlen« bezeichnet), als weniger problematisch. Denn im gemeinsamen Fühlen gibt es von vornherein ein gefühlsauslösendes Objekt, und dieses Objekt ist den Interaktionspartnern gemeinsam. So etwa, wenn sich alle zusammen vor der jeden einzelnen gleichermaßen bedrohenden Gefahr fürchten (Menschen, die sich in Bombenkellern aneinanderklammern); oder wenn eine Gruppe von Menschen den Ärger über ihren Lehrer teilt oder die gleiche Dankbarkeit gegenüber ihrem Meister empfindet (man entschließt sich dann vielleicht zu einem gemeinsamen Protest oder zu einem gemeinsamen Geschenk); oder wenn man sich in der Trauer um einen gemeinsam erlittenen Verlust wirklich verbunden erlebt (hier wirkt die Gemeinsamkeit des Schmerzes tröstend); und natürlich gibt es zum Beispiel auch die Freude über eine zusammen bestandene Prüfung (die sich in einem gemeinsamen Fest ausdrücken mag). In allen diesen Fällen verstärkt sich das je individuell erlebte Gefühl noch durch die sinnliche Erfahrung des gleichen sentischen Ausdrucks bei den anderen, so daß sich sagen läßt: Der synchrone Ausdruck desselben Gefühls bei gleichem Anlaß hat eine sympathetisch verstärkende Wirkung.

Hier allerdings treten nun doch Probleme auf. Denn genauere Beobachtung zeigt, daß eine solchermaßen auf die gleiche Weise emotional betroffene Gruppe von Menschen ebensogut auch mit einer wechselseitigen Verstärkung der Ausdruckskontrollen reagieren kann, wie das zum Beispiel bei Trauergesellschaften recht häufig der Fall ist. Hier liegt ein interessantes soziologisches Problem vor.

Die Art der Ausdrucks*kontrollen* ist stets relativ homogen, und die Gruppenöffentlichkeit als solche bildet bereits eine Schamschwelle vor dem persönlichen Gefühlsausdruck. Die individuellen Ausdrucks*weisen* sind dagegen auch bei gleicher »essentischer Form« in der Wahl der Ausdrucks*mittel* und in der jeweils erreichten Intensität sehr unterschiedlich. Das gemeinsame Fühlen braucht daher, um das *Gemeinsame* überhaupt zum Tragen kommen zu lassen, ein vermittelndes Medium – und das ist gewöhnlich die soziale Funktion des *Rituals.* Je nach Gefühl kann ein solches Ritual z. B. aus bestimmter Musik, Gesängen, Droh- und Unterwerfungsgebärden, Schlachtrufen, Geschenken, Sprüchen oder Gebeten bestehen.

Die Geschichte bietet uferlos Beispiele für solche Rituale. In der Antike, so heißt es, hätten sich die Heere vor Beginn der Schlacht erst einmal längere Zeit mit Schimpf- und Schmähreden bedacht – zweifellos, um überhaupt erst derart in aggressive Gefühlslagen zu kommen, daß sie den Mut zum Kämpfen hatten. Für die Gegenwart in einer Gesellschaft, in der viele traditionelle Rituale einen Bedeutungsverlust erlitten haben, ist interessanter, daß immer wieder neue Rituale erfunden werden müssen, die die Gemeinsamkeit eines Gefühls tragen können – und zwar je stärker sich eine Sozialform auf Emotionen gründet, desto eher. Der Fan-Club und seine verbreitetere Minimalform, die Paarbeziehung, bieten sich an als Beobachtungsfelder für die wunderbare Kreativität, mit der Menschen sich ihre Rituale auch selbst schaffen können. Jedenfalls steht die Emotionalität kleiner Gruppen (soweit sie nicht selbst reflexiv zum Thema gemacht wird, wie in therapeutischen Gruppen) in einer Spannung zwischen der Notwendigkeit, einen kollektiven – und das heißt tendenziell: einen ritualisierten – Ausdruck für ein gemeinsames Fühlen zu finden, und der Gefahr einer Aushöhlung des emotionalen Erlebens durch Habitualisierung seiner Ausdrucksformen.

Ein spezieller Fall des gemeinsamen Fühlens bleibt noch zu erwähnen, der von besonderer Bedeutung ist: die *reziproken Gefühle.* In ihnen ist das fühlende Subjekt zugleich das Objekt des gleichen Gefühls beim anderen und umgekehrt; wir lieben einander, wir hassen uns beide, wir fürchten uns voreinander, wir sind an einander sexuell erregt, oder wir sind uns wechselseitig dankbar. Aus dieser Reziprozität der Subjekt-Objekt-Beziehung im Kontaktprozeß entsteht eine Intensivierung des emotionalen Erlebens, die darauf beruht, daß hier nicht nur der eigene Gefühlsausdruck, sondern auch der des anderen eine Feedback-Wirkung auf das Erleben hat. Vor allem in der Sexualität ist diese Erfahrung vertraut; die Erregung des einen ist ein zusätzlicher Stimulus für die Erregung des anderen und umgekehrt. Diese Intensitätssteigerung ist der organische Ausdruck für eine eigentümliche Spannung, die den reziproken Gefühlen daraus erwächst, daß jeder der beiden Partner *auch* Objekt der Emotionalität des anderen ist. Dadurch nämlich gewinnt der Kontaktprozeß eine Dialektik, die über seine normale Intention – die Befriedigung von Bedürfnissen, den Ausgleich eines Mangels im Individuum – hinausweist. Diese Dialektik ist auch in vielen anderen Kontaktprozessen wirksam, eben immer dann, wenn das Subjekt eines Kontaktprozesses auch zum Objekt von Kontaktprozessen anderer wird. Es lohnt sich daher, ihr am Fall der reziproken Gefühle, wo sie besonders deutlich ist, noch ein wenig weiter nachzugehen.

Was hier die Praxis unserer Interaktionen prägt, sind Einstellungen und theoretische Haltungen, die sich jeweils auf Bestände unserer kulturellen Tradition berufen können. Es gibt gegenüber der reziproken Subjekt-Objekt-Relation bei bestimmten Interaktionen drei mögliche Standpunkte. Man kann entweder die Bedeutung des Objekts oder die des Subjekts im Kontaktprozeß hervorheben, oder man kann das ihnen beiden Gemeinsame betonen und damit über das diadische Verhältnis hinausgehen. Freud zum Beispiel hatte den Akzent ganz auf die *Rolle des Objekts* gelegt; während seine Triebtheorie auch in der weiteren Entwicklung der Psychoanalyse ziemlich vage blieb, ist die Lehre von den psychischen Instanzen, von den Widerständen und Bewußtseinsinhalten und vor allem von den Triebobjekten immer weiter ausgebaut worden und hat in Kohuts Theorie der Objektbindungen gerade einen neuen Höhepunkt erreicht.[86] Die Folge ist u. a. die oft pseudo-wissenschaftliche »Objekt«-Sprache, die das psychotherapeutische Denken so stark geprägt hat, daß auch die Gestalttherapie (und dieser

Essay) sich davon nur schwer lösen kann. Freud befand sich freilich damit in einer aufklärerischen Tradition, die heute zuweilen rüde wirkt, der wir aber Unaufgebbares an Entideologisierung und Präzisierung des Denkens verdanken. Kant zum Beispiel hatte – ganz und gar objektbezogen – die Ehe noch kurzerhand als den wechselseitigen Besitz der Geschlechtsorgane definiert – und damit doch gewiß eines der wenigen klärenden Worte zu dieser unausrottbaren Sozialform gesprochen.

Die Betonung der *Rolle des Subjekts* im Kontaktprozeß ist immer die Sache derer, die sich zu Recht oder Unrecht benachteiligt fühlen. Denn hervorgehoben wird dann ja der Mangel im eigenen Organismus, die Bedeutung der eigenen Bedürfnisse also, die zu kurz kämen. Diese Perspektive ist charakteristisch für alle Emanzipationsbewegungen; erst einmal die eigenen Bedürfnisse richtig kennenlernen und dann »Selbstverwirklichung« durch bessere Bedürfnisbefriedigung! Auch die Gestalttherapie, wie sie anfangs von Perls und Goodman entwickelt und vertreten wurde, verstand sich als Anwalt der Bedürfnisse des einzelnen. Sie sieht die schweren Störungen als Behinderungen im Erleben der eigenen Bedürfnisse und die normalen neurotischen Störungen als Versagen einzelner Ich-Funktionen bei der Bedürfnisbefriedigung im Organismus/Umwelt-Kontakt. Problematisch wird diese Akzentsetzung allerdings, wenn dabei vergessen wird, daß, wo Menschen das Objekt eines Kontaktprozesses sind, dieses Objekt eben zugleich und vor allem ein Subjekt ist – daß es also eine *reziproke Beziehung* gibt. Oder wenn (wie bei einigen Radikalfeministinnen) im Eifer des Befreiungskampfes und der Entdeckungsreisen durch die Welt der eigenen Bedürfnisse das »Objekt« solcher Bedürfnisse als bloß instrumental erlebt und daher im Prinzip austauschbar wird – einfach, weil es dann überhaupt keine Wechselseitigkeit mehr geben kann. Die Gefahr einer zu stark subjektorientierten Perspektive des Interaktionsprozesses ist also die narzißtische Überbewertung der eigenen Bedürfnisse – und das ist eine Gefahr, die auch und gerade in der Psychotherapie ernst genommen werden muß.

Die dritte Möglichkeit besteht darin, im Verhältnis von Subjekt und Objekt im Kontaktprozeß eine *Dialektik* zu sehen, die sich selbst aufhebt – entweder in den Gemeinsamkeiten der beiden Partner (»Deine Lust ist auch meine Lust – also unsere Lust«) oder durch ein Drittes, das aus ihr hervorgeht, wie ein Kind aus der sexuellen Beziehung seiner Eltern. Diese Perspektive stellt zunächst einmal klar, daß der wechselseitig aufeinander bezogene Kontaktprozeß unter Menschen eine *Begegnung* ist, die nicht in der gegenseitigen Bedürfnisbefriedigung aufgeht, sondern einen Charakter sui generis hat. Solche Begegnungen haben ihre je eigene Gestalt, die eben auch hier anders als die Summe ihrer Elemente ist. Was da jeweils entsteht, läßt sich nicht vorweg und allgemein sagen, ist eben eine immer wieder neue Gestalt, ein je einzigartiger Zusammenklang zweier Menschen.

Heute liegt die Gefahr dieser Perspektive nicht mehr so sehr in der expressionistischen Überhöhung der Begegnung zweier Menschen zur transzendentalen Erfahrung einer »Du-Evidenz«, zu der die existentialistische Philosophie in Deutschland mit ihrem »Jargon der Eigentlichkeit« (T. W. Adorno) neigte.[87] Gegenwärtig geht es eher um die Tendenz zur Instrumentalisierung menschlicher Begegnungen zum mental-hygienischen Zweck einer partnerschaftlichen Beziehung, deren Teilnehmer sich als Sportsfreunde verstehen und sich als gut oder schlecht funktionierende Bestandsstücke des Systems »Paarbeziehung« erleben. Die Gestalttherapie spricht hier von »Konfluenz«, einem neurotischen Verharren in einer ich-losen wechselseitigen Verklammerung, die mit der Bewegung auch die Begegnung verhindert. Aus der systemtheoretischen Familientherapie läßt sich hierzu manches lernen; sie hat nicht nur gezeigt, daß, wo zwei oder mehr Menschen ständig miteinander interagieren, mehr geschieht, als sie jeweils *für* sich gewollt haben, sondern auch, daß das, was nun ist, sich nicht deckt mit dem, was man *gemeinsam* wollte und will. Anders gesagt: Die Eigenschaften eines dynamischen, sich ständig in Bewegung befindlichen Rollensystems setzen sich hinter dem Rücken und oft gegen die Absichten der Beteiligten durch und bestimmen auf ihnen undurchsichtige Weise ihr Handeln und Verhalten.

Die Kenntnis dieser außerindividuellen Systemkräfte ist heute nicht nur für den Therapeuten unabdingbar, sondern gehörte eigentlich auch zum Lehrstoff der Klienten. Als psychotherapeutische Praxis freilich ist die systemische Familientherapie gefesselt an die Aufrechterhaltung des Systems, das ihr wahrer Klient ist. Was immer die neue Gestalt sein mag, die aus dem wechselseitigen und stets auch konfliktreichen emotionalen Sich-Einlassen auf den anderen hervorgeht – auch sie hat ihre Zeit und Fülle und kann nur um den Preis ihrer Mumifizierung am Vergehen gehindert werden. Was bleibt, ist nicht der gemeinsame Reichtum des individuell Wahrgenommenen, sondern der individuelle Reichtum der gemeinsam gesteigerten Wahrnehmung.

9. Nachfühlen und Sich-Einfühlen: Die Formen der Empathie

Im sympathetischen Fühlen schwingen wir uns gewöhnlich anstrengungslos auf ein Neben- und Miteinander des Gefühlsausdrucks ein, weil unsere Aufmerksamkeit vom gleichen Stimulus, vom gleichen emotionalen Anlaß, angezogen wird, und wir bemerken dieses »tuning-in« in der Regel nur dann, wenn es gestört wird – etwa durch den Auftritt wenig sensibler (oder peinlich berührter) Dritter. Anders bei den *empathischen Gefühlen,* bei denen der Gefühlsausdruck des anderen selbst das Thema der Aufmerksamkeit ist. Als Stimulus kann er so stark sein, daß es fast unmöglich ist, sich ihm zu entziehen oder – wie im Normalfall heute – so schwach, daß es einer eigenen Aufmerksamkeitsanstrengung bedarf, das zurückgehaltene Gefühl noch emotional zu erkennen. Jeder Mensch, der nicht seine Aufmerksamkeit eigens ablenkt oder stumpf macht, wird vom Miterleben einer starken Gefühlsäußerung selbst emotional berührt. Dieses Angerührt-Werden durch die innere Lage des anderen ist etwas ganz anderes als das bloße Mitgerissenwerden etwa beim ansteckenden Lachen. Es ist kaum möglich, vom Anblick eines in verzweifeltem Schmerz schluchzenden Menschen emotional unbeeindruckt zu bleiben, auch wenn man weder die Person noch den Anlaß ihres Kummers kennt. In der Rede vom »herzzerreißenden« Schreien eines Kindes ist ja nicht das Herz des Kindes, sondern das des Mitfühlenden gemeint. Offenbar also liegt bei den empathischen Gefühlen immer ein Stück Identifikation vor, auch wenn der andere Mensch und seine Umstände anonym bleiben.[88]

Es gibt zwei Formen der empathischen Identifikation: im Nachfühlen das Wiedererkennen des selbst Erfahrenen am anderen und im Sich-Einfühlen das echte Sich-in-den-anderen-Hineinversetzen, In-seine-Haut-Schlüpfen. Was ich im *Nachfühlen* als gleich oder ähnlich erlebe, muß dabei nicht unbedingt der Anlaß des Gefühls sein; es kann auch die allgemeine *Situation* (der Bedrängnis, des Verlustes, der Bedrohung u. ä.) sein oder auch nur die *Gefühlslage* selbst, die mir vertraut ist. Das läßt sich leicht verdeutlichen: Den laut in die Welt hinausgeschrieenen Schmerz eines Kindes über ein zerbrochenes Spielzeug oder gar seine existentielle Angst, wenn es im Getriebe der Menge die Mutter verloren hat, können wir sofort nachfühlen, nicht, weil wir vom Anlaß berührt wären, sondern weil wir spontan und emotional eine Situation wiedererkennen und nachvollziehen, die wohl für jeden eine archetypische Erfahrung von Unglück und Verlorensein ist – und natürlich, weil die ungehemmte Gefühlsäußerung eines kleinen Kindes unsere sentische Sensibilität anspricht.

Das Nachfühlen durch die Identifikation mit dem *Anlaß* ist demgegenüber viel blasser, weil der Anlaß der Emotion für den anderen beim Gegenüber keiner gegenwärtigen emotionalen Lage entspricht, sondern zum bloß kognitiven Erfahrungsbestand gehört. (Hätte man den *gleichen* Anlaß, ginge es um ein gemeinsames Fühlen.) Wir sagen: »Das kann ich dir gut nachfühlen«, wenn uns die Misere vertraut, aber gegenwärtig kein Problem ist. So wird die Emotionalität dieses Nachfühlens von geringerer Intensität sein. Ganz anders schon sind wir emotional »mitgenommen«, wenn einem anderen widerfährt, wovor wir uns selbst fürchten oder was uns mit Gewißheit bevorsteht: Unfall, Krankheit, Sterben. Sicher liegt im Nachfühlen ein Moment der Projektion, und der psychoanalytisch geprägte Leser wird hier vielleicht einen speziellen Fall von Übertragung erkennen, ist doch unzweifelhaft das Nachfühlen dann besonders eindringlich, wenn wir uns selbst im anderen wiedererkennen und weitererleben. Aber es ist wichtiger, in diesem

Nachfühlen die Betroffenheit zu erkennen, die aus der emotionalen Erfahrung entsteht, daß wir beide, ich *und* der andere, unterschiedslos der Conditio humana unterliegen.

Insofern ist im Nachgefühl immer auch ein Stück mitmenschlicher Solidarität enthalten; je stärker ich mich identifizieren kann, je betroffener ich bin, desto eher wächst aus dem Nachfühlen ein *Mitgefühl,* das zu Trost, Unterstützung und Hilfeleistung motiviert. Es macht einen Unterschied, ob man das Mitgefühl allein aus den Lebensinteressen des menschlichen Individuums erklärt oder in der Tatsache gegründet sieht, daß dieses Einzelwesen zugleich Gattungswesen ist und nur als solches lebensfähig. Paul Goodman illustriert den Gegensatz sehr schön mit zwei einander widersprechenden Bemerkungen über »compassion«. Ganz in der psychoanalytischen Perspektive befangen bemerkt er: »Mitgefühl ist die Vermeidung oder Überwindung eines eigenen Verlustes dadurch, daß man einander hilft.« (XII, 6) An anderer Stelle beschreibt er Mitgefühl als das »concern« der Therapeuten, das sich aber von anderen »concerns« durch seinen prozessualen Charakter unterscheide: »Mitgefühl ist das liebende Erkennen-des-Defekten-als-potentiell-perfekt, und das Prozessuale an ihm ist die Realisierung der Möglichkeiten des Objekts ... Als Tätigkeit ist das Mitgefühl nicht irgendein Interesse des Ichs, sondern der Vorgang der Integration des Du.« (XIII, 2)

Das heißt: *Echtes Mitgefühl* ist nicht Freundlichkeit gegenüber dem Mitmenschen noch intellektuelles Verständnis, es hat nichts zu tun mit Liebe, deren Intentionalität ihm fehlt, noch ist es Mitleid, das die sentimentale Version der Verachtung ist. Im Mitgefühl bin ich ganz ich selbst mit allen Ich-Leistungen und Ressourcen, die mir als nicht selbst Betroffenem zur Verfügung stehen. Zugleich aber, und das kann in der psychoanalytischen Perspektive nicht deutlich sein, werden diese Ressourcen ganz im Interesse des Du eingesetzt, denn es ist dieses so und so fühlende Du, das mich ausfüllt, das eine einzige Gestalt mir mir bildet: Mitgefühl ist das Eros des Therapeuten, das sich in den Momenten des Vollen Kontakts mit dem Klienten erfüllt. Das Nachfühlen mit seiner besonderen Steigerung im Mitgefühl entsteht also aus der Wahrnehmung der »essentischen

Form« eines authentischen Gefühlsausdrucks *und* einer Identifikation mit Erfahrungen, Problemen und Situationen des anderen. Dennoch reicht es beim Nachfühlen aus, die bloße Aufmerksamkeit auf den anderen gerichtet zu halten, um sich dann spontan von dessen Gefühlsausdruck mitreißen zu lassen – ganz ähnlich übrigens wie beim Hören von Musik. Die die Identifikation hervorrufenden Assoziationen stellen sich ganz von allein ein.

Das *Sich-Einfühlen* ist demgegenüber ein intentionaler Akt, in dem das ausgreifende, konstruktive Element der Wahrnehmung dominant ist. Dafür bedarf das Sich-Einfühlen dann nicht des starken Anreizes eines intensiven Gefühlsausdrucks. Es ist tatsächlich eine der seltsamsten und wunderbarsten Fähigkeiten des Menschen, sich in einen anderen hineinzuversetzen und die Welt mit dessen Augen aufzunehmen. Auf der kognitiven Ebene ist diese Fähigkeit im Begriff der »Reziprozität der Perspektiven« zu einem Grundelement für das Verständnis menschlicher Interaktionen geworden. Auf der emotionalen Ebene handelt es sich um die Fähigkeit, diejenigen Gefühle, die im anderen in dessen Kontaktprozeß mit der Umwelt entstehen, in uns selbst zu empfinden. Voraussetzung für beides ist in den Worten von Clynes, »eine Projektion des Zustands und der Persönlichkeit eines anderen Menschen in unser eigenes Gewahrsein, so daß wir in unserer Vorstellung diese Persönlichkeit *sind*«[89] – eine *volle* Identifikation also.

Natürlich wird diese Identifikation aus den kognitiven und emotionalen Erfahrungen aufgebaut werden, die wir mit diesem Menschen gemacht haben. Sie führt aber nicht einfach zu einem statischen Bild, sondern zu einer Persönlichkeit, die in unserer Vorstellung ein Eigenleben besitzt, sie ist nämlich zu Handlungen und Entscheidungen, Einstellungen und Meinungen befähigt, die sich in der wirklichen Person (noch) nicht realisiert haben, wohl aber zu ihrer Persönlichkeit passen. Mit anderen Worten: In der einfühlenden Identifikation mit dem anderen vermögen wir unter Umständen Potentiale dieses Menschen wahrzunehmen, die von ihm selbst noch nicht realisiert sind. Darin geht das Sich-Einfühlen über das Nachfühlen hinaus, daß es nicht nur verstehbar macht, was ist, sondern auch erkennbar, was möglich wäre.

Das führt nun aber nicht etwa zu Ratschlägen, welche hier so billig wären, wie es eben Vorstellungen im Vergleich zur Wirklichkeit sind. Gerade die empathische Identifikation macht uns den anderen ja auch in seiner Begrenztheit deutlich. Wohl aber führt diese dazu, daß wir dem anderen *wohlgesonnen* sind und das merkwürdigerweise auch bei Menschen, die wir ansonsten hassen, verachten oder auch nur als lästig empfinden. »Insofern wir nämlich willentlich einem anderen Wesen erlauben, in uns zu leben, wenden wir auch unsere eigenen Selbsterhaltungskräfte auf dieses Individuum an, das nun in uns lebt – kurz wir haben Goodwill.«[90] Empathische Einfühlung ist nicht urteilend. Es ist interessant, daß wir das, womit wir uns wirklich identifizieren, nicht mehr verurteilen können, freilich auch nicht mehr bewundern. Denn in der Identifikation haben wir unsere eigenen Beurteilungsmaßstäbe zurückgelassen, sind ja eben nun ganz ausgefüllt mit diesem anderen (und dessen Maßstäben).

Wieviel Erfahrung im Umgang mit einer Person ist nötig, um sich »gut« einfühlen zu können? Die Frage läßt sich so nicht beantworten, weil zu jeder empathischen Einfühlung neben dem Erleben des Menschen, um den es geht, auch viel Fähigkeit zu gelingenden Projektionen, das heißt zu verwirklichkeitsadäquaten mentalen Konstruktionen gehört, die vor allem aus der Schärfung der kognitiven und der emotionalen Wahrnehmung erwächst. Darüber hinaus bedarf es aber auch der Fähigkeit, sich selbst einzuklammern und beiseite zu lassen. Jede Gestalt eines Menschen, die in unserer Vorstellung lebt, wird sich aus solchen Elementen zusammensetzen, die ziemlich realistisch sind, und anderen, die es nicht sind – nicht anders (oder vielleicht *etwas* wirklichkeitsnäher) als unser Bild von uns selbst. Wer über eine gute Wahrnehmung verfügt, weiß auch, was er (noch) nicht gesehen hat, was bloße Konjektur ist, und läßt die in seiner Vorstellung lebende Gestalt ruhig etwas vage und unscharf in den Konturen. Nur so nämlich hält man sich aufnahmebereit für die Überraschungen, die das kreative Selbst des anderen noch bieten wird.

Man könnte meinen, daß die Fähigkeit, sich einzufühlen, automatisch mit der Lebenserfahrung wächst. Das ist nicht der Fall; es stimmt hingegen für das Nachfühlen; je mehr ich erlebt habe, desto mehr Gefühlslagen, Situationen und soziale Anlässe für Emotionen gehören zu jenem Erfahrungsbestand in mir, der mir die Teil-Identifikationen ermöglicht, die notwendigerweise Bestandteil des Nachfühlens sind. Hier bleibt freilich die Identifikation auf der kognitiven Ebene, während ich mich emotional vom Gefühlsausdruck des anderen stimulieren lasse. In der Einfühlung dagegen ist die Identifikation selbst ein emotionaler Prozeß, und sie ist deshalb nicht angewiesen auf einen großen Erfahrungsschatz an im Leben Erlebten, sondern auch auf geschärfte emotionale Sensibilität. Alte Menschen mit viel Lebenserfahrung, aber geringer emotionaler Flexibilität, können deshalb gegebenenfalls sehr gut nachfühlen, wie es etwa einem jungen Menschen geht, vermögen es aber kaum, sich in ihn einzufühlen. Die halb kritischen, halb toleranten Sprüche vom Typus »Ich war auch mal jung« zeigen durchaus die Fähigkeit nachzufühlen, wie es den Jungen geht, bleiben aber zugleich merkwürdig unberührt, weil die Einfühlung in die ganze Person fehlt. Um sich die gegenwärtigen und die noch unrealisierten Gefühlsreaktionen eines anderen Menschen zu eigen zu machen, muß man sich ja zeitweilig vom eigenen Selbst mit seinen Empfindungen lösen, und das fällt alten Menschen manchmal schwerer, weil sich bei ihnen die eigene Körperlichkeit so oft in den Vordergrund schiebt.

Umgekehrt wird aber ein Kind überhaupt nicht und ein Jugendlicher nur schwer zu wirklicher Einfühlung in der Lage sein – einerseits, weil sich ihr emotionales Sensonium noch nicht genügend entwickelt hat, andererseits, weil das eigene Ich noch zu schwach ist, als daß es nicht schwerfiele, sich auch nur vorübergehend von ihm zu lösen. Die Emotionalität eines Menschen ist ja nicht eine Ausstattung, mit der wir geboren werden, sondern ein Potential, das wie andere unserer genetischen Anlagen erst entwickelt werden muß. Bleibt diese Entwicklung unterhalb eines bestimmten Niveaus, ist der Mensch nur in sehr reduziertem Sinne lebensfähig; ist dieses Niveau erreicht, kann aber die Entwicklung und Verfeinerung der jeweiligen Fähigkeit das ganze Leben über weitergehen. Und dieser Weiterentfaltung stehen oft gerade diejenigen Prägungen später im Wege, die bei der ersten Ausformung der Anlagen hilfreich waren. So ist unsere Emotionalität, ähnlich wie unser sprachliches Ausdrucksvermögen, besonders von den Ausdruckskontrollen und Ausdrucksregeln unseres frühen Sozialisationsmilieus zugleich geformt und behindert – auch im Bereich der Emotionalität gibt es keine Chancengleichheit. Es bedarf daher lebenslänglicher Reinigung und Lockerung, Verfeinerung und Kultivierung, wozu vor allem die richtige Wahl und Pflege förderlicher »sentischer Milieus« gehört. Nur so kann eine emotionale Sensibilität entstehen, die zur Einfühlung nicht bloß in den ganz außergewöhnlichen Beziehungsituationen in der Lage ist.

In der einfühlenden Identifikation wird das eigene Ich eingeklammert und zurückgestellt. Ich schlüpfe emotional in die Rolle des anderen – und werde nun sogleich von diesem anderen Wesen auf eine Weise berührt, die mehr und anders ist, als das Mitschwingen des Nachfühlens. Es ist, als ob ich das Subjekt-Zentrum des anderen berührt hätte. Die jeweilige »essentische Form« des anderen wird in der einfühlenden Identifikation »nicht nur als Ausdruck eines bestimmten Gefühlszustands erlebt, sondern als verbunden mit der existentiellen Gestalt dieses Menschen«, der Punkt, den »man gelegentlich als das ›innere Selbst‹ bezeichnet«[91].

Eine solche Erfahrung setzt eine gewisse Kontinuität der Vorstellung voraus, die wir von dem Menschen in uns tragen, in den wir uns einfühlen können. Die Person-Gestalt kann in unserer Vorstellung so ausgeprägt sein, daß sie sogar im Unbewußten lebt, so daß wir von Menschen träumen können, die wir lange Zeit nicht gesehen haben und die nun im Traum zu starken Gefühlen in der Lage sind. Wie sehr solche Person-Gestalten in unserer Vorstellung ein eigenes Leben führen, läßt sich schließlich auch daran ersehen, daß wir uns auch in Menschen einfühlen können, die schon gestorben sind. Die in der Gestalttherapie verbreiteten Techniken der Identifikation mit Traumgestalten oder des Dialogs mit vorgestellten Bezugspersonen, in deren Rolle man dann schlüpft, sind erlebnisintensive Möglichkeiten, unsere Fähigkeit zur empathischen Einfühlung von einer Kontamination durch neurotische Projektionen zu reinigen.

Das Sich-Einfühlen ist im Grunde kein Fühlen, sondern ein stilles, waches und gerichtetes Sich-Konzentrieren auf die emotionale

Seite der Subjektivität des anderen. Es ist ein emotionaler Vorgang, und doch ist es kein eigenes Gefühl, wozu ihm das treibende Bedürfnis als motivierende Kraft fehlt. Der Einfühlende ist wie ein leerer Spiegel, er beachtet und beobachtet den anderen emotional, aber ohne jede wertende Haltung oder Einstellung und auch ohne eigenes Interesse, nur mit einem stillen Offensein für die Bewegung, die der andere in der realen oder vorgestellten Situation jetzt ist. In der vollen Empathie sind wir zugleich ganz mitfühlend und ganz zurückgenommen. Clynes spricht von einer Fähigkeit unseres Gehirns zur doppelten Datenverarbeitung (»double data processing«) und beschreibt damit auf andere Weise, was Plessner mit »exzentrischer Positionalität« meinte: im Falle der Empathie die Fähigkeit, zugleich felsenfest in sich zu ruhen und dabei nichts als Wahrnehmung zu sein und gleichzeitig mit äußerster Sensibilität die Gefühlsregungen des anderen mitzuvollziehen.

Die Fähigkeit zum empathischen Einfühlen – für jeden ein unermeßlicher Gewinn an Weltoffenheit und Mitmenschlichkeit, für den Gestalttherapeuten aber einfach eine Voraussetzung seiner Arbeit – ist also eine Ausweitung des Grundverhältnisses, das der Mensch zu sich selbst hat, auf die Beziehung zum anderen. Und sie wirkt auf dieses Grundverhältnis zurück, indem sie die eigene Verdoppelung in einen sich in die Welt hineinbewegenden Akteur und einen in der inneren Stille verwurzelten Beobachter leichter ins Gewahrsein rückt: Die empathische Einfühlung ist eine Quelle von reflexiver Sinnlichkeit auch im Verhältnis zu sich selbst, wie diese umgekehrt die Fähigkeit zur Empathie unweigerlich steigert.

10. Katharsis: Zum Verhältnis von Engagement und Distanz im emotionalen Erleben

Die Tatsache, daß jede Gesellschaft Standards kennt, die den Ausdruck von Gefühlen regulieren, hat zwar in letzter Zeit bei einigen Sozialwissenschaftlern wieder mehr Beachtung gefunden, ist aber von der soziologischen Theoriebildung bislang übergangen worden. Bei dem, was ich in diesem Text als »Ausdrucksregeln« bezeichnet habe und was bei Manfred Clynes »Mimikry«, bei Ekman und Friesen »display rules«, bei Arlie Hochschild »emotion work« und bei Erving Goffman »impression management« heißt, geht es um zweierlei. Erstens um absichtsvolle oder automatische (neurotische) Unterdrückung eines spontan sich verkörpern wollenden Gefühlsausdrucks und zweitens um die Vortäuschung nicht empfundener Gefühle (wie bei »Krokodilstränen«) oder einer nicht empfundenen emotionalen Intensität (wie bei dem etwas zu lauten Lachen über den Witz, den man so komisch nun doch nicht fand). Im ersten Fall kann sich ein intensiveres emotionales Erleben gar nicht entfalten, und der betreffende Mensch wird voller Überschuß-Gefühle aus der emotional unbeendeten Situation bleiben. Im zweiten Fall wird die Orientierungsfunktion der Gefühle durch ständigen Mißbrauch des Rückkoppelungsverhältnisses zwischen emotionalem Ausdruck und emotionalem Erleben allmählich ausgelöscht, und der Mensch fällt immer mehr mit seinen sozialen Rollen zusammen, wird immer mehr zu einer gesellschaftlichen Charaktermaske.

Das klingt nun so, als sei jede Gesellschaft mehr oder weniger gefühlshemmend, emotional repressiv, und auch so, als würden die Gefühle stets frei und spontan ihre natürlichen Ausdrucksmittel finden, gäbe es nicht die gesellschaftlichen Konditionierungen. Das stimmt aber nur teilweise; denn auch in seiner Emotionalität ist der Mensch von Natur aus ein sich selbst kultivierendes Wesen. Mit Gefühlsdispositionen werden wir geboren; universal hat jedes Gefühl seine »essentische Form«. Aber erst durch Übung und Erfahrung lernen wir, die der »essentischen Form« adäquaten Ausdrucksmittel und -formen zu finden, mit denen dann das Instrument der emotionalen Sensibilität allmählich so gestimmt wird, daß es als Resonanzboden für das jeweilige Verhältnis von Bedürfnis und Umweltstruktur taugt. Und solche Übung und Erfahrung ist natürlich ihrerseits ein Vorgang kulturell geprägter Interaktionen. Anders gesagt: Die jeweilige Gesellschaft unterdrückt und verzerrt nicht nur die Gefühle, sie entwickelt und kultiviert sie auch. Jede Gesellschaft hat ihre emotionale Kultur, mag sie nun arm oder reich an Formen des Gefühlsausdrucks sein, eher sanft oder gewalttätig erscheinen, eher die Spontaneität des Ausdrucks oder umgekehrt die einstudierte Geste betonen.

Unsere eigene Kultur – so war eingangs meine These – ist gegenwärtig von der Widersprüchlichkeit zweier Entwicklungstendenzen geprägt: der Informalisierung unserer Umgangsformen und die Verarmung der emotionalen Sensibilität durch die Normen der Zurückhaltung des Gefühlsausdrucks. Diese Gesellschaft ist, zum Beispiel verglichen mit dem 18. und 19. Jahrhundert, im Hinblick auf die emotionalen Ausdrucksweisen eher primitiv, obwohl – oder gerade weil – sie auf Spontaneität und Authentizität setzt. Zudem scheint sie in einem Klima latenter Gewalttätigkeit befangen, obwohl – oder wiederum gerade weil – sie aggressionsgehemmt ist. Bei genauerem Hinsehen erweist sich aber, daß diese Kultur Gefühle nicht nur unterdrückt. Vielmehr gibt es ja zwei wichtige Lebensbereiche, in denen die Gefühle eher überbetont werden: die Welt der Unterhaltungsmedien, die auch die politische Ausdruckskultur bestimmt, und die Welt der Lebensgemeinschaften und der subkulturellen Gruppenmilieus. In beiden Bereichen (die sich wechselseitig stark beeinflussen) werden Standards des Gefühlsausdrucks gepflegt, die das Gegenteil der Gefühlsarmut und Gefühlskälte im öffentlich verwalteten Leben bewirken, nämlich emotionalen Streß.

In den Begriffen, in denen der Soziologe Thomas Scheff seine Theorie des kathartischen Erlebens entwickelt hat[92], ist die herrschende Norm des Gefühlsausdrucks im öffentlichen Leben »überdistanziert«, während sie in den Medien und in den privaten Lebensbereichen »unterdistanziert« ist. *Überdistanziert* redet und denkt man von Gefühlen, ohne sie eigentlich psycho-physisch zu erleben. Wohl sagt man vielleicht, daß einen etwas ärgere, aber dieser Ärger dringt nicht bis in die Stimme vor und wird deshalb auch mehr gedacht als gefühlt. *Unterdistanziert* dagegen sind emotionale Ausbrüche, bei denen die Selbstkontrolle durch das aufsteigende Gefühl einfach weggeschwemmt wird und man vom Ausdruck des Gefühls überwältigt ist. In beiden Fällen mangelt es an einer *optimalen Distanzierung*, in der das seelische und körperliche Beteiligtsein des emotionalen Ausdruckserlebens sich mit der inneren Distanz des Sich-selbst-Beobachtenden die Waage hält. Es ist offensichtlich, daß in unserer Kultur die Bereiche der Produktion und der Administration überdistanziert und die Bereiche der Reproduktion und der Rekreation unterdistanziert sind. Diese Kultur lehrt uns also einerseits Ausdruckskontrolle, die schließlich zur Vermeidung des Fühlens überhaupt führt, und andererseits vage Gefühlsaufwallungen und undifferenzierte Gefühlsausbrüche je nach der sozialen Rolle, die wir gerade verkörpern. Sie bietet dagegen wenig Gelegenheit, das zu lernen und zu entwickeln, was Scheff »ästhetische Distanz« (optimale Distanzierung) nennt und was in jenem Gleichgewicht zwischen dem sich fühlend engagierenden Subjekt und dem seiner selbst gewahr seienden Subjekt besteht, das sich als charakteristisch für Empathie erwiesen hat.

Obwohl Scheffs eigene Theorie der Gefühle (die er aus der Emotionslehre der »Co-Counseling-Therapie« entlehnt hat) in vieler Hinsicht unbefriedigt läßt, ist seine Unterscheidung dieser drei Modalitäten des emotionalen Ausdrucks ein großer Gewinn. Zu Recht weist Scheff darauf hin, daß mit ihrer Hilfe zum Beispiel die trotz des großen Forschungsaufwands immer noch ungeklärte Frage besser beantwortet werden könnte, ob Gewalt- und Horror-Szenen in Video und Fernsehen auf den Zuschauer eher so wirken, daß er zu mehr Gewalttätigkeit angeregt wird, oder umgekehrt so, daß er beim Betrachten dieser Szenen sein latentes Potential an Gewalttätigkeit abreagiert: Vermutlich ist eine kathartische Wirkung nämlich nur bei optimaler Distanzierung der Szenen zu erwarten, während es bei der üblichen Unterdistanzierung eher zur Abstumpfung gegenüber Gewalttätigkeiten kommt. Unsere Kultur scheint nicht so sehr *direkt* Gewalt zu stimulieren, als vielmehr eine Gewöhnung an die »Gewalt der Dinge« zu fördern. So sagte ein Passant (im Fernsehen), der zum Schauplatz eines Verkehrsunfalls drängte: »Man hat das ja so oft im Fernsehen gesehen, da will ich das mal mit eigenen Augen feststellen!« Für die Frage nach der Gewalt ist also die Erkenntnis, daß nur eine optimale Distanzierung kathartisch wirkt, von ganz besonderer Bedeutung, und zwar ebenso bei der Darstellung wie bei der realen Handlung. Ein aufgestauter Ärger etwa wird sich – selbst wenn er handgreiflich werden sollte – niemals in Vergewaltigung oder Bombenterror oder Kindesmißhandlungen (um die drei in unserer Gesellschaft häufigsten schlimmen Gewaltakte zu nennen) ausdrücken können, solange die Wut vom vollen Gewahrsein des Wütenden begleitet wird. Denn im Gewahrsein weiß jeder Mensch intuitiv, daß er im anderen auch sich selbst verletzt.

Aber das Problem der Gewalt ist nur der gröbste Fall, an dem sich der Wert der Unterscheidung von Überdistanzierung, Unterdistanzierung und ästhetischer Distanzierung erweist. Sie gilt für jede Gefühlsäußerung. Das wird deutlicher, wenn man sich anschaut, auf welche Weise sich die drei Ausdrucksmodalitäten im konkreten Verhalten manifestieren. Scheff hat das in der Tabelle auf der gegenüberliegenden Seite einmal für die vier Gefühle »Trauer«, »Angst« (in meiner Terminologie: Furcht), »Beschämung« (hier: alle Scham- und Peinlichkeitsgefühle) und »Zorn« (hier: Wut) aufgelistet.[93]

Man muß nicht mit allen diesen Beobachtungen von Scheff übereinstimmen, um zu erkennen, daß sich die Modalitäten des Gefühlsausdrucks deutlich am Verhalten ablesen lassen. Und damit ist klar, daß der Gestalttherapeut gerade in dieser Hinsicht über eine besonders geschärfte Beobachtungsgabe verfügen muß.

Die Anlage zu dieser Fähigkeit hat freilich jeder, denn nur das in ästhetischer Distanz ausgedrückte Gefühl wirkt nach außen auch authentisch im Sinne einer größtmöglichen Annäherung an seine »essentische Form« und ermöglicht daher unser Mitfühlen und Nachfühlen. Anders ausgedrückt: *Es scheint in der Natur der »essentischen Formen« der Gefühle zu liegen, daß sie am reinsten zum Ausdruck kommen, wenn sie ästhetisch distanziert sind.* So gesehen ist es nicht so überraschend, daß Manfred Clynes in seinem zwei Jahre früher erschienenen Buch ebenfalls drei Modalitäten des Gefühlsausdrucks unterschieden hat, die – obwohl in einem ganz anderen Erkenntniskontext entdeckt – mit denen von Scheff übereinstimmen.

Dem Begriff der Überdistanzierung entspricht bei Clynes die schon erwähnte »Mimikry«: »Überdistanzierte Erfahrung ist rein kognitiv.« (Scheff)[94] »Bei Mimikry ist die Herstellung des Ausdrucks rein intellektuell.« (Clynes)[95] Das ist die immer wieder gemachte Beobachtung, daß Menschen sich ihrer Gefühle fast völlig entfremden können und daß sie, freilich um den Preis einer in-

Emotionale Zustände und Distanz

Art des Leidens	Unterdistanziert	Bei ästhetischer Distanz	Überdistanziert
Trauer	Traurigkeit, mit oder ohne Tränen, Kopfschmerzen, verstopfte Nase, geschwollene Augen, Gefühl der Hoffnungslosigkeit	Tränenausbruch	Gefühllosigkeit und/oder Verwirrung in einer Verlustsituation
Angst	Blasses Gesicht, kalte Hände und Füße, schnelle und flache Atmung, schneller Herzschlag, Gefühl der Angst und Lähmung	Zittern und kalter Schweißausbruch	Gefühllosigkeit und/oder Verwirrung in Gefahrensituation
Beschämung	Erröten, Lähmung, Senken oder Bedecken der Augen und des Gesichts	Spontanes Lachen	Gefühllosigkeit und/oder Verwirrung in beschämender Situation
Zorn	Kräftiges Bewegen oder Reden, ständige Wiederholung	Heiße Schweißausbrüche oder spontanes Lachen	Gefühllosigkeit und/oder Verwirrung in frustrierenden Situationen
	Alle obigen Gefühle:		
Während Abreaktion oder Streß	Schmerz; Gefühl, die Kontrolle zu verlieren; Spannung	Kein unagenehmes Gefühl, Gefühl der Kontrolle, Lockerung	Kein Gefühl der Kontrolle, Spannung
Nach Abreaktion oder Streß	Erschöpfung, Verwirrung im Denken, Rückzug	Heiterkeit, Klarheit im Denken, nach außen gehend	Spannung, Klarheit im Denken, nach außen gerichtet

authentischen Wirkung, in der Lage sind, Gefühle vorzuspiegeln. Heute wird aber die an sich richtige Beobachtung, daß wir oft völlig abgelöst von unserer emotionalen Resonanz in einer Weise daherreden, die manche für intellektuell halten, manchmal schon zu einer geistfeindlichen Norm erhoben. Da fällt dann leicht auch sprachliche Genauigkeit Hinweisen wie »Rede nicht so abgehoben! Sei nicht so kopfig!« zum Opfer, die in Wahrheit einer als Entspanntheit firmierenden Denkfaulheit den Platz bereiten. Hier wird die Norm der Überdistanzierung einfach durch die Norm der Unterdistanzierung ersetzt: »Geh in deinen Bauch und laß deine Gefühle raus!« Wie Menschen aus zwei Kulturen stehen sich dann – einander verachtend – die Vertreter einer gefühlsarmen, verstandesorientierten Nüchternheit und die Vertreter einer gefühlvollen, erlebnisorientierten Begeisterung gegenüber und gestehen sich nur selten ein, daß immer mehr von ihnen sich heimlich in beiden Kulturen psychisch versorgen.

Unterdistanzierung ist so wenig heilsam wie Überdistanzierung. Clynes spricht, in Anlehnung an das von Nietzsche bekannte Begriffspaar, von einem dionysischen und einem apollinischen Modus der Gefühlserfahrung, Modalitäten, die der Unterdistanzierung und der ästhetischen Distanzierung bei Scheff entsprechen. Im dionysischen Modus gibt sich der Mensch physisch und psychisch total in den Ausdruck des Gefühls hinein; insbesondere wird der ganze Körper in die expressiven Handlungen miteinbezogen. Es gibt keine innere Distanz mehr zum Gefühl, der Mensch wirkt wie »außer sich«, ekstatisch. Tatsächlich verliert sich der Mensch als sich selbst steuerndes Einzelwesen im dionysischen Erleben so sehr, daß dafür stets ein kollektiver Rahmen nötig war und ist. In der therapeutischen Situation spüren die Menschen diese Gefahr des Sich-Verlierens und entwickeln nun – nicht ahnend, daß die Gefühle im apollinischen Modus genauso intensiv erlebt werden können – allerhand Katastrophenphantasien: »Wenn ich mein Weinen zuließe, würde ich nie wieder aufhören«, »Wenn ich meine Wut zuließe, würde ich alles vernichten« und so fort. Es ist nicht gerade läuternd, die vielen unterdistanzierten Szenen in den Unterhaltungsmedien anzusehen – wer aber sich in der Öffentlichkeit außerhalb eines kollektiven Rahmens unterdistanziert *benimmt,* läuft Gefahr, für verrückt gehalten zu werden. Was, wenn zum Beispiel ein einzelner am hellichten Tag auf der Straße so ekstatisch tanzen würde, wie viele nach Mitternacht in der Disco?

Im apollinischen Modus werden die Gefühle in einer anderen Perspektive (»from a different point of view«) erlebt und ausgedrückt – meditativ distanziert und etwas abgelöst von den unmittelbar drängenden Ansprüchen der eigenen Bedürfnisse. Es ist klar, daß dieser Erfahrungsmodus der ästhetischen Distanz bei Scheff entspricht: »Bei ästhetischer Distanz«, heißt es bei ihm, »ist man sowohl Teilnehmer wie auch Beobachter seines eigenen Schmerzes, so daß man frei herein- und herausgehen kann.«[96] Und Clynes nennt den »apollinischen Modus« auch einen »Zuschauer-Modus« (»spectator-viewing mode«) der Gefühlserfahrung und spricht von »sentic fluidity« als der darin entstehenden Fähigkeit, relativ frei und leicht von einer Gefühlserfahrung zur anderen weiterzugehen, ohne an eine Emotion fixiert zu sein.[97]

Was Scheff also bei seinen hermeneutischen Untersuchungen über die kathartische Wirkung von Dramen, Ritualen und therapeutischen Gefühlsentladungen entdeckt hat, fand Clynes auf experimentellem Wege und in der Absicht, die Natur der musikalischen Erfahrung zu entschlüsseln, daß nämlich in jedem von uns ein emotional expressiv *Handelner* und ein mit seinen Sinnen emotional wahrnehmender *Zuschauer* steckt. Als bloß fühlend Handelnder verliert man sich in der psycho-physischen Aktualität des Kontaktprozesses; als bloß wahrnehmender Zuschauer verliert man die sinnliche Erfahrung unmittelbarer Teilnahme und die aus ihr resultierende Verbindlichkeit. Nur in der Balance der ästhetischen Distanz, so sieht es aus, steht man sich (d. h. seinem Kontaktprozeß) nicht selbst im Wege. »Es mag seltsam erscheinen«, bemerkt Clynes, »einen expressiven Modus als Zuschauermodus zu bezeichnen. Das beruht auf dem Aspekt der Stille, die bei diesem Erfahrungsmodus sowohl für das Hervorbringen wie für das Erkennen der essentischen Form notwendig ist. Die innere Stille mag der Intention des Zen-Meisters entsprechen, der verlangte, zwei Zentimeter über dem Boden zu gehen und dennoch (den Boden) voll zu erfahren«[98]: Diesen Erfahrungsmodus habe ich hier nicht nur im Hinblick auf das Fühlen reflexive Sinnlichkeit genannt.

Es ist wichtig zu sehen, daß die Stille, von der Clynes spricht, eine *innere* Stille ist; sie kann durchaus einhergehen mit starken, intensiven Gefühlsexpressionen. Allerdings wird in der ästhetischen Distanz diese Wirkung gerade dadurch erreicht, daß die eingesetzten Ausdrucksmittel eher sparsam sind. »Hunde, die bellen, beißen nicht!«, heißt es; ein bestimmtes Knurren dagegen kann eine sehr eindringliche Warnung darstellen. Das liegt daran, daß Aufmerksamkeit und Energie des Handelnden im Modus der reflexiven Sinnlichkeit präzise an der Kontaktgrenze versammelt sind, statt sich im überdistanzierten Darüber-Reden oder in unterdistanzierten Gefühlsschwemmen zu verschwenden.

Unabhängig von der Bedeutung der ästhetischen Distanz für das kathartische Wiedererleben unbeendeter Situationen und die kathartische Auflösung tiefsitzender emotionaler Blockaden in der Therapie ist eine optimale Distanzierung des emotionalen Ausdrucks und Erlebens in jedem Kontaktprozeß doppelt von Bedeutung; sie stellt die Konzentration des Organismus auf die Aufgaben und Widerstände des jeweiligen Kontaktprozesses sicher, und sie schützt zugleich die jeweilige Umwelt vor Ausbeutung und unnötiger Verletzung durch die Ermöglichung wechselseitiger Einfühlung. Aus der Perspektive der Gestalttherapie ist deshalb die Wiederherstellung und Verfeinerung der Fähigkeit zur reflexiven Sinnlichkeit gerade im Bereich der Emotionen die Aufgabe im Vordergrund.

Die gesellschaftlichen Bedingungen und Konstellationen, unter denen sich Klienten mit Therapeuten zu einer solchen Arbeit treffen, bilden dagegen den Hintergrund, vor dem sich diese Aufgabe abhebt und gelöst werden will. Auch dieser Hintergrund muß also klar sein. Der Zivilisationsprozeß, den die europäischen Gesellschaften in der Neuzeit durchlaufen haben, ist ein Weg, der vom Vorherrschen des »dionysischen Modus« emotionalen Erlebens zur heutigen Allgegenwart von »Mimikry«-Verhalten geführt hat. Der »dionysische Modus« ist mit Zuständen geringer Verhaltenskontrolle, großer Impulsivität, also Unberechenbarkeit des Verhaltens, und mit rauschhaften Ausbrüchen verbunden. So etwas bildet stets eine Gefahr für die jeweilige gesellschaftliche Ordnung und wird deshalb so weit wie möglich eingebunden in Kult und Ritual. Wahrscheinlich könnte man eine Geschichte der allmählichen Auflösung und Individualisierung von Kulten und Ritualen schreiben, die bereits im »Herbst des Mittelalters«[99] relativ weit fortgeschritten war. Dadurch wird nun der »dionysische Modus« allmählich dysfunktional; ohne Einbindung und Durchformung in Kult und Ritual zu den Festen und an den Feiertagen verliert er einerseits seine Bedeutung für den Kontakt zum Jenseits der »Traumzeit«[100] und reduziert sich andererseits für den einzelnen auf die psycho-hygienische Bedeutung eines »Sich-mal-Austoben-Müssens«, das nun immer mehr zu einem Euphemismus für Suchtverhalten wird.

Die Geschichte unserer Emotionalität ist also auch die Geschichte unserer Rituale. Es war einmal die große Leistung religiöser Rituale, heidnisch oder christlich, den Ausdruck der Emotionen im dionysischen Modus, also im vollen Mitbetroffensein des ganzen Körpers, ins Kollektiv einzubinden. Im Zuge des neuzeitlichen Säkularisierungsprozesses wurden die religiösen Rituale in Kirche und Dorf zunächst durch die säkularen von Staat und Genossenschaft verdrängt. Schließlich ist auch deren Bedeutung ausgehöhlt worden, und es bleiben nur noch die privaten Rituale zwischen den engsten Bezugspersonen, wo es schwer ist, sich auf dem schmalen Grad zwischen Ritualphobie und peinlicher Sentimentalität zu halten.

Im Zuge dieser Entwicklung sind es immer weniger Kontaktgefühle wie Furcht oder Freude, Trauer oder Dankbarkeit als vielmehr emotionale Haltungen, die in Ritualen zum Ausdruck kommen: Nationalstolz und Patriotismus, Fremdenhaß und Standesdünkel, aber auch Klassensolidarität und Heimatliebe sind Stationen einer Emotionsgeschichte der Neuzeit, die die Kontaktgefühle immer mehr zugunsten emotionaler Charakterhaltungen entwertet hat. Schließlich wurde die Unterdrückung aller spontanen Affekte zum gefeierten Ideal der Selbstbeherrschung. So gibt es nun immer mehr Überschußaffekte aus emotional unbeendeten Situationen, die ein latentes emotionales Reservoir für politische Mobilisierungen jeder Art bilden. Hinzu kommt das Instrumentarium der Gefühlsanstekkung, das vor allem die Nationalsozialisten meisterhaft beherrschten. Überschußaffekte und emotionale Haltungen sind das Gegenteil eines fein gestimmten emotionalen Sensoriums des Selbst; sie sind stets das Ergebnis von Selbst-Unterdrückung. Auch wenn sie sich bei Aufmärschen und anderen Massenveranstaltungen imponierend manifestieren können, dürfen sie nicht verwechselt werden mit den sich in dionysischen Ritualen ausdrückenden Kontaktgefühlen. Man mag, wenn man will, bei diesen von echten Gefühlen und bei jenen von falschen Gefühlen sprechen. In der Tat gibt es für die emotionalen Gewohnheiten und Haltungen wie Eifersucht, Neid, Verachtung oder Nationalstolz keine essentische Form. Sie können daher nur überdistanziert in selbstbeherrschten Verbalisierungen oder unterdistanziert im Massenverhalten oder in individuellen Ausbrüchen zum Ausdruck kommen. Sie sind deshalb auch nicht orientierend, sondern desorientierend: dem eigenen Bedürfnis entfremdet.

Der »apollinische Modus« der Gefühlserfahrung hatte natürlich immer schon seinen sozialen Platz in religiös-meditativen Situationen und an den Orten, wo eine meditative Praxis geübt wurde, also vor allem in den Klöstern und wohl eher im asiatischen Raum. In Europa entwickelt sich erst in der Renaissance mit der Verschiebung der Blickrichtung vom Kosmos auf den Menschen ein säkulares Interesse auch an individuellen Erfahrungs- und Ausdrucksmöglichkeiten der Emotionen. Die ganze Neuzeit hindurch liegen dann zwei einander entgegengesetzte und doch gesellschaftlich komplementäre Entwicklungstendenzen miteinander im Widerstreit: der zivilisatorische Druck der Zügelung des spontanen Affektausdrucks und die Suche nach Authentizität und Natürlichkeit in Erfahrung und Formgestaltung. Es kommt auf der einen Seite zu extremen Versuchen einer Disziplinierung der Körper und einer Zurichtung der Ausdrucksgesten und auf der anderen zu einer geradezu leidenschaftlichen Beobachtung und Erkundung des »natürlichen« Gefühls und seines mimetischen und kinetischen Ausdrucks.

Die Polarität dieser Tendenzen ist zum Teil Ausdruck eines Klassengegensatzes: Die höfische Gesellschaft war vorrangig an Fragen der Charakterbildung und der militärischen Körperbeherrschung interessiert, während das Bürgertum seinen Verhaltensmaßstab im Natürlichen zu finden und zu legitimieren hoffte. Während alle Formen eines »dionysischen« Gefühlsausdrucks allmählich als pathologisch (oder kindlich) bewertet wurden, mußte freilich ein Bedürfnis nach »apollinischen« Ausdrucksmodi für säkulare Gefühle entstehen; sofern aber die »Mimikry«-Standards dabei nicht aufgegeben wurden, entwickelte sich so etwas wie Sentimentalität als öffentliche Haltung: nicht die Affektarmut unserer gegenwärtigen politischen und privaten Verhältnisse, sondern das Pathos des Gemeinschaftsgefühls im öffentlichen Bereich und viel Pflege von vornehmlich weichen, fließenden und eher passiven emotionalen Ausdrucksformen im Privaten: Burschenschaftsrituale und Ludwig-Richter-Idyllen. So entstand eine Kultur der Innerlichkeit, die in Deutschland nur besonders ausgeprägt war, weil das Bürgertum lange so wenig an der Macht teilhatte.

Inzwischen sind das Pathos wie die Idylle gründlich desavouiert. Was sich langfristig durchgesetzt hat, ist eine Mischung aus »Mimikry«-Standards im öffentlichen Verhalten und eine versuchsweise ekstatische Gefühlsebene im Privaten; nun entsteht die Rede von »emotionalen Bedürfnissen«. Dabei sind wir in gewisser Weise durch die Medien sozusagen enteignet worden, leben durch sie emotional aus zweiter Hand. Zugleich sind es hauptsächlich die Medien, die uns vor Rückfällen ins Zeitalter der Sentimentalität bewahren. Denn erstens werden einem nun andere Leute und fremde Kulturen so reichlich und anschaulich ins Wohnzimmer geholt, daß die ausschließliche Identifikation mit der eigenen Gruppe so leicht nicht mehr möglich ist. Die Kritik über die Berichterstattung vom Golfkrieg war nicht, daß die Bilder zu viel, sondern daß sie zu wenig, zu abstrakt und zu einseitig zeigten, was sie zeigten – Ergebnis militärischer Zensur und technischer Mängel, die beide nicht inhärent zum Medium gehören. Zweitens aber wird im Medium alles zum Spiel, zur Möglichkeit, zur Figur. Emotionale Haltungen werden durch Rollenfiguren, Stars und Reklamespots repräsentiert, die man teilweise nachahmen, teilweise als Unterhaltung konsumieren kann, und spontane Kontaktgefühle werden in typischen Ausdrucksweisen dargestellt, die das Repertoire des Zuschauers zugleich bereichern und beschränken.

Die ungeheure Flut von erzählten Geschichten in der Literatur, in der Reportage und im Film bietet jetzt aber auch neue Chancen zur Einübung in den »apollinischen« Modus durch nachfühlendes

Erleben. Schon seit der Romantik und bis zum Expressionismus hatte für Teile des Bürgertums die Kunst eine solche Funktion als selbständiges Medium emotionaler Erfahrung in ästhetischer Distanz. Natürlich kann die Darstellung und Erzählung in Kunst, Film und Literatur ebenso auch unter- oder überdistanziert sein und ist es oft. Wichtiger aber ist, daß es eben auch erstaunlich viele Möglichkeiten der emotionalen Erfahrung im »apollinischen« Modus gibt. Nun kommt es darauf an, die ästhetische Distanzierung im emotionalen Ausdruck nicht nur im passiven Nachfühlen als Zuschauer/Leser, sondern im eigenen Lebens- und Erfahrungsbereich zu üben. Denn das ist die jetzt notwendige Antwort auf die gegenwärtige Lage unserer Zivilisation. Deren große Errungenschaft – nämlich die innere Pazifizierung weiter Räume, die weniger durch die staatliche Monopolisierung der Gewaltausübung als durch die Beherrschung des individuellen Affekthaushalts erreicht wurde – muß ja erhalten und weiterentwickelt werden. Das geht gewiß nicht ohne Affekt-Kontrolle, aber nicht im Sinne jener Kontrolle, die auf Verdrängung und Blockierung des emotionalen Erlebens beruht, sondern im Sinne der »pre-sentic control«, von der Clynes spricht: unserer Fähigkeit, zwischen den Modalitäten des Gefühlsausdrucks bewußt zu wählen.

Beherrschung des Affekthaushalts muß also nicht unbedingt identisch sein mit Verarmung der emotionalen Sensibilität; Clynes hat gezeigt, daß sich diese Sensibilität sogar steigern läßt durch Übung in der Erfahrung objektloser Gefühlszustände der »generalized sentic states«, weil dadurch eine größere emotionale Flexibilität entsteht, und zwar sowohl im Hinblick auf die Leichtigkeit, mit der man in einen Gefühlszustand gehen und sich auch wieder von ihm lösen kann, als auch im Hinblick auf eine kreative, nicht auf früher Gelerntes fixierte Wahl der Ausdrucksmittel. Es geht also darum zu lernen, in welchen Situationen ich welche Art (apollinisch oder dionysisch) und welches Medium (Mimik und/oder Bewegung und/oder Musik u. v. a.) für den Ausdruck meiner Gefühle wähle, um deren essentische Form möglichst genau zu treffen – zu meiner eigenen Motivation und Orientierung wie auch zu der meiner Mitmenschen.

Therapiegruppen, in denen mit einem Wachtums- statt mit einem Defizit-Modell des psychischen Erlebens gearbeitet wird, bieten dafür ein gutes Lernmilieu. Und zwar deshalb, weil in ihnen das institutionalisiert ist, was heute den Platz des Rituals eingenommen hat: Meta-Kommunikation, die Reflektion über unsere Art zu kommunizieren und miteinander in Beziehung zu treten. Meta-Kommunikation muß freilich so wenig nur in einem Darüber-Reden bestehen wie die Kommunikation, die ihr Gegenstand ist. Selbst sprechend kommunizieren wir nicht nur mittels der Sprache, sondern immer auch mit unseren Sinnen und Emotionen, mit unserer Haltung und unserer Mimik. Reflexive Sinnlichkeit ist also zugleich Medium und Ziel einer Kultivierung der Orientierungsfunktion unserer Sinne und Gefühle durch die Kunst wie durch die therapeutisch angeleitete Selbsterfahrung, vor allem aber durch die Übung in der Praxis unseres eigenen Lebens.

Die Gefühle im Überblick

Körperempfindungen	(z. B. Schmerz/Hunger)
Stimmungen	(z. B. fröhlich/trübe)
Leidenschaften	(z. B. Liebe als Passion)

Kontaktgefühle	(Affekte/Emotionen):		
1. Vorkontakt:	*Aversions- und Attraktionsgefühle*		
	Neugier		Überraschung/Schreck
	erot. Angezogensein		Furcht
	Sehnsucht		Ekel
2. Orientierung	*Aggressive Gefühle*		
und			Wut
Umgestaltung	Sex		Haß
3. Integration	*Zustandsgefühle*		
	Freude		Ehrfurcht
	Liebe	Trauer	Aha!-Gefühl
	Schönheit		Seligkeit
4. Nachkontakt	*Würdigende Gefühle*		
	Stolz		Ohnmacht
	Dankbarkeit		Schuldgefühl

Hemmende Gefühle:

Angst
Scham- und Peinlichkeitsgefühle

Sympathetische Gefühle:

Sympathie:	Empathie:
Gefühlsansteckung	Nachfühlen
gemeinsames Fühlen	Sich-Einfühlen

Überschussaffekte:

meist Ärger, Freude oder Trauer

Emotionale Haltungen:

neurotische Schuldgefühle	Neid
Traurigkeit	Geiz
Ressentiments	Leichtsinn
Verächtlichung	Helfer-Haltung
Verbitterung	neurot. Eifersucht
Verdrossenheit	Hoffnung
Sentimentalität	Sich-Sorgen-Machen
	u. v. a.

Exkurs II: Die therapeutische Begegnung

Learning is finding out what you already know.
Doing is demonstrating that you know it.
Teaching is reminding others
that they know just as well.
Richard Bach

Die psychologische Forschung zur Wirksamkeit verschiedener psychotherapeutischer Methoden und Arbeitsstile hat trotz erheblichen Aufwands bisher nicht sehr viel erbracht. Eines ihrer wenigen gesicherten Ergebnisse ist, daß jenseits aller Theorien, Methoden und Techniken der psychotherapeutischen Arbeit die Persönlichkeit des Therapeuten der wichtigste Faktor für die Wirksamkeit einer Therapie ist. Aus gestalttherapeutischer Perspektive muß dieser Befund noch etwas differenziert werden. Allzu leicht denkt man zunächst an die großen Persönlichkeiten der jeweiligen Gründergeneration neuer Therapieschulen. Aber ein genauer Blick lehrt, daß die Gründer und Entwickler neuer therapeutischer Schulen und Stile typischerweise ihre Schüler nicht das gelehrt haben, was sie tatsächlich gemacht, sondern was sie dabei gefunden und entdeckt haben. Und umgekehrt gibt es natürlich auch die Erfahrung, daß es manchmal mit wenig bekannten oder noch ganz unerfahrenen Therapeuten durchaus zu wirklich heilsamen Therapien kommen kann.

Nicht die Persönlichkeit des Therapeuten, sondern die therapeutische Begegnung ist heilsam. Gewiß sind manche Menschen zu solchen Begegnungen besonders befähigt. Andererseits ist allzuviel diagnostische Erfahrung manchmal dabei so hinderlich wie Ruhm und Ansehen. (Titel und Zeugnisse mögen vor Dummheit und Scharlatanerie schützen – Garantien für therapeutische Wirksamkeit sind auch sie nicht.) Was also macht die Qualität einer therapeutischen Begegnung aus, und wie läßt sie sich gewährleisten?

Mitgefühl ist das Eros des Therapeuten; im Nachfühlen kann er den Klienten in den raren Momenten des Vollen Kontakts auf heilsame Weise berühren, im Sich-Einfühlen kann er das Potential des anderen ausloten und ihm Wege weisen. Psychotherapie ist ein Kunsthandwerk, für das der Therapeut sein diagnostisches und experimentelles Handwerkszeug gelernt haben muß. Das ist eine notwendige, aber noch keine hinreichende Bedingung für wirksame therapeutische Einflußnahme – hinzukommen muß die Kunst der berührenden Begegnung. Sie ist eine schöpferische Leistung, die sich nicht auswendig lernen oder imitieren läßt. Wohl aber kann man günstige Bedingungen für sie schaffen, wenn man sich den folgenden Fragen stellt:

1. Wer ist und was braucht dieser Mensch, der therapeutische Hilfe bei mir sucht?
2. Bin ich der richtige Therapeut für diesen Menschen?
3. Was ist der kontraktuelle Rahmen für diese Therapie?
4. Wie kann, wie soll, wie darf ich mich in diese therapeutische Beziehung mit meiner Person einbringen?
5. Wie ist die emotionale Dimension unserer therapeutischen Beziehung?
6. Welche Rolle spielen die regressiven Neigungen des Klienten in der therapeutischen Beziehung?

Zu 1: Hier ist nun gleich zu Anfang der diagnostische Blick gefragt, von dessen Möglichkeiten und Gefahren schon die Rede war. Die meisten Klienten haben verständlicherweise nur sehr vage Vorstellungen davon, was es für therapeutische Möglichkeiten gibt und was ihnen gut täte. Hier muß natürlich der Therapeut erst einmal mit seiner Kenntnis und Erfahrung Orientierung geben:

- Braucht der Klient eventuell stationäre Betreuung in einer Klinik oder reicht eine ambulante Behandlung?
- Braucht er permanente Betreuung, etwa in einer therapeutischen Wohngemeinschaft oder in einer Selbsthilfegruppe wie den Anonymen Alkoholikern?
- Ist eine thematisch eingegrenzte Therapie – etwa eine Paartherapie – sinnvoll?
- Ist Einzel- oder Gruppentherapie das richtige, und in welchem zeitlichen Umfang?

Die Wahl des Therapierahmens wird also auf der Basis einer gemeinsamen Einschätzung von Klient und Therapeut erfolgen, die auf den Möglichkeiten und Wünschen des Klienten und auf den Einschätzungen und Erfahrungen des Therapeuten beruhen. Schon hier ist klar, daß es sich nicht um eine symmetrische Beziehung wie unter Kollegen handelt, sondern um eine komplementäre Beziehung, in der der Therapeut die Führung übernimmt.

Zu 2: Zur therapeutischen Arbeit gehören (mindestens) zwei – und die sollten einander sympathisch sein. Zunächst muß der Klient deshalb die Möglichkeit haben, sich ohne besonderen Aufwand für jemand anderen zu entscheiden. Für den Therapeuten stellt sich die Frage etwas anders: Insoweit der Klient neurotisch ist, wird er einem nicht besonders sympathisch sein können, denn das Neurotische ist das Langweilige, das Nervende, das sich immer Wiederholende. Aber er ist nie *nur* neurotisch; es kommt darauf an, das manchmal offen zutage liegende, manchmal tief verborgene Liebenswerte an ihm zu entdecken. Wenn das nicht gelingt, ist eine therapeutische Beziehung nicht möglich. Ich habe es bei der Entscheidung für Therapeuten wie bei der Entscheidung für Klienten immer hilfreich gefunden, mich zu fragen, ob ich mir vorstellen kann, diesen Menschen ohne Widerwillen und ohne von ihm erotisch angezogen zu sein, auch körperlich zu berühren.

Ein zweiter Aspekt des Themas, ob ich der richtige Therapeut für diesen Menschen bin, ist die Frage, wieviel ich mir zutraue. Es kann nicht falsch sein, hier auf seine eigenen Ängste zu achten; davon war schon die Rede. Hinzu kommt die Frage, wieviel zeitliche und emotionale Belastung ich mir zumuten kann und will. Niemand hält einen therapeutischen Kontakt mit schwer gestörten Menschen beliebig lange aus. Manche Klientengruppen sind so fordernd und zehrend, daß man sich ihnen nur eine begrenzte Zeit im Leben widmen kann, wenn man nicht Gefahr laufen will, völlig auszubrennen. Und schließlich gehört dazu, sich zu fragen, wieviel Erfahrung man hat und wieviel Erfahrung man für die therapeutische Begegnung mit einem bestimmten Menschen braucht.

Mangelnde therapeutische Erfahrung läßt sich gegebenenfalls

durch Supervision ausgleichen. Schließlich hat auch der Erfahrene einmal angefangen. Eine andere Sache ist es, wieviel Lebenserfahrung man braucht. Sie ist vielleicht wichtiger als die therapeutische Erfahrung. Jedenfalls gibt es sehr gute Gründe dafür, junge Menschen nicht dazu zu ermutigen, als erstes gleich Psychotherapeut zu werden. Andererseits läßt sich Lebenserfahrung auch nicht einfach am Alter abschätzen. Am besten sollte diese Frage, wenn sie relevant erscheint, ganz offen mit dem Klienten besprochen werden. Ist es in Ordnung für den Klienten, wenn ich jünger bin als er? Und ist es für ihn wichtig, daß ich ganz bestimmte Erfahrungen mit ihm teile, z. B. die Erfahrung eines Krieges oder einer Verfolgung?

Manche Erfahrungen kann man dank seiner Geschlechtszugehörigkeit nicht haben. Bin ich als Mann oder Frau der richtige Therapeut für diesen Menschen? Die Frage wird oft gestellt und spielt bei der Wahl des Therapeuten schon im Vorfeld meistens eine wichtige Rolle. Ich denke aber, daß ihre Bedeutung überschätzt wird. In einer unbefristeten Therapie werden früher oder später alle Probleme bearbeitet werden, gleichviel, ob der Therapeut Mann oder Frau ist – allerdings dank der Übertragungsneigung oft in unterschiedlicher Reihenfolge. Allein, wenn es um die Geschlechtsrolle selbst und besonders um Sexualität geht, ist das u. U. anders, sie lassen sich oft mit gleichgeschlechtlichen Therapeuten leichter angehen. Allerdings wird dadurch die herrschende Sprachlosigkeit zwischen den Geschlechtern erneut bestätigt. Selbst in den schwierigen Fällen von Frauen, die durch Vergewaltigungen oder sexuellen Mißbrauch schwer geschädigt worden sind, ist es m. E. heilsam, das andere Geschlecht nicht völlig aus der Therapie auszuklammern. Ich habe die besten Erfahrungen damit gemacht, Klienten nach mit mir beendeten Therapien nahezulegen, noch ein wenig mit einer Frau weiterzuarbeiten. Manchmal waren das wenige Stunden, manchmal entstanden Jahre einer neuen therapeutischen Beziehung daraus. Der Umstand, daß es zwei Geschlechter gibt, sollte auch in der therapeutischen Arbeit nicht als Begrenzung, sondern als Bereicherung verstanden werden.

Zu 3: Zu den notwendigen Vorbedingungen für das Entstehen einer Beziehung, innerhalb derer die Chance für therapeutische Begegnungen groß ist, gehört auch die Klärung der vertraglichen Seite. Nicht, daß es außerhalb professioneller Psychotherapie keine therapeutische Begegnung gäbe – jede Begegnung zwischen Menschen kann im Glücksfall heilsam sein. Wird aber dieser Effekt eigens gewollt, dann entsteht sofort eine Asymmetrie der Beziehung, die einer eigenen Absicherung bedarf, um nicht beide Teile zu überfordern. Nichts ist schrecklicher als Psychotherapeuten, die auch außerhalb therapeutischer Situationen das Therapieren nicht sein lassen können – selbst die vielen psychologisierenden Laien nicht.

Eine therapeutische Begegnung wird um so eher möglich, je klarer und zuverlässiger die vertraglichen Vereinbarungen über Zeit, Geld, Urlaubs- und Krankheitsausfälle etc. vom Therapeuten formuliert und eingehalten werden, denn nicht zuletzt darauf beruht das Vertrauen, das der Klient ihm schenkt. Es gehört zu einer liebevollen therapeutischen Beziehung, daß der Therapeut seinen Klienten, ganz besonders wenn sie zu psychotischen Prozessen neigen, ein stabiles, verläßliches Milieu für die therapeutische Arbeit anbietet. Dabei geht es nicht darum, daß den Klienten alles abgenommen wird; auch sie müssen ihren Teil dazu beitragen. Dazu gehört auch, daß sie einen finanziellen Beitrag aufbringen sollten. Vielleicht ist es hier nötig, einigen unliebsamen Wahrheiten ins Gesicht zu sehen: Die Kassenübernahme der Therapiekosten hilft nicht so sehr den Klienten als vielmehr den Therapeuten[1]; und: Viele, die in den Kliniken stationär aufgenommen werden, werden dort nicht deshalb versorgt, weil das therapeutisch sinnvoll ist, sondern weil es kein soziales Auffangnetz für sie gibt.

Zu 4: Die gestalttherapeutische Beziehung ist bei aller Asymmetrie der Rollenkonstellation eine Beziehung zwischen zwei Menschen, die ihr ganzes emotionales Sensorium umfaßt. Gerade weil sie sich auf das Hier-und-Jetzt der Begegnung konzentriert, kann sie nicht darauf verzichten, daß auch der Therapeut als reale Person präsent ist und sich nicht hinter seiner professionellen Rolle versteckt. Aber es gibt viel Unklarheit darüber, was das genau heißt. Gewiß, Gestalttherapie ist grundsätzlich eine Interaktionstherapie, das heißt, es findet ein echter Austausch zwischen Klient und Therapeut statt, deren Thema allerdings immer ist, wie der Klient seinen Kontaktprozeß unterbricht. Der Therapeut benutzt dabei sich selbst als Instrument; seine körperlichen, emotionalen und intellektuellen Reaktionen sind für ihn wie für den Klienten orientierend, haben Erkenntniswert. Deshalb ist natürlich eine hoch entwickelte reflexive Sinnlichkeit auf seiten des Therapeuten für und innerhalb der therapeutischen Arbeit von besonderer Bedeutung in der Gestalttherapie.

Da aber der Prozeß des Klienten stets im Vordergrund stehen soll – teils, weil das der vertraglich bestimmten Aufgabe der therapeutischen Beziehung entspricht, teils, weil der Klient u. U. mit dem Prozeß des Therapeuten überfrachtet wäre –, muß der Therapeut einen Teil seiner Reaktionen zurückhalten, also bewußt retroflektieren.

Ruth Cohn hat für diese Regel den zutreffenden Ausdruck »selektive Authentizität« geprägt. Alles, was der Therapeut zum Ausdruck bringt, soll authentisch, d. h. für ihn subjektiv stimmig sein. Aber welche seiner Empfindungen, Gefühle und Gedanken er äußert, und wann, und welche er zurückhält, entscheidet er im Hinblick auf die Frage, was der Therapie hilft und dienlich ist. Und es gehört selbst zu diesem Authentizitätsgebot, die Tatsache, daß man sich »selektiv authentisch« verhält, dem Klienten nichts zu verheimlichen. Umgekehrt ist es ebenso wichtig, dem Klienten ganz ausdrücklich das Recht zuzugestehen, alles für sich zu behalten, was er nicht oder jetzt noch nicht erzählen will.

In der Literatur zum Wesen der therapeutischen Beziehung ist gelegentlich von einem engagierten und einem abstinenten therapeutischen Stil die Rede.[2] Nun gibt es aber sehr unterschiedliche Weisen, sich persönlich einzubringen, zum Beispiel:

1. Ich erzähle von mir etwas Biografisches;
2. ich gebe zu erkennen, welche Neigungen und Abneigungen ich habe;
3. ich drücke Gefühle aus, die ich gegenüber dem Klienten habe;

4. ich gebe dem Patienten ein »Feedback«, d. h. ich lasse ihn wissen, wie sein Verhalten auf mich emotional und/oder intellektuell wirkt;
5. ich sage dem Klienten meine Meinung; d. h. ich gebe ihm Ratschläge und Bewertungen;
6. ich strukturiere die Sitzung stark.

Natürlich gibt es die verschiedensten Kombinationen dieser sechs Möglichkeiten; jeder Therapeut mag da sein eigenes Persönlichkeitsprofil erkennen. Allerdings: je besser der Therapeut ist, desto eher werden diese sechs Möglichkeiten, sich einzubringen, nicht nur Eigenschaften von ihm beschreiben, sondern Möglichkeiten, derer er sich je nach Klient und nach therapeutischer Situation frei bedient. Erinnern wir uns: »Der gesunde Mensch hat wenig Charakter« – aber viele Kompetenzen.

Dennoch läßt sich ein wenig auch über die Vor- und Nachteile eines eher abstinenten oder eher persönlich engagierten Arbeitsstils sagen:

Viel Sich-Einbringen fördert »positive Imitation« (Therapeut als Rollenvorbild und zugleich eigenständige Selbsterforschung)

Vorteil: Die größere Offenheit ist besonders für Klienten wichtig, in deren Familien viel verschleiert worden ist.

Nachteil: Der Klient wird leicht durch zu frühe Anforderungen an die Selbstverantwortlichkeit überfordert, und der Therapeut ist stärker in Gefahr, seine eigenen Probleme und Gegenübertragungen auszuagieren. Der engagierte Stil erfordert vom Therapeuten mehr eigene Therapie!

Wenig Sich-Einbringen fördert Regressionen und Übertragungen

Vorteil: Die Sicherheit der therapeutischen Beziehungen wird betont.

Nachteil: Die Abhängigkeit des Klienten vom Therapeuten wird verstärkt. Der Therapeut gerät stärker in Gefahr zu projizieren.

Insgesamt läßt sich sagen: Bei Es-Funktionsstörungen empfiehlt sich ein eher abstinenter Stil, der aber gleichzeitig stark strukturierend und orientierend sein muß. Bei Persönlichkeitsfunktions-Störungen empfiehlt sich ein eher engagierter Stil, der zugleich aber dem Prozeß des Klienten nachgiebig folgen soll. Das heißt aber, daß sehr oft in einer längerfristigen Einzeltherapie ein allmählicher Übergang von einem abstinent-strukturierten Stil zu einem engagiert-prozeßorientierten Stil hilfreich sein wird.

Zu 5: Es gibt Gestalttherapeuten, denen gegenüber man betonen muß, daß das Phänomen der Übertragung nicht eine Erfindung, sondern eine Entdeckung von Freud gewesen ist; daß wir Menschen, Beziehungen und Ereignisse oft unbewußt im Licht oder Schatten früherer wichtiger emotionaler Erfahrungen erleben, ist innerhalb wie außerhalb therapeutischer Situationen eine Tatsache, und sie gilt für den Therapeuten natürlich nur in dem Maße weniger als für den Klienten, als dieser zu reflexiver Sinnlichkeit vielleicht fähiger ist als jener.

In der Gestalttherapie geht es aber um die Fähigkeit, die reale Beziehung im Hier-und-Jetzt zu erfahren und nicht um die Deutung ödipaler Beziehungskonstellationen von einst. Das bedeutet, daß unbeschadet aller Projektionen des Klienten die Stärkung seiner Fähigkeiten zur Wahrnehmung der gegenwärtigen Realität im Vordergrund der Arbeit steht. Gerade dazu ist es hilfreich, wenn der Therapeut sich auch selbst als Person mit einbringt – nicht, um die Projektionen des Klienten zu widerlegen (oft stimmen sie ja inhaltlich und sind nur mit zuviel unangemessenem Affekt und unrealistischen Bedürfnissen befrachtet), sondern um ihm mehr Anhaltspunkte für eine gegenwärtige realistische Einschätzung zu geben, mehr Möglichkeiten also zur Stärkung seiner Ich-Funktionen im Feld.

So kann gerade die Bearbeitung von Übertragungen, das Gewahrwerden des Übertragens als einem gegenwärtigen Prozeß, schließlich dazu beitragen, eine therapeutische Beziehung aufzubauen und weiterzuentwickeln, in der sich die Hoffnung auf gute therapeutische Begegnungen bewahrheitet.

Zu 6: Wie stark der Therapeut auch darauf aus sein mag, die Selbstverantwortlichkeit seines Klienten zu fordern und zu fördern, der Klient wird allzuoft mit regressiven Neigungen reagieren, die nicht immer schon durch die Bearbeitung der Übertragungsprojektionen erledigt sind. Wann und wie haben Regressionen und Regressionsarbeiten in der gestalttherapeutischen Beziehung einen Platz? Dazu einige Hinweise:

1. Grundsatz: Die erlebte Regression darf (ebenso wie die Übertragung) vom Therapeuten nicht abgewertet werden, denn sie ist erlebte Realität des Patienten.

2. Grundsatz: Die Regression soll (ebenso wie die Übertragung) als solche kenntlich gemacht, benannt werden. Nicht mit diesem Ausdruck natürlich. Aber etwa: »Wie alt fühlst du dich, wenn du mich so anschaust?« »In welchem Alter hast du früher solche Fragen schon einmal stellen wollen?« etc. Bei Regressionen auf vorsprachliche Zustände müssen die Patienten klar informiert werden: »Jetzt hast du dich zusammengekauert wie ein Embryo« oder: »Spür, wie deine Finger greifen wollen – so erforscht ein kleines Kind als erstes seine Welt!« Informativ und supportiv also.

3. Grundsatz: Zielgerichtet können Regressionen eingesetzt werden, wenn es um das Wiederbeleben der eigenen Möglichkeiten in den Lernbereichen geht, in denen das Kind entmutigt wurde – oder die allzu schnell übersprungen worden sind (wie bei eher narzißtischen Störungen, bei denen es eine angstbesetzte Regressionssehnsucht gibt). In diesem Fall wird Angst auftreten, und der Therapeut muß sehr unterstützend sein.

Bei Goodman heißt es über Regressionen: »Die Aufgabe ist es, die unbewußten, unbeendeten Situationen herauszufinden, die die Energie von den Möglichkeiten der Gegenwart abziehen ... die Methode muß sein, das ans Licht zu bringen, was die Person unbewußt abwehrt.« (II, 12) Angebracht ist also Regressionsarbeit bei Menschen, die zu früh laufen mußten – sie sollten erleben, wie es ist, zu krabbeln – oder bei Menschen, die zu früh sprechen mußten – sie sollten erleben, wie es ist, zu brabbeln. Krabbeln und Brabbeln wird angstvoll erlebt werden; die Botschaft des Therapeuten muß sein: »Du kannst diese Angst aushalten, du bist kräftig genug, um etwas Neues auszuprobieren, und unsere Beziehung ist kräftig genug, um auch dieses ungewöhnliche Verhalten tragen zu können – am Ende wirst du mir wieder groß und auf eigenen Beinen gegenüberstehen.«

Angebracht ist klare Orientierung, Sagen-was-Sache-ist, bei Patienten, die zuwenig väterliche Orientierung hatten (was in gewisser Weise fast alle sind), oder, wichtiger, bei deren Herkunftsfamilien es viele Verschleierungen und Leugnungen gab. Regressionen haben also einen bestimmten Platz in der Gestalttherapie, wenn vor allem auch der letzte Grundsatz beachtet wird:

4. Grundsatz: Die Patienten müssen jedesmal vollständig aus der Regression wieder herauskommen: »Du kannst auf eigenen Füßen stehen, du bist ja auch selbständig hierhergekommen. Nächste Woche bin ich wieder für dich da.«

Bei zu frühen Autonomie-Zumutungen wäre eine regressive = symbiotische *Beziehung* gut, wird aber vom Patienten verhindert; bei frühen Autonomie-Entmutigungen ist eine solche Beziehung nicht hilfreich, wird aber vom Patienten gesucht.

Bei den konfluent Gestörten, also Autonomie-Entmutigten, muß die therapeutische Beziehung stabil, zuverlässig, regelmäßig, aber nicht symbiotisch sein; im Schutz der therapeutischen Situation kann und muß der Patient selbständige Schritte unternehmen. Will er die Hand des Therapeuten, sollte dieser antworten: »Du kannst allein gehen, ich bin hier und heb' dich auf, wenn du fällst!« Will der Patient den Rat des Therapeuten, so wären mögliche Antworten: »So mache *ich* das«, oder: »So habe ich das damals gemacht – aber jeder hat andere Fähigkeiten, um mit einer solchen Situation fertig zu werden. Was sind deine Fähigkeiten in Hinblick auf dieses Problem?«

Für beide Typen von Patienten sind einzelne gezielte Regressionsarbeiten sinnvoll und hilfreich. Für die einen, um erfahren und erleben zu können, was sie an Entwicklungsphasen übersprungen haben und ihnen nun als Fundament fehlt, bei den anderen, um erfahren und erleben zu können, wovon sie entmutigt worden sind (z. B. sehr häufig: sich neugierig umzusehen, hinzuschauen, Dinge und Menschen anzufassen; auch von sich aus Bedürfnisse zu spüren und ihnen mit eigenem Verstand und eigener Sensomotorik nachzugehen). Es kommt darauf an herauszufinden, welche Bereiche unterentwickelt sind/waren.

Die Sicherheit, das Vertrauen und die Zuneigung, die eine gute therapeutische Beziehung auszeichnen, sind der Boden, auf dem therapeutische Begegnungen entstehen können. Und diese sind heilsam, weil sie erstens die Berührung von Ich und Du im Vollen Kontakt sind[3] und weil sie zweitens unserer reflexiven Sinnlichkeit vollen Raum geben.

IV. Sozialer Kontext – Die Transformation des Menschen in der Epoche der Umweltzerstörung

Denn wie kannst Du Dir wirklich vormachen, die Wahrheit nicht zu kennen? Es gibt viele Augenblicke, in denen Du plötzlich gewahr wirst, daß Du nur ein Teil des Ganzen bist – nur eine Welle; aber dann schiebst Du diese Entdeckung beiseite, verschiebst die Erkenntnis der vollen Tragweite auf später und tust wieder so, als wäre nichts gewesen.

Osho Shree Rashneesh

In der psychotherapeutischen Arbeit steht der Klient mit seinen Beschwerden natürlich im Vordergrund; es gilt, seine verschütteten oder gehemmten Ressourcen und Fähigkeiten freizusetzen, und zwar durch die Entwicklung eines Selbst-Gewahrseins seiner Blockierungen. Demgegenüber kommt die andere Seite der reflexiven Sinnlichkeit, Umwelt-Gewahrsein, meist zu kurz. Umwelt kommt in der Psychotherapie in der Regel nur als die schädigenden, neurotisierenden Lernmilieus der frühen Jahre des Patienten vor. Aber aus gestalttherapeutischer Perspektive ist die Frage mindestens ebenso wichtig, welche schädigenden oder bereichernden Wirkungen *wir* auf unsere Umwelt haben und wie *diese* Einflüsse zurückwirken. Nur wenn auch diese Frage mit in die therapeutische Arbeit einbezogen wird, kann Verantwortlichkeit als »response-ability« entstehen: Selbst-Verantwortlichkeit schließt Umwelt-Verantwortlichkeit mit ein, und Selbst-Gewahrsein ist, genau besehen, identisch mit Umwelt-Gewahrsein.

Denn wir befinden uns unserer Umwelt nicht gegenüber, noch sind wir in sie eingebettet. Nur aus der Binnenperspektive des handelnden Subjekts erscheint das so. In Wahrheit bewegt sich die Teilwelt des jeweiligen Organismus/Umwelt-Feldes in einem ständigen Rhythmus von Differenz und Konfluenz, von Auseinandertreten und Wiederzusammenfließen seiner beiden Bestandteile. Immer nur vorübergehend wird ein Teil der Welt für uns zur Umwelt, beziehungsweise werden wir zu einem Ich gegenüber einer Umwelt, und es lohnt sich, den archimedischen Punkt in sich zu finden, von dem aus wir an unserem sinnlichen Involviertsein in der Welt reflexiv teilhaben können, den Punkt unseres Gewahrseins also. Psychologisch gesehen gibt es Objekte in der Umwelt nur, solange es Bedürfnisse im Organismus gibt. Dennoch ist die jeweilige Umwelt natürlich nicht ein bloßes Konstrukt unserer Bedürfnisse, sondern vorgefundene und erreichbare Welt, die sich dann in unserer Wahrnehmung zu einer Relevanzstruktur nach Maßgabe unserer Bedürfnisse ordnet und zugleich nach Maßgabe unserer Möglichkeiten und Fähigkeiten umgestaltet. Das heißt aber auch, daß die von uns vorgefundene und für uns erreichbare Welt immer schon vor-geordnet und vor-gestaltet ist. Denn wir bewegen uns in unseren Umwelten nicht wie ein Schwimmer im Wasser, sondern wir hinterlassen Spuren – Wahrnehmungstraditionen, Gestaltungsstile, Formen der Aneignung von Natur also, und natürlich Bearbeitetes, Artefakte.

Die Spuren, die wir und andere hinterlassen haben, sind von uns vorgefundene und erreichbare Welt, die Spuren, die wir jetzt hinterlassen und noch hinterlassen werden, sind die Umgestaltung unserer jetzigen und künftigen Umwelten. In Sachen Umwelt sind wir immer Täter und Opfer zugleich; wollen wir mit unserer Opferrolle zu Rande kommen, müssen wir uns mit unserer Täterrolle befassen. Tätig aber werden wir als Brauchende und Wünschende, als Wahrnehmende und Zugreifende, als Umgestaltende und Bearbeitende – und als solche sind wir zur Zeit dabei, die biologischen Grundlagen unserer Existenz auf diesem Planeten zu zerstören. Entweder sind die meisten Kontaktprozesse doch wieder oder immer noch nicht sättigend – als ob wir uns ständig zuviel und das Falsche aus der Umwelt holen und einverleiben – oder etwas an der Struktur unserer Kontaktprozesse, also an unserem In-der-Welt-Sein als Menschen, ist prinzipiell gestört.

Natürlich können wir nicht so tun – obwohl das oft geschieht –, als ginge es für unsere Klienten und uns nur darum, unbeschwerter zu atmen, sich besser zu erden und sich im übrigen auf die Selbstorganisation des Organismus/Umwelt-Feldes einzulassen, wenn die Luft und die Erde vergiftet sind und die Selbstorganisation zur Selbstzerstörung geworden ist. Eine psychotherapeutische Theorie, die unsere Umweltbeziehung zugunsten von individueller »Ich-Stärke« und persönlicher Interaktionskompetenz außer acht läßt, macht sich mitschuldig an dem Zustand, in dem wir alle nun verstrickt sind, gleichviel ob wir gerade als Klienten oder als Therapeuten oder in sonst einer unserer Rollen auf der Bühne sind.

Der soziale Kontext, in dem heute Psychotherapie stattfindet, ist eine Welt, in der Natur und Gesellschaft in stetig noch wachsender Geschwindigkeit einer totalen Transformation entgegengehen. Als erstes muß diese Tatsache begriffen werden – und das ist schwer genug. Jeder kennt natürlich aus eigenem Erleben und aus den Medien die vielen Anzeichen, mit denen sich die katastrophale Veränderung zeigt. Aber nur selten und andeutungsweise verdichten sich diese Erfahrungen und Informationen für uns zu einem Bild des Ganzen. Irgendwie geht man selbst nach so großen Warnzeichen, wie es das Unglück von Tschernobyl war, nach einer Weile wieder zum gewohnten Verhalten über, halb resigniert, halb fasziniert von der Normalität der Krise, der Normalisierung des Schreckens. Wer achtet schon heute noch auf die Verstrahlung von Lebensmitteln.

Der Alltag verträgt offenbar kaum noch zusätzliche Anforderungen an unsere Informiertheit. Es ist ein bißchen wie beim Autofahren, wenn nach einem Unfall auf der Straße alle für zehn Minuten langsam fahren, um dann wiederum in die gewohnte Raserei zu verfallen. Wenn sich alle unsere Informationen – und jeder hat davon jedenfalls hierzulande genug – doch nicht zu einem Bild des Ganzen fügen, so widersetzt sich offenbar etwas der natürlichen Tendenz zur Schließung der Gestalt. Dieses Etwas ist unsere Angst. Ein vollständiges Bild vom Gang der Umweltzerstörung wirkt wie der Anblick des Gorgonenhauptes – es lähmt und versteinert uns. Es geht uns heute mit der Umweltzerstörung, wie es den meisten mit der Vernichtungspolitik der Nazis ging: Aus vielen beobachteten Einzeltatsachen bildet sich dennoch nur eine schwache Ahnung vom Ganzen, weil das Wissen um die Wahrheit des Terrors, an dem unsichtbar und schicksalhaft verwoben jeder teilhatte, zu ungeheuerlich gewesen wäre, um überhaupt ertragen zu werden.

Die Umweltzerstörung und die entstehende Transformation des Menschen sind zu schreckliche und zu umfangreiche Themen, als daß ich sie an dieser Stelle und allein voll ausbreiten könnte. Der soziale Hintergrund, vor dem sich alle therapeutischen Bemühungen heute und für alle absehbare Zukunft abspielen, ist aber in aller erster Linie von diesen beiden Themen charakterisiert. Ich möchte also zumindest die Dimensionen skizzieren, die dieser Hintergrund hat, den Versuch machen, die Umrisse des Ganzen deutlich werden zu lassen.

1. Der Blick vom Mond oder Ende und Ewigkeit der Natur

Im 18. Jahrhundert entwickelte sich in Europa allmählich eine neuartige *Ästhetik* der Natur, die sich der neuartigen *Beobachtung* der Natur durch den wissenschaftlich-instrumentalen Blick zur Seite stellt. Kants Ästhetik brachte diese Entwicklung mit ihrer Unterscheidung des wilden Erhabenen vom maßvollen Schönen auf den Begriff. Nunmehr konnte auch das Rauhe, Kantige, Wilde und Ungehobelte der Natur in seiner besonderen, eben erhabenen Schönheit gesehen werden. In der romantischen Malerei dringt dieser Blick in die Kunst ein, Vorläufer einer vielgestaltigen Naturfotografie, ohne die das Naturverhältnis der europäischen Welt heute nicht mehr denkbar ist. Denn während wir unsere Eingriffe, Umgestaltungen und Ausbeutungen der Natur zu einem Maximum gesteigert haben, können wir nun gleichzeitig die Natur als etwas erleben, das gerade in seiner Unberührtheit einen ästhetischen Wert an sich besitzt. Auch dies ist eine Dialektik des Fortschritts, daß erst ihre Zähmung uns soweit die Angst vor der Natur genommen hat, daß wir das Schöne an ihrer Wildheit entdecken konnten. Das ist nicht unwichtig für unser Thema, denn der ästhetische Blick ist bislang das einzige, immer noch unzureichend entwickelte Gegengewicht zur technischen Vergewaltigung der Natur zum Zwecke unserer Bedürfnisbefriedigungen.

Heute aber hat es eine weitere Bereicherung unseres Blickes gegeben, die von noch weit größerer Tragweite ist: der Blick vom Mond auf die Erde, der Blick aus dem kosmischen Raum auf den Erdball als Ganzes. Erstmals sieht sich die Erde im Spiegel – und siehe da, sie ist schön![1] Schon vorher haben Fernrohr und Fotografie erste Bilder vom Kosmos ermöglicht; nach dem durch die Entdeckung der Perspektive *gezähmten Blick* und dem durch die Zähmung der Natur ermöglichten *wilden Blick* nun die Entgrenzung durch den *kosmischen Blick*. Jeder dieser Blicke hat einen selbstreferentiellen Bezug; mit der Perspektive im Raum entdeckt sich in der Renaissance der Mensch selbst in seiner herrlichen Ebenmäßigkeit, in seinem göttlichen Potential.

Mit der Schönheit der natürlichen Wildnis entdeckt der Mensch des 18. und 19. Jahrhunderts auch die Wildheit seiner eigenen Begierden und Triebe. Der durch die Raumfahrt ermöglichte Blick aus dem Weltraum zurück auf uns selbst ermöglicht eine neuartige sinnliche Erfahrung unserer Stellung im Kosmos, die zu einer – wie ich glaube spirituellen – Neubestimmung dieser Stellung zwingt. Nie zuvor konnte der Mensch seinen ganzen Lebensraum in all seiner Schönheit, aber auch in seiner Winzigkeit und Fragilität übersehen. Niemand, so heißt es, dem dieser Blick selbst vergönnt war, sei unberührt davon zurückgekehrt. Uns anderen muß das Abbild genügen. Allein dieser Anblick aber (wenn wir uns ihm wirklich öffnen) wird tiefgreifende Wirkungen haben.

Der Blick vom Mond zeigt uns den »blauen Planeten«, unseren Erdball, mit großen blauen Meeren und etwas kleineren braunen Erdmassen, durchweht von Luftströmen, die in riesigen weißen Wolkenwirbeln sichtbar werden. In fünfzig oder hundert Jahren könnte der gleiche Blick auf gelblich-weiße Wolkenschwaden stoßen, die das Antlitz des grau gewordenen Planeten nun undurchdringlich, lückenlos und auf unabsehbare Zeit verhüllen. Auf Fotos, die unseren Planeten im Gegenlicht der Sonne zeigen, wird der winzige Lebensraum sichtbar, der dem Menschen zwischen der Gasglut des Erdinneren und der strahlenden Kälte des Weltraums zur Verfügung steht. Hätte der Erdball einen Umfang von vier Metern, so wäre der menschliche Lebensraum auf seiner Oberfläche weniger als einen halben Millimeter dick.

Diese Bilder sind deshalb wichtig, weil sie uns emotionale Klarheit verschaffen, wo wir auf kognitiver Ebene immer verwirrter werden. Als Forschungsaufgabe ist die Umweltkatastrophe von so hochgradiger Komplexität, daß sie sich mit keinem anderen Problem vergleichen läßt, das sich jemals der Wissenschaft gestellt hat.[2] Möglicherweise besteht die sogenannte GAIA-Hypothese[3] zu recht, nachdem der ganze Erdball physikalisch, geologisch, klimatologisch und biologisch ein in sich geschlossenes System interagierender Elemente ist. Gewiß hat jeder schon am eigenen Leibe erfahren, wenn der Smog in den Augen brennt, wenn der Schaum auf den Wellen das Baden unmöglich macht, wenn Müll und Gift allerorten aus der Erde quellen, und hat genügend Wissen, um die Wirkungen der sinnlich nicht erfahrbaren Strahlen aus der eigenen Atomproduktion oder aus dem immer schlechter durch die Ozonschicht abgeschirmten Weltraum zu kennen. Aber ob und wann, wie und wo das alles zusammenhängt, läßt sich heute auch wissenschaftlich nicht sagen. Wenn aber eines Tages die Wissenschaft so weit ist, wird es vermutlich zu spät sein, weil womöglich die Sicherheit der Erkenntnis an die Unumkehrbarkeit dieses Prozesses gebunden ist.

Ich möchte das an zwei Prozessen illustrieren, die unter den Schlagworten »Ozonloch« und »Treibhauseffekt« bekannt sind.[4] Bereits 1976 hat ein Aufklärungssatellit der USA eine weltweite Abnahme und über der Antarktis ein Verschwinden der Ozonschicht registriert, durch die ein großer Teil der schädlichen UV-Strahlung der Sonne in den Weltraum zurückgeworfen wird. Jahrelang wurden diese Daten als ein Meßfehler des Satelliten behandelt. Niemand hatte dieses Ozonloch vorausgesehen, niemand weiß, wie es sich weiterentwickeln wird. Sicher ist nur, daß sich die schützende Ozonschicht im jahreszeitlichen Rhythmus und mit Schwerpunkt an den Polen weiter zurückbilden wird. Über die Folgen dieses Prozesses weiß man ebenfalls wenig mehr, als daß sie schlimm sind. Unmittelbar droht dem Menschen durch die weltweite verstärkte

UV-Strahlung in erster Linie Hautkrebs; Hautkrebserkrankungen nehmen überall auf der Welt zu mit Schwerpunkt in Australien und Neuseeland, die dem antarktischen Ozonloch am nächsten sind. Schlimmer aber ist möglicherweise die Wirkung der verstärkten UV-Strahlung auf die Pflanzen, die sich ja nicht, wie die Menschen, durch Kleidung und Cremes schützen können. Schon sagen Agrarexperten schwere Ernteschäden voraus. Am gefährlichsten aber könnte sich das Ozonloch auf Kleinstlebewesen auswirken, die ihre Energie aus der Sonnenstrahlung beziehen, gleichzeitig aber besonders UV-Strahlen-empfindlich sind. Unvorstellbare Auswirkungen hätte z. B. ein Ausbleiben der Algenblüte im antarktischen Frühjahr auf die gesamte Biosphäre der südlichen Halbkugel, vielleicht des ganzen Planeten. Das ist einerseits so, weil diese mikroskopischen Lebewesen am untersten Ende einer Nahrungskette stehen, die bis zu den Walen führt, zum anderen weil niemand ausschließen kann, daß dabei Auswirkungen auf den Sauerstoffgehalt der Atmosphäre entstehen, also auf den für uns und alle anderen höheren Lebewesen wichtigsten Stoff, den unsere Umwelt für unser Überleben bereithält. Dieser Sauerstoff wird nämlich von den Pflanzen produziert und zwar zu 70% von den Algen der Weltmeere.

Dabei ist die Ursache des Ozonlochs bekannt; es sind die von uns in die Atmosphäre geblasenen Spurengase, vor allem der Fluorchloridwasserstoff, das sogenannte FCKW, das in Treibgasen, Lösungsmitteln, Schaumstoffen und Kühlmitteln verwendet wird und das bis zur Entdeckung seiner verheerenden Wirkung in der Stratosphäre als eher umweltfreundlich galt. Die Natur erreicht oft Effekte durch gigantischen Überschuß an Quantität. Gewaltig wie die Menge an Sonnenenergie erscheint, die die Erde erreicht und von der alles bekannte Leben im Sonnensystem abhängt, so ist diese Menge doch unvorstellbar klein gemessen an der Energie, die die Sonne insgesamt produziert. Manchmal aber spielt auch in der Natur Qualität eine entscheidende Rolle. Die Spurengase machen weniger als 0,5% der Erdatmosphäre aus – aber ihre Wirkung ist enorm: Jedes FCKW-Molekül kann 100000 Ozonmoleküle vernichten. Da es sich um ein langlebiges, schwer abbaubares Gas handelt, dessen Moleküle allein zehn bis zwanzig Jahre brauchen, um überhaupt bis hoch an die Ozonschicht zu gelangen, wäre frühestens in 100 Jahren damit zu rechnen, daß sich das Ozonloch wieder schließt, wenn es jetzt einen sofortigen Stopp des weltweiten FCKW-Verbrauchs gäbe. Stellen wir uns vor: Der Haarspray, den wir vor 15 Jahren arglos benutzt haben, tut in diesem Augenblick sein zerstörerisches Werk hoch über uns an der Grenze zum freien Weltraum. Die letzte internationale Konferenz zur Ozon-Frage hat empfohlen, die FCKW-Produktion (nicht den Verbrauch) im Laufe der nächsten zehn Jahre auslaufen zu lassen. Inzwischen aber sind andere Ozonfresser im Anmarsch, insbesondere die durch Düngung und Verbrennung in immer größeren Mengen frei werdenden Stickoxyde.

Und nun der Treibhauseffekt. Was für den Gärtner das sonnendurchlässige und zugleich wärmeisolierende Glasdach seines Gewächshauses, ist für die Erde eine Schicht aus Gasen und Staubteilchen, die einen Teil der Sonnenwärme an der Erdoberfläche zurückhalten. Ohne diese Schicht gäbe es kein Leben auf der Erde, denn dann wäre die Durchschnittstemperatur um 35 Grad niedriger und läge bei minus 20 Grad. Nun aber hat der Mensch damit begonnen, dieses Treibhaus dichter zu machen, quasi die Lüftungsklappen zu schließen, und zwar durch Zuführung von Spurengasen, die einen Teil der noch immer abgestrahlten Wärme zusätzlich auf die Erde zurückwerfen, so daß sich die Temperatur erhöht. Dieser Treibhauseffekt ist seit hundert Jahren bekannt und vorausgesagt worden. Strittig aber ist bis heute, wie schnell und wie stark der Temperaturanstieg vonstatten gehen und welche Auswirkungen er haben wird. In den letzten hundert Jahren ist die Weltdurchschnittstemperatur um 0,7 Grad und der Meeresspiegel um 20 cm gestiegen. Bei einer Verdoppelung des Kohlendioxidausstoßes, der zur Hälfte für den Treibhauseffekt verantwortlich ist, wird die Temperatur um 1,5–4,5 Grad steigen. Die Erwärmung wird sich überdurchschnittlich in den polnahen Regionen abspielen mit der Folge, daß es in den gemäßigten Zonen zu mehr und in den tropischen Zonen zu weniger Niederschlägen kommt. Gleichzeitig wird der Meeresspiegel um eine unbekannte Größe steigen. Unklar ist, welche Folgen wo im einzelnen auftreten werden. Unklar ist auch, ob die im letzten Jahrzehnt weltweit beobachteten Wetteranomalien – ungewöhnlich warme Sommer in Europa, extreme Hitze- und Trockenperioden in den USA, extreme Regenfälle in Australien und Bangladesh, die größten je beobachteten Wirbelstürme – erste Auswirkungen des Treibhauseffekts sind oder natürliche Klimaschwankungen – das GAIA-System ist ungeheuer komplex. Sicher ist, daß früher oder später große Gebiete im Meer versinken werden, die heute von Millionen Menschen besiedelt werden – das Nildelta zum Beispiel oder große Teile von Bangladesh. Sicher ist auch, daß es keine Gewinner geben wird, einfach deshalb, weil diese Klimaänderung anders als die natürlichen viel zu schnell erfolgen wird, als daß wir Zeit zur allmählichen Anpassung hätten – eben das macht sie zu einer Klimakatastrophe.

Es scheint mir dabei von geringerer Bedeutung, daß sich die meisten Klimaforscher nicht festlegen wollen, ob der Temperaturanstieg der letzten hundert Jahre auf eine der in der Geschichte oft beobachteten natürlichen Klimaschwankungen zurückgeht oder auf den Anstieg des Kohlendioxidausstoßes seit der Industriellen Revolution. Entscheidend ist doch allein die Möglichkeit, daß er menschengemacht ist. Und wenn wir nicht genau wissen, ob, so wissen wir doch genau, wie.

Welche Veränderungen unweigerlich auf uns zukommen, wenn die Natur uns nicht durch einen noch gänzlich unbekannten Prozeß zu Hilfe kommt, läßt sich einfach daraus ermessen, welche Rolle das Kohlendioxid spielt. Kohlendioxid wird jedes Mal frei, wenn wir etwas verbrennen: beim Kochen unserer Mahlzeiten, beim Heizen unserer Häuser, beim Schmelzen der Metalle, beim Fahren unserer Autos, beim Roden unserer Wälder, beim Verbrennen unserer Leichen. Im Durchschnitt verursacht jeder Mensch in den westlichen Industriegesellschaften pro Jahr einen Kohlendioxidausstoß von 15 Tonnen.[6] Durch Austausch einer normalen 60-Watt-Glühbirne durch eine ebenso lichtstarke 11-Watt-Sparglühbirne kann 2/5 von einer Tonne Kohlendioxidaustausch pro Jahr vermieden werden.[7] In den ärmsten Ländern liegt der Pro-Kopf-Jahresausstoß allerdings nur bei 0,3 Tonnen. Umweltverträglich sind bei der derzeitigen Bevölkerungszahl vielleicht 3 Tonnen pro Kopf und Jahr.

Ursachen des Treibhauseffekts (Untersuchung von 1988)[5]

5 %	Stickoxyde	– entstehen aus mineralischen Stickstoffdüngern
10 %	bodennahes Ozon	– entsteht aus dem Automobilverkehr
15 %	Methan	– entsteht aus Reisanbau, Mülldeponien und Rindermägen
20 %	FCKW	– stammen aus Treibgasen, Kühlmitteln, Aufschäummitteln, Lösemitteln
50 %	Kohlendioxid	– entstehen aus der Verbrennung von Holz, Kohle, Erdgas, Erdöl

Daran sind beteiligt:	USA/Kanada	30 %
	Ostblock	20 %
	Westeuropa	15 %
	Afrika	3 %
	Brandrodung der Tropenwälder	30 %

Der Amerikaner Bill McKibben[8] hat ein sehr eindringliches und zugleich wunderbar poetisches Buch zu diesem Thema geschrieben, das den Titel trägt: ›Das Ende der Natur‹. Darin macht er klar, daß wir von nun an niemals und nirgendwo mehr sicher sein können, ob die Natur, der wir in unseren Lebensvollzügen begegnen, reine, von Menschenhand unbeeinflußte, sozusagen »echte« Natur ist. Von der Muttermilch, die möglicherweise verstrahlt ist, bis zum Wetter, das vielleicht nur Smog ist, vom bunten Stein am Strand, der sich als ein Stück Plastik erweist, bis zum Stern, der sich als Satellit entpuppt, von der Pflanze, die vielleicht radioaktiv ist, bis zum Tier, das so vom Evolutionsprozeß nicht hervorgebracht worden ist – nie können wir mehr sicher sein, ob und wann und in welchem Umfang das, was wir an zuträglichen und abträglichen Formen und Qualitäten in der Natur vorfinden, auf die Einmischung des Menschen zurückgeht. Selbst das Wetter wird nun auf allerdings uns selbst nicht durchsichtige Weise von uns bestimmt. Wir mischen mit, aber wir wissen fast nichts über die Wirkung unserer Zutaten.

Damit ist eine Epoche zu Ende gegangen, die Zeit, in der es zumindest der Idee nach möglich war, sich der Natur anzupassen, sich ihr einzufügen, sich ihr anzuvertrauen. Mutter Natur ist tot – und ich trauere um sie, auch wenn ich weiß, daß sie nur eine Idee, eine Lebensform ist; sie war eine der schönsten Erfindungen und Entdeckungen des Menschen. Allerdings, Leben und Tod menschlicher Ideen haben reale Folgen; mit der »Mutter Natur« sterben viele der schönsten Tier- und Pflanzenarten, die sich auf dem blauen Planeten entwickelt haben. Aber das Wort vom Ende der Natur erinnert auch ein wenig an die Geschichte, nach der jemand an die Wand gemalt hatte »Gott ist tot« – Unterschrift: »Nietzsche« –, und ein zweites Graffito darauf erwiderte: »Nietzsche ist tot«, Unterschrift: »Gott«. Der Mensch braucht die Natur, ja er ist Natur – aber die Natur braucht nicht den Menschen. Oder vielleicht doch?

2. *Der Alltag auf der Erde oder Angst und Zivilisation*

Der Blick vom Mond auf die Erde ist unalltäglich und verallgemeinernd; auf der Erde wird er noch selten erinnert. Das Bild der Erde als einsames Raumschiff im Weltraum, einzige, alternativlose Lebenswelt der Menschheit, versinkt immer wieder in den Vordergründen des Alltags und ist doch immer beständiger im Hintergrund wirksam, wird allmählich ein Archetyp sui generis, der statt aus der Vergangenheit aus der Zukunft auf uns einwirkt. Die Diskrepanz zwischen diesem Hintergrundwissen und den jeweiligen Kontaktprozessen unseres Alltags ist freilich riesig. Wie leben wir damit? Kurz gesagt: mit Angst, die abgewehrt wird.

Seit Kierkegaard kennen wir die Unterscheidung von Angst und Furcht. Gestalttheoretisch, so haben wir gesehen, ist Furcht ein Vorkontaktgefühl; es informiert über die Relation zwischen einer konkreten Bedrohung und den eigenen Kräften, und es mobilisiert die Kräfte zu Flucht oder Angriff. Angst dagegen hatte Perls bündig als das Gefühl definiert, das bei einer Unterbrechung des natürlichen Atemrhythmus entsteht: Die aufsteigende Erregung wird blockiert, der Atem angehalten und die Bewegung paralysiert. Angst lähmt, so heißt es; richtiger ist es zu sagen: Gelähmt zu sein angesichts der Gefahr, macht Angst, und diese Angst ist so unangenehm, daß wir sie gewohnheitsmäßig abwehren. In der Gestalttherapie kommen wir erst in und durch die Bearbeitung unserer jeweiligen Reaktionsbildungen mit der Angst in Berührung. Normalerweise spüren wir sie nicht. Wenn wir den klinisch besonderen Fall der Angstneurosen einmal ausklammern[9], ergeben sich zwei Fragen: Was bewegt uns überhaupt dazu, den Atem anzuhalten und die Erregung so zu blockieren, daß wir zugleich ausdrucks- und handlungsunfähig werden? Warum lähmen wir uns selbst? Und wie machen wir es, daß wir die entstehende Angst nicht spüren?

Die Antwort auf die erste Frage hat zwei Seiten. Die eine ist die zivilisationstheoretische, von der die Rede war. Früh in der Sozialisation entwickeln wir jeder unsere »Selbstzwangsapparatur«, Introjekte, die den spontanen Ausdruck von Schmerz und Lust, Wut und Liebe, Freude und Trauer hemmen, gehören zur Normalausstattung des modernen Sozialcharakters. Daher die vielen Depressionen, die verbreitete Resignation. Zum anderen und was den beängstigenden Zustand der Umwelt anbetrifft, so ist unsere Motivation zum Handeln von vornherein gelähmt durch die undurchdringliche Komplexität des Geschehens und durch das Gefühl von Ohnmacht und Hilflosigkeit, mit dem in dieser extrem arbeits- und wissensteiligen Gesellschaft jeder schon aus bürokratischen oder technischen Handlungszusammenhängen vertraut ist. Wenn es um Probleme der Umwelt geht, ergänzt sich gewöhnlich die Hemmung des affektiven Ausdrucks und damit der emotionalen Berührbarkeit mit der Desorientierung und Demotivierung des praktischen Handelns. Beides führt zu einer Hemmung der Erregung, was als Angst erfahren wird, und Angst ist so unangenehm, daß sie chronisch abgewehrt wird.

Ich vermute, daß die verbreitetsten Mechanismen, mit denen wir unsere Angst abwehren, eine *selektive Unaufmerksamkeit* und die vielen Formen der *Selbstbetäubung* sind. Ohnehin ist ja unser emotionales Sensorium zivilisatorisch geschrumpft durch chronifizierte affektive Selbstbeherrschung. Der herrschende depressiv-narzißtische Sozialcharakter ist schwer berührbar. Dazu kommt die Abstumpfung durch das täglich ferngeschaute Horrorspektakel der jeweils aktuellen Regionalkatastrophen und das Gefühl der Unverhältnismäßigkeit der eigenen Handlungsspielräume gegenüber den weltweiten Entwicklungen. Ralph K. White hat im Anschluß an H. S. Sullivan in seinen friedenspsychologischen Untersuchungen vom Abwehrmechanismus einer selektiven Unaufmerksamkeit gesprochen und hat dieses Übersehen, Nicht-Spüren, Nicht-Fühlen bei gleichzeitigem Wissen vor allem in vier Bereichen beobachtet: gegenüber den eigenen Schuldgefühlen, gegenüber der Menschlichkeit unserer Feinde, gegenüber der Gefahr eines nuklearen Krieges und eben gegenüber der Umweltkatastrophe.[10] Selektive Unaufmerksamkeit hat also etwas mit der Fähigkeit zu tun, abspalten zu können.

Der andere Fluchtweg, auf dem wir unserer Angst entkommen, führt zur Selbstbetäubung. Es gibt unzählige Formen, wie wir unserer Angst vor der Angst nachgeben, uns am Gewahrsein hindern, und viele davon haben Suchtcharakter. Natürlich gilt das für die Betäubungsmittel aller Art, natürlich gilt das für bestimmte Formen des Gebrauchs von visuellen Medien und Automobilen.

Das Autofahren ist wegen der Alltäglichkeit, mit der wir es alle tun, aber auch wegen der Komplexität dieses Verhaltens, ein besonders gutes Beispiel für unseren Mangel an Umweltgewahrsein, so daß es lohnt, einmal sehr genau nachzufragen, was es psychisch damit auf sich hat. Bekannt ist ja nun hinlänglich, daß das Auto selbst mit Katalysator ein Umweltvergifter erster Ordnung ist; es trägt zum Waldsterben ebenso bei wie zum Smog der Städte, zum Treibhauseffekt ebenso wie zur Vernichtung von biologischem Lebensraum. Und die weltweite automobile Aufrüstung geht mit Beschleunigungsraten weiter. Das Bedürfnis nach individueller Bewegungsfreiheit, vereint mit gewichtigen Kapitalinteressen, erschlägt offenbar jede Alternative schon im Keim.

Die Möglichkeit, in eigener Selbstbestimmung jederzeit an fast jeden Ort gelangen zu können, ist überwältigend attraktiv. Sie erschließt neue Räume der Begegnung mit Menschen, Städten und Landschaften, durch die die heimatliche Enge endgültig überwunden scheint. Doch wenn die neue Bewegungsfreiheit im Stau erstickt, wenn wir an den neuen Orten, die wir aufsuchen, immer wieder die gleichen Parkplätze, Straßen und Tankstellen finden, wenn die Zahl der Verkehrsopfer die Dimension von Kriegsverlusten erreicht, wenn die kollektiv getragenen Kosten des Autofahrens die vom Autofahrer selbst getragenen Kosten um ein Vielfaches übersteigen, wenn uns der überall herrschende Lärmpegel und die allgemeine Luftverschmutzung chronisch schädigt, und wenn wir trotzdem Jahr für Jahr mehr Kilometer im Auto zurücklegen, dann stimmt etwas mit dem Verhältnis zwischen unseren Bedürfnisbefriedigungen und den von ihnen verursachten Umweltveränderungen nicht mehr.

Chronische Schädigung durch immer wiederholte kurzfristige Befriedigungen, zu deren Erreichung die Dosis allmählich gesteigert werden muß – das sind bekanntlich die charakteristischen Kennzeichen der Sucht. Beim Suchtverhalten ist aber das Gewahrsein so weit herabgesetzt, ist die reflexive Sinnlichkeit so gestört, daß die angerichteten Schäden erst *nach* dem Entzug wirklich gespürt und erlebt werden können. Wenn man eine Sucht aufgeben will, ist es nützlich, sich durch eine Selbsthilfegruppe Unterstützung zu holen. Selbsthilfegruppen lehren, daß Erfahrungsaustausch mit anderen über Symptome, Therapeutika und Handlungsalternativen hilft. Ganz Deutschland müßte eine Selbsthilfegruppe in Sachen Autofahren werden. Wie bei den meisten Umweltproblemen ist das Problem auch hier eine Weiterentwicklung unseres Individualismus – manche würden sagen: eine Überwindung unseres Narzißmus. Es geht um gemeinsamen, konfliktbereiten Druck nach oben, was die Entwicklung einer alternativen Verkehrspolitik anlangt, und gemeinsames, kooperationsfreudiges Kommunizieren untereinander, was die bessere Ausnutzung vorhandener Ressourcen betrifft.

Das Auto ist auch deshalb ein nützliches Beispiel, weil es uns so anschaulich macht, welche Probleme die Technik für unseren Affekthaushalt aufwirft. Wir kennen z. B. die Gefahr, wenn Klienten nach einer Therapiestunde oder einem Workshop noch sehr erregt und emotional aufgewühlt sind und sich dann sofort ins Auto setzen. Unbestreitbar erfordert der Umgang mit Technik jene Affektkontrolle und emotionale Zurückhaltung, die sich im europäischen Zivilisationsprozeß als Standard herausgebildet hat. Aber mit diesem Standard ist es wie mit kreativen Lösungen, die zu neurotischen Verhaltensweisen geworden sind, weil der ursprüngliche Sinn wie auch die Methode der Hemmung vergessen und verdrängt worden sind; wir sind nicht frei in dieser Selbstkontrolle, weil uns das Gewahrsein unserer emotionalen Berührbarkeit verlorengegangen ist. In dieser Kultur ist man »cool«. Aber, wie Peter Sloterdijk so trefflich sagt, »Coolness ist Hohlraumversiegelung für das Ego. Das ergibt massenhaft unnötig langweilige Menschen«[11].

Ohne motorischen und stimmlichen Ausdruck stirbt das emotionale Sensorium, und so befinden wir uns hier in einem Dilemma, mit dem wir uns dringlich auseinandersetzen müssen. Ohne Gefühle fehlt uns die motivationale Kraft zum Kontaktprozeß, zur Auseinandersetzung mit der Umwelt. Gegen die Bedingungen der technischen Zivilisation wird aber keine Therapieform praktisch erfolgreich sein können. Es geht also um eine Verfeinerung unseres sinnlichen und emotionalen Sensoriums durch mehr Gewahrsam, so daß auch minimale Formen des Gefühlsausdrucks durch ihre Stimmigkeit, ihre Authentizität, im eigenen Erleben wie auch nach außen gegenüber dem anderen so orientierend wirken, daß uns unsere Bedürfnisse nicht unvermittelt zu impulsivem Handeln verleiten. Das ist nicht Zurückhaltung oder gar Askese, sondern Kultivierung des Organismus/Umwelt-Feldes. Gute Gestalttherapie gewinnt ihre Kraft eher aus den leisen Tönen als aus den lauten »Spitzenerfahrungen«.

Wenn der Zivilisationsprozeß Affektkontrolle erfordert und durchsetzt, so bedarf es zu deren Ergänzung und Verflüssigung dieser Kultivierung der Gefühle und Empfindungen, eben der Entwicklung von reflexiver Sinnlichkeit. Wenn wir lernen – und dazu ist die Gestalttherapie wunderbar geeignet –, daß die Stimmigkeit eines Gefühlsausdrucks und damit einer Gefühlserfahrung von der *Melodie* des Ausdrucks abhängt und nicht von der Lautstärke oder vom gewählten Instrument, dann wird aus der introjizierten Affektkontrolle die Fähigkeit, gleichzeitig genau zu spüren und sich selbst zurückzunehmen in seinem Beteiligtsein.

Dieses verfeinerte emotionale Sensorium ist es nun, was bei Umweltfragen der Laie dem Experten und der Bürger dem Politiker entgegensetzen kann und muß, es ist gewissermaßen das *Herz des Common Sense*, aus dem allein wir die Komplexität des zur Verfügung stehenden Umweltwissens so reduzieren können, daß wir wieder Maßstäbe und Leitlinien unseres Handelns gewinnen. Unüberbrückbar scheint heute oft die Kluft zwischen weithin vorhandenem Umweltbewußtsein im Sinne von *Wissen* über die Umweltzerstörung und der Zaghaftigkeit, ja Lähmung des so dringend erforderlichen *Handelns*. Die Politiker schwanken zwischen der vergeblichen Hoffnung auf Legitimation einschneidender Maßnahmen durch die Wissenschaft und der ebenso vergeblichen Hoffnung auf Entscheidungshilfe durch eine öffentliche »Wertediskussion«. Aber Wissenschaft kann ihrem Wesen nach niemals eindeutige Handlungsempfehlungen aussprechen, teils weil jede politische Entscheidung nichtwissenschaftliche moralische Implikationen hat, teils weil alle Forschungsresultate stets wieder neue Fragen aufwerfen; Ethik-Diskussionen andererseits tendieren dazu, den Menschen Maßstäbe aus philosophischen und theologischen Traditionen nahezulegen, die nicht die ihren sind. Allein wenn wir den Mut haben, die Wechselwirkung von Mensch und Umwelt im jeweils konkreten Fall in reflexiver Sinnlichkeit zu *erleben* und diese Erfahrung im Modus der ästhetischen Distanz zum Ausdruck zu bringen, gewinnen wir Maßstäbe, die aus unserer *eigenen* Erfahrung stammen und daher auch motivierend wirken.

Die Gestalttherapie setzt auf die sinnliche Erfahrung des Klienten statt auf die Interpretation des Therapeuten. Denn nur durch das (therapeutisch angeregte) eigene Erleben und dessen (therapeutisch angeleitete) Verarbeitung zur selbstgewonnenen Erkenntnis kann der Klient auf dem Weg von der Fremdbestimmung zur Selbstverantwortung weiterkommen. Dies ist der Grund, warum ein zentraler Bestandteil der gestalttherapeutischen Arbeitsweise das Hier-und-Jetzt-Prinzip ist: Erfahrung findet immer in ihrer jeweiligen Gegenwart am Orte des Geschehens statt – jede Deutung dagegen bezieht sich auf bereits Vergangenes. Aber natürlich vollzieht sich auch jedes Erfahren im Schatten einer Vergangenheit, die die Sinne geschärft oder getrübt, die Gefühle entfaltet oder gehemmt, den Verstand für Neues aufnahmefähig gemacht oder durch Vorurteile abgeschottet hat. Und auch die Zukunft ist immer schon in der Gegenwart lebendig als ein Erwartungshorizont, innerhalb dessen wir uns im Hier-und-Jetzt planend und vorsorgend auf Kommendes einstellen oder – häufiger – davon ausgehen, daß auch im nächsten Augenblick, am nächsten Tag, im nächsten Jahr die Dinge nicht wesentlich anders sein werden als jetzt.

Für den ungestörten Kontaktprozeß sind die Schatten der Vergangenheit nur insofern von Belang, als sie die Erfahrung des Heute-anders-Seins-als-damals vermitteln, die für das Gefühl der biographischen Identität konstitutiv ist; darüber hinaus sind sie *psychologisch* nur als belastende Prägungen wirksam. Warum sonst ist nie die Rede vom »Licht« der Vergangenheit?

Ein gewisses Maß an Vertrauen darauf, daß die Welt, in der ich lebe, in absehbarer Zukunft nicht grundsätzlich anders ist als jetzt, scheint dagegen ein wichtiger Pfeiler unserer psychischen Stabilität zu sein. Und dieses Vertrauen wird heute zunehmend ausgehöhlt. Ständig werden wir mit Informationen und Vermutungen überschüttet, was alles schon bald völlig anders (meist schlechter) sein wird, Veränderungen, für die dann Sachzwänge geltend gemacht werden, die kaum noch beeinflußbar seien. Schon seit Beginn der Industriellen Revolution ist die gesellschaftliche Entwicklung immer mehr von sich beschleunigenden Veränderungsprozessen bestimmt gewesen, die nach und nach auch alle alltäglichen Lebensbereiche erfaßt hat. Die großen Ängste (z. B. bei der Einführung der Eisenbahnen), die diese Veränderungen damals ausgelöst haben, sind heute vergessen. Gut dagegen erinnern wir uns heute noch an die Zeit, in der alle Veränderungen Fortschritte zum Besseren waren. Inzwischen scheinen die Entwicklungsprozesse noch viel schneller zu verlaufen, zugleich aber regelmäßig unsere Lebensqualität zu verschlechtern oder jedenfalls komplexer zu machen.

Gleichviel, an welche Prozesse man denkt, stets ist die Hoffnung mit Besorgnis gepaart, wenn sie nicht überhaupt nur Angst auslösen: Bevölkerungswachstum, Verstädterung, fortgesetzte Aufrüstung, weltweite Flüchtlingsströme, Industrialisierung der Landwirtschaft, strukturelle Arbeitslosigkeit durch Automation, Computerisierung, Auflösung familialer Bindungen, gentechnologische Experimente, wachsender Anteil alter und sehr alter Menschen, weltweites Vordringen fundamentalistischer Religionen ... Die Aufzählung ist beliebig und jeder könnte sie noch fortsetzen. So ist also die Vermutung einer relativen Konstanz der Verhältnisse eigentlich in keinem Lebensbereich mehr berechtigt, obwohl wir gern an ihr festhalten. Daß nach Heraklits Einsicht »alles fließt«, ist wohl eine Wahrheit jenseits der Geschichte. Aber was die menschlichen Verhältnisse und ihre Wirkung auf unseren Planeten anbetrifft, so ist aus einem gemächlichen Fluß heute ein reißender Strom voller Katarakte geworden, der niemandem und nirgends mehr die Illusion relativer Unveränderlichkeit erlaubt.

Das Tempo, mit dem wir die Zeit erleben, ist natürlich immer relativ zu unserer eigenen Lebensspanne und der von ihr schon oder noch nicht gelebten Zeit. In den Industrieländern hat sich die durchschnittliche Lebensspanne nach der Säuglingszeit seit der Industriellen Revolution um etwa ein Drittel vergrößert. Dennoch scheinen uns die gesellschaftlichen und technischen Entwicklungen ständig biografisch zu überholen. Und damit werden nun zunehmend alle Pläne problematischer, eben auch die individuellen Lebenspläne. Überall sind es die unerwarteten Folgen planvollen Handelns, die uns in Atem halten.[12] Die Bevölkerung in der Dritten

Welt z. B. steigt ja, wie zuvor in Europa, nicht deshalb so dramatisch an, weil mehr Kinder geboren werden, sondern weil westliche Medizin mehr Kinder am Leben erhält. Die Suche nach einem besseren Leben aber bleibt, und so folgt auf jedes gescheiterte oder nur halb gelungene Handeln gleich wieder ein neuer Plan, ein weiteres Ziel.

Paradoxerweise ist der Motor der Beschleunigung, wo nicht einfach Hunger, eine tiefsitzende Sehnsucht nach Ankommen an einem Punkt der Befriedigung, der Sättigung, einem Punkt, an dem alles erreicht sein wird und wir also alle Anstrengung hinter uns lassen können. Wo immer wir sind, bald genug schon wollen wir weiter, woandershin, in ein anderes Klima, zu einer besseren Arbeit, in eine schönere Wohnung, zu einem befriedigenderen Partner, zu einer authentischeren Erfahrung. Je schneller, zersiedelter, organisierter und medienabhängiger unser Leben wird, desto gehetzter suchen wir den Ausstieg aus der Beschleunigung. Je höher unsere Ansprüche werden, desto frustrierter sind wir; je frustrierter wir sind, desto höher werden unsere Ansprüche – immer schneller dreht sich der Kreisel unseres Lebens.

Natürlich ist der einzige Ruhepunkt in dieser Situation die Achse des Kreisels, das Zentrum des Zyklons ... Der archimedische Punkt, von dem aus diese Welt aus den Angeln gehoben werden kann (und muß), liegt nicht außerhalb ihrer selbst, sondern im Inneren des Subjekts, und die Erfüllung der Sehnsucht liegt nicht außerhalb der Kontaktprozesse, sondern in der Fülle seines Höhepunktes im Vollen Kontakt.

Unter dem Druck der Beschleunigung aller Entwicklungsprozesse wird diese Gesellschaft von der Knappheit der Zeit beherrscht. Das lineare Zeitgefühl der Neuzeit löst tendenziell die »Zeiträume« des Erlebens in »Zeitpunkte« aneinandergereihter Termine auf. Dadurch entsteht eine Atemlosigkeit des Augenblicks, ein immer schon auf den nächsten Termin, auf die nächste Begegnung, die nächste Prüfung, den nächsten Urlaub, die nächste Runde von was immer Schauen, ein dauerndes Von-einem-Ziel-zum-nächsten-Hetzen. Ein gemächliches Die-Dinge-auf-mich-Zukommenlassen ist heute psychologisch kaum mehr möglich. Aber es gibt noch andere, tiefergreifende Zusammenhänge zwischen dem Zeit-Druck und bestimmten gesellschaftlichen Entwicklungen. So ist seit der Industriellen Revolution die Zeitperspektive, in der sich Familien erleben und definieren, von einem Intergenerationszusammenhang, der sich über lange Zeiträume in Vergangenheit und Zukunft verliert, auf die Eltern-Kind-Beziehung geschrumpft – mit dem Wunsch nach einer besseren Zukunft der Kinder auf seiten der Eltern und dem Wunsch nach baldiger Ablösung von den Eltern auf seiten der Kinder als den Grenzmarken des Zeithorizonts.

Hier liegt wohl eine der Ursachen für die Sorglosigkeit, mit der wir mit der Umwelt umgehen. Uns ist nicht mehr vorstellbar und einfühlbar, in welcher Welt die nach uns folgenden Generationen leben werden und leben wollen, und so fehlt uns, was offenbar die traditionelle psychische Basis für die entsprechende Rücksichtnahme war. Zwar haben Menschen schon immer seit Beginn der Hochkulturen Raubbau an der Natur geübt, aber es war »wilde« Natur (so wie die Goldgräber und Landsucher jetzt noch den Regenwald sehen, den sie niederbrennen), nicht ihr eigenes, von ihnen bearbeitetes Land – und ihnen waren die verheerenden Folgen nicht klar.[13]

Jedenfalls zerfallen nun weltweit die alten Familienstrukturen, und dieser Erosionsprozeß hat auch nicht vor der Kernfamilie – Eltern und unmündige Kinder – haltgemacht. Jede soziologische Untersuchung zeigt von neuem, daß selbst Paarbeziehung unter dem Druck des herrschenden Individualismus ihren Institutionscharakter, d. h. die auf lange, ja lebenslängliche Dauer angelegte Struktur eines gemeinsamen Oikos, zunehmend verliert.[14] Statt dessen scheint sich eine Vielzahl unterschiedlicher Arrangements mit sehr verschiedenartigen Graden der Dauerhaftigkeit und der Gemeinsamkeit durchzusetzen, und die Kinder können immer weniger damit rechnen, im Regelfall von ihren beiden leiblichen Eltern aufgezogen zu werden. Und doch glaubt fast jeder heimlich an die Möglichkeit einer endgültig befriedigenden Beziehung und sucht sie immer wieder. So ist zwar heute eine Art serielle Monogamie die Regel, aber psychisch sind die Menschen nicht darauf eingestellt, sondern leiden fast permanent unter der drohenden oder gerade aktuellen Trennung.

Und ähnlich auch im anderen zentralen Lebensbereich jedes Menschen, der Arbeit. Immer weniger ist der lebenslängliche Beruf die Regel, schon jetzt zeigen die meisten Biographien erhebliche Kontinuitätsbrüche im Arbeitsleben, und in Zukunft wird diese Situation sich noch verstärken. Öffentliche Institutionen wie Schule, Berufsberatung und Rentenversicherung spiegeln häufig noch immer eine Kontinuität des Arbeitslebens vor, die nicht mehr den tatsächlichen Produktionsbedingungen entspricht. Statt dessen geht es heute um berufliche Flexibilität, Mobilitätsbereitschaft, Phantasie und vor allem Lernbereitschaft in jedem Lebensalter. Denn im günstigsten Fall erwartet die Berufstätigen eine Karriere, die in der Regel mit etwa 45 Jahren, also 20 Jahre vor dem Rentenalter, an ihrem Höhepunkt angekommen ist. Aber kaum wird das erkannt, setzt neue Unrast, neue Suche, Midlife-Crisis ein. Im ungünstigsten Fall ist man nach zehn Jahren arbeitslos und sieht sich zum Umzug und zur Umschulung gezwungen. Doch auch hier hält sich zäh die Hoffnung auf Erreichen eines Zieles, eines Zustands, an dem man es »geschafft« hat, an dem die größten Wünsche erfüllt sind und man sich endlich gelassen zurücklehnen kann – und auch hier ist die Hoffnung um so vergeblicher, desto größer sie war.

Schließlich wenden sich viele nun mit ihrer Sehnsucht den Möglichkeiten zu, die die Freizeitkultur heute bietet. Aus manch grauem Arbeitnehmer wird am Wochenende ein Freizeitheld, der Erstaunliches leistet. Nicht nur die Profis des Sport-Show-Geschäfts, sondern jedermann hat nun die Möglichkeit, sein Selbstwertgefühl in irgendeiner Spitzenleistung oder im Mithalten-Können bei irgendeiner organisierten Anstrengung zu festigen. Das ›Guiness-Jahrbuch der Rekorde‹ informiert über die Verbreitung und die Banalität der Themen dieser Sucht, sich selbst und anderen »etwas zu beweisen«. Die wachsende Beliebtheit von Marathon-Läufen, Drachenfliegen und Steilwandklettern, Bungee-Jumping und Abenteuerreisen aller Art, zu schweigen von Skiabfahrtslauf, Windsurfen und Tieftauchen legt beredtes Zeugnis ab für die Attraktivität selbsttranszendierender Strapazen. Und auch hier trügt die Hoffnung: Die Unrast und der nagende Selbstzweifel bleiben, zumal der Körper trotz aller Fitneß-Bemühungen schwächer wird, Alterserscheinungen zeigt.

Wir verfügen im Durchschnitt über mehr Lebenszeit als jemals zuvor in der Geschichte.[15] Und doch hat niemand Zeit – wie es scheint aus doppeltem Grunde: weil wir alle fast jederzeit woanders hinwollen, etwas anderes tun wollen, jemand anderes sein wollen, als wo und was wir gerade sind, *und* wegen der immensen Beschleunigung der Veränderung unserer Lebensumstände. Beide Phänomene gehören aber zusammen; die endlose Suche nach Selbsterfüllung treibt den Fluß der industriellen Produktion wie des gesellschaftlichen Lebens an, bis sich die Beschleunigung der Handlungsprozesse verselbständigt und zu einer Eigenschaft der beteiligten Subsysteme der Gesellschaft wird. Von da ab ist die Rede von Sachgesetzlichkeiten, die ihre Eigendynamik besäßen, und von da an auch entfernen sich die Entwicklungen so weit von unseren Bedürfnissen, daß die Vergeblichkeit unserer Hoffnung auf Identität, Ruhe, Ankommen offensichtlich wird. Nun wird die ganze Ziel- und Wachstumsorientierung unseres Lebens und unserer Gesellschaft fragwürdig und hohl.

Die gestalttherapeutische Sicht besteht deshalb zu Recht auf der kompromißlosen Konzentration auf das Hier-und-Jetzt der sinnlichen Erfahrung. Bei aller phänomenologischen Differenzierung der Zeiterfahrung des Jetzt[16] ist es doch allein die jeweilige Gegenwart des Erlebens und Erfahrens, die vom Druck der Zeit befreit und den kreativen Reichtum der Existenz aufschließt. Nur so scheint es möglich, wieder bei sich zu sein – aber nicht in »besinnlicher Stille« und kontemplativer Abgeschiedenheit, sondern mit reflexiver Sinnlichkeit bei dem sich in ständigen Kontaktprozessen immer wieder entfaltenden und vergehenden Selbst.

Je länger die ökonomischen und gesellschaftlichen Handlungsketten geworden sind und je weitläufiger sich die Menschen kommunikativ vernetzt haben, desto mehr haben Planung und Vorsorge für die Zukunft an Bedeutung gewonnen, während gleichzeitig die Vergangenheit als Quelle von Legitimation und Hort von Erfahrung stark entwertet worden ist. Diese Gewichtsverschiebung von der Vergangenheit zur Zukunft ist ein Kennzeichen des Modernisierungsprozesses. Nun aber ist eine paradoxe Situation entstanden; je wichtiger die Zukunft für uns wird, desto verwirrender ist offenbar ihr Bild, und je mehr Planung es gibt, desto häufiger scheint gänzlich Unerwartetes einzutreten.

Tatsächlich haben wir es heute nicht mehr mit einer, sondern mit vielen Zukünften zu tun. Alle möglichen Entwicklungsprozesse werden jetzt in arithmetischen oder geometrischen Reihen in die Zukunft extrapoliert. So gibt es eine Zukunft des Bevölkerungswachstums – bald wird man nirgends mehr allein sein können. Oder eine Zukunft des Autos – bald hat auch in den neuen Bundesländern jeder zweite eins. Oder eine Zukunft des Tourismus – bald werden wir nur noch in überdachten Tropenparadiesen mit künstlichem Klima unseren Urlaub verbringen können. Oder eine Zukunft des Wassers – überall wachsen die Wüsten, und das Trinkwasser wird knapp. Oder eine Zukunft der Medizin – immer weitgehender wird der menschliche Körper aus künstlichen Organen, Geweben und Flüssigkeiten bestehen. Oder die Zukunft von Flora und Fauna – immer häufiger werden wir Lebewesen begegnen, die ihre Existenz menschlichen Labortätigkeiten verdanken. Jeder kann diese Reihe nach eigenen Kenntnissen fortsetzen.

Einige dieser Zukünfte haben nur regionale Bedeutung. Andere scheinen einander auszuschließen. Mit Sicherheit sind diese Entwicklungstendenzen auf so komplexe Weise miteinander verzahnt, daß sich Genaueres nicht ausmachen läßt. Auch wenn einige Entwicklungen längerfristig eine geradezu absurde Beständigkeit ihrer zahlenmäßigen Entwicklung gezeigt haben – wie z. B. die Tatsache, daß sich die Zahl der weltweit tätigen Wissenschaftler seit zweihundert Jahren alle 15 Jahre verdoppelt hat[17] –, so ist dennoch nicht klar, wann und wodurch solche Exponentialkurven des Wachstums in ihre kritische Phase eintreten und was dann passiert. Alle Voraussagen, die Hermann Kahn, der berühmteste, wenn auch nicht der klügste unter den Zukunftsforschern, mit einem Millionenaufwand an Forschung für das Ende unseres Jahrhunderts gewonnen hatte, haben sich schon jetzt als falsch erwiesen. Nur eines hat sich zweifelsfrei herausgestellt, schreibt Enzensberger nach Besichtigung unseres Kenntnisstandes über die Zukunft, »daß die Evolution komplexer Systeme prinzipiell nicht vorausgesagt werden kann. Ihr Ablauf wird von singulären Ereignissen, oft von hoher Unwahrscheinlichkeit, entscheidend beeinflußt. Winzige Inputs können sehr große Ensembles zum Umkippen bringen, während andererseits enorme Einflußgrößen dynamisch aufgefangen werden, ohne daß es zu unkontrollierbaren Turbulenzen kommt«[18]. Quantitative Entwicklungen können allerdings, wie wir wissen, in qualitative umschlagen, in Unterschiede, die einen Unterschied machen. Viele Naturvölker gingen z. B. davon aus, daß der größte Teil ihres Stammes stets aus den Toten und aus den noch Ungeborenen besteht, die Lebenden waren sozusagen immer nur die Spitze des Eisbergs, der den ganzen Stamm ausmacht. Eine schöne Vorstellung. In diesem Augenblick allerdings leben mehr Menschen auf der Erde als alle Toten der Menschheitsgeschichte zusammengezählt. Trotzdem: Die Zukunft bleibt ungewiß, wenngleich in höchstem Maße besorgniserregend.

Dagegen gibt es eine neue Gewißheit, die freilich erst sehr langsam ins Bewußtsein dringt – die Gewißheit, daß die Menschheit als Ganzes und nicht nur der einzelne Mensch sterblich ist. Diese Einsicht beruht auf einem qualitativen Sprung in der Geschichte der Menschheit, dessen Zeuge wir sind. Die Menschheit ist dabei, in eine gänzlich andersartige Phase ihrer Entwicklung einzutreten, die durch die folgenden fünf Tatbestände bestimmt sein wird:

1. Die Menschheit ist als Gattung suizidfähig geworden, seit es möglich ist, den gesamten Erdball in einem atomaren Winter versinken zu lassen;

2. damit ist die Menschheit irreversibel zu einem Ganzen geworden. Die Entwicklung der Kommunikationsmedien und der Verkehrsmittel ist dazu nur notwendige, aber noch nicht hinreichende Bedingung gewesen;
3. die menschliche Zivilisation kann allein schon durch einen Unfall der atomaren Kriegsmaschinerie oder eine Serie atomarer Zivilunfälle ausgelöscht werden;
4. die Menschheit kann durch die bloße Art und Weise ihrer Existenz sich selbst und vielen anderen Arten die Lebensgrundlagen zerstören; sie ist fähig, an ihrem eigenen Lebensstil zu erkranken;
5. in der Computertechnologie und in der Gentechnologie werden zur Zeit die ersten Schritte auf einem Weg getan, an dessen Ende in relativ naher Zukunft der Mensch möglicherweise die Fähigkeit erlangt haben wird, sich biologisch und maschinell selbst zu transzendieren.

Nichts könnte einem das uns gegebene Verhältnis von Macht und Ohnmacht klarer vor Augen führen als die Möglichkeit, an sich selber Hand anzulegen. Die Macht, uns den Tod zu geben, ist die Ohnmacht, diese Tat nicht widerrufen zu können. Das legt dann die Vermutung nahe, möglicherweise auch ohne eigenes Dazutun sterblich zu sein.

Ich möchte kurz zwei Gedankengänge hier anknüpfen. Der erste stammt noch einmal von Robert Jay Lifton, der darauf aufmerksam macht[19], daß die Möglichkeit der Menschheit, sich selbst und ihre Lebensgrundlagen zu vernichten, auch Auswirkungen auf das hat, was er die ihr zur Verfügung stehenden Unsterblichkeitserfahrungen nennt, innere Standards, die für die Bedeutung, die wir unserem Leben und unseren Beziehungen beimessen, eine beständige Hintergrundwirkung ausüben, auch wenn sie gewöhnlich außerhalb des Gewahrseins bleiben. Lifton hat fünf historische Erfahrungsmöglichkeiten unterschieden, mit denen Menschen die Verbindung zwischen sich und der Gattung herstellen konnten. Zum ersten natürlich die religiösen Unsterblichkeitsideen, ob als Auferstehungs- oder Wiedergeburtsglaube; zweitens der Gedanke, mit oder in den eigenen Töchtern und Söhnen weiterzuleben als Teil einer endlosen Kette biologischer Verknüpfungen; zum dritten die Idee, in den eigenen Werken fortzuleben, die Vorstellung, daß der eigene Beitrag zur menschlichen Kultur zwar nicht ewige, aber doch etwas dauerhaftere Teilhabe an der Geschichte der Gattung gewährleistet als das rasch verfließende Einzelleben – ars longa, vita brevis; viertens die Vorstellung, in der Natur selbst als Bestandteil ihrer Elemente zu überleben und damit zugleich Nährboden künftiger Generationen zu sein, und fünftens die echte mystische Erfahrung, in der Zeit und Tod zugleich verschwinden und die Lifton als »experiential transcendence« bezeichnet.

Und nun stellt sich die Frage, was der möglich gewordene Suizid der Menschheit diesen Erfahrungsmöglichkeiten antut? Wie können wir uns auch nur ein spirituelles Fortleben auf einem Planeten vorstellen, dessen Bedingungen überhaupt kein oder nur noch mikroskopisches Leben ermöglicht? Wenn Lifton recht hat, sind alle Jenseitserfahrungen außer der mystischen auf ein Diesseits des Fortlebens unserer Gattung und unserer Biosphäre gegründet. Sicher ist jedenfalls, daß sich in der Kultur einer Menschheit, die sich ihrer Sterblichkeit bewußt geworden ist, nichts mehr auf die Kinder verschieben läßt – nicht das eigene Überleben und nicht die ungelebten Lebenschancen und die unerfüllten Lebenswünsche. Unsere Kinder werden es höchstwahrscheinlich *nicht* besser haben. Vielmehr werden spätestens unsere Kinder für alles zahlen, was wir heute tun und unterlassen.

Die andere Überlegung wendet sich noch einmal der Gewißheit des Todes zu. Suizidfähigkeit per se ist ja noch nicht Sterblichkeit – sie macht nur nachdenklich. Zum Beispiel im Hinblick auf Zeiträume. Stanislav Lem, der polnische Philosoph und Science-fiction-Autor, berichtete einmal einem gepflegten Kulturpublikum im Berliner Wissenschaftskolleg sehr ernsthaft und engagiert von einem Problem, das das ganze Sonnensystem und somit auch die Erde in naher Zukunft beträfe und das ihn beunruhige. Es ging darum, daß sich das Sonnensystem am äußersten Ende einer der spiralförmig ausgefächerten Arme unserer Galaxis befindet und vermutlich demnächst wie der Funke eines Feuerrades in den intergalaktischen

Raum geschleudert wird – mit schrecklichen Folgen, deren Einzelheiten ich vergessen habe. Nach einer Weile unterbrach ihn eine Dame und fragte mit banger Stimme, wie bald denn dieses Ereignis eintreten würde: »Oh, bald, sehr bald«, war die Antwort, »es dürfte nicht mal mehr eine halbe Milliarde Jahre dauern!«

Die Erde ist 4,6 Milliarden Jahre alt. Das sind 4600 Millionen Jahre. Wir können uns diese Zahl nicht vorstellen. Vielleicht hilft ein Vergleich.[20] Stellen wir uns vor, die Erde sei heute gerade 46 Jahre alt geworden. Von den ersten zehn Jahren wissen wir sehr wenig; es muß die Zeit gewesen sein, da Gott Himmel und Erde voneinander schied. Die nächsten 20 Jahre brauchte die Erde zur Beruhigung ihrer Oberfläche. Erst in ihrem 42. Lebensjahr tauchten auf der Erde primitive Lebewesen, erste Pflanzen auf. Das letzte Jahr haben wir noch gut in Erinnerung, es war das Jahr der Dinosaurier, auch wenn sie nicht das ganze Jahr über durchhielten. Wie viele Arten von Tieren und Pflanzen hat die Erde nicht schon gekannt in diesen letzten beiden Jahren! Die meisten sind schon wieder verschwunden. Im 46. Lebensjahr der Erde haben sich aber die Ereignisse überstürzt: Vor acht Monaten tauchten die ersten Säugetiere auf. Mitte letzter Woche entwickelten sich Menschen aus den Primaten: Sie hatten es bald schwer, denn letztes Wochenende erst war wieder eine Eiszeit. Der historische Mensch bevölkert die Erde seit vier Stunden; vor einer Stunde hat er den Ackerbau erfunden. Die Industrielle Revolution begann vor einer Minute. In dieser einen Minute haben wir die Erde so schnell verändert und dabei so viel vernichtet, wie vor uns allenfalls der Einschlag riesiger Meteore.

Im kosmischen Zeitmaßstab gesehen ist die Menschheit ein winziges Experiment, ein Lidschlag Gottes. Nichts deutet darauf hin, daß unsere Gattung es an Lebensdauer auch nur mit den Sauriern wird aufnehmen können – einige hundert Millionen Jahre, Monate nur im Laufe des sechsundvierzigjährigen Lebens unseres Planeten. Allerdings ist auch hier Quantität und Qualität zu unterscheiden, die Dauer von Zeiten allein ist nicht ausschlaggebend, auch hier mag die Natur unvorstellbare Mengen verschleudern, um ein einziges Mal zu treffen und Bewußtsein hervorzubringen. Das Gesetz der Entropie aber gilt auch für uns: Als *biologische* Gattung ist der

Mensch unweigerlich zum Aussterben verurteilt, und es ist nicht auszuschließen, daß dieser Tod aus eigener Fahrlässigkeit schon sehr bald eintritt.

Sehr narzißtische Menschen ebenso wie Jugendliche halten sich leicht für unsterblich. Natürlich wissen sie um den Tod, aber dieses Wissen berührt sie nicht, es macht keinen Unterschied. Vielleicht befindet sich die Menschheit jetzt am Ende ihrer Jugend und beginnt allmählich, sich von ihrer Sterblichkeit berühren zu lassen. Das wäre die biographische Analogie. Die Analogie zum Kontaktprozeß führt zu einem anderen Bild; in ihrem Verhältnis zur Umwelt steht die Menschheit vielleicht gerade am Beginn der Phase des Vollen Kontakts, das wäre dann wirklich die Wendezeit. Die Unterbrechung des Kontaktprozesses an dieser Stelle nennen wir Narzißmus; sie geschieht vor allem durch Retroflektion. Dann ginge es um Loslassen, Sich-Öffnen, Sich-Hingeben: gesunde Konfluenz bei starker Energie und hohem Gewahrsein. Kann uns dieses Bild etwas lehren? Vielleicht liegt hier die verdrängte anima verborgen, vielleicht sollten wir hier im Loslassen aller absichts- und planvollen Handlungsabläufe die fehlende Weiblichkeit im Umgang mit der Umwelt suchen.

5. Die Flucht ins Transhumane und das Elend der Macht

Aber der Homo faber ist noch nicht am Ende; nicht nur die Umwelt läßt sich umgestalten, auch der menschliche Organismus kann verändert werden. Wenn die Verbesserung der Umwelt auf Grenzen stößt, ja alle guten Absichten entgegengesetzte Entwicklungen auslösen, dann stellt sich die Frage, warum der Mensch sich nicht der Umwelt anpaßt, anstatt die Umwelt seinen Bedürfnissen zu unterwerfen. Sollte man einen neuen Körper für uns erfinden, anspruchsloser, widerstandsfähiger, langlebiger? Liegt die Schwierigkeit im Verhältnis von Mensch und Umwelt vielleicht nicht in der Umwelt, sondern im Menschen? Sind wir eine Fehlkonstruktion der Natur?

Daß der Mensch ein Mängelwesen ist, das sich seiner geistigen

Kräfte bedienen muß, um auszugleichen, was ihm an Instinktsicherheit und Eingepaßtheit in eine ökologische Nische abgeht, ist eine alte anthropologische Einsicht. Und daß unsere Intelligenz uns dazu befähigen könnte, mit unseren biologischen Mängeln nicht nur durch Gestaltung der Umwelt, durch Bearbeitung der Natur also, zurechtzukommen, sondern möglicherweise diese Mängel selbst zu beheben, ist ein alter Traum. Es ist der Traum vom Jungbrunnen, vom ewigen Leben, vom Menschen als dem Schöpfer seiner selbst.

Heute verfolgt die Menschheit die Spuren dieses Traums auf zwei wissenschaftlich-technischen Wegen, einem biologischen und einem maschinellen. An der biologischen Front geht es im Moment um die embryonentechnologische Vermeidung schlimmer Mängel und später um die gentechnologische Verbesserung des körperlichen Substrats unserer Spezies überhaupt. An der anderen Forschungs- und Entwicklungsfront geht es um die Konstruktion von Stoffen, Maschinen und Steuerungsaggregaten, mit denen aktuell oder prinzipiell defizitäre Organe ersetzt werden sollen. »Im Lichte der zu erwartenden weitreichenden Fortschritte in der synthetischen Chemie, der Informationstheorie und der allgemeinen Systemtheorie«, schrieb der Technik-Philosoph Stanislav Lem schon 1964, »wird sich der menschliche Körper als das unvollkommenste Element der zukünftigen Welt erweisen. Das menschliche Wissen wird das in den lebenden Organismen angehäufte biologische Wissen übertreffen. Dann werden Pläne, die man heute als Hohn auf die Perfektion der evolutionären Losungen auffaßt, realisiert werden.«[21]

Unbestreitbar gehören derartige Entwicklungsrichtungen zum selbstverständlichen Inventar der westlichen Zivilisation, zum Wesen des europäischen Geistes. Wer möchte heute auf Zahnprothesen, Kontaktlinsen oder Herzschrittmacher verzichten? Erst bei der künstlichen Intelligenz wird uns etwas unheimlich, aber bei deren augenblicklichem Entwicklungsstand entstehen noch keine prinzipiell anderen Probleme als bei sonstigen Formen der Großtechnologie auch.

Bei biologischen Eingriffen kommen wir schneller an die

Schwelle jener Probleme, die moralisch nicht lösbar sind, obwohl sie moralischer Natur sind. Unzweifelbar verursacht die Bevölkerungslawine unvorstellbares Leid, direkt als Hunger und Siechtum, indirekt als ökologisches Desaster. Gleichzeitig macht unser immer genaueres Wissen um das pränatale Leben des Menschen auch jenseits aller religiösen Dogmatik jede Abtreibung schwer erträglich. Und ist es nicht eine Zumutung, entscheiden zu sollen, weil entscheiden zu können, ob ein erbkrankes Kind geboren werden soll? Aber diese Zumutungen, die von nun ab immer häufiger auf uns zukommen, liegen in unserem eigenen demiurgischen Wesen begründet.

Im Versuch, mit den Mitteln der instrumentellen Vernunft seine körperliche Basis zu verbessern, folgt der Mensch letztlich nur seinem Selbsterhaltungstrieb. Das Problem liegt nicht in diesem Versuch überhaupt, sondern in der Einseitigkeit des mechanistischen Naturverständnisses, mit dem er betrieben wird. Auch innerhalb der naturwissenschaftlichen Forschungspraxis selbst drängen sich ja zunehmend unheimliche Fragen auf. Wozu etwa dienen die Millionen menschlicher Gene, die neben den paar Hunderttausend wirksamen ohne Funktion zu existieren scheinen? Oder wenn wir nun immer mehr in Erfahrung bringen über die Fähigkeit des Körpers, sich bis ins Pränatale zurückzuerinnern, welche seelischen Folgen mögen dann die In-vitro-Befruchtungen und andere embryonentechnologischen Eingriffe wohl haben?[22] Vorerst stehen sich die Hypertrophie eines Fortschrittsglaubens, der auf einem mechanistisch verkürzten Naturverständnis beruht, und eine direkt oder indirekt religiös inspirierte Heiligsprechung der Natur unversöhnlich, ja sprachlos, gegenüber.

In der gestalttherapeutischen Perspektive geht es statt dessen erst einmal um eine aufmerksame, konzentrierte, alle Sinne mit einbeziehende Wahrnehmung der jeweiligen Gegebenheiten in ihrer Verschränktheit und Interdependenz. Es geht darum, das Berührte zu spüren und zu unseren Sinnen sprechen zu lassen, bevor die Berührung zum Eingriff wird. Nicht daß damit die Notwendigkeit bestimmter Eingriffe schon erledigt wäre, aber sie werden dann wohl mit einem anderen Gewahrsein, in reflexiver Sinnlichkeit, und darum u. U. auch mit anderen Mitteln und mit anderen Grenzziehungen geführt. In dieser Perspektive geht es immer zuerst um eine ruhige, gelassene Konzentration auf unsere sinnliche Erfahrung von Welt, wie sie unseren Körper und darin vor allem unseren Sinnen gegeben ist. Aus der Berührung durch die Sinne erst erschließen sich in dieser Perspektive die verborgenen Zusammenhänge, die es zu respektieren gilt. Denn die Geschichte der Wissenschaften lehrt: Je mehr Zusammenhänge wir entschlüsseln, desto geheimnisvoller wird der Gesamtzusammenhang – so daß es lohnt, sich mit dem Unbekannten einzurichten.

Die Flucht ins Transhumane, in die Imagination einer biologisch oder maschinell wesensmäßig veränderten Körperlichkeit, geht vor allem an dem noch immer zu wenig bekannten und kaum ausgeschöpften Reichtum unserer Sinne achtlos vorbei. Denn es sind nicht die Prothesen unserer Sinne, Teleskop und Mikroskop, Hörapparate und Radiolauscher, die unsere Wahrnehmung ausmachen – unsere Sinne, wie immer prothetisch verlängert und verfeinert, sind allemal Bestandteile unseres zerebralen So-in-dieser-Welt-Seins. Es lohnt sich, dieser Befindlichkeit in reflexiver Sinnlichkeit viel weiter nachzugehen, als wir es bisher tun, bevor wir daran denken könnten, unsere Körperlichkeit womöglich in ihrer Essenz zu verändern. Was die technizistisch verkürzte Wissenschaftlichkeit, die sich allenthalben breitmacht, so armselig erscheinen läßt, ist, daß sie offenbar dem banalen Machbaren allemal Priorität gegenüber dem wunderbaren Komplexen und Geheimnisvollen einräumt. Zu jenem aber gehört an vorderster Stelle unser Gehirn, dieses »Drei-Pfund-Universum«[23], zu dessen wesentlichen Bestandteilen unsere Sinne und unsere Emotionen gehören. Darin verfängt sich auch Lem in einem anthropologischen Irrtum, daß er implizit das Hirn ohne Körper, ja unkörperlich, auffaßt. Das Gehirn aber denkt und fühlt mit dem Körper; ein körperloses Gehirn ist ein schlechtes Science-fiction-Phantasma, anthropologisch wäre es dank der Ganzheitlichkeit unseres Organismus und der Prozessualität seines In-der-Umwelt-Seins nicht denkbar. Weit davon entfernt, dieses unser einziges und durch nichts ersetzbares Erkenntnisorgan zu verstehen, werden wir gerade dort, wo es defizitär ist, auf seine

Wunder erst aufmerksam.[24] Das gilt gerade auch für die Sinne im einzelnen; was Hören und Sehen, Tasten und Schmecken für unsere Wirklichkeitsauffassung und für unsere Realitätskonstruktionen eigentlich bedeuten, können wir am ehesten von jenen unerschrockenen Forschern lernen, die ihre eigenen Sinnesverluste untersucht haben, die sich noch der Lautlosigkeit ihrer Taubheit und der Lichtlosigkeit ihrer Blindheit in äußerster reflexiver Sinnlichkeit zugewandt haben.[25]

Nichts kann prinzipiell gegen das Unternehmen eingewandt werden, die »autoevolutive Potenz« des Menschen (Stanislaw Lem) weiter zu entfalten. War das nicht von vornherein der Inhalt menschlicher Geschichte? Sich hier bloß auf die Weisheit des biologischen Evolutionsprozesses zu berufen und es dabei zu belassen, ist mehr als zu einfach, es ist unmenschlich. Aber auch in seinen demiurgischen Fähigkeiten muß sich der Mensch immer als in Umwelten eingebettet wahrnehmen, von denen er existentiell abhängt, ja durch die er mit definiert ist. Und über dieses Interdependenzverhältnis wissen wir noch viel zu wenig, als daß wir es uns leisten könnten, anders als mit größter Vorsicht und Umsicht, also auf jeden Fall sehr langsam, zu Werke zu gehen, wenn wir meinen, etwas am Evolutionsprozeß verbessern zu können. Es kommt heute viel weniger darauf an, die Welt zu verändern, als sie sinnlich zu erfahren – mit Liebe und mit Muße.

Am Ende steht die Frage, warum wir nun so unversöhnlich unserer Sterblichkeit den Kampf angesagt haben, wohl wissend, daß der Tod allemal siegt. Es ist, als ob wir alles Organische zu hassen begonnen haben, nur weil es vergänglich ist. Dabei sind wir auch darin noch unseren Sinnen verhaftet, denn nur ihre sinnliche Erfahrbarkeit in menschlichen Zeiträumen gibt der Vergänglichkeit des Organischen seinen Sonderstatus gegenüber der Vergänglichkeit auch des Anorganischen. Vielleicht könnten wir lernen, auch die Schwäche, die Fäulnis, das Absterben und Verschwinden noch in reflexiver Sinnlichkeit zu erfahren.

Die lebensfeindlichen Anstrengungen des Nicht-Sterben-Wollens, die so charakteristisch für unsere Kultur sind, sind eine Folge der Individualitäts- und Autonomieanforderungen, die die Verfassung moderner Gesellschaften an ihre individuellen Mitglieder stellt, während sie zugleich ihren kollektiven Mitgliedern Autonomie immer mehr versagt. Die Folge ist eine tiefe Furcht des »Egos« (soziologisch: der modern sozialisierten Persönlichkeit; psychoanalytisch: des narzißtischen Ich-Ideals) vor dem Loslassen, der Hingabe, dem Sich-Fallen-Lassen in den Vollen Kontakt – als würde ich mich in der Anerkennung und Berührung des Anderen schon selbst verlieren, als wäre ich ihm einfach ausgeliefert. Der Wunsch nach Macht ist nur die Kehrseite der Furcht vor der Ohnmacht. Hier sollten wir uns also endlich der immer ausgesparten Frage nach dem Verhältnis von Macht und Identität stellen – scheint es doch nun so, als ob ein gefestigtes, sicheres Gefühl von Ich-Identität an einem gewaltsamen Verhältnis zum eigenen Selbst und seiner Umwelt, an Selbstkontrolle und Weltbeherrschung hängt. Der Preis dieser Sicherheit ist aber das Leben selbst: das Gefühl, lebendig zu sein, und die Erfahrung, bereichert zu werden. Je mehr wir aber die Fähigkeit zu reflexiver Sinnlichkeit kultivieren, desto weniger braucht sich die immer neue Selbst-Entfaltung in Kontaktprozessen auf die Krücken der Macht zu stützen.

Nachwort: Gestalttherapie der Umweltzerstörung

And except drowning yourself into life in all its dimensions and all its colours there is no paradise;
there is nothing else but this sheer dance.
Osho Shree Rashneesh

Wieviel von der Umweltkatastrophe dringt in unsere tägliche Arbeit ein, eine wie große Rolle spielt die Bedrohung unserer Welt in unseren Therapien? Meine Vermutung ist: sehr wenig. Die Bedrohung ist immer unausgesprochen im Hintergrund, aber die Fragen des eigenen Lebens stehen im Vordergrund. Dabei gilt in der Gestalttherapie der Grundsatz, daß die Fesseln, mit denen die Klienten ihre Kraft zur Gestaltbildung hemmen, immer im Hintergrund zu suchen sind und daß es die Aufgabe des Therapeuten ist, diesen gestörten Hintergrund, diese Fesseln zum Vordergrund zu machen. Aber nur manchmal und dann oft überraschend wird diese Angst im Hintergrund zum Thema. In den zwei oder drei Monaten nach Tschernobyl war das vorübergehend anders; jeder reagierte durch Verstärkung der ihm vertrautesten neurotischen Reaktionen. Die Depressiven wurden noch dumpfer, die Hysteriker noch hektischer und die Schizoiden noch abwesender. Und alle fühlten sich bestätigt. Unvergeßlich ist mir die unverhohlene Freude eines Klienten, der als Pastor zwanzig Jahre schon aktiv in der Friedensbewegung tätig war: Endlich würden nun auch seine Kollegen in der Kirche aufwachen – die Katastrophe als Lernerfahrung![1]

Was der Zustand unserer Welt an Pathologie produziert – und wie diese Pathologie den Zustand unserer Welt verschlimmert –, darum haben sich Psychotherapeuten in der Praxis immer zuwenig gekümmert. Dabei hat es von Freud über Wilhelm Reich bis zu Alfred Lorenzer[2] nicht an theoretischen Einsichten gefehlt. Im Kontext des Buches ›Gestalttherapie‹ hat Paul Goodman, der freilich ein Homo politicus durch und durch war, schon 1952, als Auschwitz und Hiroshima noch ganz nahe waren, den Zusammenhang so formuliert:

> Der sich selbst unterdrückende Mensch, der zivilisierte Mensch also, muß ›die Sehnsucht nach Hingabe‹, den Wunsch nach der letzten Befriedigung, nach dem Orgasmus, ... als Wunsch nach totaler Selbstzerstörung (interpretieren). Unvermeidlich also muß es einen öffentlichen Traum von der Weltkatastrophe geben, von riesigen Explosionen, Feuern und Elektroschocks, und die Menschen bemühen sich mit vereinten Kräften, die Apokalypse Wirklichkeit werden zu lassen. Gleichzeitig jedoch wird jeder offene Ausdruck von Zerstörungslust, Vernichtungswillen, Wut und Kampfbereitschaft im Interesse der öffentlichen Ordnung unterdrückt. Schon das Gefühl des Ärgers wird zurückgehalten und verdrängt. Vernünftig, tolerant, höflich und kooperationswillig lassen die Menschen sich herumstoßen. Aber die Anlässe, sich zu ärgern, werden keineswegs seltener. Im Gegenteil, wenn die größten Initiativen in die Wettbewerbsroutine der Ämter, Bürokratien und Fabriken kanalisiert werden, gibt es Demütigungen, verletzte Gefühle, kleine Gemeinheiten. Der kleine Ärger wächst ständig nach und wird nie abgeführt; die große Wut, welche die große Initiative begleitet, wird verdrängt. Die Situation der Wut wird daher in die Ferne projiziert ... Die Menschen sehen das Debakel kommen. Sie hören auf rationale Warnungen und treffen allerlei vernünftige Entscheidungen. Aber die Energie, zu flüchten oder sich zu widersetzen, ist paralysiert, oder die Gefahr ist zu faszinierend. Die Menschen brennen darauf, die unerledigte Situation zu erledigen. Sie sind auf Massenmord aus, die Lösung aller Probleme ohne Schuldgefühl. Die Gegenpropaganda der Pazifisten ist schlimmer als nutzlos, denn sie löst kein Problem und steigert das persönliche Schuldgefühl. (Goodman, VIII, 8)

Soweit die Diagnose. Und was können wir noch tun? Für mich ergeben sich aus dem Ideenzusammenhang der Gestalttherapie und ihr verwandter Ansätze fünf Maximen, an denen sich unser Handeln inmitten der fortschreitenden Katastrophe orientieren könnte:

1. Maxime: Aus Angst muss Furcht werden – nur das führt zu Handlungsbereitschaft

Ich hatte ausgeführt, daß die introjizierten Affektkontrollen und die Undurchschaubarkeit der Verhältnisse zusammen mit einer Ahnung von der Größe der Bedrohung zu einer Handlungslähmung führen, die starke Angst verursacht. Diese Angst wird durch Formen der Selbstbetäubung und der selektiven Unaufmerksamkeit abgewehrt. Unsere erste Aufgabe ist es immer, unsere Angst zuzulassen. Der Weg dazu besteht ganz einfach darin, die chronische Selbstbetäubung in denjenigen Formen, zu denen wir jeweils besonders neigen, immer wieder zu unterbrechen und gleichzeitig mit voller Aufmerksamkeit bewußt hinzuschauen. Die entstehende Angst muß und kann ein Stück weit ausgehalten werden, denn Angst, die nicht mehr abgewehrt wird, verwandelt sich bei konkreter Bedrohung rasch in handlungsmotivierende Furcht. Bald stockt der Atem nicht mehr, bald macht man sich Luft, manchmal wird ein Schrei daraus. Gemeinsamkeit hilft: Wir werden vorübergehend zu einer Selbsthilfegruppe von angstgepeinigten Menschen werden müssen. Sobald wir wieder frei und erregt atmen können, weicht die Lähmung von selbst; wir fürchten uns, und wir werden flüchten wollen, aber *es gibt keine Zufluchtsorte mehr, Bedrohung ist überall.* Und dann fließt alle Energie in ein Tun-Wollen.

Gestalttherapie lehrt, daß nun die Freisetzung des aggressiven Potentials, gegebenenfalls die Wiederbelebung der Fähigkeit zur Destrukturierung vorgefundener Gestalten und zur Beseitigung von Hindernissen, von ausschlaggebender Bedeutung für das Gelingen der Kontaktprozesse ist. Mut in der Bedrohung braucht die Befreiung der Wut aus den Gefängnissen unserer Selbstkontrolle. Aber nicht blinde Wut des Umsichschlagens und der hektischen Aktivitäten, sondern die klare Wut der Initiative, die aus der Verbindung von Konfliktbereitschaft und Aufmerksamkeit entsteht. Wo dann ein jeder sein Aktionsfeld findet, ist nicht unbedingt Sache der Therapie, wenngleich die Rückmeldung und der Dialog darüber schon wichtig sind. Die eigentliche Aufgabe des Therapeuten besteht in der Freisetzung der Energie und in der Steigerung des Gewahrseins. Beides zusammen verwandelt die unbestimmte Angst des im Dunkeln Tappenden in die bestimmte Furcht vor konkreter Bedrohung. Ist die Gefahr einmal erkannt und die Flucht nicht mehr möglich, bleibt nur der Kampf. Handlungsbereitschaft in Umweltfragen ist notwendig Konfliktbereitschaft. Die Energie geht in die Auseinandersetzung, und die Auseinandersetzung energetisiert.

2. Maxime: Statt Umweltmoral emotionale Sensibilität – nur das führt zu Unterlassungsbereitschaft

Aber es gibt nicht nur vieles zu tun, es gilt auch, vieles zu unterlassen. Nur, woher soll die Bereitschaft dazu kommen? Die Bereitschaft, mitten in einer Wegwerfgesellschaft das Wegwerfen zu unterlassen, mitten in einer automobilen Gesellschaft das Autofahren einzuschränken, mitten im allgemeinen Sauberkeitswahn an Wasser und Putzmitteln zu sparen, mitten in der Heizölschwemme die Dächer und die Fenster abzudichten, gerade, wo für alle der Abfahrtslauf erschwinglich wird, nur noch Langlauf zu machen, immer die eigene Einkaufstasche mitzunehmen, wo die Plastiktasche doch so praktisch ist? Der Verzicht fällt schwer – zum einen, weil noch immer soviel gerade erst gewonnene Freiheit, gerade erst gekosteter Genuß daran hängt – zum anderen, weil er Zeit kostet, Planung und Umsicht erfordert, weil er mit Streß verbunden ist. Und immer das Gefühl dabei, als einzelner ohnehin nichts ausrichten zu können.

Zwischen dem eigenen Tun und der weltweiten Katastrophe liegt ein schier unermeßlicher Raum. Wir sind moralisch überfordert. »Um die neuen Imperative des ökologischen Mega-Überichs zu inkarnieren«, meint Sloterdijk, »müßten moralische Mutanten entstehen, Paranoiker der dritten Art, die sagen können: Ich und Terra sind eins, und das Ozonloch tut mir persönlich weh.«[3] Aber an Ermahnung fehlt es trotzdem nicht. In den Medien ist der erhobene Zeigefinger in Sachen Umwelt inzwischen öffentlich-rechtlich sanktioniert, und bei den Philosophen ist neuerdings wieder viel von Verantwortungsethik die Rede. Überall fordert man eine neue Umweltmoral.

Nun gehört es zu den wichtigsten Einsichten von Frederick Perls, daß das Über-Ich nicht eine notwendige psychische Instanz der reifen Persönlichkeit ist, sondern ein Bündel von Introjekten, die nicht assimiliert worden sind. Introjizierte Verhaltensregeln werden aber immer wieder verletzt, weil sie Bedürfnisse, die sich nicht verdrängen lassen, hemmen und einengen: »Top-dog« mag noch so stark sein, »Under-dog« wird seine Bemühungen immer wieder sabotieren. Alle nicht assimilierten Verhaltensnormen lenken nur die kreative Energie auf Verbotsumgehungsinnovationen. Aus den Erfahrungen der Gestalttherapie läßt sich ein anderer Weg lernen: Moral ist eine Frage des Gewahrseins, und darin vor allem der emotionalen Sensibilität. Aus der Sozialpsychologie der Freund-Feind-Beziehungen kennen wir das Phänomen, daß Feindschaft ein gutes Maß an Ignoranz voraussetzt. Je mehr wir voneinander wissen und erfahren, desto mehr Interessantes entdecken wir aneinander; um die Feindschaft zu erhalten, muß man den anderen auf Distanz halten. Und wie lehrreich ist hier die wunderbare Erfahrung, daß wir in der therapeutischen Arbeit auch beim ödesten Klienten nach einer Weile Liebenswertes entdecken.

So könnte es auch mit unserer Umwelt sein. Wer mit Gewahrsein ißt, schmeckt mehr und braucht weniger. Wer Bäume wirklich liebt, dem kann ein Waldbrand ein Stück der eigenen Seele verbrennen. Und wer könnte sich einer solchen Liebe entziehen, der sich je die Muße genommen hat, einen Baum zu sehen, zu riechen, anzufassen, in seine Äste zu klettern, in seinem Schatten zu ruhen, mit ihm den Wechsel der Jahreszeiten zu erleben? – Ich weiß, das hilft nicht den Umsiedlern und landlosen Bauern, die die Brandrodung in den Tropenwäldern vorantreiben, denn hier gilt das Gesetz von Mackie Messer: Erst kommt das Fressen und dann kommt die Moral! Ein hungernder Mensch kann sich nicht in Stufen des Gewahrseins üben. Es gibt auch Umweltprobleme, zu denen die Gestalttherapie erst einmal nichts zu sagen hat.

Aber nicht nur die Hungernden sind abgestumpft, und die Satten sind auch in Umweltdingen allemal die Mächtigeren. Wir müssen deshalb immer neue Techniken der emotionalen Sensibilisierung und der Sensory Awareness entwickeln und auch über die engere therapeutische Arbeit hinaus verbreiten. Gewiß sind Techniken der Sensory Awareness so wenig schon das Gesuchte, wie Techniken der Meditation schon die meditative Haltung sind – aber beides hilft. Unnötige Zerstörung und Verschwendung von Dingen und Erscheinungen, zu denen hin man sich einmal in meditativer Ruhe geöffnet hat, ist so schwer möglich, wie einem Menschen Gewalt anzutun, den man in seiner Wirklichkeit wahrnimmt. Und zu solchen Erfahrungen können wir anleiten, können wir Gelegenheiten schaffen. Aldous Huxley verdanken wir nicht nur die Horrorvision der »Brave New World«, sondern auch die schönste positive Utopie der modernen Literatur. In seinem Roman ›Island‹[4] schildert er eine Gesellschaft, in der Sensory Awareness und emotionale Aufmerksamkeit sogar zu Maßstäben des Schulunterrichts geworden sind. Wichtig ist dabei allerdings, daß sich eine solche Haltung nicht auf Reservate stiller Naturbetrachtung im eigenen Garten beschränkt. Vielmehr geht es darum, die gleiche Sensibilität im Umgang mit der Natur zu entwickeln, wenn wir sie bearbeiten und wenn wir sie bebauen und wenn wir sie bereisen. Und dann wäre noch der Buddha in der Maschine zu entdecken, eine pflegend-liebevolle statt verschleißend-abwehrende Haltung zur Technik, wie sie Albert Pirsig in seinem Roman ›Zen und die Kunst des Motorradfahrens‹ schildert.[5]

Ein letztes Wort zur Frage der emotionalen Sensibilität gegenüber der Umwelt; es geht dabei nicht nur um Zuneigungen, sondern auch um Abneigungen. Zu einer Kultivierung der Gefühle gehört auch eine Kultivierung des Ekels. Menschen empfinden natürlicherweise zweierlei Ekel: den vor den eigenen Ausscheidungen und den vor der Fäulnis, vor allem des Fleisches. Darüber hinaus aber unterliegt er kulturellen Prägungen: Manche ekeln sich vor Hundefleisch, andere vor Schweinefleisch und wieder andere vor jedem Fleisch. – Arbeiten müssen wir an einer Kultur, in der uns unser Müll so eklig ist wie unsere Ausscheidungen, und in der es so peinlich wird, mit diesen ertappt zu werden, wie heute mit jenen. Das Herz des Zivilisationsprozesses ist das Ansteigen der Scham- und

Peinlichkeitsschwellen. Aber sie beziehen sich vorerst nur auf unseren Körper und unsere Affekte. Vielleicht können wir mitbestimmen, wo die nächsten Peinlichkeitsschwellen gelegt werden – zum Beispiel bei unseren Gewaltsamkeiten, zum Beispiel bei unseren Verschmutzungen. Wo die Peinlichkeitsschwellen liegen, muß eine Frage des Gewahrseins und nicht der Normierung werden.

3. Maxime: Aus der Subjekt-Objekt-Beziehung muss eine Ich-Du-Beziehung werden – nur so kann es Empathie und Mitgefühl geben

Niklas Luhmann, das Oberhaupt der systemtheoretischen Schule in der Soziologie, hat formuliert, daß für die Gesellschaft sowohl die Natur als auch der Mensch eine Umwelt darstellt.[6] Es ist lehrreich, sich einen Moment lang auf diese Perspektive einzulassen. Als erstes wird deutlich, daß der Hauptmechanismus, mit dem die Gesellschaft der Neuzeit das Umweltproblem »Natur« gelöst hat, der Markt ist; er entscheidet, was und wieviel der Natur entnommen wird, was verarbeitet und umgestaltet und wie mit den Resten, der Schlacke, dem Müll umgegangen wird. Andere Mechanismen von gleicher Durchschlagskraft – religiöse oder ästhetische zum Beispiel – sind nicht in Sicht. Und einschränkende, den Markt an andere Werte einbindende Normen, wie zum Beispiel die Forderung, nur noch rückholbare Eingriffe in die Natur und biologisch rasch abbaubare Produkte zuzulassen, liefern wichtige Maßstäbe für die politische Grenzwerte-Diskussion, reichen aber zur Bändigung der kapitalistischen Umtriebigkeit nicht aus. Vielleicht ist es nötig, die Gesellschaft als Umweltproblem der Natur zu begreifen und nicht umgekehrt.

Und die andere Seite des Luhmannschen Paradigmas, der Mensch als Umweltproblem der Gesellschaft? Hier spürt man einen Hauch von der gnadenlosen Unberührbarkeit systemtheoretischer Abstraktionen. Schließlich ist das gewichtigste Umweltproblem überhaupt das Wachstum der Weltbevölkerung. Natürlich weiß ich, daß Luhmanns Überlegung analytisch und nicht normativ gemeint ist.

Aber keine Theorie ist unschuldig, und mich erschreckt eine Redeweise, bei der man nur für das Wort »Gesellschaft« »Volksgemeinschaft« und für das Wort »Mensch« »Jude« einzusetzen braucht, um bei Auschwitz zu landen. In der systemtheoretischen Sprache sind die Worte »Natur« – »Gesellschaft« – »Mensch« formal definierte Begriffshüllen, die sich sehr unterschiedlich füllen lassen. Aber selbst in dieser Formalität ist es nicht gleichgültig, was man ins Zentrum des Interesses rückt, und was damit peripher, also »Umwelt« wird!

Die Gestalttherapie zeichnet eine auf den Einfluß Martin Bubers zurückgehende Betonung der Ich-Du-Beziehung aus, in der der Andere nicht mehr Gegenstand des Begehrens und Planens, des Regierens und Verwaltens ist, sondern Möglichkeit der Begegnung mit der Quelle einer anderen Subjektivität, die mir zur überraschenden Inspiration geraten kann, deren Rat und Hilfe ich brauche, einem Menschen, dem ich als Mit-Leidendem die Halbierung meiner Lasten und als Mit-Freuendem die Verdoppelung meiner Freuden verdanke. Dieses Du, dieses Gegenüber brauchen wir auf dem Weg durch die Angst zur Furcht und durch den Mut zum Tun. Nur auf dem Umweg über andere können wir überhaupt unserer selbst gewiß sein. Und wir zahlen für jede Unterdrückung anderer mit einer Selbst-Unterdrückung, für jede Verletzung anderer mit einer Selbstverstümmelung, für jede Unaufrichtigkeit gegenüber anderen mit einem Stück Selbstblindheit – der Andere bin ich selbst im fremden Gewande. Nicht, daß die Diskrepanz zwischen dieser Einsicht und ihrer Verwirklichung in unserem Alltag enorm ist, bedarf dabei besonderer Erwähnung, sondern vielmehr die Tatsache, daß diese Haltung gelegentlich schon gelingt, und der Umstand, daß die Gestalttherapie für sie ein gutes Übungsfeld ist. Die gestalttherapeutische Methode zu ihrer Einübung ist der von Einfühlung und Mitgefühl getragene Dialog. Diese Methode hat sich mit Klienten in der Therapie bewährt und kann sich auch in anderen Situationen bewähren – solange sie nicht mißverstanden wird als die nur erstikkende Ermahnung zum Seid-nett-Zueinander, sondern auch und gerade im streitbaren Wetteifer um die gemeinsame Sache dem anderen den Raum zur eigenen Selbstentfaltung läßt.

In der Buberschen Sprache muß so oft wie möglich aus der »Ich-Es-Beziehung« eine »Ich-Du-Beziehung« werden.[7] Aus dieser Maxime folgt sicher viel mehr, als ich hier andeuten kann. Aber ich erinnere daran, daß wir materiell, vor allem aber auch geistig, die Hauptverursacher der Umweltkatastrophe sind, die Abermillionen Armen in den Hungerländern aber die Hauptleidtragenden. Wir werden auch bei bestem Willen diesen Tatbestand nicht ändern können. Auch hier gilt, daß Moral nicht hilft, sondern schadet; nach außen führt sie oft zu fehlgeleiteten Hilfsaktionen, die die Abhängigkeit der Armen nur noch vergrößert, nach innen führt sie stets zu (verdrängten) Schuldgefühlen. Wir müssen statt dessen den Mut haben, in Erfahrung zu bringen, was uns ein Gewahrsein des Anderen in seinem Elend und in seiner Fremdheit antut. Wieviel Du können wir überhaupt ertragen?

4. Maxime: Nicht nur auf die Bedürfnisse, sondern auch auf die Sättigung achten

Wie wir gesehen haben, kann man bei der Subjekt-Objekt-Beziehung sowohl das Objekt wie das Subjekt wie die Beziehung betonen. Betont man das Objekt, ist man rasch beim Realitätsprinzip; die Ressourcen sind knapp und die Menschen sind gierig – deshalb muß man auf Ökonomie und Gesetz achten. Ein mosaischer Standpunkt – Freuds Standpunkt. Oder man betont die Subjektseite. Dann geht es um die Triebe, die nicht so recht befriedigt sind, die Anerkennung, die noch immer ausbleibt, den Hunger, der noch ungestillt ist. Wilhelm Reich, Alfred Adler, Frederick Perls, die Rebellen der psychoanalytischen Bewegung, haben so die Akzente verschoben. Und so setzen auch sonst alle Emanzipationsbewegungen an. Verständlicherweise hat deshalb heute das Subjekt Konjunktur. Zu lange haben historisch die meisten Menschen gehungert, zu lange haben sie auf alle höheren Bedürfnisse verzichten müssen. Deshalb sucht man (oder frau) schließlich nach Bedürfnissen, die noch gar nicht gespürt werden. Jedenfalls haben die eigenen Bedürfnisse erst einmal Vorrang – verständlich, aber einseitig. Sehr leicht kann es passieren, daß man in der Therapie dieser Suche nach den Bedürfnissen einseitig nachgibt und dabei übersieht, daß auch die Sättigungsempfindungen zu den Es-Funktionen des Selbst gehören. Zum Kontaktprozeß gehören immer beide Seiten: Anfang und Ende, Ausgang und Rückzug, Bedürfnis und Befriedigung, Wachsen und Vergehen, Einatmen und Ausatmen. Vielleicht haben auch die humanistischen Psychologien zu einseitig die Wachstumsseite betont.

Dabei kennen wir die Störungen im Stadium des Vollen Kontakts nur allzu gut aus der therapeutischen Arbeit – dieses Nicht-Loslassen-Können, diese halbe Befriedigung und das Schon-wieder-Hunger-haben und dieses Viel-zu-viel und dennoch mehr. Von allen Krankheiten symbolisiert die Bulimie am klarsten unser Umweltverhältnis, dieser Wechsel von Reinziehen und Auskotzen, von Gier und Überdruß in endloser Wiederholung. Und wie steht es mit anderen Bedürfnissen, gibt es da möglicherweise ähnliches, wie es die Eßsucht im Verhältnis zum Hunger ist? Gibt es vielleicht eine Fernseh-Bulimie, eine Reise-Bulimie oder gar eine Beziehungs-Bulimie?

Das Problem mit dem Zuviel liegt aber nicht nur darin, daß wir in der Übersättigung abstumpfen und wir in der Folge immer schneller wieder hungrig werden, sondern auch im Müll. Wer mehr ißt, produziert auch mehr Abfall. Der Mensch ist ein müllproduzierendes Wesen, das muß langsam jedem bewußt werden, und der Müll besteht immer mehr aus nicht-rückführbaren Materialien. Wir senden sehr schwer abbaubare Stoffe in die Atmosphäre, die dort fremd sind und unheilvolle Reaktionen auslösen. Der Atommüll strahlt länger als die ganze überschaubare Menschheitsgeschichte bisher dauert, und so fort. Und es gibt nicht nur den materiellen Müll. Zum Beispiel leben wir in einer unglaublich lärmverschmutzten Welt. Wenn es wahr ist, daß das Ohr die Pforte zur Seele ist wie das Auge deren Spiegel, dann sind unsere Seelen schon lange in der Hölle. Und daß auch die Psyche meist verdreckt ist, wissen Therapeuten aus ihrer täglichen Arbeit. Alle Introjekte sind psychischer Müll, und es gehört vielleicht auch zu unseren Aufgaben, deren Verursacher zu benennen.

Wer aber schluckt, dem fehlt etwas. Woher kommt dieser endlose Hunger in einer Gesellschaft, die doch soviel hat? Diese Frage ist außerordentlich wichtig, wenn wir mit unserem Umweltverhältnis klarkommen wollen; es lohnt sich, ihr in sorgsamer Selbsterforschung allein und gemeinsam nachzugehen. Meine Vermutung ist, daß es sich letztendlich um ein Sinndefizit handelt. Ich halte es für möglich, daß wir unsere Welt mit der vergeblichen Suche nach Sinn ruinieren. Denn diese Suche muß erfolglos bleiben, solange sie sich auf Ziele, Zustände, Ergebnisse, Wahrheiten, auf Endgültiges richtet. Erinnern wir uns an die Lehre vom TAO – der Weg ist das Ziel. Aber dieser Satz muß sinnlich erfahrbar und einleuchtend werden für jeden, sonst bleibt er nichts als ein frommer Spruch. Und das um so mehr, als dies der größte Verzicht für den nun weltweit herrschenden europäischen Geist sein könnte – der Verzicht auf das Ziel, der Verzicht auf einen Sinn der Geschichte. Wir müssen also Möglichkeiten erfinden und entdecken und verbreiten, den Reichtum und die Tiefe des Weges, der Bewegung, sinnlich zu erfahren. Auf *ein* Mittel dazu hat schon der Schriftsteller Sven Nadolny hingewiesen: Er empfiehlt »die Entdeckung der Langsamkeit«. Wer einmal Tai Chi oder Kum Nye geübt hat, wird ihm recht geben.

5. Maxime: Nicht die Natur, sondern das Gewahrsein heilt

Seit wir Gott durch die Natur ersetzt haben, hat sich die Idee verbreitet, daß die Natur gut, ja sogar heilsam sei. Das ist ein Gedanke der Aufklärung, und man kann nicht umhin zu bemerken, daß dabei die Natur mit den klassischen Attributen Gottes ausgestattet wurde: Allmacht, Weisheit, Güte, Schönheit. Zuvor war das anders; die Natur war fremd und meistens unfreundlich, die Tiere waren wild und gefährlich, die Berge unheimlich, das Meer heimtükkisch und die Dunkelheit der Nächte sehr beängstigend. Natürlich ist der Wechsel im Naturempfinden nicht der Müdigkeit Gottes, sondern der Betriebsamkeit der Menschen geschuldet; erst kultivierte Natur ist »gute« Natur, erst die zahlreichen neuen Sicherheitstechniken ermöglichen den ruhigen Blick aufs Erhabene. Heilsam freilich ist sie auch jetzt nicht, die Natur, wie es der (nicht von ihm stammende) Titel der psychologischen Aufsätze Goodmans, ›Nature Heals‹[8] verspricht. Heilsam ist vielmehr eine respektvolle Einstellung zu ihr. Es ist eine naive und zuweilen gefährliche Illusion, die unberührte Natur mit dem Garten Eden zu verwechseln. Der Mensch lebt unabänderlich und von Anfang an in einem Bruch mit der Natur, er ist in ihr nie recht zu Hause, immer muß er sich erst ein Obdach bauen, stets muß er sie bearbeiten, umgestalten, verändern, um überleben zu können. Gewiß, es hat Naturvölker gegeben, die in bestimmten ökologischen Nischen über lange Zeit in relativem Gleichgewicht mit ihrer natürlichen Umgebung gelebt haben. Aber sie haben dafür auch einen Preis bezahlt, den man sich genau ansehen sollte: weniger als die Hälfte unserer Lebenserwartung, zum Beispiel, und dabei keineswegs Frieden mit den Nachbarn. Die Methode, mit der sie ihre Bevölkerungszahl konstant halten konnten, war meistens der sogenannte weibliche Infantizid, Tötung vieler weiblicher Kinder. Die überschüssigen Männer konnten dann jagen, mußten freilich oft auf ein sexuelles Leben verzichten.

Nicht die Natur heilt, sondern das Gewahrsein – dies ist das einzigartige menschliche Potential. Es gibt keine ursprüngliche Harmonie mit der Natur, und wir werden sie auch in Zukunft bearbeiten und umgestalten. Ich glaube auch nicht, daß das eine Frage der Grenzsicherungen ist, und ich sage das in dem Bewußtsein, daß wir mit der Gentechnologie vor einem einschneidenden und außerordentlich riskanten Schritt stehen. Aber man wird nie ohne Beliebigkeit quantitative Grenzen des Wachstums und des Wissenwollens festlegen können. Worauf es ankommt, ist vielmehr die Qualität unserer Verhältnisse, unserer Produkte, unserer Beziehungen – auf das Wann, das Wo und vor allem das Wie unseres Tuns. In einer schönen esoterischen Einsicht heißt es: Gott schläft in den Steinen, atmet in den Pflanzen, träumt in den Tieren und versucht aufzuwachen im Menschen. Vielleicht ist der Mensch, dieser Lidschlag Gottes, ein Augenaufschlag. Dann wäre es an uns, das noch verschlafene Auge offenzuhalten. Wenn es weniger um Materie als um Bewußtsein geht, dann ist der Mensch vielleicht nur ein Durchgangsstadium, in dem das Wachwerden gelingt oder mißlingt. Jedenfalls geht nun alles sehr schnell, und es bleibt keine Zeit mehr für Schläfrigkeit.

Anmerkungen

Zum Vorwort zur Taschenbuchausgabe

1 Frederick S. Perls, Ralph F. Hefferline, Paul Goodman, Gestalt Therapy, Excitement and Growth in the Human Personality. Book One: Mobilizing the Self; Book Two: Novelty, Excitement and Growth, New York 1951. Seit 1977 zahlreiche Auflagen der Taschenbuchausgabe. Deutsch: Gestalt-Therapie – Wiederbelebung des Selbst; Gestalt-Therapie: Lebensfreude und Persönlichkeitsentfaltung, 2 Bände, Stuttgart 1979.

2 Die Autorenschaft von Paul Goodman für ›Gestalt Therapy, Part II‹ scheint erwiesen. Genaueres über die Urheberschaft und die prekäre Entstehungsgeschichte des Gesamtwerkes erfährt man bei dem Goodman-Kenner Stefan Blankertz in ›Gestaltkritik – Paul Goodmans Sozialpathologie in Therapie und Schule‹, Köln 1990, S. 46ff. Vgl. auch vom gleichen Autor: Der kritische Pragmatismus Paul Goodmans, Köln 1988. Blankertz ist allerdings der Ansicht, daß in Teil III des zweiten Bandes, »Theory of the Self«, der die Theorie des Kontaktprozesses enthält, auch wesentliche Gedanken von Frederick Perls mit eingegangen seien. Tatsächlich ist wohl gerade dieser Teil wie auch der glänzende Teil I des zweiten Bandes, »Introduction«, zumindest gedanklich eine Gemeinschaftsarbeit eines kleinen Kreises von New Yorker Intellektuellen, die sich Ende der vierziger Jahre lange Zeit regelmäßig zu Diskussionen getroffen haben und die schließlich mit dem New Yorker Institut für Gestalttherapie das erste Ausbildungszentrum für die neue therapeutische Schule gegründet haben. Zu diesem Kreis zählten Frederick Perls und seine Frau Laura Perls, beide Psychoanalytiker, sowie Paul Goodman, Elliott Shapiro, der später als Schulreformer bekannt geworden ist, Paul Weisz, ein New Yorker Psychiater, der diese Gründungsphase der Gestalttherapie nicht überlebt hat, Isadore From, Freund und Interpret von Paul Goodman, der später zusammen mit Laura Perls viel dafür getan hat, aus den Ideen und Einfällen von Frederick Perls und Paul Goodman eine solide therapeutische Praxis zu entwickeln, und zeitweilig auch Jim Simkin, der wie Isadore From zu den Großen der ersten Generation von Gestalttherapeuten gehörte.

3 Stefan Blankertz schreibt dazu: »Der Dichter Goodman, den Perls für die Abfassung des theoretischen Teils bezahlte, war ein impulsiver Denker, der beim Schreiben von Satz zu Satz durch den schönen Klang sich leiten ließ. Er vertraute darauf, daß zwischen seinem Stil und seiner Philosophie keine Differenz bestehe und ein Satz, der sich gut anhört, einen richtigen Gedanken enthielte. Seine Systematik ist gleichsam ›untergründig‹.« (Gestaltkritik, a.a.O., S. 49.)

4 Um das Auffinden der von mir zitierten Stellen in verschiedenen englischsprachigen Ausgaben und auch in der veröffentlichten deutschen Übersetzung zu erleichtern, gebe ich statt der Seitenzahl jeweils den engeren Abschnitt an, in dem sich das Zitat in ›Gestalt Therapy‹ befindet. Diese etwas breitere Quellenangabe hat aber auch den Sinn, den Leser auf den Kontext zu verweisen, aus

dem das Zitat jeweils stammt und der nicht notwendigerweise ganz identisch ist mit dem Kontext, in dem es in diesem Buch steht.

5 Nur dies sei, um Mißverständnissen vorzubeugen, erwähnt: Während bei Goodman die vierte Phase des Kontaktprozesses einen Vorgang *außerhalb* des eigentlichen Kontaktes bezeichnet, meine ich mit dem Begriff Nachkontakt das Abklingen des Kontaktprozesses noch *innerhalb* des Kontakts zwischen Subjekt und Objekt. Das ist vor allem für die therapeutische Praxis wichtig, weil es oft vorkommt, daß eine an sich gut vorangehende Therapie deshalb nicht greift, weil der Therapeut auf den Nachkontakt innerhalb einer Sitzung zu wenig achtet. Deshalb übrigens konnte Goodman die dritte Phase als »final contact« bezeichnen, während sie hier Voller Kontakt genannt wird.

6 Manfred Clynes, Sentics – The Touch of Emotions, Anchor Press, Doubleday, New York 1976.

7 Seit der ersten Ausgabe dieses Buchs sind einige Schriften erschienen, die für meine Überlegungen von Bedeutung sind und die ich hier leider nicht einarbeiten konnte. Zuerst muß natürlich die lang erwartete Neuauflage des Klassikers von Perls/Hefferline/Goodman ›Gestalt Therapy‹ erwähnt werden, die mit einem neuen, wichtigen Vorwort von Isadore From versehen ist: Frederick Perls/Ralph Hefferline/Paul Goodman, Gestalt Therapy, 2nd Edition with an Introduction by Isadore From, Highland New York 1996. Das betrifft weiterhin die bemerkenswerte Untersuchung von Dieter Teschke über die existentiellen Momente in der Psychotherapie, in der die herausragende Bedeutung der Augenblicke des Vollen Kontakts zwischen Therapeut und Klient nachgewiesen werden konnte: Existentielle Momente in der Psychotherapie. Eine empirische Untersuchung mit gestalttherapeutischer Perspektive, Münster 1996, sowie die Überlegungen von Reinhard Fuhr zur Differenzierung des Gewahrseinsbegriffs: Das Selbst – Illusion und wahrer Kern, in: Gestalttherapie 1/1995, S. 37–47. Gern hätte ich mich auch auseinandergesetzt mit Gary M. Yontefs neuem Buch: Awareness, Dialogue, and Process – Essays on Gestalt Therapy, Highland New York 1993, das ich für die wichtigste Neuerscheinung im Bereich der gestalttherapeutischen Theorie halte. Keine dieser Arbeiten widerspricht grundsätzlich dem hier entwickelten Ansatz einer Theorie des Kontaktprozesses, einige wie die von From und Teschke unterstützen sie sogar explizit. Das gleiche läßt sich übrigens auch von Joseph C. Zinkers wichtigem Buch zur Gestalttherapie mit Paaren sagen: In Search of Good Form – Gestalt Therapy with Couples and Families, San Francisco 1994.

Zu Kapitel I

1 Norbert Elias, Über den Prozeß der Zivilisation. Soziogenetische und psychogenetische Untersuchungen, Bd. 1: Wandlungen des Verhaltens in den weltlichen Oberschichten des Abendlandes, Bd. 2: Wandlungen der Gesellschaft – Entwurf einer Theorie der Zivilisation, Basel 1939, 2. Aufl. Frankfurt/M. 1969. Vgl. auch Norbert Elias, Die Höfische Gesellschaft, Neuwied 1969, sowie: Materialien zu Norbert Elias' Zivilisationstheorie, hrsg. von P. Gleichmann, J. Goudsblom u. H. Korte, Frankfurt 1979, und: Gesellschaftliche Prozesse und individuelle Pra-

xis – Bochumer Vorlesungen zu Norbert Elias' Zivilisationstheorie, hrsg. von H. Korte, Frankfurt/M. 1990.

2 David Riesman, Die einsame Masse, Reinbek bei Hamburg 1960.

3 Norbert Elias' Theorie vom Zivilisationsprozeß ist gewiß in methodischer Hinsicht problematisch und in vielen Aspekten ausführungs-, ergänzungs- und auch revisionsbedürftig. Sie ist außerdem vor über fünfzig Jahren konzipiert – inzwischen hat es sehr viel kulturhistorische Forschung gegeben. Dennoch kann sie immer noch am besten als Ausgangspunkt und Anregung für Überlegungen und Hypothesen über die Entwicklung der letzten hundertfünfzig Jahre dienen, die im Zivilisationsbuch noch gar nicht berücksichtigt sind. Ein solches Vorgehen scheint mir sinnvoller und dem Wert der Elias'schen Soziologie angemessener, als sie zu einem Monument zu verklären, das entweder gestützt oder niedergerissen werden muß. Ersteres betreiben zumeist seine Schüler, letzteres versucht nun Hans Peter Duerr, der so etwas wie eine wissenschaftliche Materialschlacht gegen Elias eröffnet hat. Vgl. Hans Peter Duerr, Nacktheit und Scham, Frankfurt 1988, und: Intimität, Frankfurt 1991 – die ersten zwei eines auf vier Bände angelegten Werkes. Zum Problem der Schamgefühle bei Elias und Duerr vgl. meine Überlegungen in Kap. III, Abschnitt 6: »Die hemmenden Gefühle: Angst und Scham« und die Literatur in der Anmerkung 68 zu Kapitel III. Im übrigen vergleiche man die Kommentare zur Elias-Duerr-Kontroverse in: Psychologie Heute, Dez. 1991, S. 64ff. Bei einigen der Autoren, die dort um eine Stellungnahme gebeten worden sind, z. B. bei Henning Eichberg, zeichnet sich allmählich ein differenzierteres Bild der Zivilisationsproblematik ab. Wie viele Einzelsiege Duerr bei seinem beeindruckenden Unternehmen auch immer erreichen mag – als Theorie des Subjekts im europäischen Modernisierungsprozeß taugt seine Materialsammlung nicht. So richtig eine Zurückweisung jedes Verallgemeinerungsanspruchs dieser Zivilisationstheorie auf außereuropäische Kulturen und vor-neuzeitliche Epochen der europäischen Geschichte ist (den Elias so allerdings auch nie erhoben hat), so beschränkt ist m. E. das Beharren einiger Ethnologen wie Hans Peter Duerr auf der Ahistorizität anthropologischer Konstanten und ihre sich jeder Entwicklungsperspektive verweigernde Haltung gegenüber dem Strom der menschlichen Ereignis-, Verhaltens- und Mentalitätsgeschichte.

4 Michael Young/Peter Willmott, The Symmetrical Family, London 1975, S. 20.

5 Basil Bernstein, Soziale Schichtung, Sozialisation und Sprachverhalten, Amsterdam 1970, und ders., Studien zur sprachlichen Sozialisation, Düsseldorf 1972. Zur kritischen Vertiefung von Bernsteins Untersuchungen siehe: F. Hager, H. Haberland und R. Paris, Soziolinguistik und Soziologie, Stuttgart 1973.

6 Hans Joachim Maaz, Der Gefühlsstau – Ein Psychogramm der DDR, Berlin 1990.

7 Michel Foucault, Sexualität und Wahrheit, 3 Bände, Frankfurt 1977–1986.

8 H. Marcuse, R. P. Wolff, B. Moore, Kritik der reinen Toleranz, Frankfurt 1966, und H. Marcuse, Der eindimensionale Mensch, Neuwied 1967.

9 Vgl. u. a. Daniel Bell, Die nachindustrielle Gesellschaft, 2. Aufl. 1976, und Jean Baudrillard u. a., Philosophien der neuen Technologien.

10 Eike Gebhardt, Identity is a Total Institution, in: International Journal of Sociology, 1975, p. 15. Vgl. dazu auch: H. P. Dreitzel, Die gesellschaftlichen Leiden

und die Leiden an der Gesellschaft – Eine Pathologie des Alltagslebens, 3. Aufl. 1980.

11 Robert Jay Lifton, Protean Man, in: Partisan Review, Vol. 35, 1968, p. 13–27.

12 Vgl. vor allem: Erving Goffman, Rahmenanalyse, Frankfurt 1977.

13 Vgl. Hans Peter Dreitzel/Horst Stenger (Hrsg.), Ungewollte Selbstzerstörung – Reflexionen über den Umgang mit katastrophalen Entwicklungen, Frankfurt 1990.

Zu Kapitel II

1 Zur Theorie der autopoietischen Systeme vgl. Erich Jantsch, Die Selbstorganisation des Universums, München 1982. Jantsch faßt hier verschiedene, vor allem auch für die Biologie wichtig gewordene Ansätze zusammen, die sich damit befassen, Lebewesen als evolvierende, sogenannte dissipative, d. h. nicht am Gleichgewicht orientierte Systeme aufzufassen. Der Organismus ist in diesem Sinne ein dissipatives und auch ein autopoietisches, d. h. ein auf sich selbst bezogenes System, eingebettet in die jeweils ihn umgebende Welt. Die folgende Tabelle von Jantsch zeigt die Eigenschaften strukturbewahrender und evolvierender Systeme im Vergleich (Jantsch, a.a.O., S. 67):

Kennzeichnender Systemaspekt	Strukturbewahrende Systeme		Evolvierende Systeme
Gesamtsystem-Dynamik	statisch (keine Dynamik)	konservative Selbst-organisation	dissipative Selbst-organisation (Evolution)
Struktur	Gleichgewichts-struktur permanent	Devolution auf Gleichgewichts-zustand hin	dissipativ (fern vom Gleich-gewicht)
Funktion	keine Funktion oder Allopoiese	Bezug auf Gleichge-wichtszustand	Autopoiese (Selbstbezug)
Organisation	statistische Schwankungen in reversiblen Prozessen	irreversible Prozesse in Richtung auf den Gleichge-wichtszustand	zyklisch (Hyperzyklus) irreversible Drehrichtung
Interner Zustand	Gleichgewicht	nahe Gleich-gewicht	Ungleichgewicht
Umwelt-beziehungen	abgeschlossen oder offen (Wachstum möglich)		offen (ständiger, ausgewogener Austausch)

Ein Überblick über die Hierarchie der kennzeichnenden Systemaspekte macht die Unterschiede zwischen zwei grundsätzlich verschiedenen Klassen von Systemen deutlich. Strukturbewahrende Systeme befinden sich im Gleichgewichtszustand oder bewegen sich irreversibel auf diesen zu. Evolvierende Systeme befinden sich fern vom Gleichgewichtszustand und evolvieren durch eine offene Abfolge von Strukturen.

Den Zusammenhang mit der Gestalttherapie hat Heik Portele herausgearbeitet in: Gestalttherapie und Selbstorganisation, in: Gestalttherapie Jg. 3, H. 1, 1989, S. 5 ff. Vgl. auch sein Buch: Autonomie, Macht, Liebe – Konsequenzen der Selbstreferentialität, Frankfurt 1989.

2 Der von Karl Marx entwickelte Begriff der Produktionsverhältnisse meint die Klassenstruktur der Verteilung von Kapital und Arbeit, die sich in einer Gesellschaft historisch entwickelt hat. Zu den Produktionsverhältnissen zählen also unter anderem die relative Verteilung von in der Landwirtschaft, der Industrie, dem Handel und dem Dienstleistungssektor Tätigen, die Regelung von Arbeitskämpfen oder die Existenz von Angestelltenhierarchien und Beamtenkadern.

3 Dieser aus der phänomenologischen Soziologie stammende Begriff bezeichnet die Tatsache einer Differenzierung aller situativen Umstände im Hinblick auf die Bedeutsamkeit oder Wichtigkeit für den Handelnden, sobald dieser das Objekt seiner Bedürfnisbefriedigung, beziehungsweise das Thema einer sozialen Situation, ins Auge gefaßt hat. Vgl. dazu genauer: Hans Peter Dreitzel, Die gesellschaftlichen Leiden und die Leiden an der Gesellschaft – Eine Pathologie des Alltagslebens, 3. Aufl., Stuttgart 1980, Kapitel II, 3.

4 Zum Begriff des Selbst vgl. die Abschnitte I, 11; sowie X, 3 und 4. Goodman unterscheidet zwischen dem »Selbst« als das »komplexe System der zu Anpassung in einem schwierigen Feld nötigen Kontakte« und den drei »Aspekten« oder »Strukturen« des Selbst – »Es«, »Ich« und »Persönlichkeit« –, die die Hauptstadien der schöpferischen Anpassung im Kontaktprozeß darstellen: »Das Es ist der gegebene Hintergrund, der sich in seine Möglichkeiten auflöst; er umfaßt organische Erregungen, unerledigte frühere Situationen, deren wir gewahr werden, die unbestimmt wahrgenommene Umwelt und die unausgesprochenen Gefühle, die den Organismus mit der Umwelt verbinden. Das Ich ist das fortwährende Sich-Identifizieren mit und Sich-Entfremden von Möglichkeiten, das Vermehren und Vermindern des gegenwärtigen Kontakts, es umfaßt motorisches Verhalten, Aggression, Orientierung und Realitätszugriff. Die Persönlichkeit ist die geschaffene Figur, zu der das Selbst wird und die es an den Organismus assimiliert, vereinigt mit den Ergebnissen früheren Wachstums. Natürlich ist dies nichts anderes als der Figur/Grund-Prozeß selbst ...« (Goodman, X, 5.) Entscheidend ist, daß hier im Gegensatz zu den üblichen Begriffen des »Ich« und der »Ich-Identität« das Subjekt in seinen verschiedenen Aspekten ausschließlich als eine Funktion des Organismus/Umwelt-Feldes gesehen wird.

5 Vgl. dazu Peter L. Berger, Einladung zur Soziologie, Olten und Freiburg i. Br., 1969.

6 »Handhabung« ist die ursprüngliche Bedeutung von »Manipulation« (von lat. manus = die Hand), dem von Goodman verwendeten Begriff. Manipulation der Umwelt ist bei ihm nicht negativ im Sinne intriganter Strategien und Täuschungsmanöver gemeint, sondern im Sinne eines motorischen und intellektuel-

len Zugriffs, der beeinflussenden Umgestaltung und Bearbeitung der sozialen und naturalen Umwelt.

7 Daß das Modell des Kontaktprozesses auf die Konstruktion einer Instanz wie das »Über-Ich« verzichten kann, heißt natürlich nicht, daß der Kontaktprozeß zwischen Organismus und Umwelt nicht normativ strukturiert wäre. Das Erkennen, Umformen und Sich-zu-eigen-Machen von Normen und Werten ist vielmehr selbst eine Aufgabe des Kontaktprozesses, die vor allem über die zentrale Ich-Funktion der Identifikation mit anderen Bezugspersonen und -gruppen erfüllt wird. Allerdings hat der späte Frederick Perls in seiner Rede von »top-dog« und »under-dog« das »Über-Ich« stillschweigend wieder eingeführt. Korrekt müßte hier die Rede von Introjekten sein, die immer daran erkennbar sind, daß ein Teil des Organismus unbewußt gegen sie rebelliert. Siehe zur Kritik dieser Entwicklung bei Perls die Richtigstellungen bei Isadore From, Gestalttherapie und »Gestalt«. Betrachtungen über Gestalttherapie nach 32 Jahren Praxis, in: Gestalttherapie, Jg. 1, H. 1, 1987. Zur Orientierung des Verhaltens an Bezugsgruppen siehe die klassische Darstellung von Robert K. Merton, Social Theory and Social Structure, 2nd. Ed. New York 1957 sowie Manfred H. Kuhn, Die Bezugsgruppe – neu überdacht, in: H. Steinert (Hrsg.), Symbolische Interaktion, Stuttgart 1973.

8 Natürlich werden immer nur einzelne Ich-Funktionen blockiert; von einem Verlust aller Ich-Funktionen zu sprechen, wäre allenfalls im Fall einer vollständigen Katatonie sinnvoll.

9 Zum naturwissenschaftlichen Selbstmißverständnis von Freud vgl. die an der Psychoanalyse als einem hermeneutischen Verfahren orientierte Kritik von Jürgen Habermas in: Erkenntnis und Interesse, Frankfurt 1973.

10 In: Abraham Maslow, Motivation und Persönlichkeit, (1954), Reinbek bei Hamburg 1981 sowie ders., Psychologie des Seins (1962), Frankfurt 1994. Für die soziologische Problematik individueller Bedürfnisse siehe: Karl Otto Hondrich, Menschliche Bedürfnisse und soziale Steuerung, Reinbek bei Hamburg 1975.

11 Vgl. Hans Peter Dreitzel, Arbeit und Sinnlichkeit – Zum Elend des Leistungsbegriffs, in: Sinn und Unsinn des Leistungsprinzips, München 1973.

12 Ob hier Psychotherapie noch hilft oder ob sie vielleicht gar dazu beiträgt, dem Patienten die wahren Ursachen seines Leidens – nämlich die politischen und ökonomischen Verhältnisse – zu verschleiern, sind schwer entscheidbare Fragen. Das Ethos des Psychotherapeuten verpflichtet ihn, auf einen höheren Grad an Bewußtsein hinzuarbeiten, auch wenn das mit Schmerz verbunden ist. Dabei kommt es darauf an, auch hier den Patienten oder Klienten als ein selbstverantwortlich handelndes Individuum zu respektieren, und das heißt, auch Weigerungen zu akzeptieren. Die Arbeitshypothese des Psychotherapeuten ist es, daß der Klient trotz allem noch mehr Spielraum in seinem Leben hat, als er wahrnimmt und ausfüllt. Aber der Therapeut muß bereit sein, sich diese Hypothese auch widerlegen zu lassen, statt dem Patienten womöglich Schuldgefühle zu machen, daß er nicht »glücklicher« ist.

13 Einige Beobachter meinen allerdings, einen neuen Trend zur Konsum-Askese ausmachen zu können. Vgl. zusammenfassend dazu Heiko Ernst, Leben statt Lifestyle, in: Psychologie Heute, Jg. 18, H. 6, Juni 1991. Wieweit es sich dabei allerdings um einen empirischen Befund und nicht nur um eine angesichts der öko-

logischen Katastrophe dringliche Forderung handelt, muß soziologische Forschung erst noch erweisen.

14 Ernst Bloch, Das Prinzip Hoffnung, Berlin 1960, Bd. 1, Abschnitt S. 58. Blochs Kritik der Freudschen Trieblehre ist grundlegend auch für die Gestalttherapie. Vgl. op.cit., Abschnitte 1–13, S. 31–89.

15 »Die Willenskraft ist der von dem Bewußtsein in die Ich-Sphäre hinaufgehobene Trieb, der sich innerhalb der eigenen Persönlichkeit frei schöpferisch manifestiert«, formuliert Otto Rank, von dem Goodman und Perls viel gelernt haben. Otto Rank, Wahrheit und Wirklichkeit, Leipzig/Wien 1929, S. 28, zitiert nach Bertram Müller, Zur Theorie der Diagnostik narzißtischer Erlebens- und Verhaltensstrukturen, in: Gestalttherapie, Jg. 2, H. 2, 1988, S. 51.

16 Helmuth Plessner, Anthropologie der Sinne, in: ders., Philosophische Anthropologie, Reihe Conditio Humana, Frankfurt 1970, S. 244.

17 H. Plessner, op.cit., S. 244f.

18 A.a.O., S. 245.

19 Wie weit wir uns in relativ kurzer historischer Entwicklung von »Pesthauch und Blütenduft« entfernt haben, zeigt Alain Corbin in seinem Buch ›Le Miasme et la Jonquille. L'odorat et l'imaginaire social XVIIIe–XIXe siècles‹, Paris 1982, dt. unter dem Titel ›Pesthauch u. Blütenduft‹, Berlin 1984. Für den Geruchssinn und die Ekelempfindungen stellt sich die Frage nach der zivilisationsgeschichtlichen Modifikation unserer Sinne in besonderer Schärfe. Vgl. dazu auch Kapitel III, Abschnitt 2: »Die Vorkontaktgefühle: Attraktion und Aversion«.

20 Vgl. A. L. Yarbus, Eye Movement and Vision, New York 1967. Siehe auch bei Desmond Morris, Der Mensch mit dem wir leben, München/Zürich 1978, Abschnitt »Blickverhalten«, S. 78ff.

21 François Jacob, Das Spiel der Möglichkeiten – Von der offenen Geschichte des Lebens, München 1983, S. 23.

22 Vgl. zur tragischen Geschichte der Verketzerung des späten Wilhelm Reich in den USA die Monographie von David Boadella: Wilhelm Reich – The Evolution of his Work, Plymouth 1973. Am 23. August 1956 wurden auf Antrag der Food and Drug Administration der USA und durch Gerichtsbeschluß abgesegnet sämtliche erreichbaren Exemplare von 16 Werken Wilhelm Reichs (bis hin zu seiner ›Charakteranalyse‹ von 1933) und vier Bände einer von ihm herausgegebenen Zeitschrift in einer New Yorker Verbrennungsanlage zerstört. Reich selbst starb im Gefängnis, verurteilt wegen Mißachtung des gerichtlichen Verbots jeder Verbreitung der Idee des Orgon-Energie-Generators.

23 Laut ›Der Spiegel‹, Nr. 6, Band 38, Ausgabe vom 6. 2. 1984, Artikel: »Forschung: Drittes Auge«. Vgl. aber zum neuesten Stand der Gehirnforschung und der Entdeckung immer neuer »Neurotransmitter«: Robert Ornstein und Richard F. Thomson, The Amazing Brain, New York 1984, sowie Israel Rosenfield, Brain for Beginners, New York 1985.

24 Vgl. E. Hess, The Tell-Tale Eye, New York 1975, und kurz bei Desmond Morris, a.a.O., Abschnitt »Pupillensignale«, S. 169ff.

25 Helmut Emrich, Psychophysiologische Grundlagen der Psychiatrie und Psychosomatik – Bewußte und nicht bewußte Wahrnehmung emotionaler Reize, Stuttgart 1983, S. 192.

26 Siehe dazu die vorzügliche Übersicht und Diskussion bei Carl-Friedrich Grau-

mann, Bewußtsein und Bewußtheit – Probleme und Befunde der psychologischen Bewußtseinsforschung, in: Handbuch der Psychologie, Bd. 1, 1. Halbband, S. 79 ff., Göttingen 1966. Seitdem ist kaum Neues in diesem Feld hinzugekommen. Am Zuge sind nun die Gehirnforscher. (Vgl. dazu Anm. 23.)

27 Aron Gurvitch, Théorie du champ de la conscience, Paris 1957.

28 C.-F. Graumann, a.a.O., S. 119.

29 Gary M. Yontef, Gestalt Therapy: Clinical Phenomenology, in: Gestalt Journal, Spring 1979, S. 27.

30 Diese Zusammenhänge hatte bereits George Herbert Mead herausgearbeitet, über dessen schwer lesbares, aber bedeutendes Werk jetzt die Monographie von Hans Joas, Praktische Intersubjektivität – Die Entwicklung des Werks von George Herbert Mead, Frankfurt 1980, am besten informiert. Vgl. darin das Kapitel V: »Die Entstehung des Konzepts symbolvermittelter Interaktion«.

31 Vgl. zum Begriff des »common sense«: Cliffort Geertz, Common Sense als kulturelles System, in: ders.: Dichte Beschreibung – Beiträge zum Verstehen kultureller Systeme, Frankfurt 1983. Es gehört zum Phänomen des »common sense« oder Alltagswissens, daß stets selbstverständlich vorausgesetzt wird, daß es sich um von den anderen *geteiltes* Wissen handelt, so daß die Artikulation sich meist auf Anspielungen beschränkt. Da es sich dabei aber um kulturelle und subkulturelle Systeme handelt, ist eine Kenntnis dessen, was jeweils als selbstverständlich gilt, Voraussetzung der therapeutischen Arbeit mit Mitgliedern anderer Kulturen und anderer sozialer Schichten. Zur Einführung in die Probleme des Alltagswissens – heute ein zentraler Begriff der phänomenologisch orientierten Soziologie – eignet sich am besten: Peter Berger und Thomas Luckmann, Die gesellschaftliche Konstruktion der Wirklichkeit – Eine Theorie der Wissenssoziologie, 1. dt. Aufl. Stuttgart 1969.

32 Maurice Merleau-Ponty, Phénoménologie de la perception, Paris 1945, S. 113, zitiert nach C.-F. Graumann, a.a.O., S. 79.

33 François Jacob, a.a.O., S. 82.

34 Vgl. Max Weber, Wirtschaft und Gesellschaft, 1. Aufl. Tübingen 1921, Kapitel I: »Soziologische Grundbegriffe«.

35 Zur Theorie der Doppelbindung siehe P. Watzlawick et. al., Menschliche Kommunikation, 1. Aufl. Stuttgart 1969, Kapitel VI: »Paradoxe Kommunikation«.

36 Barbara Sichtermann, Weiblichkeit – Zur Politik des Privaten, Berlin 1983.

37 Es gibt hier freilich auch die echte Trauer des Verlustes im Wieder-mit-sich-allein-sein.

38 Zur Universalität der Reziprozitätsnorm vgl.: Marcel Mauss, Die Gabe, Frankfurt 1968, sowie Henning Ritter, Gegenseitigkeit, in: Historisches Wörterbuch der Philosophie, hrsg. von J. Ritter, Band 3, Stuttgart 1974, S. 119 ff. und Alvin Gouldner, The Norm of Reciprocity, in: American Sociological Review, Vol. 25, 1960, S. 161 ff. Siehe auch vom Verfasser, Die gesellschaftlichen Leiden und das Leiden an der Gesellschaft, Kapitel IV, 2: »Die Reziprozitätsnorm – Das Rollenspiel als Tauschverhältnis«.

39 Vgl. Anmerkung 1): dissipativ = stets im Ungleichgewicht, angelegt auf Entwicklung neuer Fähigkeiten.

40 »Das, was im Gedächtnis zurückbleibt, das physiologische ›Engramm‹, ist demnach nicht als unveränderlicher Eindruck zu denken, der nur im Lauf der Zeit

immer verschwommener würde, wie eine Ritzenzeichnung auf einem Pflasterstein. Das Engramm erleidet vielmehr Veränderungen aufgrund von Gestaltgesetzen.« F. Wulf, Über die Veränderung von Vorstellungen (Gedächtnis und Gestalt), in: Beiträge zur Psychologie der Gestalt, hrsg. von K. Koffka, Psychologische Forschung 1, 1922, S. 333ff., zitiert nach Hans Hörmann, Die Bedingungen für das Behalten, Vergessen und Erinnern, in: Handbuch der Psychologie, Bd. 1 und 2, 1964, S. 259–260. Dort auch weitere Angaben über gestaltpsychologische Arbeiten zum Gedächtnis.

41 Zur Rolle von ich-nahen emotionalen Erlebnissen bei der Frage nach den Verhaltensleistungen vgl. A. O. Jäger: »Deutliche emotionale Eigenschaften von ich-nahen Erlebnissen bleiben auch in der Erinnerung eine gewisse Zeit mit diesen verbunden. Eine Aktivierung starker Bedürfnisse oder Einstellungen (sets) im Zusammenhang mit der Erinnerung an solche Erlebnisse führt dazu, daß im Behaltensintervall oder im Reproduktionsakt oder in beiden eine Selektion stattfindet. Dabei verlieren die zunächst vorherrschenden Materialbedingungen mit wachsendem zeitlichen Abstand vom ursprünglichen Erlebnis an Gewicht, während die Bedeutsamkeit der Persönlichkeitsbedingungen zunimmt.« Das ist natürlich ganz besonders der Fall bei der Auflösung von Verdrängungen in der Psychotherapie, die sich stets daran erweist, daß Erinnerungen mit ungewöhnlichem Affekt begleitet sind. Für die gestalttherapeutische Arbeit ist dabei die kognitive Seite des reproduzierten Materials gegenüber den damit verbundenen Gefühlen von geringerer Bedeutung, weil es auf die Bearbeitung der Weise des Verdrängens, der Blockade, in der *gegenwärtigen* Situation ankommt. A. O. Jäger, Einige emotionale, kognitive und zeitliche Bedingungen des Erinnerns, zitiert nach Hans Hörmann, a.a.O., S. 263.

42 Vgl. dazu Konrad Ehlich, Erzählen im Alltag, Frankfurt 1980, worin sich auch einige Beiträge zum Erzählen in der Psychoanalyse finden. Für die expressive Seite der Darstellung vgl. Erving Goffman, Rahmenanalyse, Frankfurt 1977, Kapitel 13: »Rahmenanalyse des Gesprächs«.

43 Der Begriff der kognitiven Minderheit stammt von Peter L. Berger, Zur Soziologie kognitiver Minderheiten, in: Dialog, Jg. 2, 1969.

44 Verschiedene amerikanische Untersuchungen haben gezeigt, daß jedenfalls dort in der Mittelschicht Männer Frauen sehr viel häufiger unterbrechen als umgekehrt. Wie immer verallgemeinerungsfähig solche Resultate sein mögen, sicher ist, daß im Dialog-Verhalten generell und eben besonders im Kampf um den Geltungsanspruch von Deutungen und Erinnerungen die jeweiligen Machtverhältnisse zum Vorschein kommen.

45 Im Zeitalter der visuellen Medien muß man immer damit rechnen, daß Erinnerungsbilder nicht auf unmittelbarem Erleben, sondern auf Fotos, Filmen und Video-Aufzeichnungen beruhen.

46 Ich verdanke die Mitteilung dieser Erfahrung dem Kinder-Chirurgen Dr. Jorgos Charissis. Eine schwierige Frage ist dabei, wieweit das Phänomen der Amnäsie nach starken Schmerzen, bekannt vor allem im Fall der Gebärschmerzen, ein rein kognitives Phänomen ist, oder sich auch auf die Erinnerung des Körpers bezieht.

47 Vgl. Otto Rank, Das Trauma der Geburt, Leipzig 1924.

48 Es gibt in den neuen Körpertherapien bestimmte Regressionstechniken, die Körpererinnerungen bis zurück ins pränatale Erleben bewußt machen können. Ein-

drucksvoller noch als die auf Hyperventilation beruhende »Rebirthing«-Technik von Stanislav Grof und seiner Schule der Transpersonalen Psychologie ist die von dem englischen Psychiater Frank Lake entwickelte Technik, mit Hilfe einer Gruppe die eigene Geburt zu erinnern und nachzuerleben.

49 Zur Geschichte der Körperdressur seit dem Absolutismus und der Aufklärung gibt es inzwischen eine reiche kulturgeschichtliche Literatur. Vgl. statt vieler Michel Foucault, Überwachen und Strafen, Frankfurt 1976, und Henning Eichberg, Leistung – Spannung – Geschwindigkeit. Sport und Tanz im gesellschaftlichen Wandel des 18./19. Jahrhunderts, Stuttgart 1978.

50 Vgl. dazu auch aus soziologischer und philosophisch-anthropologischer Sicht: Hans Peter Dreitzel, Selbstbild und Gesellschaftsbild, in: Europäisches Archiv für Soziologie, Vol. 3, 1963, S. 181–228, sowie zusammen mit J. Wilhelm: Über das Problem der Kreativität bei Wissenschaftlern, in: Kölner Zeitschrift für Soziologie, Bd. 18, 1966, S. 62–83.

51 Vgl. dazu Hans Hörmann, a.a.O., S. 267ff.

52 Zu überprüfen wäre die für eine interaktionsorientierte Psychotherapie natürlich spannende Beobachtung von R. Bandler und J. Grinder, nach der bei fast allen Menschen die Augenbewegung anzeigt, ob es sich bei Erinnerungen um »constructed visual images« oder »remembered (eidetic) visual images« handelt. Im ersten Fall wandern die Augen unwillkürlich nach rechts oben, im zweiten nach links oben. Siehe dazu ihr Buch: Frogs into Princes – Neuro-Linguistic Programming, Moab 1979, S. 25 u. a. Natürlich sind die »constructed images« nicht etwa Täuschungsversuche oder Selbsttäuschungen, sondern echte Versuche einer Rekonstruktion. Sie werden oft dadurch als solche erkennbar, daß der Erinnernde sich von außen in der erinnerten Szene mit sieht. Ich vermute allerdings, daß es die eidetischen Erinnerungen sein werden, die mit größerem Affekt verbunden sind.

53 Es ist gelegentlich kritisiert worden, daß die Gestalttherapie keine entwickelte Persönlichkeitstheorie besitze. Trotz der wichtigen Skizze bei Goodman ist diese Kritik zum guten Teil berechtigt. Allerdings darf man die Bedeutung einer Persönlichkeitstheorie für eine Therapieform nicht überschätzen, die sich auf die Erfahrung des Blockierens einzelner Ich-Leistungen konzentriert. (Der Begründer der Gestalttherapie hatte ursprünglich von Konzentrationstherapie gesprochen.) Zum Stand der Diskussion vgl. Stefan Tobin, Self Disorders, Gestalt Therapy and Self Psychology, in: Gestalt Journal, Fall 1982, p. 3–44, der von der Position Kohuts ausgeht (bzw. zu ihr hinwandert) sowie die auf diese Kritik folgende Debatte im Gestalt Journal zwischen Gary Yontef und Stefan Tobin, in: Gestalt Journal, Spring 1983, S. 54–90. Wichtig dazu der Aufsatz von Joel Latner: This is the Speed of Light: Field and Systems Theories in Gestalt Therapy, dessen Position auch von mir vertreten wird. Vgl. den neuen Versuch von H. Petzold, Vorüberlegungen und Konzepte zu einer integrativen Persönlichkeitstheorie, in: Integrative Therapie 1–2, 1984, Jg. 10, S. 73ff., in der m.E. der prozessuale Charakter der Persönlichkeitsfunktionen und die Tatsache, daß die Persönlichkeit die Summe aller verbalen Antworten auf die Fragen nach der jeweiligen gesellschaftlichen Verortung ist, zu wenig Berücksichtigung findet.

54 Als Einführung in diese Tradition am besten die Schrift von Helmuth Plessner, Conditio Humana, Pfullingen 1964.

55 Joel Latner, The Thresher of Time, in: Gestalt Journal, Spring 1984, S. 102.

56 Wilhelm Reich, Charakteranalyse, zuerst 1933. Vgl. dazu H. P. Dreitzel, Die gesellschaftlichen Leiden und die Leiden an der Gesellschaft – Eine Pathologie des Alltagslebens, a.a.O., Abschnitt VI, 1: »Anpassungsformen als Abwehrmechanismus – Zum Problem des Verhaltenstypus«.

57 Vgl. dazu Heinrich Popitz: Die Erfahrung der ersten Negation – Zur Ontogenese des Selbstbewußtseins, in: W. Eßbach/M. Baethge (Hrsg.), Soziologie – Entdeckungen im Alltäglichen, Festschrift für H. P. Bahrdt, Frankfurt 1983.

58 Eike Gebhardt, Identity as a Total Institution, a.a.O., S. 23/24.

59 Zur Sozialpsychologie von G. H. Mead vgl. die schon erwähnte Arbeit von Hans Joas, Praktische Intersubjektivität, a.a.O.

60 A.a.O., S. 117.

61 Ebd.

62 Anselm Strauss 1949, zitiert nach Eike Gebhardt, a.a.O., S. 25.

63 So eine wiederkehrende Formulierung von Helmuth Plessner.

64 Vgl. dazu die Definition von Jürgen Habermas et al.: »Identität nennen wir die *symbolische Struktur*, die es einem Persönlichkeitssystem erlaubt, im Wechsel der biographischen Zustände und über die verschiedenen Positionen im sozialen Raum hinweg Kontinuität und Konsistenz zu sichern.« In: R. Döbert, J. Habermas, G. Nunner-Winkler (Hrsg.), Die Entwicklung des Ichs, Neue Wissenschaftliche Bibliothek, Köln 1977, S. 9.

65 Erving Goffman spricht von sozialen Situationen, deren Sinn intersubjektiv konstituiert ist, als Rahmen, ein Begriff, den er von Gregory Bateson übernommen hat. Rahmen sind Organisationsprinzipien der sozialen Erfahrung; wir bewegen uns in sozialen Situationen, die durch Alltagsrituale und Konventionen u. a. bereits sinnhaft organisiert sind; Rahmen sorgen dafür, daß wir gemeinsam wissen, was jeweils vor sich geht oder gehen soll, z. B. normales Gespräch oder Therapie, Unterricht, Probe, Schauspiel usf. Soziale Situationen sind also Sinn-Rahmen, innerhalb derer die Kontaktprozesse ablaufen und sich natürlich vielfältig überschneiden und durchdringen. Ein Grundelement solcher sozialer Rahmen sind die Identifikationen der Beteiligten als Darsteller oder Zuschauer, als Rollenspieler und selbst als Individuen. Zur »Definition der Situation durch das Rollenspiel« vgl. den entsprechenden Abschnitt IV, 1 in: H. P. Dreitzel, Die gesellschaftlichen Leiden und die Leiden an der Gesellschaft, a.a.O.

66 Zum Verhältnis von sozialen Rollen, gesellschaftlichen Interessen und individuellen Bedürfnissen vgl. H. P. Dreitzel, Die gesellschaftlichen Leiden und die Leiden an der Gesellschaft, a.a.O., Kapitel V, 1: »Subjektive und objektive Bedürfnislagen«.

67 Vgl. dazu die Studie von Erving Goffman, Stigma – Über Techniken der Bewältigung beschädigter Identität, Frankfurt/M. 1967.

68 Vgl. zum Phänomen, daß man sich selbst in Erzählungen und Erklärungen als eine Figur zitieren bzw. beschreiben kann, die subtile Analyse in Erving Goffman, Rahmenanalyse, a.a.O., S. 553ff., wo es um Funktionsdifferenzierungen der Rollenidentität in die Person als Urheber, als Stratege, als Gestalter und als Figur geht. Goffmans Analyse zeigt auf neue Weise, daß der menschliche Organismus ein selbstreferentielles System ist, das sich in symbolisch vermit-

telter, durch kulturelle Traditionen und Konventionen geprägter Form auf sich selbst bezieht.

69 »Ego and super-ego would collapse into each other and merge – which would be the true mark of the autonomous individual.« So Eike Gebhardts schöne Formulierung, a.a.O., S. 28.

Zum Exkurs I

1 Es gibt deshalb relativ wenig gestalttherapeutische Literatur zur Diagnostik. Um fündig zu werden, empfiehlt es sich, die Jahrgänge des amerikanischen ›Gestalt Journal‹ und der deutschen Zeitschrift ›Gestalttherapie‹ durchzusehen.

2 Dieses Schaubild habe ich zuerst in meinem Beitrag ›Zur Theorie und Genese narzißtischer Persönlichkeitsfunktionsstörungen‹, in: Gestalttherapie, Jg. 2, H. 2, Nov. 1988, veröffentlicht.

3 Eric Berne, Spiele für Erwachse, Reinbek bei Hamburg 1967, beschreibt aus der Sicht der Transaktionsanalyse sehr anschaulich derartige Interaktionsstrategien.

Zu Kapitel III

1 Charles Darwin, Der Ausdruck der Gemütsbewegungen beim Menschen und den Tieren, Leipzig 1884; Neuaufl. Nördlingen, 1986. Zum Universalismus/Relativismus-Streit vgl. am besten zusammenfassend Paul Ekman, The Face of Man, 1980, Kapitel über »Darwin and Cross-Cultural Studies of Facial Expression«.

2 Den besten Überblick vermittelt wohl Carroll E. Izard, Die Emotionen des Menschen, Eine Einführung in die Grundlagen der Emotionspsychologie, Weinheim 1981. Als Überblick gut geeignet ist auch: Robert Plutchik/Henry Kellerman, Editors, Emotion – Theory, Research, and Experience, Vol. 1.: Theories of Emotion, London 1980.

3 Agnes Heller, Theorie der Gefühle, Hamburg 1980.

4 Thomas Scheff, Explosion der Gefühle – Über die kulturelle und therapeutische Bedeutung kathartischen Erlebens, Weinheim 1983.

5 Vgl. u. a. den von Gerd Kahle herausgegebenen Sammelband: Logik des Herzens – Die soziale Dimension der Gefühle, Frankfurt/M. 1881, und die Monographie von Jürgen Gerhards, Soziologie der Emotionen. Fragestellungen, Systematik und Perspektiven, Weinheim, München 1988. Vgl. auch das Sonderheft der Zeitschrift ›Symbolic Interaction‹, Special Issue on the Sociology of Emotions, VI, 8, No. 2, Fall 1985, und R. Schumann/F. Stimmer (Hrsg.), Soziologie der Gefühle – Zur Rationalität und Emotionalität sozialen Handelns, Reihe: Soziologenkorrespondenz, Neue Folge 12, 1987, hrsg. v. Sozialforschungsinstitut München e. V.

6 Manfred Clynes, Sentics – The Touch of Emotions, a.a.O.

7 F. J. J. Buytendijk, Über den Schmerz, Bern 1948.

8 Vgl. dazu Niklas Luhmann, Liebe als Passion – Zur Codierung von Intimität, Frankfurt 1982.

9 Eine eindringliche Darstellung einer auf Haß-Leidenschaft beruhenden Ehe ist Strindbergs Drama ›Totentanz‹.

10 Jäger und Gejagte, Verfolger und Verfolgte sind offenbar *der* zentrale Mythos der nord-amerikanischen Kultur, in dem die Konfrontation mit den Indianern auf tausendfältige Weise weiterlebt. Unzählige Bücher, Filme und Fernsehserien zeugen von dieser Faszination, die in einzelnen Figuren sich zu einer fast archaischen Leidenschaft verdichten kann. Ein klassisches Filmbeispiel ist ›Butch Cassidy and the Sundance Kid‹. Selbst der Golfkrieg hatte für das amerikanische Publikum offenbar etwas von Saddam Hussein als »Billy the Kid« und George Bush in der Rolle der strengen, aber gerechten Sheriffs.

11 Vgl. dazu Izard a.a.O. sowie zur Kritik der kognitiven Ansätze in der Emotionspsychologie Dieter Ulich: Das Gefühl – Eine Einführung in die Emotionspsychologie, München, Wien, Baltimore 1982.

12 a.a.O., S. 19.

13 Vgl. dazu neuerdings das Buch des Neurobiologen Jean-Didier Vincent, Biologie des Begehrens – Wie Gefühle entstehen, Reinbek bei Hamburg 1990, das allerdings mehr von Körperempfindungen handelt als von Gefühlen.

14 Vgl. zusammenfassend P. Ekman, W. V. Friesen et al., Emotion in the Human Face: Guidelines for Research and a Review of Findings, New York 1972, und sehr anschaulich: Paul Ekman, The Face of Man – Expressions of Universal Emotions in a New Guinea Village, New York/London 1980.

15 Paul Ekman, a.a.O., S. 138

16 Vgl. Anmerkung 6. Über weitere Untersuchungen von Manfred Clynes berichtet der ›Sentic Newsletter‹ der »American Sentic Association«, P.O. Box 2716, La Jolla, CA 92038, USA.

17 Siehe dazu das Kapitel »Action Theory« bei Clynes, a.a.O., auf das ich hier nicht weiter eingehe.

18 Clynes hat seine Theorie der Gefühle aus empirischen Untersuchungen entwikkelt, bei denen er einen von ihm entwickelten »Sentographen« einsetzt, der es ermöglicht, die vertikale und die horizontale Linie eines Fingerdrucks aufzuzeichnen, mit dem Versuchspersonen einem Gefühl Ausdruck verliehen. Vgl. zu den Einzelheiten dieser überraschend effektiven Untersuchungsmethode Kapitel 4 seines Buches. Die folgende Abbildung aus diesem Kapitel (S. 29) mag dem Leser einen ersten Eindruck davon vermitteln:

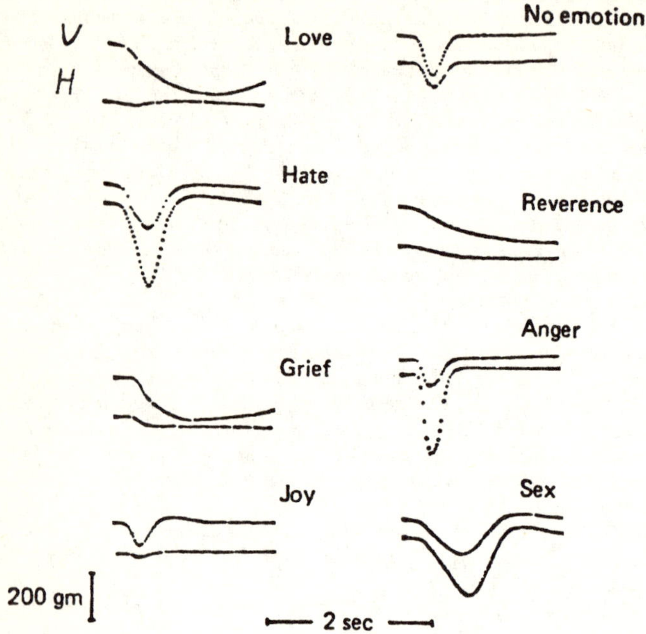

Figure 4. Sentograms of the essentic forms of emotions, as measured by the sentograph. The upper trace for each emotion marks the vertical component of transient finger pressure; the lower marks the horizontal component (at twice the scale). No emotion ist the form of expression recorded when a subject is asked to express mechanically, as if depressing a typewriter key. Each form is measured as the average of fifty actons. The Subtle differences in forms (e.g., between Love and Grief) are as significant as the more obvious ones.«

19 Manfred Clynes, The Communication of Emotion: Theory of Sentics, in: Robert Plutchik/Henry Kellerman, a.a.O., Vol. 1, Chapter 11, S. 273.
20 M. Clynes, Sentics – The Touch of Emotions, a.a.O., S. 18, 25, 43 und 53.
21 Vgl. dazu die Arbeiten von Ekman und Friesen, Anm. 14, sowie Helmuth Plessner, Die Deutung des mimischen Ausdrucks, in: ders., Zwischen Philosophie und Gesellschaft, Bern 1953.
22 Vgl. die subtile Studie über die interaktive Bedeutung des Sich-Zurücklehnens von Rainer Paris, Zurücklehnen, in: Österreichische Zeitschrift für Soziologie, 1/1988, S. 95f.
23 M. Clynes, Sentics – The Touch of Emotions, a.a.O., S. 156ff.
24 Zur Selbstuntersuchung von subtilen Spannungszuständen im Zusammenhang mit Gefühlen und Stimmungen eignen sich die Übungen der tibetanischen Kum-

Nye-Relaxation sehr gut, bei denen jeder Bewegungsablauf auf ein Zeitlupentempo verlangsamt wird, wodurch mit einiger Übung ein außergewöhnlicher Grad an Körper-Gewahrsein erreicht werden kann. Die Übungen finden sich in dem Buch von Tarthang Tulku, Selbstheilung durch Entspannung, München 1964, durch dessen harmlosen Titel und einfache Sprache man sich nicht zu dem Schluß verleiten lassen sollte, daß es sich dabei nur um eine weitere Sammlung von Entspannungsübungen für Zivilisationsgestreßte handelt.

25 Vgl. Arlie Hochschild, Das gekaufte Herz – Zur Kommerzialisierung der Gefühle, München 1989.

26 Clynes, a.a.O., S. 26ff. Eine »sentic form« für Seligkeit (bliss) wurde erst nach Erscheinen von Clynes' Buch von Janice Walker nachgewiesen. Vgl. Sentic Newsletter, Vol. 2, No. 1, March 1980, p. 2.

27 Man darf bei der Untersuchungsmethode von Clynes den Finger nicht vom Sentographen nehmen, denn sonst kann er natürlich nichts aufzeichnen.

28 Der Begriff des »interesselosen Interesses« wurde von Kant ursprünglich zur Beschreibung der ästhetischen Erfahrung entwickelt.

29 Vgl. den wichtigen Aufsatz von Michael Vincent Miller, Curiosity and its Vicissitudes, in: Gestalt Journal, Spring 1987, S. 18–32.

30 Vgl. S. Peele/A. Brodsky, Love and Addiction, New York 1975 und Dorothy Tennov, Love and Limerance, New York 1979.

31 Zum sog. »startle Reflex« vgl. vor allem Michael R. A. Chance in: R. Plutchik & H. Kellerman, Theories of Emotion, a.a.O., S. 81ff.

32 Immanuel Kant, Anthropologie in pragmatischer Absicht abgefaßt, Akademie-Ausgabe, Berlin 1907, Bd. 7, S. 157.

33 Vgl. Alain Corbin, Le Miasme et la Jonquille, a.a.O.

34 Auf den Fotos, die westliche Politiker bei Mao Tse Tung zu Besuch zeigten, konnte man stets einen großen Spucknapf neben Maos Sessel sehen. Zur Zivilisationsgeschichte des Spuckens N. Elias, Über den Prozeß der Zivilisation, a.a.O., Bd. 1, Kap. VII: »Über das Spucken«.

35 Vgl. Peter Gleichmann, Die Verhäuslichung körperlicher Verrichtungen, in: P. Gleichmann, J. Goudsblom und H. Korte (Hrsg.), Materialien zur Norbert Elias' Zivilisationstheorie, a.a.O., S. 254–278.

36 Vgl. Ulrich Raulff, Chemie des Ekels und des Genusses, in: D. Kamper/Ch. Wulf, Die Wiederkehr des Körpers, Frankfurt 1982, S. 259ff.

37 Vgl. Konrad Lorenz, Über tierisches und menschliches Verhalten, 1965. 2 Bde., München 1980.

38 Zitiert nach Michael Vincent Miller, Notes on Art and Symptoms, in: Gestalt Journal, Spring 1980, S. 88.

39 Vgl. H. P. Dreitzel, Der Körper als Medium der Kommunikation, in: Arthur E. Imhoff (Hrsg.), Der Mensch und sein Körper, München 1983, S. 179ff.

40 Vgl. Helmuth Plessner, Das Lächeln, in: ders., Zwischen Philosophie und Gesellschaft, a.a.O., S. 193ff.

41 Besonders eindringlich analysiert das Arlene Hochschild am Beispiel der (in Amerika) ewig lächelnden Stewardessen.

42 Plessner, Lachen und Weinen, in: Philosophische Anthropologie, a.a.O.

43 Ebd., S. 125.

44 Dies ist eine vielfach von Kollegen bestätigte Beobachtung aus der psychotherapeutischen Praxis.

45 Vgl. Gisela Berkenbusch, Zum Heulen – Kulturgeschichte unserer Tränen, Berlin 1985.

46 Clynes ist der Auffassung, daß das Lachen eine eigene sentische Form besitzt und also auch in einem anderen Medium als unserem Kehlkopf ausgedrückt werden kann. Vgl. zu dieser etwas überraschenden These, auf die ich hier nicht weiter eingehe, Kapitel 16 seines Buches ›A New Form of Laughter: A Prediction of Sentic Theory‹, a.a.O., S. 207ff.

47 Aus einem Gedicht, das spontan in einem Gestalt-Workshop entstanden ist, der von Erving und Miriam Polster geleitet wurde.

48 »Das sind so die aaaahhhh-Gefühle, die ich dabei hatte«, sagt einer von Dieter Teschners Klienten in einer (noch nicht abgeschlossenen) empirischen Untersuchung der subjektiv wichtigsten Momente in gestalttherapeutischen Sitzungen. (Protokollnotiz von D. Teschner.)

49 Vgl. dazu die genaue phänomenologische Analyse des Weinens bei H. Plessner, Lachen und Weinen, a.a.O.

50 Vgl. die klassische Arbeit von Alexander und Margarete Mitscherlich, Die Unfähigkeit zu trauern, München 1967.

51 Ann Clark, Grief and Gestalt Therapy, in: Gestalt Journal, Spring 1982, p. 50.

52 Vgl. Elisabeth Kübler-Ross, Reif werden zum Tode, Gütersloh o. J. und: On Death and Dying, New York 1969.

53 »Über die Toten soll man nichts als Gutes sagen.«

54 Vgl. S. Tobin, Saying Goodbye in Gestalt Therapy, in: Psychotherapy: Theory, Research and Practice, San Francisco 1971, S. 150ff.

55 Anne Clark, a.a.O., S. 58.

56 Über die Bedeutung von Vokalen vgl. Joachim-Ernst Berendt, Nada Brahma – Die Welt ist Klang, Reinbek bei Hamburg 1990, S. 40ff.

57 Vgl. Kapitel II, Anmerkung 38.

58 R. J. Lifton, The Broken Connection, a.a.O., S. 139.

59 Theodore Surgeon, More than Human, London 1986, S. 237.

60 Vgl. F. Perls, Das Ich, der Hunger und die Aggression, München 1989, S. 191. Der Ausdruck »Quisling« für »Verräter« ist heute nicht mehr allgemein bekannt: Quisling hieß der Führer der norwegischen Kollaborateure mit der deutschen Besatzung während des 2. Weltkriegs.

61 Eine kritische und gut lesbare zusammenfassende Darstellung dieser Erkenntnisse findet sich in Axel Honneth und Hans Joas, Soziales Handeln und menschliche Natur. Anthropologische Grundlagen der Sozialwissenschaften, Frankfurt/M. 1980.

62 Vgl. dazu jetzt u. a. J. Margraf/S. Schneider, Panik – Angstanfälle und ihre Behandlung, 2. überarb. Aufl., Berlin 1990, das wie die meisten Arbeiten zu diesem Thema aus verhaltenstherapeutisch-lerntheoretischer Sicht geschrieben ist.

63 Vgl. H. P. Dreitzel, Die gesellschaftlichen Leiden und die Leiden an der Gesellschaft, a.a.O., Kapitel V, 1. Die zentrale These lautet: [Nur] »in der Gestalt gesellschaftlicher Interessen können sich Bedürfnisse legitimieren; [nur] in der Gestalt von Bedürfnissen gehen die gesellschaftlichen Interessen in die Motivation des Rollenspielers ein.«

64 Nach Agnes Heller gibt es bei bestimmten Stämmen in Neuguinea die Unterscheidung von »Hautscham« und »Tiefscham«. Vgl. A. Heller, The Power of Shame – A Rational Perspective, London 1985, S. 4. Das weist darauf hin, daß, was ich im weiteren als Körperscham und Identitätsscham bezeichne, universale Formen der Scham- und Peinlichkeitsgefühle sind.

65 Vgl. Peer Hultberg, der mit dem wichtigen Aufsatz ›Scham – eine überschattete Emotion‹ eine der wenigen tiefenpsychologischen Arbeiten zu diesem Thema vorgelegt hat. In: Analytische Psychologie, Jg. 18, 1987, S. 94. Ansonsten vgl. die klassische phänomenologische Analyse von Max Scheler: Über Scham und Schamgefühl, in: Schriften aus dem Nachlass, Bd. 1, Berlin 1933.

66 Erik Erikson, zitiert nach Lifton, The Broken Connection, a.a.O., S. 464.

67 Vgl. H. P. Dreitzel, Peinliche Situationen, in: W. Eßbach/M. Baethge (Hrsg.), Soziologie – Beobachtungen im Alltäglichen, Festschrift für H. P. Bahrdt, Frankfurt 1983, 148–172. Zur Soziologie peinlicher Situationen vgl. auch: Michael Schudson, Embarrassment and Goodman's Idea of Human Nature, in: Theory and Society, Vol. 13, No. 5, S. 633ff. und Edward Gross und Gregor B. Stone, Embarrassment and the Analysis of Role Requirements, in: American Journal of Sociology, Vol. 7, 1964, S. 1–15.

68 Vgl. Hans Peter Duerr, Nacktheit und Scham, Frankfurt/M. 1987. Die mit diesem Buch zugleich begründete grundsätzliche Kritik an Norbert Elias' Theorie des Zivilisationsprozesses ist gründlich und kenntnisreich von Michael Schröter zurückgewiesen worden. Vgl. M. Schröter, Scham im Zivilisationsprozeß, in: Gesellschaftliche Prozesse und individuelle Praxis, hrsg. von H. Korte, Frankfurt/M. 1990.

69 Solche Degradierungsrituale sind z. B. die Beseitigung individueller Attribute wie Namen, Kleidung, Frisur, persönlicher Besitz oder die Durchsetzung bestimmter Unterwerfungsgesten. Der Ausdruck »degradation ceremony« stammt von Harold Garfinkel; vgl. Bedingungen für den Erfolg von Degradierungszeremonien, in: Gruppendynamik 5, 1974, S. 77–83; der Begriff der »totalen Institution« ist von Erving Goffman in: Asyle – Über die Situation psychiatrischer Patienten und anderer Insassen, Frankfurt 1976, entwickelt worden und entspricht etwa dem deutschen Begriff der Anstalt.

70 Der nächste Absatz ist fast identisch mit meinen Formulierungen in: Peinliche Situationen a.a.O., S. 154.

71 Ruth Benedict, The Chrysanthemum and the Sword. Patterns of Japanese Culture, London 1977.

72 Peer Hultberg, a.a.O., S. 89.

73 F. Perls spricht in: Das Ich, der Hunger und die Aggression, a.a.O., Abschnitt II, 13, von »emotionalen Widerständen«, die er von physiologischen und kognitiven Widerständen unterscheidet. Der Gewinn dieser Unterscheidungen lag seinerzeit darin, zu sehen, daß der Körper und die Gefühle ebenfalls Bestandteile der psychischen Prozesse sind. Inzwischen würde man aber in der Gestalttherapie nicht mehr von »Widerständen« sprechen. Vgl. dazu Elaine Breshgold, Resistance in Gestalt Therapy. An Historical/Theoretical Perspective, in: Gestalt Journal, Fall 1989, S. 73–102. Ein Verhalten als »Widerstand« zu interpretieren ist deshalb problematisch, weil es zum einen impliziert, daß der Therapeut besser über den Klienten Bescheid weiß als dieser selbst, und zum anderen, weil es im-

pliziert, daß dieses Verhalten ein Fremdkörper im Organismus des Klienten ist, der beseitigt werden muß, wenn er »gesund« werden will. Tatsächlich aber war dieses Verhalten einmal eine kreative Lösung in einer schwierigen und bedrohlichen Lebenssituation, in dem gegenwärtig noch sehr viel Energien gebunden sind, die der Organismus dringend braucht.

74 F. Perls, Das Ich, der Hunger und die Aggression, a.a.O., S. 194, Hervorhebung durch mich.

75 Peer Hultberg, a.a.O., S. 98.

76 Allerdings hat mich eine soziologische Untersuchung der Besucher von Fitneß-Centers in Berlin belehrt, daß an solchen Orten wie auch sonst im Leistungssport noch immer der »innere Schweinehund« besiegt wird. Vgl. Caroline Klaus, Problemzonen – Eine empirische Studie über die »individuellen Körperpraktiken« in den Fitneß-Studios, Soziologische Diplomarbeit, Freie Universität Berlin Sommersemester 1991.

77 R. J. Lifton, The Broken Connection, a.a.O., S. 134.

78 Ebd., S. 139.

79 Die ostdeutsche Version des verdrossenen Charakters, wie er sich unter den Bedingungen des Staatssozialismus in der DDR ausgebildet hat, nennt Hans Joachim Maaz den »gehemmten Charakter«, während dem selbstgerechten Charakter bei Maaz der »zwanghafte Charakter« entspricht. Entsprechend dem höheren Individualisierungsgrad der westdeutschen Gesellschaft ist der narzißtische Anteil, insbesondere beim verdrossenen Charakter größer als bei den von Maaz geschilderten Charaktertypen. Dennoch hat mich die Ähnlichkeit zunächst verblüfft, als ich – nachdem dieser Abschnitt schon geschrieben war – das Buch von Maaz in die Hand bekam. Vgl. H. J. Maaz, Der Gefühlsstau – Ein Psychogramm der DDR, a.a.O.

80 F. S. Perls, R. H. Hefferline, P. Goodman, Gestalt-Therapie – Wiederbelebung des Selbst, a.a.O., S. 128 (Teil I, Abschnitt, Experiment 10). In der deutschen Übersetzung wird das nicht klar, weil dort »resentment« mit »Ärger« wiedergegeben wird.

81 Vgl. dazu schon P. Watzlawick et al., Menschliche Kommunikation – Formen, Störungen, Paradoxien, 3. Aufl. Bern 1972.

82 M. Clynes, a.a.O., S. 60.

83 Vgl. H. P. Dreitzel. Die gesellschaftlichen Leiden und das Leiden an der Gesellschaft, a.a.O., Kapitel V, 3: »Der affektive Gehalt beim Rollenspiel«.

84 Max Scheler, Wesen und Formen der Sympathie (1914), 3. Aufl. Frankfurt 1948.

85 M. Clynes, a.a.O., S. 71, Anmerkung.

86 Vgl. H. Kohut, Der Narzißmus. Eine Theorie der Behandlung narzißtischer Persönlichkeitsstörungen, Frankfurt/M. 1973, sowie Otto F. Kernberg, Persönlichkeitsstörungen – Theorie, Diagnose, Behandlungsstrategien, Stuttgart 1988, und Béla Grauberger, Vom Narzißmus zum Objekt, Frankfurt/M. 1982. Zur Rezeption der Objektbeziehungstheorie in der Gestalttherapie vgl. die von S. Tobin 1982 begonnene Debatte im ›Gestalt Journal‹: S. Tobin, Self-Disorders, Gestalt Therapy, and Self-Psychology, Vol. 5, No. 2., und neuerlich: Gary Yontef, Assimilating Diagnostic and Psychoanalytic Perspectives into Gestalt Therapy, in: Gestalt Journal, Spring 1988, S. 5–33. Kritisch zu diesem Einbruch der neueren psychoanalytischen Persönlichkeitstheorie in die Gestalttherapie vor allem Joel

Latner, This is the Speed of Light: Field and Systems Theories in Gestalt Therapy, in: Gestalt Journal, Fall 1983, S. 71–90, und ders., The Kingdoms of Experience, in: Gestalt Journal, Spring 1984, S. 84–109. Vgl. auch S. Cashdan, Sie sind ein Teil von mir. Objektbeziehungstheorie in der Psychotherapie, Köln 1990.

87 Martin Bubers Philosophie, die hauptsächlich über die Los-Angeles-Schule in der Gestalttherapie Einfluß gewonnen hat (Vgl. vor allem Lynne Jacobs, Dialogue in Gestalt Theory and Therapy, in: Gestalt Journal, Spring 1989, S. 25–89), ist nicht nur für den deutschsprachigen Leser stilistisch nicht mehr leicht zu verkraften, sondern hat auch transzendentalphilosophische Implikationen, die der Gestalttherapie zunächst fremd sind. Als Beispiel vgl. die folgende Passage aus dem für die Gestalttherapie besonders wichtigen Buch ›Ich und Du‹ (10. Aufl. Heidelberg 1979, S. 18), die durchaus charakteristisch ist: »Die Beziehung zum Du ist unmittelbar. Zwischen Ich und Du steht keine Begrifflichkeit, kein Vorwissen, keine Phantasie; und das Gedächtnis selber verwandelt sich, da es auch der Einzelung in die Ganzheit stürzt. Zwischen Ich und Du steht kein Zweck, keine Gier und keine Vorwegnahme; und die Sehnsucht selber verwandelt sich, da sie aus dem Traum in die Erscheinung stürzt. Alles Mittel ist Hindernis. Nur wo alles Mittel zerfallen ist, geschieht die Begegnung.« Gewiß, ja, das ist Voller Kontakt; aber es fehlt bei dieser Beschreibung eben die Lust dabei. Theodor W. Adorno, der große Kritiker der Existenzphilosophie, nannte dies den »Jargon der Eigentlichkeit«. Vgl. sein gleichnamiges Buch, Jargon der Eigentlichkeit – Zur deutschen Ideologie, Frankfurt/M. 1964. Diesen Jargon gibt es übrigens auch heute noch. Padrutt z. B. hat jüngst eine wieder spezifisch deutsche Art des Denkens zur Umweltproblematik vorgelegt: Der epochale Winter – Zeitgemäße Betrachtungen, Zürich 1984. Vgl. etwa die folgende Passage (S. 305): »Doch wir sind selbst am Verklingen. Einst wurden wir die Sterblichen genannt – nicht deswegen, weil am Ende unseres Lebens der Tod lauert, sondern deswegen, weil wir jetzt und grundsätzlich, als Greise wie als Kinder, in einem Verhältnis zum Tod stehen. Das Wort verklingt, die Sternschnuppe verglüht, wir sind die Sterblichen. Endlichkeit durchzittert alles, das Wort, das jeweilig anwesende Ding, uns, die wir untrennbar dazugehören. Die Zusammengehörigkeit von Sein, Wort, Ding, Mensch und Tod.«

88 Man mag hier fragen, wie es dann möglich ist, daß Menschen andere Menschen systematisch foltern und quälen, wenn sie doch in der Identifikation sich auch selbst damit verletzen. Aber niemand wird als Folterer geboren; vielmehr müssen die Folterknechte durch methodische Desensibilisierung unter extrem autoritären Bedingungen erst dazu ausgebildet werden, das zu tun, was sie dann tun. Mika Haritos-Fatouros hat dies gründlich an Folterern der griechischen Papadopoulos-Diktatur untersucht. Vgl. deutsch dazu: Janice T. Gibson und Mika Haritos-Fatourois; Wie man zum Folterknecht wird, in: Psychologie Heute, 14. Jg. H. 4, April 1987, S. 54ff.

89 Clynes, a.a.O., S. 71.

90 Ebd., S. 72.

91 Ebd., S. 70.

92 Vgl. Thomas Scheff, a.a.O. Der Original-Titel dieses Buches lautet ›Catharsis in Ritual, Healing and Drama‹.

93 Thomas Scheff, a.a.O., S. 69.
94 Thomas Scheff, a.a.O., S. 67.
95 M. Clynes, a.a.O., S. 61.
96 Th. Scheff, a.a.O., S. 65.
97 »This mode allows the particular sentic states to be enjoyed in their purity, while retaining control of mental freedom. The excercise of this freedom also allows us to switch sentic states voluntarisly, and to proceed easily from the empathic viewing of one sentic state to another. The faculty that allows one to switch sentic states in the manner described we call ›pre-sentic control‹. Free excercise of pre-sentic control implies sentic fluidity; one is not stuck rigidly in any one sentic state, but can experience the spectrum of sentic states, freely and readily. The condition of sentic fluidity, it becomes apparent, is an important aspect of mental health.« (M. Clynes, a.a.O., S. 61.) – Das entspricht in der Tat der gestalttherapeutischen Erfahrung.
98 M. Clynes, a.a.O., S. 73.
99 Johan Huizinga, Herbst des Mittelalters – Studien über Lebens- und Geistesformen im 14. und 15. Jahrhundert in Frankreich und in den Niederlanden, Stuttgart 1987.
100 Vgl. Hans Peter Duerr, Traumzeit – Über die Grenzen zwischen Wildnis und Zivilisation, Frankfurt/M. 1985.

Zu Exkurs II

1 Zur politischen und zur psychologischen Problematik von staatlichen Anerkennungen und von Kassenzulassungen vgl. H. P. Dreitzel/Eva Jaeggi, Psychotherapie – Plädoyer für kreative Vielfalt, in: Psychologie Heute, Jg. 14, H. 2, Febr. 1987, S. 60–69. Die gründlichste Untersuchung zu diesem Thema stammt von S. J. Gross, Foxes and Hen Houses – Licensing and the Health Professions, Quorum Books, London 1985, dessen Forschungsergebnisse sehr nachdenklich stimmen.
2 Vgl. dazu auch J. A. Doster und J. G. Nesbitt, Psychotherapy and Self-Disclosure, in: Gordon J. Chelune, Self-Disclosure – Origin Patterns, and Implications of Openness in Interpersonal Relationships, Jossey-Bass Publ. 1979.
3 Zur Ich-Du-Beziehung in der Gestalttherapie vgl. auch Richard A. Hycner, The I-Thou-Relationship and Gestalt Therapy, in: Gestalt Journal, Spring 1990, S. 41–55.

Zu Kapitel IV

1 Siehe dazu die wunderbaren Fotos in dem Buch ›The Home Planet‹, hrsg. von Kevin W. Kelley, New York und Moskau 1988.
2 Vgl. dazu: H. P. Dreitzel/H. Stenger (Hrsg.), Ungewollte Selbstzerstörung – Reflexionen über den Umgang mit katastrophalen Entwicklungen, Frankfurt/M. 1990.
3 Zur sogenannten GAIA-Hypothese von James E. Lovelock (›GAIA – A new Look

at Life on Earth‹) vgl. Norman Myers, GAIA – Der Öko-Atlas unserer Erde, Frankfurt 1985. Vgl. Lee Durrell; GAIA – Atlas zur Rettung unserer Erde, Frankfurt/M. 1987.

4 Vgl. v. a. ROBIN WOOD (Hrsg.), Klima-Aktionsbuch – Was tun gegen Ozonloch und Treibhauseffekt? Göttingen 1990.

5 Quelle: die tageszeitung vom 15. 10. 1988, Artikel: Der Treibhauseffekt.

6 Vgl. Reiner Klingholz, Der maßlose Alltag, GEO v. 17. 12. 1990, S. 37.

7 Der Spiegel, H. 13/1991, S. 114.

8 Bill McKibben, Das Ende der Natur, München 1990.

9 Zur Angstneurose vgl. das verhaltenstherapeutische Buch von J. Margraf und S. Schneider, Panik – Angstanfälle und ihre Behandlung, Berlin 1989. Allgemein über Angst das alle Aspekte umfassende, von Hans Jürgen Schulz hrsg. Buch ›Angst‹, Stuttgart 1987.

10 Ralph K. White, The Stream of Thought, The Lifespan, Selective Inattention, and War, In: Journal of Humanistic Psychology, Bd. 8, Nr. 2, 1988, S. 73–86.

11 Peter Sloterdijk, Nachwort – Etwas vor sich haben, in: ders., Vor der Jahrtausendwende: Berichte zur Lage der Zukunft, Frankfurt/M. 1990, Bd. 2, S. 726.

12 Die unerwarteten Folgen planvollen sozialen Handelns sind ein altes Thema der Sozialwissenschaften. Vgl. dazu den klassischen Text von Robert K. Merton, Manifest and Latent Functions, in: ders., Social Theory and Social Structure, New York 1957. Vgl. dazu auch: H. P. Dreitzel/Horst Stenger, Unverschuldete Selbstzerstörung, a.a.O.

13 Vgl. z. B. Karl-Wilhelm Weeber, Smog über Attika – Umweltverhalten im Altertum, Zürich, München 1990; Rolf Peter Sieferle (Hrsg.), Fortschritte der Naturzerstörung, Frankfurt/M. 1988.

14 Vgl. dazu Ulrich Beck/Elisabeth Beck-Gernsheim, Das ganz normale Chaos der Liebe, Frankfurt/M. 1990.

15 Vgl. dazu Arthur Imhoff, Die gewonnenen Jahre – Von der Zunahme unserer Lebensspanne seit dreihundert Jahren oder die Notwendigkeit einer neuen Einstellung zu Leben und Sterben, München 1981; ders., Die Lebenszeit – Vom aufgeschobenen Tod und von der Kunst des Lebens, München 1988.

16 Vgl. die schöne Abhandlung von H. Petzold, Das Hier-und-Jetzt-Prinzip und die Dimension der Zeit in der psychologischen Gruppenarbeit, in: C. H. Bachmann, Kritik der Gruppendynamik, Frankfurt/M. o. J.

17 Vgl. Derek de Solla Price, Science since Babylon, New Haven 1961.

18 Hans Magnus Enzensberger, Vermutungen über die Turbulenz, in: P. Sloterdijk, a.a.O., Bd. 1, S. 110.

19 Vgl. Robert Jay Lifton, The Broken Connection, a.a.O.

20 Ich benutze hier ein Bild, das aus dem Buch von Trevor Hoyle, The Last Gasp, London 1983, stammt, einem Öko-Fiction-Roman, der in buchstäblich atemberaubender Weise verdeutlicht, wie schnell unserem Planeten der Sauerstoff ausgehen könnte.

21 Stanislav Lem, Summa Technologia, (1964), 2. dt. Aufl. Frankfurt 1976, S. 586.

22 Vgl. dazu vor allem das aufregende Buch von Alfred A. Tomatis, Der Klang des Lebens – Vorgeburtliche Kommunikation – die Anfänge der seelischen Entwicklung, Reinbek bei Hamburg 1987.

23 Vgl. Judith Hooper/Dick Teresi, Das Drei-Pfund-Universum – Das Gehirn als Zentrum des Denkens und Fühlens, Düsseldorf 1988. Über das Verhältnis von Gehirn und Aufbau unserer Sinne vgl. Alfred Maelicke (Hrsg.), Vom Reiz der Sinne, Weinheim 1990.

24 Vgl. die erstaunlichen Fallgeschichten des Neurologen Oliver Sacks, Der Mann, der seine Frau mit einem Hut verwechselte, Reinbek bei Hamburg 1987, und ders., Der Tag, an dem mein Bein fortging, Reinbek bei Hamburg 1989, in dem deutlich wird, wie sehr Freuds Aussage, daß das Ich zunächst ein körperliches ist, auch für den erwachsenen Menschen noch gilt.

25 Vgl. David Wright, Deafness, London 1990, und: John M. Hull, Touching the Rock: An Experience of Blindness, New York 1990. Für den Tast-Sinn das Buch von Charles V. W. Brooks, Erleben durch die Sinne, a.a.O., über die »Sensory Awareness«-Arbeit von Charlotte Selver. Vgl. auch Ashley Montagu, Touching – The human Significance of the Skin, 2. Aufl. New York 1978; zur Bedeutung der körperlichen Berührung in der Medizin: Helmuth Milz, Ganzheitliche Medizin, Frankfurt/M. 2. Aufl. 1991.

Zum Nachwort

1 Vgl. Victor Chu, Krisenzeit. Nach Tschernobyl: Meditationen eines Psychotherapeuten, Köln 1991.

2 Vgl. Alfred Lorenzer, Die Wahrheit der psychoanalytischen Erkenntnis – Ein historisch-materialistischer Entwurf, Frankfurt/M. 1974. Vgl. auch die engagierte Arbeit von Thea Bauriedl, Das Leben riskieren – Psychoanalytische Perspektiven des politischen Widerstands, München 1988.

3 Peter Sloterdijk, Nachwort, a.a.O., S. 722.

4 Aldous Huxley, Island, 1962, dt. unter dem Titel: Eiland, zuletzt: München 1991.

5 Robert M. Pirsig, Zen und die Kunst, ein Motorrad zu warten. Frankfurt 1984.

6 Vgl. Niklas Luhmann, Ökologische Kommunikation, Opladen 1986, und ders., Ökologische Kommunikation – Ein Theorie-Entscheidungsspiel, in: Joschka Fischer (Hrsg.), Ökologie im Endspiel, München 1989.

7 Martin Buber, Ich und Du, 1923, 10. Aufl. Heidelberg 1979. Siehe dazu auch Judith Brown, Buber und Gestalt, in: Gestalt Journal, Fall 1980, S. 47–57, und: Richard Hycner, Dialogical Gestalt Therapy – An Initial Proposal, in: Gestalt Journal, Spring 1985, S. 23–50; ders., Zwischen Menschen. Ansätze zu einer Dialogischen Psychotherapie, Köln 1989; Maurice Friedman, Der heilende Dialog in der Psychotherapie, Köln 1987.

8 Paul Goodman, Nature Heals. The Psychological Essays of Paul Goodman, ed. by Taylor Stoehr (von dem der Titel stammt), New York 1977. Dt.: Natur heilt, Psychologische Essays, Köln 1989.

Literaturverzeichnis

Adorno, Theodor W.: Jargon der Eigentlichkeit – Zur deutschen Ideologie, Frankfurt/M. 1964.

Bandler, Richard / John, Grinder: Frogs into Princes – Neuro-Linguistic Programming, Moab 1979.

Bauriedl, Thea: Das Leben riskieren – Psychoanalytische Perspektiven des politischen Widerstand, München 1988.

Baudrillard, Jean u. a.: Philosophien der neuen Technologien, Berlin 1989.

Beck, Ulrich / Beck-Gernsheim, Elisabeth: Das ganz normale Chaos der Liebe, Frankfurt/M. 1990.

Bell, Daniel: Die nachindustrielle Gesellschaft, 2. Aufl., Frankfurt/M., New York 1976.

Benedict, Ruth: The Chrysanthemum and the Sword. Patterns of Japanese Culture, London 1977.

Berendt, Joachim-Ernst: Nada Brahma – Die Welt ist Klang, Reinbek bei Hamburg 1983.

Berger, Peter L.: Zur Soziologie kognitiver Minderheiten, in: Dialog, Jg. 2, 1969.

Berger, Peter / Luckmann, Thomas: Die gesellschaftliche Konstruktion der Wirklichkeit – Eine Theorie der Wissenssoziologie, Stuttgart 1969.

Berger, Peter L.: Einladung zur Soziologie, Olten und Freiburg i. Br. 1969.

Berkenbusch, Gisela: Zum Heulen – Kulturgeschichte unserer Tränen, Berlin 1985.

Berne, Eric: Spiele für Erwachsene, Reinbek bei Hamburg 1967.

Bernstein, Basil: Soziale Schichtung, Sozialisation und Sprachverhalten, Amsterdam 1970.

Bernstein, Basil: Studien zur sprachlichen Sozialisation, Düsseldorf 1972.

Blankertz, Stefan: Der kritische Pragmatismus Paul Goodmans. Zu politischen Bedeutung der Gestalttherapie, Köln 1988.

Blankertz, Stefan: Gestaltkritik – Paul Goodmans Sozialpathologie in Therapie und Schule, Köln 1990.

Bloch. Ernst: Das Prinzip Hoffnung, Berlin 1960.

Boadella, David: Wilhelm Reich – The Evolution of his Work, Plymouth 1973.

Breshgold, Elaine: Resistance in Gestalt Therapy: An Historical/Theoretical Perspective, in: Gestalt Journal, Fall 1989.

Brown, Judith: Buber und Gestalt, in: Gestalt Journal, Fall 1980.

Buber, Martin: Ich und Du (1923), 10. Aufl., Heidelberg 1979.

Buytendijk, Frederik Jacobus Johs: Über den Schmerz, Bern 1948.

Cashdan, Sheldon: Sie sind ein Teil von mir. Objektbeziehungstheorie in der Psychotherapie, Köln 1990.

Chu, Victor: Krisenzeit. Nach Tschernobyl: Meditationen eines Psychotherapeuten, Köln 1991.

Clynes, Manfred: Sentics – The Touch of Emotions, New York 1976.

Corbin, Alain: Le Miasme et la Jonquille. L'odorat et l'imaginaire social

XVIIIe–XIXe siècle, Paris 1982. [Dt. unter dem Titel: Pesthauch und Blütenduft, Berlin 1984.]

Darwin, Charles: Der Ausdruck der Gemütsbewegungen beim Menschen und den Tieren, Leipzig 1884. Neuaufl. Nördlingen 1986.

Döbert, R. / Habermas, J. / Nunner-Winkler, G. (Hrsg.): Die Entwicklung des Ichs, Neue Wissenschaftliche Bibliothek, Köln 1977.

Doster, J. A. / Nesbitt, J. G.: Psychotherapy and Self-Disclosure, in: Gordon, J. Chelune: Self-Disclosure – Origin Patterns, and Implications of Openness in Interpersonal Relationships, New York 1979.

Dreitzel, Hans Peter: Selbstbild und Gesellschaft, in: Europäisches Archiv für Soziologie, Vol. 3, 1963.

Dreitzel, Hans Peter / Wilhelm, Jürgen: Über das Problem der Kreativität bei Wissenschaftlern, in: Kölner Zeitschrift für Soziologie, Bd. 18, 1966.

Dreitzel, Hans Peter: Arbeit und Sinnlichkeit – Zum Elend des Leistungsbegriffs, in: Sinn und Unsinn des Leistungsprinzips, Köln 1973.

Dreitzel, Hans Peter: Die gesellschaftlichen Leiden und die Leiden an der Gesellschaft – Eine Pathologie des Alltagslebens, 3. Aufl., Stuttgart 1980.

Dreitzel, Hans Peter: Körperkontrolle und Affektverdrängung, in: Integrative Therapie, Jg. 7, H. 2–3, 1981.

Dreitzel, Hans Peter: Peinliche Situationen, in: W. Eßbach / M. Baethge (Hrsg.): Soziologie – Beobachtungen im Alltäglichen, Festschrift für H. P. Bahrdt, Frankfurt/M. 1983.

Dreitzel, Hans Peter: Der Körper als Medium der Kommunikation, in: Arthur E. Imhoff (Hrsg.): Der Mensch und sein Körper, München 1983.

Dreitzel, Hans Peter / Jaeggi, Eva: Psychotherapie – Plädoyer für kreative Vielfalt, in: Psychologie Heute, Jg. 14, H. 2, Februar 1987.

Dreitzel, Hans Peter: Zur Theorie und Genese narzißtischer Persönlichkeitsfunktionsstörungen, in: Gestalttherapie, Jg. 2, H. 2, 1988.

Dreitzel, Hans Peter / Stenger, Horst (Hrsg.): Ungewollte Selbstzerstörung – Reflexionen über den Umgang mit katastrophalen Entwicklungen, Frankfurt/M. 1990.

Dreitzel, Hans Peter: Sympathie und Empathie, in: G. Althaus, H. Berking, R. Thiessen (Hrsg.): Avanti Dilletanti. Festschrift für Urs Jaeggi, Berlin 1991.

Dreitzel, Hans Peter: Umweltgewahrsein, in: Gestalttherapie, Jg. 5, H. 1, 1991.

Duerr, Hans Peter: Traumzeit – Über die Grenzen zwischen Wildnis und Zivilisation, Frankfurt/M. 1985.

Durrell, Lee: Gaia – Atlas zur Rettung unserer Erde, Frankfurt/M. 1987.

Ehlich, Konrad: Erzählen im Alltag, Frankfurt/M. 1980.

Eichberg, Henning: Leistung – Spannung – Geschwindigkeit. Sport und Tanz im gesellschaftlichen Wandel des 18./19. Jahrhunderts, Stuttgart 1978.

Ekman, Paul / W. V. Friesen et al.: Emotion in the Human Face: Guidelines for Research and a Review of Findings, New York 1972.

Ekman, Paul: The Face of Man – Expressions of Universal Emotions in a New Guinea Village, New York, London 1980.

Elias, Norbert: Die Höfische Gesellschaft, Neuwied 1969.

Elias, Norbert: Über den Prozeß der Zivilisation; soziogenetische und psychogenetische Untersuchungen. Bd. 1: Wandlungen des Verhaltens in den weltlichen

Oberschichten des Abendlandes. Bd. 2: Wandlungen der Gesellschaft – Entwurf einer Theorie der Zivilisation, Basel 1939, 2. Aufl. Frankfurt/M. 1969.

Emrich, Helmut: Psychophysiologische Grundlagen der Psychiatrie und Psychosomatik – Bewußte und nicht bewußte Wahrnehmungen emotionaler Reize, Stuttgart 1983.

Enzensberger, Hans Magnus: Vermutungen über die Turbulenz, in: P. Sloterdijk: Von der Jahrtausendwende. Berichte zur Lage der Zukunft, Bd. 1, Frankfurt/M. 1990.

Ernst, Heiko: Leben statt Lifestyle, in: Psychologie Heute, Jg. 18, H. 6, Juni 1991.

Foucault, Michel: Überwachen und Strafen. Die Geburt des Gefängnisses, Frankfurt/M. 1976.

Foucault, Michel: Sexualität und Wahrheit, 3 Bde., Frankfurt/M. 1977–1986.

Friedman, Maurice: Der heilende Dialog in der Psychotherapie, Köln 1987.

From, Isadore: Gestalttherapie und »Gestalt«. Betrachtungen über Gestalttherapie nach 32 Jahren Praxis, in: Gestalttherapie, Jg. 1, H. 1, 1987.

Fuhr, Reinhard / Gremmler-Fuhr, Martina: Dialogische Beratung – Person, Beziehung, Ganzheit, Köln 1991.

Gebhardt, Eike: Identity is a Total Institution, in: International Journal of Sociology, 1975.

Geertz, Cliffort: Common Sense als kulturelles System, in: ders.: Dichte Beschreibung – Beiträge zum Verstehen kultureller Systeme, Frankfurt/M. 1983.

Gerhards, Jürgen: Soziologie der Emotionen. Fragestellungen, Systematik und Perspektiven, Weinheim/München 1988.

Gibson, Janice T. / Haritos-Fatouros, Mika: Wie man zum Folterknecht wird, in: Psychologie Heute, 14. Jg., H. 4, April 1987.

Gleichmann, P. / Goudsblom, J. / Korte, H. (Hrsg.): Materialien zu Norbert Elias' Zivilisationstheorie, Frankfurt/M. 1979.

Goffman, Erving: Stigma – Über Techniken der Bewältigung beschädigter Identität, Frankfurt/M. 1967.

Goffman, Erving: Asyle – Über die Situation psychiatrischer Petienten und anderer Insassen, Frankfurt/M. 1976.

Goffman, Erving: Rahmenanalyse, Frankfurt/M. 1977.

Goodman, Paul: Nature Heals, in: The Psychological Essays of Paul Goodman, ed. by Taylor Stoehr, New York 1977. [Dt. unter dem Titel: Natur heilt, Psychologische Essays, Köln 1989.]

Gouldner, Alvin: The Norm of Reciprocity, in: American Sociological Review, Vol. 25, 1960.

Grauberger, Béla: Vom Narzißmus zum Objekt, Frankfurt/M. 1982.

Graumann, Carl-Friedrich: Bewußtsein und Bewußtheit – Probleme und Befunde der psychologischen Bewußtseinsforschung, in: Handbuch der Psychologie, Bd. 1, 1. Halbband, Göttingen 1966.

Gross, Edward / Stone, Gregor B.: Embarrassment and the Analysis of Role Requirements, in: American Journal of Sociology, Vol. 7, 1964.

Gross, Stanley J.: Of Foxes and Hen Houses – Licensing and the Health Professions, London 1985.

Gurvitch, Aron: Théorie du champ de la conscience, Paris 1957.

Habermas, Jürgen: Erkenntnis und Interesse, Frankfurt/M. 1973.

Hager, F. / Haberland, H. / Paris, R.: Soziolinguistik und Soziologie, Stuttgart 1973.
Heller, Agnes: Theorie der Gefühle, Hamburg 1980.
Heller, Agnes: The Power of Shame – A Rational Perspective, London 1985.
Hess, E.: The Tell-Tale Eye, New York 1975.
Hochschild, Arlie: Das gekaufte Herz – Zur Kommerzialisierung der Gefühle, München 1989.
Hörmann, Hans: Die Bedingungen für das Behalten, Vergessen und Erinnern, in: Handbuch der Psychologie, Bd. 1 und 2, 1964.
Hondrich, Karl Otto: Menschliche Bedürfnisse und soziale Steuerung, Reinbek bei Hamburg 1975.
Honneth, Axel / Joas, Hans: Soziales Handeln und menschliche Natur; Anthropologische Grundlagen der Sozialwissenschaften, Frankfurt/M. 1980.
Hooper, Judith / Teresi, Dick: Das Drei-Pfund-Universum – Das Gehirn als Zentrum des Denkens und Fühlens, Düsseldorf 1988.
Hoyle, Trevor: The Last Gasp, London 1983.
Huizinga, Johan: Herbst des Mittelalters – Studien über Lebens- und Geistesformen im 14. und 15. Jahrhundert in Frankreich und in den Niederlanden (1919), letzte dt. Aufl. Stuttgart 1987.
Hull, John M.: Touching the Rock: An Experience of Blindness, New York 1990.
Hultberg, Peer: Scham – eine überschattete Emotion, in: Analytische Psychologie, Jg. 18, 1987.
Huxley, Aldous: Eiland, zuletzt München 1991.
Hycner, Richard: Dialogical Gestalt Therapy – An Initial Proposal, in: Gestalt Journal, Spring 1985.
Hycner, Richard: The I-Thou-Relationship and Gestalt Therapy, in: Gestalt Journal, Spring 1990.
Hycner, Richard: Zwischen Menschen. Aufsätze zu einer Dialogischen Psychotherapie, Köln 1989.
Imhoff, Arthur: Die gewonnenen Jahre – Von der Zunahme unserer Lebensspanne seit dreihundert Jahren oder die Notwendigkeit einer neuen Einstellung zu Leben und Sterben, München 1981.
Imhoff, Arthur: Die Lebenszeit – Vom aufgeschobenen Tod und von der Kunst des Lebens, München 1988.
Izard, Carroll E.: Die Emotionen des Menschen. Eine Einführung in die Grundlagen der Emotionspsychologie, Weinheim 1981.
Jacob, François: Das Spiel der Möglichkeiten – Von der offenen Geschichte des Lebens, München 1983.
Jacobs, Lynne: Dialogue in Gestalt Theory and Therapy, in: Gestalt Journal, Spring 1989.
Jantsch, Erich: Die Selbstorganisation des Universums, München 1982.
Joas, Hans: Praktische Intersubjektivität – Die Entwicklung des Werks von Georg Herbert Mead, Frankfurt/M. 1980.
Kahle, Gerd: Logik des Herzens – Die soziale Dimension der Gefühle, Frankfurt/M. 1981.
Kant, Immanuel: Anthropologie in pragmatischer Hinsicht abgefaßt. Akademie-Ausgabe, Bd. 7, Berlin 1907.
Kelley, Kevin W. (Hrsg.): The Home Planet, New York 1988.

Kernberg, Otto F.: Persönlichkeitsstörungen – Theorie, Diagnose, Behandlungsstrategien, Stuttgart 1988.
Klaus, Caroline: Problemzonen – Eine empirische Studie über die »individuellen Körperpraktiken« in den Fitneß-Studios, Soziologische Diplomarbeit, Freie Universität Berlin 1991.
Klingholz, Reiner: Der maßloße Alltag, in: GEO v. 17. 12. 1990.
Kohut, Heinz: Der Narzißmus. Eine Theorie der Behandlung narzißtischer Persönlichkeitsstörungen, Frankfurt/M. 1973.
Korte, Hermann (Hrsg.): Gesellschaftliche Prozesse und individuelle Praxis – Bochumer Vorlesungen zu Norbert Elias' Zivilisationstheorie, Frankfurt/M. 1990.
Kübler-Ross, Elisabeth: Reif werden zum Tode, Gütersloh o. J.
Kuhn, Manfred H.: Die Bezugsgruppe – neu überdacht, in: H. Steinert (Hrsg.): Symbolische Interaktion, Stuttgart 1973.
Latner, Joel: This is the Speed of Light: Field and Systems Theories in Gestalt Therapy, in: Gestalt Journal, Fall 1983.
Latner, Joel: The Kingdoms of Experience, in: Gestalt Journal, Spring 1984.
Latner, Joel: The Thresher of Time, in: Gestalt Journal, Spring 1984.
Lem, Stanislav: Summa Technologia (1964), 2. dt. Aufl., Frankfurt/M. 1976.
Lifton, Robert Jay: Protean Man, in: Partisan Review, Vol. 35, 1968.
Lorenz, Konrad: Über tierisches und menschliches Verhalten, München 1980.
Lorenzer, Alfred: Die Wahrheit der psychoanalytischen Erkenntnis – Ein historisch-materialistischer Entwurf, Frankfurt/M. 1974.
Luhmann, Niklas: Liebe als Passion – Zur Codierung von Intimität, Frankfurt/M. 1982.
Luhmann, Niklas: Ökologische Kommunikation – Ein Theorie-Entscheidungsspiel, in: Joschka Fischer (Hrsg.): Ökologie im Endspiel, München 1989.
Maaz, Hans Joachim: Der Gefühlsstau – Ein Psychogramm der DDR, Berlin 1990.
Maelicke, Alfred (Hrsg.): Vom Reiz der Sinne, Weinheim 1990.
Marcuse, Herbert / Wolff, R. P. / Moore, B.: Kritik der reinen Toleranz, Frankfurt/M. 1966.
Marcuse, Herbert: Der eindimensionale Mensch (1964), dt. Ausg. zuerst Neuwied/Berlin 1967.
Margraf, Jürgen / Schneider, Silvia: Panik – Angstanfälle und ihre Behandlung, 2., überarb. Aufl., Berlin 1990.
Maslow, Abraham: Psychologie des Seins – Ein Entwurf (1962), zuletzt: Frankfurt/M. 1994.
Maslow, Abraham: Motivation und Persönlichkeit (1954), zuletzt: Reinbek bei Hamburg 1981.
Mauss, Marcel: Die Gabe, Frankfurt/M. 1968.
McKibben, Bill: Das Ende der Natur, München 1990.
Merleau-Ponty, Maurice: Phénoménologie de la perception, Paris 1945.
Merton, Robert K.: Manifest and Latent Functions, in: ders.: Social Theory and Social Structure, New York 1957.
Miller, Michael Vincent: Notes on Art and Symptoms, in: Gestalt Journal, Spring 1980.
Milz, Helmuth: Ganzheitliche Medizin, 2. Auf., Frankfurt/M. 1991.
Mitscherlich, Alexander und Margarete: Die Unfähigkeit zu trauern, München 1967.

Montagu, Ashley: Touching – The Human Significance of the Skin, 2nd. Ed., New York, London 1978.
Morris, Desmond: Der Mensch mit dem wir leben, München 1978.
Müller, Bertram: Zur Theorie der Diagnostik narzißtischer Erlebens- und Verhaltensstrukturen, in: Gestalttherapie, Jg. 2, H. 2, 1988.
Myers, Norman: GAIA – Der Öko-Atlas unserer Erde, Frankfurt/M. 1985.
Ornstein, Robert / Thomson, Richard F.: The Amazing Brain, New York 1984.
Padrutt, Hanspeter: Der epochale Winter – Zeitgemäße Betrachtungen, Zürich 1984.
Peele, Stanton / Brodsky, Archie: Love and Addiction, New York 1975.
Perls, Frederick S.: Das Ich, der Hunger und die Aggression – Die Anfänge der Gestalttherapie, zuletzt: München 1989.
Perls, Frederick S. / Hefferline, Ralph F. / Goodman, Paul: Gestalt Therapy, Excitement and Growth in the Human Personality, Book One: Mobilizing the Self; Book Two: Novelty, Excitement and Growth, New York 1951. [Dt.: Gestalt-Therapie – Wiederbelebung des Selbst; Gestalt-Therapie: Lebensfreude und Persönlichkeitsentfaltung, 2 Bde., Stuttgart 1979.]
Perls, Laura: Leben an der Grenze – Essays und Anmerkungen zur Gestalttherapie, hrsg. v. Milan Sreckovic, Köln 1989.
Petzold, Hilarion: Der Hier-und-Jetzt-Prinzip und die Dimension der Zeit in der psychologischen Gruppenarbeit, in: C. H. Bachmann: Kritik der Gruppendynamik, Frankfurt/M. o. J.
Petzold, Hilarion: Vorüberlegungen und Konzepte zu einer integrativen Persönlichkeitstheorie, in: Integrative Therapie 1–2, 1984, Jg. 10.
Pirsig, Robert M.: Zen und die Kunst, ein Motorrad zu warten, Frankfurt/M. 1984.
Plessner, Helmuth: Die Deutung des Mimischen Ausdrucks, in: ders.: Zwischen Philosophie und Gesellschaft, Bern 1953.
Plessner, Helmuth: Conditio Humana, Pfullingen 1964.
Rosenblatt, Daniel: Türen öffnen – Was geschieht in der Gestalttherapie?, Köln 1986.
Rosenfield, Israel: Brain for Beginners, New York 1985.
Sacks, Oliver: Der Mann, der seine Frau mit einem Hut verwechselte, Reinbek bei Hamburg 1987.
Sacks, Oliver: Der Tag, an dem mein Bein fortging, Reinbek bei Hamburg 1989.
Scheff, Thomas: Explosion der Gefühle – Über die kulturelle und therapeutische Bedeutung kathartischen Erlebens, Weinheim 1983.
Scheler, Max: Über Scham und Schamgefühle, in: Schriften aus dem Nachlaß, Bd. 1, Berlin 1933.
Scheler, Max: Wesen und Formen der Sympathie, 3. Aufl., Frankfurt/M. 1948.
Schröter, Michael: Scham im Zivilisationsprozeß, in: Gesellschaftliche Prozesse und individuelle Praxis, hrsg. von H. Korte, Frankfurt/M. 1990.
Schudson, Michael: Embarrassment and Goodman's Idea of Human Nature, in: Theory and Society, Vol. 13, No. 5.
Schumann, Roswitha / Stimmer, Franz: Soziologie der Gefühle – Zur Rationalität und Emotionalität sozialen Handelns, Reihe: Soziologenkorrespondenz, Neue Folge 12, München 1987.
Sichtermann, Barbara: Weiblichkeit – Zur Politik des Privaten, Berlin 1983.

Sloterdijk, Peter: Nachwort – Etwas vor sich haben, in: ders.: Von der Jahrtausendwende. Berichte zur Lage der Zukunft, Bd. 2, Frankfurt/M. 1990.
Solla Price, Derek de: Science since Babylon, New Haven 1961.
Surgeon, Theodore: More than Human, London 1986.
Tennov, Dorothy: Love and Limerance, New York 1979.
Tobin, Stefan: Saying Goodbye in Gestalt Therapy, in: Psychotherapy: Theory, Research and Practice, San Francisco 1971.
Tobin, Stefan: Self Disorders, Gestalt Therapy and Self Psychology, in: Gestalt Journal, Fall 1982.
Tomatis, Alfred A.: Der Klang des Lebens – Vorgeburtliche Kommunikation – die Anfänge der seelischen Entwicklung, Reinbek bei Hamburg 1987.
Vincent, Jean-Didier: Biologie des Begehrens – Wie Gefühle entstehen, Reinbek bei Hamburg 1990.
Vincent, Michael: Curiosity and its Vicissitudes, in: Gestalt Journal, Spring 1987.
Watzlawick, Paul / Beavin, Janet H. / Jackson, Don D.: Menschliche Kommunikation – Formen, Störungen, Paradoxien, 8. unveränd. Aufl., Stuttgart 1990.
Weber, Max: Wirtschaft und Gesellschaft, Tübingen 1921.
Weeber, Karl-Wilhelm: Smog über Attika – Umweltverhalten im Altertum, Zürich, München 1990.
White, Ralph K.: The Stream of Thought, the Lifespan, Selective Inattention, and War, in: Journal of Humanistic Psychology, Bd. 8, Nr. 2, 1988.
Robin Wood (Hrsg.): Klima-Aktionsbuch – Was tun gegen Ozonloch und Treibhauseffekt? Göttingen 1990.
Wright, David: Deafness, London 1990.
Wulf, Friedrich: Über die Veränderung von Vorstellungen (Gedächtnis und Gestalt), in: Beiträge zur Psychologie der Gestalt, hrsg. von K. Koffka, Psychologische Forschung 1, 1922.
Yarbus, Alfred Lukianovich: Eye Movement and Vision, New York 1967.
Yontef, Gary: Gestalt Therapy: Clinical Phenomenology, in: Gestalt Journal, Spring 1979.
Yontef, Gary: Assimilating Diagnostic and Psychoanalytic Perspectives into Gestalt Therapy, in: Gestalt Journal, Spring 1988.
Young, Michael / Willmott, Peter: The Symmetrical Family, London 1975.

Psychologie – Analyse – Therapie

Jeremiah Abrams (Hg.)
Die Befreiung des Inneren Kindes
Unsere ursprüngliche kreative Persönlichkeit
dtv 35107

Kathrin Asper
Verlassenheit und Selbstentfremdung
Neue Zugänge zum therapeutischen Verständnis
dtv 35018

Hinrich van Deest
Heilen mit Musik
Musiktherapie in der Praxis
dtv 35117

Verena Kast
Märchen als Therapie
dtv 35021

Arnold Lazarus
Allen Fay
Ich kann, wenn ich will
Anleitung zur psychologischen Selbsthilfe
dtv 35027

Elisabeth Lukas
Spannendes Leben
In der Spannung zwischen Sein und Sollen
Ein Logotherapiebuch
dtv 35112

Frederick S. Perls
Ralph F. Hefferline
Paul Goodman
Gestalttherapie
Grundlagen · dtv 35010
Praxis · dtv 35029

Frederick S. Perls
Das Ich, der Hunger und die Aggression
Die Anfänge der Gestalt-Therapie · dtv 35038

Peter Schellenbaum
Die Wunde der Ungeliebten
Blockierung und Verlebendigung der Liebe
dtv 35015

Peter Schellenbaum
Nimm deine Couch und geh!
Heilung mit Spontanritualen · dtv 35081

Claude Steiner
Wie man Lebenspläne verändert
Das Skript-Konzept in der Transaktionsanalyse
dtv 35053

Edith und Rolf Zundel
Leitfiguren der neueren Psychotherapie
Leben und Werk
dtv 15093

dialog & praxis
Die Entwicklung der weiblichen Psyche

Arno Gruen
Der Verrat am Selbst
Die Angst vor Autonomie bei Mann und Frau
dtv 35000

Verena Kast
Mann und Frau im Märchen
Märchen psychologisch gedeutet
dtv 35001

Christiane Olivier
Jokastes Kinder
Die Psyche der Frau im Schatten der Mutter
dtv 35013

Josephine Rijnaarts
Lots Töchter
Über den Vater-Tochter-Inzest · dtv 35031

Irene Claremont de Castillejo
Die Töchter der Penelope
Elemente des Weiblichen
dtv 35068

Irène Kummer
Ich bin die Frau, die ich bin
Eine lebendige Beziehung zu sich selbst und anderen finden
dtv 35078

Ingrid Riedel
Die weise Frau
Mythen und Märchen
dtv 35098

Christiane Olivier
F wie Frau
Psychoanalyse und Sexualität
dtv 35101

Carol Gilligan
Die andere Stimme
Lebenskonflikte und Moral der Frau
dtv 35104

Jane Adams
»Ich bin noch immer deine Mutter«
Wenn die Kinder erwachsen werden
dtv 35110

Lyn M. Brown
Carol Gilligan
Die verlorene Stimme
Wendepunkte in der Entwicklung von Mädchen
dtv 35133